U0505391

曲庵如面

江阴市博物馆藏刘半农友朋信札

邵文松　主编

江阴市政协学习文史委
江阴市博物馆　编

上海人民出版社

《曲庵如面：江阴市博物馆藏刘半农友朋信札》编委会名单

目　录

朋辈多才 流风无尽

——江阴市博物馆藏“刘半农友朋信札”综述

/ 翁雪花

江阴市博物馆藏有一批“刘半农友朋信札”，具有极高的文物、文献价值，由刘半农之子刘育伦无偿捐赠。如同很多文物的命运，这批信札能得以保全，历经诸多坎坷，最后回到刘半农的故乡——江阴，并被当地的市博物馆珍藏，是一种幸运的眷顾。

由于入藏时，仅是按原始移交清单接收，序号和类别延续初始，没有进行系统的内容考证，研究不够深入，存在部分定名、编号、分类的偏差，所以本书在梳理过程中，比照原始清单的相关信息，重新对信札进行了释读，并按照写信人、写信时间、写信内容的相互关系进行了细致划分，归纳整理，挑选出明确和刘半农有关联的信162通，予以公开。

一、众星何历历

这批公开的“刘半农友朋信札”，可确定写信人身份的有73位，另有未知身份2位，每通书信1至4页不等，保存基本完整。其中1860年代出生的有齐白石、吴稚晖、余文岑、蔡元培、孟森；1870年代出生的有黄节、许之衡、马裕藻；1880年代出生的有陈垣、周肇祥、马衡、徐鸿宝、叶恭绰、顾澄、童德禧、许寿裳、沈尹默、杨芳、周作人、马叙伦、杨树达、寿鉨、卓定谋、任鸿隽、沈兼士、钱玄同、范莲青、陶孟和、李麟玉、翁文灏；1890年代出生的有黎锦熙、竺可桢、陈寅恪、李书华、王世杰、胡适、顾颉刚、朱家骅、郭宝钧、王悦之、郑颖孙、董作宾、张恨水、徐悲鸿、钱穆、林语堂、卢锡荣、汪申、徐祖正、舒楚石、傅斯年、王献唐、周明泰、孟寿椿、沈百英、吴范寰（吴前模）、孙楷第、罗常培、陈受颐、周叔迦、温源宁；1900年代出生的有白涤洲、王青芳、敖士英、魏建功、马巽、陆侃如/冯沅君、韩权华、赵万里、焦承志、潘君方、丁声树。从信札书者姓名看，涵盖了当时各界的诸多精英，涉及政治经济、语言文学、地理民俗、气象地质、文博考古、音乐美术、图书出版、收藏鉴赏等各个领域的顶尖人物，可谓群星璀璨。

这批“刘半农友朋信札”绝大多数是写给刘半农的，但笔者在整理过程中发现有的信件并非是直接或单独写给刘半农的。主要有以下四类：

1、原函呈览、附信转寄

署名黄节的书信有两通（编号13、14），均为致刘半农。其中一通涉及林之棠来函，信中有“兹将原函呈览”字样，不过未见林之棠致黄节的原函。署名董作宾的书信有两通，1933年6月3日的一通（编号108）是写给刘半农的，首行称谓为“半农先生”，1933年4月26日的一通（编号8附）却是写给蔡元培的，首行称谓为“孑民先生赐鉴”，信文内容为“昨日下午，郑师许君来所，约宾与济之先生共访刘晦之先生于其家。得观所编甲骨文拓本，已成六册，仅及三之一。刘氏搜求最早，先后得三万数千版，海内收藏，此为大宗。惜已著录者不少，且间有伪品耳，𠫑氏编钟因在他处，未及见，刘氏约改日再至其家。济之为言半农先生拟对𠫑钟加以研究之意，刘亦慨然允诺，惟言外对于叩击求声律一事，似甚吝惜。郑君亦言铜经久腐化，叩则易破，且音必变哑，不足为据。如能依其形制仿作一套，然后研究音律，当较方便也。闻刘氏藏钟共卅三枚，其上有“太簇”、“夹钟”等字样，可别十二律所属，亦极可贵。刘尝自诩其藏钟最多，当无善价求沽之意也。现在𠫑钟收归公有既不可得，如欲研究必须就其家，且稍有限制，仿制亦甚不易，未知半农先生意见如何？若仅参观一次，量其形状，权其轻重，考其制度，似亦值得。尊意以为如何？”虽是写给蔡元培的信，字里行间却两次提到半农先生，应为董作宾答复蔡元培关于刘半农欲对刘晦之藏𠫑氏编钟研究测音一事委托交办的结果。结合蔡元培致刘半农信札通读，前因后果便清晰可辩。

署名蔡元培的书信有7通，首行称谓均为“半农先生大鉴”，有两通有明确日期“中华民国廿二年三月九日”（编号6）“中华民国廿二年七月廿七日”（编号10），也即1933年。其余5通没有注明具体年份，仅到月日。有一通写于4月27日（编号8），从时间上看，与上文董作宾4月26日致蔡元培信仅差一天，其信文为“前奉一函，想荷鉴及。现董彦堂、李济之等已与刘晦之晤谈，晦之所藏编钟并无出售之意，自不能谈到收卖。俟先生到沪时，与商定研究方法，在不妨害藏钟条件上，设法考求，想承赞同。彦堂原函奉览，并祝著安。 弟元培敬启 四月廿七日”。从内容的释读看，两通信明显有着紧密联系，尤其是蔡元培在信中还特意提到“彦堂原函奉览”。如此，可推断出蔡元培1933年4月26日收到董作宾的信后，将此函（也即信中所说的彦堂原函）附在

1933年4月27日写给刘半农的信一并寄出。按照这个思路，该信中所提到的“前奉一函”即为日期为4月21日的信（编号7），信文“前奉本月十日惠函，称刘晦之所藏编钟十二有出售之说，属弟提出国府倍价收买，但弟以当此国难时期，财政竭蹶，此种提议决难通过，而风声一播，刘氏之钟必预为捷足先得。盖政府即能通过此数，而何时能领到尚是问题，不足以取信于出售者也。故欲先向刘氏探询实况，再定办法。初托叶玉甫，而函去后至今未复，近又由董彦堂设法，俟有消息，陆续奉闻。卫超伟世兄曾屡晤，现正在筹商中。附闻，并祝研安。弟元培敬启 四月廿一日”，信中蔡元培除阐述了对刘半农建议购买刘晦之所藏编钟的顾虑外，还提到了相应的解决办法，即先了解相关情况。“初托叶玉甫，而函去后至今未复，近又由董彦堂设法,俟有消息，陆续奉闻。”而信提到的叶玉甫也即叶恭绰，按信中表述，蔡元培曾致信叶恭绰了解刘晦之编钟情况，因函去后至今未复，便又托董彦堂（作宾）设法再去探询实况。据《叶恭绰传》，蔡元培确曾在1933年4月14日给叶恭绰写过一封信[1]。信文为“寓居上海之江西刘晦之君（体智）藏古物甚多。二十年秋，徐中舒、容庚、商承祚三君，曾遍见之，徐君且就其新购之编钟十二事，作《厵氏编钟图解》，经研究院史语所刊行。惟弟近接刘半农君函，谓风闻刘氏有出售此钟之说，属弟提议国府，由政府倍价购入（刘氏售得时费一万元）。但此事未可造次。万一刘氏家况尚裕，并无出售之意，而我等公然提议收买，殊不妥当。如先生素识刘君，或有友人与刘氏相识者请先为一探，何如？”虽然厵氏编钟最终没能留存在国内，这是后话，但在前期充分的沟通下，刘半农于1933年7月还是完成了部分心愿，得以去上海测试刘晦之所藏厵氏编钟的音律[2]。

2、多人同览、注明称谓

署名陈寅恪的书信有2通。一通是归还刘半农“敦煌卷子照片三本”（编号94），一通是替李证刚求职（编号95），此信首行称谓有两人“半农、真如先生同览”，其中的半农先生即刘半农，1929年1月重返北大任教，1931年任北大中国文学系教授及研究文史部主任[3]。真如先生即张颐，字真如，又名唯识，哲学家，1929年任北京大学哲学系主任。既是同览，可见该信是写给刘半农和张真如两位先生的。信文为“李证刚（翊灼）先生前曾在北大研究所担任导师，其人于儒家、佛家哲学极有研究，公等所深知。近自沈阳归来，极为困窘，而其他学校已开课，钟点皆拟定，不易设法。闻北大哲学研究所中国儒学哲学及佛教哲学均尚需人指导，不知可以加入李公否？至李公人品学问询之汤锡予兄（即汤公举以自代于中央大学者），即可为一保证也。匆此，敬叩讲安，并希示复。 弟陈寅恪谨启 十月十六”，信中提到的汤锡予也即汤用彤，1931年夏至北京大学哲学系任教[4]，是哲学家、佛学家，与陈寅恪、吴宓并称“哈佛三杰”。信中提到需求职的李证刚也即李翊灼，一直从事佛学哲学的相关研究，颇有建树。曾任东北大学哲学教员，九一八事变后至北平，1932年任北大哲学教授[5]。因此这通信写在1931年10月，李证刚在陈寅恪的关心下，在刘半农、张颐的帮助下，进入北大就职，得偿所愿。

3、转录共览、点名提及

署名胡适的书信有2通。一通是胡适拜托刘半农给张女士找工作（编号100），另一通署名为胡适，入藏时简单的将该信定名为胡适致刘半农信，但通读下来疑点比较多，该信未见上款收信人，从字迹比对看与胡适手迹相差甚远。（编号20附）（图一）信文为“今早偶看江阴金武祥《粟香四笔》卷六，有一条可供故宫博物院诸公的参考。前曾听诸公说及宫中发见“庭前垂柳珍重待春风”牌子甚多，皆恭楷书，不详其用处，或疑为宫人望幸的牌子，今按《粟香四笔》云：道光朝，宫中作《九九消寒图》，成庙书“庭前

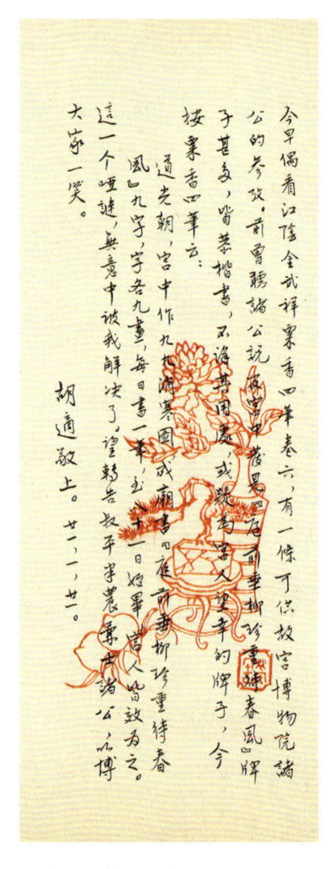
今早偶看江陰金武祥粟香四筆卷六，有一條可供故宮博物院諸公的參攷。前曾聽諸公說及宮中發見『庭前垂柳珍重待春風』牌子甚多，皆恭楷書，不詳其用處，或疑為宮人望幸的牌子，今按粟香四筆云：

道光朝，宮中作九九消寒圖，成廟書『庭前垂柳珍重待春風』九字，字各九畫，每日書一筆，至八十一日始畢，宮人皆效為之。

這一个啞謎，無意中被我解決了，望轉告叔平半農兼士諸公，以博大家一笑。

胡適敬上。廿一，一，廿一。

图一：胡适致陈垣书信抄录函（江阴市博物馆藏）

垂柳珍重待春风”九字，字各九画，每日书一笔，至八十一日始毕，宫人皆效为之。这一个哑谜，无意中被我解决了，望转告叔平、半农、兼士诸公，以博大家一笑。 胡适敬上。廿一，一，廿一。”从信的内容看，是胡适在阅读金武祥《粟香四笔》时解开了故宫博物院“庭前垂柳珍重待春风”牌子实为“九九消寒图”之惑后写给友人的信，并在信尾嘱托收信人，顺带将此发现告知叔平、半农、兼士诸位。虽然未见上款收信人，但信札中提及的三人均与故宫博物院有联

系。叔平即马衡，故宫博物院首位掌门人；兼士即沈兼士，供职于故宫博物院；而刘半农虽然没在故宫博物院任职，但却于1930到1931年，亲自发起并主持了对故宫和天坛所藏清宫古乐器的测音研究，光在故宫博物院进行的乐器测音研究历时就一年有余[6]，同时写《粟香四笔》的金武祥是江阴人。如果通览胡适写的信[7]，不难发现他有个特点是比较喜欢一封信同时写给几个人共览的，会不会另有缘由？带着这个疑惑，梳理信札过程中又发现陈桓致刘半农的一通信（编号20）（图二）

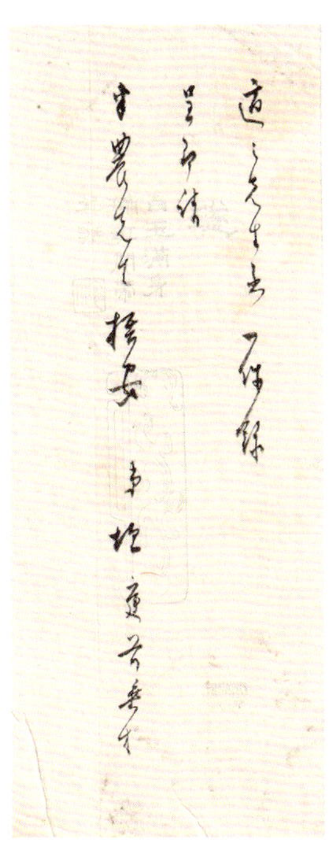

图二：陈垣致刘半农书信（江阴市博物馆藏）

该信更像是一张便笺，字迹较潦草，是陈垣笔迹，内容为“适之先生函一件，录呈，即请半农先生撰安。 弟垣 庭前垂木（柳）” 。故宫博物院成立，陈垣曾任理事会理事兼图书馆馆长，和马衡、刘半农、沈兼士一样，均和故宫博物院有密切联系。而胡适在1932年1月21日日记中有如下记录“前几个月，故宫博物院中有人说，宫中发现了许多“庭前垂柳珍重待春风”的九字牌，不解何义，或猜为宫人召幸的牌子，今日在厕上看金武祥的《粟香四笔》卷六，有此一条：道光朝，宫中作九九消寒图，成庙书“庭前垂柳珍重待春风”九字，字各九画，每日书一笔，至八十一日始毕，宫人皆效为之。这个哑谜竟被我解答了”[8]。胡适正是在阅读金武祥《粟香四笔》卷六时，发现了“庭前垂柳珍重待春风”九字牌的解义，他很重视这一哑谜的解答，不但记在当天的日记中，还特意将这一发现写信告知陈垣，时间、内容都很吻合。因此笔者认为署名胡适的这通信，其上款收信人是陈桓，推测因胡适信中提到转告半农，所以陈垣在给刘半农的信中，不但随笺附上抄录的胡适信函内容，还用寥寥数句说明，被简略化的“庭前垂木（柳）”，即指所附抄录呈览函中的“庭前垂柳珍重待春风”，因此这两通信实为一通信，合情合理。至于是否陈垣收到胡适信后，同时给马衡、沈兼士也写信并附了录函，就不知道了。

4、辗转又览、信上加注

署名璜的书信有一通（编号1）（图三），入藏时简单的将该信定名为齐白石致刘半农信，其实有误。因该信末行称谓是“此上邵西先生”。璜即齐白石，邵西先生是黎锦熙，信文为“《审音考古图》中有音叉是何物件？星期日上十点钟，予带原来之图来尊处请先生示明[敝先生无法示明，仍请贵先生届时来舍或迳往（最好迳往）他家商榷之。乞即示知（电话亦可），以便通知该山人招待也。熙注]，方好照画也。五十元收到，此上劭西先生。（来人暂不给酒钱，俟事成后再补。） 璜顿首 三月十六日”。从称谓看显然是齐白石写给黎锦熙的信，不过信中开首提及《审音考古图》中音叉是何物件，当系齐白石在创作这幅画时对细节有了不解，故写信向黎锦熙问询。所谓音叉，其实是定律的标准器，也是刘半农语音研究所用测音工具之一。但信怎么会到刘半农手中，是否存在黎锦熙将此信作为附函转刘半农的可能？对照我馆所藏这批信札中4通黎锦熙致刘半农信，其中写于1933年5月1通，写于1933年11月3通，都有明确日期，而齐白石的这通信写于3月，所以不是这四通信的附函，但细细品读，会发现该信笔迹上的差异，具体表现在原信“先生示明”旁，不但在“示明”两字边画了三个圈，还另填补出一行凌乱的黎锦熙行文风格的备注，内容为 “敝先生无法示明，仍请贵先生届时来舍或迳往（最好迳往）他家商榷之。乞即示知（电话亦可）以便通知该山人招待也。熙注”[9]。关于此信提及的《审音考古图》，又叫《审音鉴古图》，应是刘半农的命题画，当有

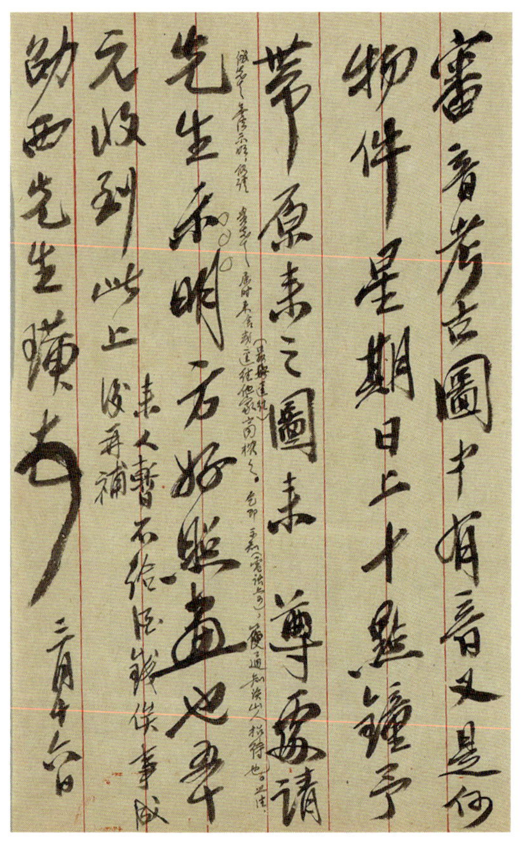

審音考古圖中有音叉是何
物件星期日上十點鐘予
帶原來之圖來尊處請
先生示明方好照畫也五十
元收到此上
劭西先生璜頓首
來人暫不給酒錢俟事成後再補
三月十六日

图三：齐白石致黎锦熙书信（江阴市博物馆藏）

两幅。其一是齐白石为刘半农所画的《审音鉴古图》（图四），题款为“癸酉踏青第二日，天气和畅。开窗拈笔，为半农先生制于旧京西城之西太平桥外”。癸酉系1933年，基本也可推断出此信写于1933年3月16日，此画作于4月踏青第二日；其二是钱云鹤为刘半农所画的《审音鉴古图》，画于1934年。刘半农在1934年5月3日日记中记录“晚。云鹤来作长谈，即以所藏旧纸，嘱彼绘《审音鉴古图》”。钱云鹤动笔很快，5月4日便已动笔“五四纪念日也，上午到迎贤公寓看云鹤，则《审音图》已动手矣，并谓至迟明晚可交件，作工笔人物画能如此神速，可惊也”（图五），5月5日晚，钱云鹤便专程将画好的《审音图》交给刘半农。齐白石所画《审音鉴古图》出现在2009年香港佳士得秋拍，世人得以见其画意笔墨，钱云鹤所画《审音鉴古图》未见原图不知详情。不过，刘半农却在当天日记中记录此事，云“夜云鹤与其子小鹤来谈，并交《审音图》，细腻工妥，自非齐白石之犷野可比，惜略有小家子气耳”[10]（图六）。

（左）图四：齐白石画《审音鉴古图》（香港佳士得2009年秋拍）
（右）图五：刘半农日记（1934年5月3–4日）（江阴市博物馆藏）

图六：刘半农日记（1934年5月5日）（江阴市博物馆藏）

二、时光已杳杳

信札的编录，按照写信时间编排最为合理，但这要构筑在所有信札都可以考证出具体写信时间的前提下。我馆所藏的这批“刘半农友朋信札”，信封均已缺失，仅有22通信署明具体年月日，绝大多数都只有月、日，甚至有的连日期都不详。虽然梳理下来，有的按照内容研读，推出了大致写信时间，但若对每通信札都做细致准确的认定，便发现就目前掌握的信息量还不足以支持更细的时间线，只能初步断定这批友朋写给刘半农的信，时间跨度在1930年至1934年间，其中又以1931年、1932年、1933年间的信居多。而且这批“刘半农友朋信札”按照73位写信人及内容来算，大多数为1通信，吴稚晖、黄节、许之衡、杨树达、钱玄同、翁文灏、竺可桢、陈寅恪、李书华、王世杰、林语堂、徐祖正、王献唐、吴范寰（吴前模）、白涤洲、焦承志共16人各2通信。陈垣、顾颉刚、周明泰、罗常培、敖士英、魏建功共6人各3通信；沈兼士、黎锦熙、傅斯年共3人各4通信，徐悲鸿6通信；蔡元培7通信；周作人41通信。若就内容的互相佐证而言，显然单人信数量越多，可联系的信息点就越多，所以本书编排在综合考量之后，采取总体按照写信人出生早晚进行编排，碰到单人多信的情况便按照写信时间早晚进行编排。

由于这批信札中数量最多的是“周作人致刘半农书信”，此次进行了重点梳理。原始清单登记有48通，并给了48个号，因当时未对内容进行科学研读，且给号不够严谨，故做了相应调整。有一通信使用的是木板印框格六行“苦雨斋”笺（编号81），原始登记时大约考虑到“苦雨斋”是周作人的书斋名，“苦雨斋”笺又是周作人因书房名而做的自制笺，便没有细读内容而草率将其纳入周作人致刘半农书信序列中，其实该信字迹与周作人其他信字迹大不相同，而且此信首行虽称谓“半农兄”，末尾却署名“弟龟竞”。钱玄同致魏建功的信中，署名有“钱玄同”、“玄同”、“疑古”、“龟”、“龟竞”[11]、“饼斋”[12]。而且此信和另一通署名钱玄同的信（编号82）笔迹一样，写作风格一致。因此“龟竞”其实并非周作人而是钱玄同，该信正确定名是钱玄同致刘半农书信。

其余原登记47通书信，就信的内容而言，信息量相对丰富，内容彼此间亦可互相对照。同时周作人相关资料公开的也比较多，尤其是鲁迅博物馆出版的《周作人日记（影印本）》是非常好的参考资料。通读《周作人日记》，不难发现其非常有个人风格，不但记录日常琐碎，还会细心的在日记上端记录天气和当天的发信及受信人，这些都为研究江阴市博物馆所藏的“周作人致刘半农信札”具体写信日期提供有力依据。经过释读、归纳，馆藏这批“周作人致刘半农信札”写信时间集中在1931年至1934年，其中1932年、1933年、1934年均有《周作人日记》做参照，虽然可惜《周作人日记》缺失1931年的，但笔者就信文内容和周作人1930年日记及其它文献作另外考证，也有不小的收获。梳理时将内容明显有联系的合在一起，以附函的形式重新整理，原47通可合并成41通。至此，凡“周作人致刘半农的信札”，本次编排时基本按照写信的时间顺序进行了排序，后期也请各位方家指正。

为方便读者的检索与研究，经过梳理统计，本综述就“周作人致刘半农”所有信札，按照具体时间做了归纳备注，制成表格同时注明了推断原因和理由。大致如下：

1、原登记并给号的47通“周作人致刘半农信札”，有明确年份民国二十年即1931年的3通。通过内容比对和考证，推断原登记并编12个号的12通书信，可认定为1931年所写，而这1931年所写的15通信又存在内容的相互关联，此次整理按内容、时间做了重新调整，恰当的进行了归纳、考证、合并，故实为13通。也即编号30—42（表一）。

表一

本书编号	原始登记号	写信时间	释文	备注
30	二.31	1931.2.15	本院前因图书馆无人主持，令鄙人暂任主任之职，荏苒三月，毫无建立，近又决定回北大研究所国学门管理民俗学会事务，无力兼顾，特请准予辞去图书馆主任，公私均便。专此奉达，请半农院长先生台鉴。 周作人启　二月十五日	此信只有日期2月15日，但信中所钤“周作人”印按周作人1930年日记记录制于1930.10.13日，同时1930年5月刘半农任北平大学女子学院院长，1931年某月沈尹默以北平大学校长身份兼任院长。此信仍称半农院长。 故写于1931年。
31	二.27 二.48	1931.3.25	曲庵兄：知贵砚兄蒐集厌胜钱，甚盛甚盛，不佞于十许年前得一枚，文字有六朝气息，特以拓示，想贵砚兄或已当有之欤？此钱各谱均著录，盖颇普通，但字句俱妙，为可取耳。匆匆。三月廿五日，专斋叩（二.27） 民国初年在绍兴地摊以三角得之，二十年三月二十四日拓示曲斋（应作庵）砚兄。 难明（二.48）	原始登记编为2个号，分属不同的库存放，信（二.27）只有日期3.25，没有明确年份，但拓片（二.48）拓于1931.3.24，有明确时间表述，而且内容一致，时间过度自然，原登记两通并一通。
32	二.19	1931.3.29	曲庵兄：承招陪某教授，恐难免有方命之愆，因再上礼拜二曾经缺课，故今未便又隔一周而再缺也。窃惟某教授原系鬼话专门学者，今既有通鬼话者多人，当不寂莫也。承掷来前奉托翻印之字片，收到后即去制锌板，做六朝名片看，尚未知做能好否？如能成功，当先一投刺，以奉谢费神之处（此句似有未妥，但亦不再修改了）也。匆匆。顺颂撰安。三月廿九日，砚小弟难明顿首	此信只有日期3月29日，但此信内容里有“做六朝名片，当先一投刺”，按编号34内容，1931年4月3日周作人做六朝名片，同时信中所钤“难明白”印，按周作人1930年日记记录制于1930.11.10日。故写于1931年。
33	二.32	1931.4.1	曲庵砚兄道席：今日下午开会，弟不能到。兄前所审查有潘公（河北大学生）一卷，未知何如？此公弟亦认识，并有劭西总统介绍。唯弟曾劝其在那边毕业后再来不迟，因此特来运动。如不取，自然不成问题，否则最好仍饬其延期再来为妙。目下研究所民俗学无人指导，此公如来，亦无导师也。为此专函奉商，诸希撰鉴。匆匆。 二十年四月一日 小弟岂顿首	信中有明确时间二十年四月一日，也即1931年4月1日
34	二.33	1931.4.3	半农尊兄道席：伪造六朝名刺已告成，坿尘清览，惜纸墨印工俱不佳耳。近日购得日本雅乐留声片二枚，虽可想见唐代风度，但恐终难免令人思卧耳。专此，敬颂撰安。同砚小弟名正肃　二十年四月三日 附：“周作人”名刺	信中有明确时间二十年四月三日，也即1931年4月3日，此信提到六朝名片，并有附件。

本书编号	原始登记号	写信时间	释文	备注
35	二.28	1931.6.12	曲庵兄：借来一张高湛墓志，首三行中有不佞姓名可集，当送在研究所，请再费心饬为一影，只要一张便好，字大小照原样。前尚有欠款，故共送去一元，乞到所去时查收是幸。 前日幼渔说及研究所找不到人，拟先推足下之毂而令不佞代其庖，以若干日为期，不佞当初热心公益，以为亦无不可，但经考虑之后，已函请幼渔中止进行，因下年家计不敷，非偷闲制造劣文补充不可，除教书外不想再管事也。草草。 砚弟粥尊叩　六月十二日	此信只有日期6月12日，但周作人致俞平伯1931.7.7日信中提到高湛墓志。故确定为1931年。
36	二.29 二.43	1931.6.27	曲庵兄：有老学生找事，不得不转找老兄，如辅仁等处有修辞学及中学国文等课，望为"栽培"，此公系忠实同志，如有委任挡可不负委托，此则"敝人"所可打"水印"者焉。草草。六月廿七日，尊白。（二.29） 陈介白，河南人，燕京大学国文系毕业，曾任民国大学天津女子师范学院及北平诸中学国文、英文教员。（二.43）	1、信笺印"民国二十年五月……"，当写于1931年5月之后。又信中询问"辅仁等处"是否有相关课程空缺，则当写于刘半农担任辅仁大学教务长时期。刘半农从1929年7月开始任职，1931年秋辞职。故此信写于1931年。 2、陈介白系周作人的学生。虽未落款，但为周作人手迹，从信笺大小尺寸一致性看，可作为一通信。
37	二.3	1931.8.17	曲庵兄：敝高足熊公佛西敬求法书，有斗方一页留在敝斋，当于便中送呈，请赐一挥，先此代恳。熊公处有戴吉士（震）书联，云："为文以载道，论诗将通禅"，隶字正佳，云得之旧家，察纸及装帧，当非赝品。此公出名未久，未必有鱼目也。匆匆不悉。八月十七日十九时，糜崇。	编号37、40、41三通信在内容上彼此有照应，确定一通的时间就可确定另外两通，故由编号41的信确定此信写于1931年。
38	二.1	1931.8.23	曲庵砚兄：乙夜过谈后，在光禄寺遇见天行山鬼，已与谈及，该鬼亦别无异议，所谈一节似即可作通过论，其办法即案照研究所从前议案，将歌谣、风俗两部合组为民俗学会。原定三人中，江公既去校，现暂即以周、钱二公主其事，而以魏副座任编辑事务，可否？请早日决定，于八月内将札子发出，望便中向蒋公一说，该副座之饷二百八十大元，想可从八月份起支，假如蒋公有想省一个月份之意，亦望砚兄向之解说疏通，感同身受。至于"敝人"辈之新饷，倒应自八月起支，但不知能否准期于月末付下耳？砚兄曾有所闻否？虽承蒙任、蒋、胡、傅、翁、陶诸宪核准补充兵缺，而迄今未见委札谕示，故颇觉茫然也。专此，顺颂撰安。不宣。 小弟鳣高顿首　八月廿三日晚	1、信中天行山鬼系指魏建功。魏建功，字国光，笔名天行、文里（狸）、山鬼。 2、信笺印"民国二十年五月……"，当写于1931年5月之后。 3、此信云"江公既出校"，当指江绍原1931年夏辞去北京大学教职，到中法大学孔德学院和北平女子文理学校任教一事（《周作人早年佚简笺注》，第221—222、421—422页）。则此信当写于1931年。

本书编号	原始登记号	写信时间	释文	备注
39	二.30	1931.9.11	曲庵砚兄：许久未见，想必起居胜常。不佞自入秋以来，因感冒风寒，眼鼻发炎，经觅医疗治，迄今眼虽已愈，而鼻子还是那个样子，大有一窍不通之势，虽然算不得什么毛病，总是不愉快，更无兴趣弄笔头了。话虽如此，等到鼻子好时，笔头总还是想弄。准此就要向砚兄打听一件事件，即是据砚兄之经验，北平市上那一家的笔比较地适用，日后想去买两支来，预备鼻子好时弄之也。 专斋拜 九月十一夜	此信当写于1931年。其内容可和刘半农1931年9月13日回周作人信相呼应。见《刘半农书简汇编》之刘半农致周作人函“一三”及按语。
40	二.23	1931.10.17	曲庵砚兄如面：奉命写序，昨已起手，而因俗事纷来，只写得二三百字，今明两天拟偷闲续写，大约可以成功，即当呈政。前为熊公代求法书，可否早日赐下？以便缴卷。闻我们的夷乘君已往析津避难，呜呼，岂非大难即将临头乎？匆匆不备。 十月十七日 粥尊谨状	编号37、40、41三通信在内容上彼此有照应，确定一通的时间就可确定另外两通，故由编号41的信确定此信写于1931年。
41	二.35	1931.10.21	曲庵兄：命作序文，今送呈，乞察收，做得不成之处，诸祈鉴原，叩头叩头。今日见报上大文，知与京兆商人宣战，此辈向来奴性十足，实在亦不值得计较也耳。匆匆。十月廿一日，尊白。	刘半农在1931年10月20日写过一篇文章叫《好聪明的北平商人》，信中所提“今日见报上大文，知与京兆商人宣战”，即指此事，时间也一致，故此信写于1931年。
42	二.16	1931	曲庵砚兄：繁文不叙。缪公金源、何公乐夫在女院原有功课，敝人曾经对鬼谷公磕头至少两次，唯该公对于此二公素表示反对，故卑头殆完全无效。缪公承砚兄荐于服院，得半枝栖，敝人虽为言诸燕大新主任郭公，而为马前主任所阻，未能照准。在缪公诚属教运欠佳，唯何公则似更坏矣，截至今日为止，似女师、女大两处饭盌皆已落地，鬼公对于何公之批语，正如蒋公之于某君，但敝意如有可援手，尚不惜再磕一头，未知砚兄能否为在服院或他处找一点小盌乎？专此奉恳。匆匆不悉，容后面罄，顺颂撰安。 敝小弟粥尊顿首	此信没有落日期，从信的内容推测1931年较为合适。 1、信中所指服院即服尔德学院，后改成文学院 2、1932年秋季学期开始，周作人已经完全脱离燕大，转回北大继续任教 3、1930年代初，刚接任系主任的郭绍虞先后邀请朱自清、郑振铎到校开设“中国新文学研究”“文学批评”“文学比较史”等和新文学相关的课程，此时约1930年代初，后来查相关资料，似乎1931年更合适，也即信中所提“燕大新主任郭公”

2、原登记并给号的47通“周作人致刘半农信札”，其中原登记并编20个号的20通书信，虽均无明确年份，大都只到月日，甚至未标日期，但通过内容比对和考证，可认定为1932年所写，据《周作人日记》1932年记载，和刘半农往来书信共34通，其中发信25通，受信9通。结合信札内容时间及日记时间内容，发现1932年所写的20通信亦存在内容的相互关联，此次整理按内容、时间做了重新调整，恰当的进行了归纳、考证、合并，故实为18通，也即编号43—60（表二）。

表二

本书编号	原始登记号	写信时间	释文	备注
43	二.37 二.38	1932.1.6	曲庵兄：前承介绍某书贾来，甚感，唯该贾终于白跑了一趟，未免有点对不起他了。不佞虽想买三袁之书，但以著作为限，编者暂拟恕不，只是近来书价太贵，令人望洋，如来薰有一部《瓶花斋集》，要敲三十竹杠，如何受得起乎，只能姑以石印本过瘾，留该书去给风雅富翁（世间有此种人否虽不敢知）耳。匆匆，顺颂研安百福。 愚小弟尊顿首 一月六日（二.37） 再，厂甸近来曾去看否？不佞走了一趟，买得渐西村舍刊《齐民要术》，仿佛大有归耕之概。又得《秋水轩尺牍》（秘密!），细读一通，著者系“绍兴师爷”，不佞以乡曲之见故益加珍重也耳。即日又及。（二.38）	1、《周作人日记》（下）第174页1932年1月6日发信处记有半农。 2、从日记内容看周作人四号去过厂甸，买《齐民要术》，六号又改订《齐民要术》，内容亦吻合。 3、此处来薰即为来薰阁，开业于清咸丰年间，最早是个古琴店，由于经营不善，生意亏损，经营者陈氏就将店铺典租与他人。陈氏的本族后生陈质卿曾在一家古旧书铺中学过徒，对古旧书的版本目录有所了解。后来，筹得一笔资金又将来薰阁赎了回来，并于民国元年（1912年），开办了来薰阁书店。
44	二.15	1932.1.29	曲庵兄：知兄获得一部《诗体明辨》，查该著者原有《文体明辨》，诗亦归在内，全书卷数甚多，“诗体”或系别人抽出单行乎？未敢悬断，姑以奉闻，以表献曝之忱耳。匆匆，顺颂“选”安。 尊拜启 一月二十九日	1、《周作人日记》（下）第185页1932年1月29日发信处记有半农。 2、周作人在1932年1月22日的日记中有“哑人作通事”印章，同古堂刻。该章为方形章。此信有钤印。

本书编号	原始登记号	写信时间	释文	备注
45	二.39	1932.2.21	曲庵砚兄：侧闻在厂甸大有所获得，不但书也，且有古物焉，逖听之余，欣羡无既。“敝人”只去逛一趟，花了几枚毛钱票，买得两三部书，其一系试帖，一乃乾隆刻本《菜根谭》耳。有一本程德全中丞宣统三年刻《寒山诗》，因还价稍吝，未曾买到手。又一本《诗》亦同样失败，该《诗》乃阳湖刘公炳照之《复丁老人诗记》也，可谓巧合也已！五大臣宴胡院长之晨，“敝人”往米粮库（后门内之米粮库，细思之殊不佳，然则其街岂不应曰穀道耶？）找该院长代某生交译稿，阍人以疾辞，窃思主宾不到则配享者尤无妨偷懒矣，因拟一访贵砚兄及马二兄即行北返，而贵砚兄正在高卧，故未得晤谈，怅怅而往西板桥，则二兄方洗脸也。沪乱未已，商务已倒，小峰本来叫苦不迭，想趁此正好关门乎？匆匆，顺颂撰安。二月廿一日，砚愚弟尊顿首	1、《周作人日记》（下）第196页1932年2月21日发信处记有半农。 2、周作人在1932年2月18日的日记中有去厂甸购得《菜根谭》等记录，日记内容与此信内容高度一致。 3、周作人1932年2月15日日记中写道：上午往访适之，阍人以疾辞，留交程君译稿二册。行半农，未起。至西板桥幼渔正盥洗，谈至十一时半，午返。北大院长等宴胡院长於东兴楼，辞未去。也印证了此信内容。
46	二.47	1932.3.22	曲庵砚兄道席：前以落伍封函呈阅，窃思砚兄近来似颇紧张，仿佛觉得对于敝事不无微词，至为惶恐。今日遇见天行山鬼，得悉砚兄似无不敬之意，始复放心。因将另一种落伍之信笺送呈一匣，伏乞赏收，无任叩头之至。再，近来有人提出“江冯二庸”一句征对，计已有“戴钱一处”、“陈吴三立”（敝人提议可改“陈吴六立”）阅于砚兄者，有“严刘四复”，此外尚有“陈王廿旦”，则似太晦涩矣。再闻曾赐“羲皇上人”之信，乃截至此刻现在为止，未曾收到，并闻。匆匆不尽。 小弟知堂顿首　三月廿二日	1、《周作人日记》（下）第211页1932年3月22日发信处记有半农。 2、此信用笺为木版印“会稽周氏摹汉熹平砖文”之双勾“汝南髡钳”笺。周作人1932年2月27日的日记中写道：上午影樵恒农冢墓遗文中汝南髡钳四字，拟刻作笺；3月10日：又取所制髡钳封三百枚来；3月19日：上午遣人取髡钳笺八匣来，又托印四百枚；3月21日：废名来，赠予髡钳笺一匣；3月23日：赠半农笺一匣。
47	二.40	1932.4.11	五福（福者复也）居主人砚兄大人庵下：惠赐尊家制砚铭文并胡博士本家所刻刘伯温印匣文各拓本，已均领收矣，愧无新得古砖可以拓奉为报耳。虽然（茅坤批，转得疾），敝人亦得一砚（又批，也是砚妙），惜不足观（宕一笔），乃以数钱银得之于地摊，拟以研朱者也，一端石，背上横铭曰：谷兰斋写经（看下文，盖异端之经也）砚，下刻像则光头斜领席地坐，并非不像倭人，但左下细书朱南恭造（朱南乎，朱南恭乎，未详），又因系端石，故以为殆七先生之流之物也。不足观故，又不好拓故，遂不呈政矣（结）。近日稍不适，礼拜五遂告了病假，大有附和王季绪公等罢课之势，昨今已好一点了，大约明天当上红楼去站岗去矣。家中人亦有病，内人与弟妇同患流行感冒，不佞这两日在家兼经管医药，殊为沉闷，大抵一二日中当可轻减，不佞亦可以稍有闲耳。久想写信，因上述情形未能如愿，不胜什么之至，想老砚兄当能垂谅也尔。匆匆不备，顺颂撰安。苦茶庵居士拜启　四月十一日	1、《周作人日记》（下）第222页1932年4月11日发信处记有半农。 2、周作人当天日记内容有信子、芳子生病的记录，与此信内容吻合。

本书编号	原始登记号	写信时间	释文	备注
48	二.24	1932.5.25	曲庵道兄：昨天到成均，收到惠赐抄本《八奸》两册，谢谢。查此书详记八种奸案，的系刑名师爷之枕中鸿宝，鄙人得此加以肇究，不难成为一名绍兴师爷，将来承办此项诉讼，其成绩必在江庸律师之上，是无弗出自道兄之赐也。至于纸笔精良，实是旧抄本之上乘，盖系嘉庆时吾乡先辈手迹无疑，甚可宝贵。诗云：维桑与梓，必恭敬止，其是之谓乎，此又当感谢道兄之贶我匪浅者也。顺请撰安。作顿首 五月二十五日	1、《周作人日记》（下）第245页1932年5月25日发信处记有半农。 2、《周作人日记》（下）第243页5月24日记内容提到收半农赠抄本《八奸》二册。
49	二.44	1932.5.30	未知道兄曾闻之乎？*久违芝范，时切葭思。辰维道履绥和，公私均适，定符鄙愿。专此，敬请砚安。 砚小弟作人顿首 五卅 *此种写法大有道理，古人所谓朝三暮四、朝四暮三法也。谓余不信，请比较研究读遗嘱、饭前祷告、念波罗蜜多咒可也。	《周作人日记》（下）第247页1932年5月30日发信处记有半农。
50	二.42	1932.6.3	赚尹亭林公所藏刘左庵遗稿，而南京信来，则披肩公在京所藏刘稿及该公自己手稿均已不翼而飞，杳如黄鹤矣，此节殆可收入民国《果报录》也。 卷一说昙华禅师，有一首好诗，录呈雅正。诗曰：蜻蜓许是好蜻蜓，飞来飞去不曾停。被我捉来摘却两边翼，恰似一枚大铁钉。六月三日灯下，知堂和南。	1、《周作人日记》（下）第250页1932年6月4日发信处记有半农。 2、《果报录》是清代无名氏创作的长篇弹词。 3、1932年8月21日周作人日记中提到：季明以所得刘申叔致端方密函见示，甚可珍也。
51	二.46	1932.7.11	曲庵兄：上海某书店目录中有《焚椒录》，拟即花数钱银子去买，下注陈继儒刊，因查《汇刻书目》，果在《宝颜堂秘笈》（正集）中查到，然则在圜中想多有之耳。匆匆不具，顺颂撰安。砚小弟知堂顿首 七月十一日	1、《周作人日记》（下）第269页1932年7月11日发信处记有半农。 2、《焚椒録》在周作人1932年日记中多次出现，内容吻合。 编号51.52.53三通信在内容上彼此有照应，确定一通的时间就可确定另外两通。
52	二.11	1932.7.23	含晖道兄砚右：承惠赠《俗曲总目》，拜受之下，欣感莫名。《焚椒录》已承沪书估寄来，但尚未到。敝乡某诗人有四诗分题：飞燕、秘辛、控鹤、焚椒，此四书的确可合刻一集，惜世无叶（德辉）、况（周颐）辈为灾梨枣也。匆匆。七月二十三日 知堂	1、《周作人日记》（下）第275页1932年7月23日发信处记有半农。当天半农既是发信人又是受信人。 周作人在7月23日的 日记中写到“上午收半农赠所编《俗曲总目》一部两册”。

本书编号	原始登记号	写信时间	释文	备注
53	二.6	1932.7.26	曲庵道兄：《焚椒录》已买到，只是记辽萧后被诬与伶官赵惟一私通之惨案，其中云："惟一低声言曰：奴具虽健，小蛇耳，自不敌可汗真龙。后曰：小猛蛇却赛真懒龙。此后但闻惺惺若小儿梦中啼而已。"此外别无什么违碍字句了（况夔笙某笔记中已抄录）。录中又有《十香词》及《回心院词》亦颇佳，如欲一阅者，当送去也。匆匆。七月廿六日　知堂和南	1、《周作人日记》（下）第277页1932年7月26日发信处记有半农。 周作人在7月25日的日记中写道："上午往访川岛于北大，至北大福寿堂刘天华君凯吊，送礼四元，午返，以讲稿送交慧修，下午改订《焚椒录》，吴文琪君以平伯介绍来谈，金源来访。"
54	二.2	1932.7.29	曲庵道兄：手书诵悉，惠赐女公子所译书，多谢多谢。开明当为一代问，有同乡章公锡琛在管印刷事务，可以去说。至于支款一事，据不佞自己经验及平伯所说，多支恐不易。不佞于春间送呈一部《看云集》的文稿，蒙借给壹佰元而已。大抵此刻书估对了教科书眼红，别的书便有点不大愿意。不佞曾想为赚钱计，编一中学生需用之书，可惜终于想不好。闻语堂月入千金，以英语教科书也，夏勉旃（现自称"丏"尊）亦收入甚多，以"文章作法"及"爱的教育"（Amicis原著教育小说）译本也。不佞出了三本文艺书，则所入不过平均每月二三十元而已，吾辈以后似亦不可不参考此种情形稍稍努力（堕落？）。至于较纯的文艺或学术著作，再另行努力也。愚论未知道兄以为何如？衣萍之滑头盖已久矣，见其广告中有仿适之"四十自述"之"我的卅年"，不佞颇想等两书出板合印为一书，题曰"他们的七十岁"，由将来拟开张之老人书店印行之也。一笑。匆匆不具，顺颂撰安。七月廿九日 知堂拜	1、《周作人日记》（下）第278页1932年7月29日发信处记有半农。 周作人在7月28的日记中写道"半农赠《朝鲜民间故事》，"《朝鲜民间故事》1932年6月出版，刘半农女儿刘小惠翻译，由周作人和章依萍作序，刘半农写结语，徐悲鸿做插画。

本书编号	原始登记号	写信时间	释文	备注
55	二.21 二.45	1932.8.11	半农砚兄：尊信虽未到，但就卑见所及，先写一点寄呈曲览。如承引用，甚感光荣。唯幸勿表彰此系某老人所说，因敝人殊无意与现今摩登诸公相见于论坛之上也，所供是实。八月十一日，知堂。 Sex据Concise Oxford Dictionary往系集合名词，故Female sex可译为女性，但不能作一个女人讲。Weaker sex 等准此。 Female可译作女性，但作女人讲，则有似吾乡乡下人之说“雌头”，准上举字典注亦云vulgar也。 Female sex(甲)、Womanhood（乙）等日本均译作女性，查较早的《言海》，女性只训作女人的性质（或生而为女人的这件事），（乙）原系抽象名词，作集合名词（甲）用，盖系后起，再一转则作女人讲，大抵由于新闻杂志记者之乱用，如Con.Oxf.Dic所说，盖是Vulgarity之占优势也。 中国用“女性”盖系承袭日本“新名词”，始于何时则不可考矣。为通俗便利计，以女性作集合名词用似乎不可，唯如云：我是一个什么的女性，似嫌不妥。假如以为已通行故不妨用，则自称雌头或堂客岂不更普罗∴（注：即“所以”）更摩登乎。	1、《周作人日记》（下）第286页1932年8月11日发信处记有半农。 2、二.45这封信没有署名，也没有年月日，但从内容看讲摩登及女性之事，通过信笺等信息比对，认为就是8月21日这封信上所提的“先写一点寄呈曲览”。 3、刘半农1932年8月4日在《世界日报· 妇女界》上发表论文《“女性”代“女人”根本不通》，后又在7日、17日发表另外两篇关于女性的讨论文章
56	二.8	1932.8.14	曲庵道兄：顷奉上司胡院长札，饬开具研究成绩，而卑职实在素无研究，尚不知如何开列，道兄所开者可否抄示，以备揣摩，知感知感。女性讨论不见进展，其原因由于参加讨论者缺乏常识（有些人连普通英文还未懂清楚），大都赞成“约定俗成”，以为只要通行了便行，再不去“吟味”（劣语，曾见谢六逸君赏用，故遵用之）其好丑，皆是中了journalism之毒者也。流行语中极恶劣者之一为摩登，其好处只可供无聊文人绕笔头，“摩而登之，登而摩之”云云，其实时髦一语已足以表之，何必译音，此盖亦是效东邻之颦，而东邻之为此言者大都亦只是无聊新闻记者及尚未读通之学生，有如中国中学生之喜说ㄚㄋㄚㄙ与ㄈㄛㄎㄙ等语耳。匆匆。知堂 八月十四日	1、《周作人日记》（下）第287页1932年8月14日发信处记有半农。 2、此信内容和编号55有关联，亦提到女性的讨论问题。

本书编号	原始登记号	写信时间	释文	备注
57	二.12	1932.8.19	曲庵道兄：承示贵计划，谢谢，不佞亦当起草呈报院长胡阅下矣。所说书店，不知是何店，岂立达乎？惜此刻无稿，《希腊拟曲》一小册子已送给胡博士之编译会，此种书决销不多，如抽板税，劳资两方皆无利益，不如直捷的卖了，计得四百元，已用以买得一块坟地矣。非此不佞乃益落伍，确入于地主之类而在打倒之列了，岂不哀哉。秋风已起，校门将开，勒令拥皋比之期又不远了，此又可为长太息者也！匆匆不一。八月十九日，砚弟知堂再拜。	1、《周作人日记》（下）第290页1932年8月19日发信处记有半农。 2、周作人1932年6月15日日记中写道：上午往北大考试，以拟曲交适之。同日，周作人写信给胡适，信中提到：附呈稿一本，此即俗事是也，书名拟为《希腊拟曲》。 3、周作人8月14日、15日、18日、19日日记均提到信中所讲坟地及所需费用一事。与此信内容吻合。
58	二.47	1932.9.7	半农兄：承赐题字，多谢多谢。宣言知系兄手笔，窃敢贡其愚忱，此事恐无实益，亦且难望实现，而多有被责难之虞，或以不进行为宜。近两日偶尔晤胡、傅二公，其意见亦同（窃察其言，均系善意的），特附陈，乞赐考察。草草不悉。九月七日，作人白。	1、《周作人日记》（下）第300页1932年9月7日发信处记有半农。 2、周作人在日记中提到9月6日见胡适，9月7日见傅斯年，从内容上也与信中“近两日偶尔晤胡、傅二公”一致。
59	二.36	1932.9.21	曲庵砚兄：承示番印拓本，羡羡。案此字当作“卢”，因其文似作“ㄨㄧ”，今Liu-i = Lu也；但或者是“黎”亦未可知，盖LIV-I = LIII也（案54，音ㄌㄧㄨ；53，音ㄌㄧ〜）。以上系端陶斋尚书幕僚考释埃及文铭词之法，非不佞之新发明者也。不佞近日乃一无所得，盖因久不出行，而久不之缘故则因舍小侄丰三洽旬重病，至今未愈，日日危疑，忙于医药也，其父消摇海上，不佞乃只得代为着忙着急，“苦矣”。连日不得安定，无事可为，但看桐城大师《惜抱尺牍》消磨时光。此书以九毛钱得之，尚算值得，此外又得《印雪轩诗钞》一部，则因系曲园之老太爷所作故耳。匆匆。知堂。九月廿一日	1、《周作人日记》（下）第307页1932年9月21日受信处记有半农（复）。 2、周作人在19日.20日.21日.22日.23日等日记中连续记录丰三生病的相关情况，与此信所述“因舍小侄丰三洽旬重病，至今未愈，日日危疑，忙于医药也”内容吻合。
60	二.9	1932年	曲庵砚兄：有旧生在沪办儿童书局，不佞曾为译一小册儿童剧，不久将出板，拟请老兄为题书面，坿呈纸样，希便中一挥大笔，掷下以便转去，叩头叩头。专此，顺颂撰安。愚小弟知堂再拜	1、该信未署年月日，但周作人《儿童剧》1932年11月由儿童书局出版。因此此信写于1932年可确定。 2、周作人在1932年8月24日日记中提到“编儿童剧余稿十二页序五页寄去”，12月6日上午八时往北大上课午返下午得儿童书局寄《儿童剧》二十册。

3、原登记并给号的47通“周作人致刘半农信札”，其中原登记并编8个号的8通书信，虽均无明确年份，大都只到月日，甚至未标日期，但通过内容比对和考证，可认定为1933年所写，据《周作人日记》1933年记载，和刘半农往来书信共17通，其中发信11通，受信6通。此次整理按内容、时间做了重新调整，恰当的进行了归纳、考证、合并，故实为8通，也即编号61—68（表三）。

表三

本书编号	原始登记号	写信时间	释文	备注
61	二.20	1933.4.6	曲庵砚兄：有旧生在沪办儿童书局，不佞曾为译一小册儿童剧，不久将出板，拟请老兄为题书面，坿呈纸样，希便中一挥大笔，掷下以便转去，叩头叩头。专此，顺颂撰安。愚小弟知堂再拜	1、《周作人日记》（下）第407页1933年4月6日发信处记有半农。 2、此信未见履历及名片，朱君推测为朱希亮，1924年毕业于燕京大学心理学，1930年获耶鲁大学心理研究所科学硕士学位。
62	二.13	1933.4.17	曲庵砚兄如见：知受命撰李公碑，甚善，而亦甚难，正如在清朝叙述死难明臣也。鄙见以为，文大可不用，只须正面大书：某官某人之墓；其阴简明地说：公讳某、字某、何处人，生何年，学于何校，为某校教官，某年某为大元帅，某日死于党狱，年若干，某年月友人某等为葬于某地（如有铭或殿以铭）。此系个人私见，谨供砚兄之参考，至于公开则恕不也，故送在蒋校长处之原文只注两处，未说到此点也。假如仍用原碑文，鄙意至少“死于党狱”一点似不可不说，然而措词又似不易，此亦吴老头子之所谓“苦矣”之一也。上瞻礼一，因下階失足伤左踝，至今尚未全愈，大约须再过五六日殆能外出耳。草草不尽，顺颂撰安。砚愚弟专斋顿首 近得一砖砚，文曰“永明三年”，系南齐物，颇可喜。故敝斋大有改名之意，当称“永明专斋”也，又及。	此信没有具体的时间，但是从信中内容不难得出确切的时间即1933年4月17日 1、周作人在1933年4月10日的日记中写道：捧大吉砖下階失足左踝稍痛涂药。 2、周作人最早在1933年4月7日得永明砖砚，制笺最早也在同年,从《周作人致松枝茂夫手札》中收录周作人用“永明三年”四字砖文信封四枚。 3、4月15日，刘半农缅怀深切地悼念之情，写出了一篇《故国立北京大学教授李（大钊）君墓碑》铭文。 4、《周作人日记》（下）第412页1933年4月17日发信处记有半农。
63	二.25	1933.5.11	曲庵砚兄：嘱代买之物，今只买到半斤，日后当再到来可以再买也。此种昆布系略用盐腌，食时勿用水浸，只须用湿布稍擦即可，即生吃亦无不可，煮法任便。昆布之价只值数毛钱，原拟奉赠，但如因系代买之故欲以见还，则亦可耳。又另一团，系“松叶昆布”，译名当为海带丝欤，系家中原有，即以进呈，最好和在肉内做肉丸子吃，煮汤等亦佳。今日买到一册Jespersen的《英文法要义》，与纳斯菲尔殆真不可同日而语，至于不佞之看此书则犹之乎看闲书耳。草草。专斋拜 五月十一夜	1、《周作人日记》（下）第425页1933年5月12日发信处记有半农。 2、周作人在5月12日日记中记录“半农代买昆布交去”。

本书编号	原始登记号	写信时间	释文	备注
64	二.4	1933.6.12	曲庵砚兄：瑶光寺尼墓志诚新奇，但恐如吾家养龠所言，难可靠耳。和尚为尼姑作传，查此事古已有之（梁宝唱作《比丘尼传》四卷），此或即从此出乎。梁代著书如《比丘尼传》《高僧传》，只言姓某或本姓某，至唐道宣所著《高僧传》中则已有俗姓某字样矣。志文如照得，乞分给一张为荷。匆匆，敬颂撰安。弟药真拜白 六月十二日	1、《周作人日记》（下）第440页1933年6月12日发信处记有半农。 2、周作人在1933年6月13日日记中记录“上午往琉璃厂买书不得，往访半农得豆板砂印泥” 3、周作人在1933年6月20日日记中记录“得半农赠魏瑶光寺尼慈云墓志拓本影片一枚”。
65	二.22	1933.8.9	曲庵道兄：五日手书诵悉。承示铜印之一，虽颠倒看之仍不能明，又其一列似唏喇呢字曰“Apbranioui”，岂人名乎？唯照例-ou（读作乌）下不会有i，亦属疑问也。见有“行有恒斋”监制之“紫鹿颖”在后门外一店中,制颇精而价亦不贵，但闻未必适用耳（有友人试过）。药拜白 八月九日午	1、1933年4月2日，金禹民为周作人刻“苦茶庵”印（朱文小篆），此信钤“苦茶庵”印，故推断此信写于1933年。 2、《周作人日记》（下）第470页1933年8月9日受信处记有半农（复）。
66	二.17	1933.9.7	曲庵仁兄同砚道长执事：前为贵所属研究生赵公泉澄叩头，拟提出成绩请求奖学金，蒙饬令迅即提出，现该生已经照办，将论文送呈仁兄察阅，特再为叩头，乞赐以照拂，至感至感。公事之后继以私事，日前在鼓楼一小店中见有洪宪元年召开国民大会布告（铅印，盖印全）一纸，惜其太大不敢收藏，贵所（此非杨遇夫之“所”也）似不妨得之。其店在鼓楼东路北，店名“得利复兴”，标实价不肯减让一文，该布告则云价一元也。沈从文君重九结婚，拟送喜联而做不出句子，只记得沈君曾撰一部《爱丽思漫游中国记》，乃以作枯窘题法做打油体诗十字送之，云：领取真奇境，会合爱丽思。比曳白聊胜一筹而已。知堂拜 九月七日晨	1、《周作人日记》（下）第486页1933年9月7日发信处记有半农。 2、沈从文1933.9.9日结婚，该信内容里有提到。
67	二.10	1933.10.9	曲庵道兄：致程君信坿上，乞转交。程君北大出身，曾从弟读日文，在东京帝国大学研究哲学数年，回国后任北大等校讲师，去年因生病往东京休养，可谓余君一往访，直接会谈为要。余君原信坿还。匆匆奉覆，顺颂近安。小弟知启　十月九日灯下	1、《周作人日记》（下）第502页1933年10月9日受信处记有半农，10月10日发信处记有半农。 2、周作人在10月9日的日记中，详细记录收到半农的信，提到余锡暇和程衡，故此信中所写程君和余君都找到了主人。

本书编号	原始登记号	写信时间	释文	备注
68	二.7	1933.12.27	曲庵道兄：笺注《倭名类聚抄》，洋装者难得，近见一家目录中有一部中板【大抵4in（英吋也）×（乘也）7in（见上）】皮纸印线装者，计十本价日金八圆（时价约十円，故该店尚不贵）也，如道兄要时可令其寄来。大板（亦皮纸线装）则须十五圆左右，倘道兄舍小取大，亦可，但须再留意矣。五星联珠之后继以大雪，其为吉兆无疑，欣闻戴院长（其讳宗者系另一人，盖在宋朝也）正在搦管草一篇大文，题云《礼乐与民生》，此亦一大吉兆哉。匆匆。知堂　十二月廿七日	1、《周作人日记》（下）第542页1933年12月27日发信处记有半农。 2、五星连珠，也叫“五星聚”，是一种天文现象。古代用水、金、火、木、土五行星同时出现在天空同一方的现象，这种现象不常发生，所以古人曾认为它是祥瑞之兆。周作人在1933年12月27日日记中提到：天气阴雪。

4、原登记并给号的47通“周作人致刘半农信札”，其中原登记并编4个号的4通书信，虽均无明确年份，大都只到月日，甚至未标日期，但通过内容比对和考证，可认定为1934年所写，据《周作人日记》1934年记载，和刘半农往来书信共18通，其中发信12通，受信6通。结合信札内容时间及日记时间内容，发现1934年所写的4通信亦存在内容的相互关联，此次整理按内容、时间做了重新调整，恰当的进行了归纳、考证、合并，故实为2通，也即编号69—70（表四）。

表四

本书编号	原始登记号	写信时间	释文	备注
69	二.18 二.26	1934.1.15	曲庵道兄：前所写打油一章，如道兄喜欢发表，不佞乐得附骥，自无有不遵，唯须题名时望用"知堂"，而勿再用岂明等字样，斋名亦用“苦茶庵”，若苦雨便嫌“隔”也。实为德便，顺颂砚安。 小弟欺（用乱训治之例）堂拜白　一月十五日（二.18） 再，有吾乡范公（在杭州做小官）以其先人手稿见示，范寅一部分无甚可取，范家相（《诗沈》等著者）稿数种，虽未必甚高深，但以系乾隆时人，似亦可收藏，不知贵院可办交涉乎，如有希望当再谈。买价如缺乏则可由敝“研究”费下支付，此亦是乡里之见乎，实亦受人之托，不得不为一问耳。十五日，作人。（二.26）	1、《周作人日记》（下）第554页1934年1月15日发信处记有半农。 2、信中所提范公即范寅，浙江绍兴人。范家相，字衡洲，乾隆甲戌进士，浙江绍兴人。1933年11月20日，周作人日记中提到了“得杭州范君片，公范啸风尚有遗稿，嘱寄来一看”；12月11日，信中提到：下午收杭州范君寄来衡洲啸风二君杂稿八包。

本书编号	原始登记号	写信时间	释文	备注
70	二.14 二.34	1934.1.25	曲庵道兄：先抄一诗呈览。日内走访，再谈，匆匆不尽。一月廿五日晚，知堂。（二.14） 《再和苦茶先生聊自嘲也》适之 老夫不出家，也不着袈裟。人间专打鬼，臂上爱蟠蛇。不敢充油默，都缘怕肉麻。能乾大碗酒，不品小钟茶。（末句用典出在大观园栊翠庵） 天风先生自嘲诗只四韵，意似不完，因为续貂，足成五言八韵云尔。一月十九日 苦茶 双圈大眼镜，高轩破汽车。从头说人话（刘大白说），煞手揍王*巴（桐城谬种、选学妖孽）。文丐连天叫，诗翁满地爬。至今新八股，不敢过胡家。 *马二先生读至此，曰："王敬轩乎？"，大不敬。（二.34）	《周作人日记》（下）第559页1934年1月25日发信处记有半农。关于周作人五十自寿诗，有专门章节讨论。

三、当言情深深

我馆所藏的这批当时学界精英写给刘半农的信札，反映了当时知识分子的往来以及社会生活等方方面面的细节。收信者是新文化运动的代表人物之一刘半农，寄信者涉及当时众多学界的精英，用纸随性而起，笔法有的肆意，有的拘谨，有的传统，有的随意，可见个人喜好，虽然从整体上看，这些信札朝着白话书写的方向发展，但是民国是个比较特殊的时代，许多文人接受过传统儒家经典教育，纵使后期在文学运动的影响下，逐渐脱离文言书信写作，书信个别保留下来一些专用格式，比如卢锡荣致刘半农的信（编号119），个别出现典雅的文言词汇，比如周作人致刘半农信（编号49），信中出现的久违芝范，时切葭思。辰维道履绥和，公私均适，定符鄙愿等词汇，虽然现在读起来不知所云，但在古语中有特别的范式。其中芝范，借指见面，有时也用芝宇一词；葭思系蒹葭之思的省语，旧时书信中常用作对人怀念的套语；辰维系平辈之间的恭维语。除了用词，写信人在行文称呼上各自风格也不一样。蔡元培是属于最为规矩和讲究的，启首均为"半农先生大鉴"，信末也会向刘半农夫人及子女问候，而这也是蔡元培的个人风格，如蔡元培致何思源信，启首为"仙槎我兄厅长大鉴"[13]，致罗家伦信，启首为"至希吾兄大鉴"；周作人因为1927年北新书局被直系军阀查封，为避文祸与刘半农离家避难，有着不一样的同桌共砚患难经历[14]，所以在称呼上"曲庵兄"、"曲庵砚兄"、"曲庵道兄"，"含晖道兄砚右"，显得亲切，刘半农对此也用"岂老砚兄"、"岂明老兄砚右"回以呼应[15]；而徐悲鸿作为刘半农的老乡，自身又随性洒脱，对刘半农的称呼则是"半农我兄"、"半农吾兄"、"半农老友"、"半农老兄"，语句中还不乏有"终愿勿撤洋烂污"的方言（编号112）。

作为友朋与刘半农之间或师或友交往的私函，这批信札的内容不同于公开发表的报刊文章和出版著述，字里行间隐现出的不仅是落墨者的真性情，还呈现出相关事件若干细节和幽微情致。

1、沈从文结婚贺联

1933年9月9日，沈从文与张兆和在北平结婚。关于婚礼，沈从文表侄黄永玉回忆到："几十年来，他（指沈从文一笔者注）从未主动上馆子吃过一顿饭，没有这个习惯。当他得意地提到有限的几次宴会时一徐志摩、陆小曼结婚时算一次，郁达夫请他吃过一次什么饭算一次，另一次是他自己结婚。我没有听过这方面再多的回忆。"[16]可见场面是颇为隆重的。而《沈从文年谱》[17]则云：1933年"9月9日，沈从文与张兆和在北平的中央公园水榭举行婚礼。请客约六十人，客人大都是北方几个大学和文艺界的朋友。"有的友人虽然不一定到婚礼现场，但也会撰写贺联以示祝贺。周作人在日记中没有记录是否参加沈从文婚礼，但在1933年9月8日日记中有如下记录："上午写联云：试游新奇境，相随阿丽思。因明日沈从文君结婚也。"[18]同年11月1日杭州《艺风》月刊第1卷第11期又刊出署名知堂的补白《沈从文君结婚联》：国历重阳日，沈从文君在北平结婚，拟送一喜联而做不出，二姓典故亦记不起什么，只想到沈君曾写一部《爱丽思漫游中国记》，遂以打油体作二句云："倾取真奇境，会同爱丽思。"而这一喜联也出现在我馆所藏的这批信札中，信写于1933年9月7日（编号66），信文有"沈从文君重九结婚，拟送喜联而做不出句子，只记得沈君曾撰一部《爱丽思漫游中国记》，乃以作枯窘题法做打油体诗十字送之，云：领取真奇境，会合爱丽思。比曳白聊胜一筹而已"阴历九月初九是重阳节，又称"重九"，几个记载一对应，不难看出周作人的这首贺联，从9月7日"领取真奇境，会合爱丽思"到9月8日"试游新奇境，相随阿丽思。"再到11月1日贺联发表时的"倾取真奇境，会同爱丽思。"上下联经历了多次遣词上的修改。

2、王悦之《亡命日记图》

《亡命日记图》是王悦之后期最重要的作品之一，画家自称是"极端写实之作"，一切忠实于生活，不但开创了王悦之第三创作期向写实主义转变的先河，主题也向具有社会现实意义靠拢。[19]我馆所藏的"刘半农友朋信札"中有一通署名王悦之（编号106）（图七），信文为"半农先生大鉴：昨日晤谈甚快，弟近作《亡命日记图》一幅，高约七尺、宽约五尺，拟出员柏林美术展览会，今特奉上该图照片一纸，敬祈指正。耑此，

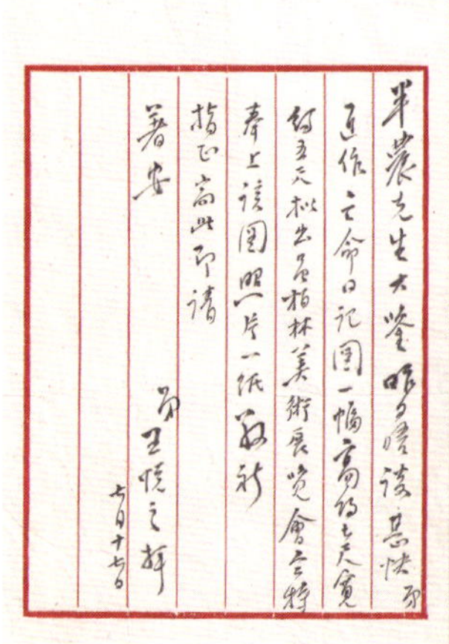

半農先生大鑒 昨日晤談甚快 弟近作亡命日記圖一幅 高約七尺 寬約五尺 擬出展柏林美術展覽會 兹特奉上該圖照片一紙 敬祈指正 爲此即請
著安
弟王悅之拜
七月十七

图7 王悦之致刘半农书信（江阴市博物馆藏）

图8 王悦之《亡命日记图》（中国美术馆藏）

即请著安。 弟王悦之拜 七月十七日 ”是王悦之就《亡命日记图》请求刘半农指正，并附有《亡命日记图》照片，可和中国美术馆藏《亡命日记图》对照（图8）。

关于《亡命日记图》的具体创作时间，历来有争议，标注也不统一，一种是直接标“1930-1934年作”，一种是标1934年作，《王悦之年表》中也是笼统的将《亡命日记图》放在1930-1934年统一绘画创作第三时期[20]。该信日期为7月17日，刘半农1934年7月14日去世，可排除1934年。信中有提到“近作”“拟出展柏林美术展览会”字样，柏林美术展览会起始于刘海粟在柏林考察时与德国方面签署的赴柏林举办中国现代美术展的协议，于1932年6月开始筹备并于1934年1月在德国柏林普鲁士美术院正式开幕且取得空前成功。从时间节点上亦可排除1930年和1931年，至于《亡命日记图》是作于1932年还是1933年，该画最终是否赴柏林参展，有待进一步考证。

王悦之与刘半农、刘天华兄弟均有交情，王悦之与刘天华的相识应源于北京大学或者是北京艺专。当时北京大学设有音乐传习所，而北京艺专也开设了音乐科，刘天华任职于两校。 1932年王悦之曾作《刘天华弄琴背影》（图9），刘半农在此画上题记“始吾以为生平为天华摄影仅有一

图9 王悦之《刘天华弄琴背影》（江阴市博物馆藏）

帧，即今悬其木主之上者，后儿辈复检出一弄琴背影，细审之乃民国十四五年间所作，时天华居沙滩二十七号，其窗棂位置影中犹隐约可辨也。影摄于冬季下午五时后，又在室中，故光彩不扬，不能成幅。乃乞画家王悦之先生以素描法取其大凡。着墨不多，居然得传神写照之妙。悦之先生诚今之圣手也。天华以音乐名家独无奏乐影像传存于世，今有此帧可以无憾矣。民国二十一年八月八日兄复谨识。”

王悦之亦曾给刘半农画像。刘半农曾在1934年日记中，详细记录了向王悦之求其绘像直到作品取走的过程。“1934年2月18日……下午……到祖家街看王悦之所办美术学校师生作品展览会，并与悦之谈刻时，承允为余绘一油像。”；“1934年3月3日……下午到平安里王悦之家画像，自二时至五时，仅打成一炭纹草底。……”“1934年3月7日……下午到王悦之家画像。二时半去，六时归。画毕面部，尚徐两耳及衣服未画。”“1934年3月14日 ……下午到研究所，到平安里看王悦之，欲取回所画像。值出，像亦未乾……”；“1934年3月16日 ……下午到研究所，再到王悦之家取画像，油仍未乾”；“1934年3月23日 ……下午到王悦之处取回画像”[21]。关于这幅画像，刘半农本人很是喜欢，在画像旁自题诗一首，并刊登在1934年的《世界画报》上，原画像散佚，翻拍照曾出现在北京中国美术馆举办的“脉脉之思：王悦之艺术展”上[22]（图10）。胡适在1934年3月27的日记中记录做打油诗，题目为《和半农的〈自题画像〉》[23]，刘半农去世后，王悦之曾作五言律诗悼念，悼词有“义容图画在，遗恨几千秋”句[24]。

王悦之儿子刘艺回忆，王悦之生前曾有一部莱卡相机，曾用这部相机拍过自己的作品[25]，推测这张信中所附照片系王悦之所拍。据考证，《亡命

刘半农画像

图10 王悦之《刘半农画像》（散佚、系翻拍照）

日记图》原为一整幅作品。北平美校毕业、受教于王悦之的学生陆黎光回忆，此画“原是将两幅画布缝成一大幅绷在框子上画的，是一整幅。在画室陈列时，不知哪个学生用刀子在中缝扎了一个口子，王先生便把它拆成两半裱成卷轴”。如若原先“缝成一大幅绷在框子上画”，后在“陈列时”才被从中划破[26]。这封信所附《亡命日记图》照片为今后研究王悦绘画探索轨迹也可提供相应的实证。

3、徐悲鸿《不堪回首（猫）》

我馆所藏这批“刘半农友朋信札”有多通徐悲鸿致刘半农信，原登记号为七通（原始编号五.1-7），本次梳理，定为6通（编号110-115），按信的内容以及信笺大小、折痕，将既无署名又无日期的一通（原登记号五.6）作为附信并入日期为五月二日的那通信（原登记号五.5），合并为一通信（编号111），这六通信没有具体年份，但时间线很清晰，4月4日，5月2日，5月14日，6月27日，6月30日，8月8日，从内容看均是围绕徐悲鸿作品的照片底片需付印展开，有的需交付瑞典使馆M de Lagerlerg及Madame Mika Mikon（弥密贡夫人），有的需“以佳片付中华印出”所以系写于同一年。1932年10月《悲鸿画集》在柏林和巴黎出版[27]，1933年2月徐悲鸿赴欧洲，1934年8月回国，按信文内容，结合徐悲鸿请刘半农将他的作品照片印出数份，同时徐悲鸿还在北京、南京两地奔走的诸多信息可确定这6通信写于1932年。

徐悲鸿在这些信里提及《鹅群》、《牛》《山水》《马》等画作照片底片有的要加印，有的要裁剪（编号110），另有“《不堪回首（猫）》可以不印，因尚有多幅”（编号111）。徐悲鸿是一个很喜爱猫的人，猫常常成为他笔下表达情感、遣兴甚至调侃的题材。他的猫图，大部分为赠写友人，如赠徐志摩的《猫》，赠吴湖帆《猫梦图》，赠弟子陈志华《猫戏图》。这幅《猫》定名为《不堪回首（猫）》就更加有了故事性。福建莆田市博物馆所藏一副徐悲鸿画于1931年的猫图，旁边题词“不堪回首”（图11），是1931年徐悲鸿为《涵江火灾书画展览》后遗留下来的艺术珍品。1930年冬，涵江发生一场特大火灾，延烧二百多户，为重建家园，当地绅商黄缃等人发起向全国书画家和各界名流征集救灾的书画作品，在上海、新加坡和涵江巡回展出，以义卖的润资赈济灾民，并置办防火设施。这一倡议得到了全国各界人士的热烈响应，在征集作品的函电发出后，陆续收到全国各地寄来的书画作品约五千件，献艺的作者达一千多人，其中徐悲鸿更是第一时间献上画作支援涵江灾后重建工作。这幅《不堪回首（猫）》传达了徐悲鸿忧国忧民、祈福安宁的赤子情怀，因此也是其心爱之作。不知道是不是就是信札中提到的不用加印的这幅作品。

图11 “不堪回首”猫（莆田博物馆藏）

悲鸿先生画过很多猫，和蒋碧薇女士一起入画的《抚猫人像》中蒋碧薇抱着一只纯白的波斯猫（图12），这是蒋碧薇的喜好。徐悲鸿作品中出现最多的形象是白黑花斑猫。其身白毛，缀有几块大黑斑，最为突出的是眉眼以上至头顶覆盖有倒凹字形黑斑，尾巴全黑，有人以其毛色起名为“乌云盖雪”，莆田市博物馆所藏的《不堪回首（猫）》中的猫形象就是“乌云盖雪”，贵州博物馆所藏4幅徐悲鸿《猫》中的形象均是“乌云盖雪”[28]，只不过身上黑斑不多，但眉眼以上至头顶覆盖有倒凹字形黑斑，尾亦是全黑。（图13）

图12《抚猫人像》（徐悲鸿纪念馆藏）

图13《猫石图》（贵州省博物馆藏）

4、周作人“五十自寿诗”

中年以后逢“十”做寿，是中国人的传统习俗，而在寿诞之际赋诗作文，是文人的一种习惯和纪念方式，1927年钱玄同有四十岁“成仁周年”纪念，1930年胡适有四十岁“寿酒米粮库”，1934年亦有周作人“五十自寿诗”，均是文坛津津乐道的趣事。

周作人到1934年1月13日为50虚岁，他按照中国的传统做寿“做虚不做实”的习俗，用南朝志明和尚“牛山体”的打油诗体式，于1月13日吟咏自己的五十大寿，诗云：前世出家今在家，不将袍子换袈裟。街头终日听谈鬼，窗下通年学画蛇。周作人以写作《五十自寿诗》的方式表达自己当时的心境与姿态，居然引来钱玄同、林语堂、胡适、刘半农、沈尹默等诸多友人唱和，连平时不怎么写诗的蔡元培也诗兴大发，从外地寄来三首和诗，乃至最后在多种杂志上刊登的自寿诗及和诗，引起左翼文化人的批评，成为当时最著名的文化事件之一。

胡适早在1930年就有诗赠周作人：“几枝无用笔，半打有心人，毕竟天难补，滔滔四十春”，1934年1月17日读了周作人《五十自寿诗》，和了一首七言律诗，题为《戏和周启明打油诗》，诗文“先生在家像出家，虽然弗着啥袈裟。能从骨董寻人味，不惯拳头打死蛇。吃肉应防嚼朋友，打油莫待种芝麻。想来爱惜绍兴酒，邀客高斋吃苦茶”，因周作人的原诗是七言律诗，所以友人唱和诗都为七言，但胡适意犹未尽，18号另和一首题为《再和苦茶先生的打油诗》，诗文“老夫不出家，也不着袈裟。人间专打鬼，臂上爱蟠蛇。不敢充油默，都缘怕肉麻。能干大碗酒，不品小钟茶。”[29]系所有和诗中唯一的一首五言诗，周作人收到胡适这首诗后，于19号续成五言八韵，寄给胡适，胡适在20日的日记中将自己写的原诗和周作人的续诗都抄录下来，其内容可和我馆所藏周作人致刘半农信（编号70）所附诗函（图14）结合在一起看。信文为“《再和苦茶先生聊自嘲也》 适之 老夫不出家，也不着袈裟。人间专打鬼，臂上爱蟠蛇。不敢充油默，都缘怕肉麻。能乾大碗酒，不品小钟茶。（末句用典出在大观园拢翠庵）（天风先生自嘲诗只四韵，意似不完，因为续貂，足成五言八韵云尔。 一月十九日 苦茶）双圈大眼镜，高轩

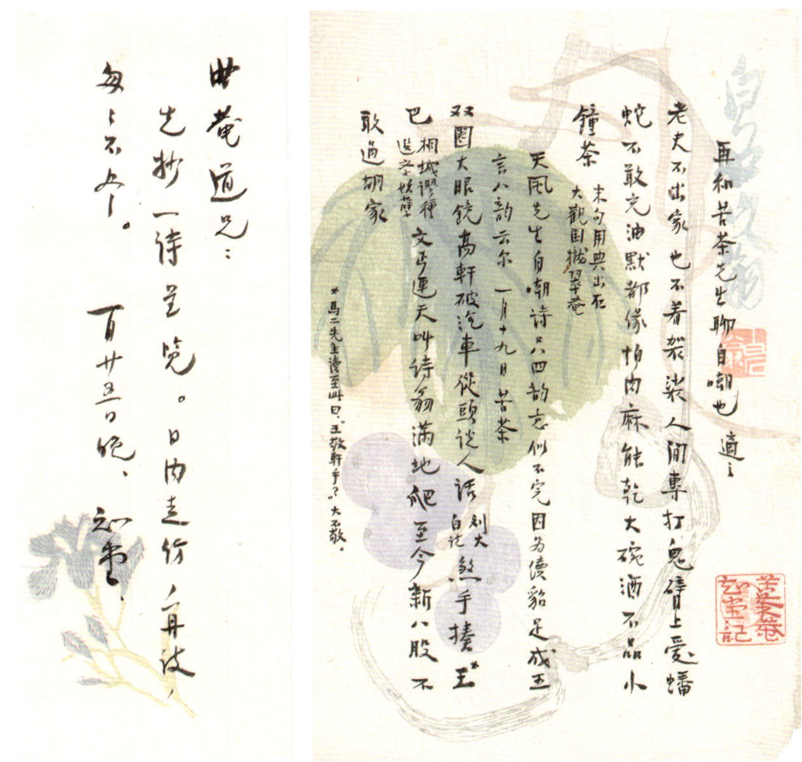
世庵道兄：
乞抄一诗呈览。日内走访，再谈，
匆匆不一。
再和苦茶先生聊自嘲也 適之
老夫不出家也不着袈裟人间專打鬼臂上愛蟠
蛇不敢充油默都缘怕肉麻能乾大碗酒不品小
鐘茶 末句用典出在大觀园拢翠庵
天風先生自嘲詩只四韵意似不完因为续貂足成五
言八韵云尔 一月十九日 苦茶
双圈大眼鏡高軒破汽車從頭說人話刘大白 纵手撑王*
巴桐城谬种 选学妖孽 文丐連天叫詩翁滿地爬至今新八股不
敢過胡家
*馬二先生讀至此曰："王敬軒乎？"大不敬。

图14 周作人致刘半农书信（江阴市博物馆藏）

破汽车。从头说人话（刘大白说），煞手揍王*巴（桐城谬种、选孥妖孽）。文丐连天叫，诗翁满地爬。至今新八股，不敢过胡家。*马二先生读至此曰：“王敬轩乎？”大不敬。”就时间、内容推断，周作人于25日又将胡适的原诗及自己的和诗附抄寄给刘半农。当天，周作人收到魏建功刻并赠的青田印一方，文曰“苦茶庵知堂记”（图15），很是喜欢，该印亦钤刻在写给刘半农的信中（图16）。

（左）图15 周作人日记（1934年1月25日）
（鲁迅博物馆藏）
（右）图16 周作人致刘半农信上钤印

四、往事思依依

钱玄同挽刘半农的挽联很长，全联是：

当编辑《新青年》时，全仗带情感的笔锋，推翻那陈腐文章，昏乱思想;曾仿江阴《四句头山歌》，创作活泼清新的《扬鞭》、《瓦釜》。回溯在文学革命旗下，勋绩弘多;更于世道有功，是痛诋乩坛，严斥“脸谱”。

自首建“数人会”后，亲制测语音的仪器，专心于四声实验，方言调查;又纂《宋元以来俗字谱》，打倒繁琐谬误的《字学举隅》。方期对国语运动前途，贡献无量;何图哲人不寿，竟祸起虮虱,命丧庸医。

这幅挽联将刘半农的一生事迹，都很清楚的概括了。而刘半农实在值得缅怀纪念，他在新文化运动中提倡白话文，不惜与旧我决裂；他关注民间文化的天然清新，倾注大量心血整理出《扬鞭集》《瓦釜集》等；他不只是北京大学的一名教授，还曾担任研究所文史部的主任，兼任历史语言研究所的研究员、西北科学考查团中方的常务理事、古物保管委员会委员、文物维护会主席数职；他不拘泥专业，兴趣广泛，文学、音乐、戏曲、美术、摄影、考古、收藏无所不包；他为人热情、开朗、豁达、幽默，与诸多名士保持着良好的工作往来和私人交情。我馆所藏的“刘半农友朋信札”便体现出刘半农多种身份的转换，并以满腔的热情投身到他所热爱的事业中。

1、意义重大的西北科考、绥新查勘

中国西北科学考查团又称中瑞西北科学考查团，是一个在世界范围都享有盛誉的科学考查团

体。考查历时8年，分为两个阶段：第一阶段是1927年5月至1933年秋，由中国学术团体协会和瑞典探险家、地理学家斯文·赫定合组的“中国西北科学考查团”，以北京大学教授徐炳昶和斯文·赫定分别担任中方和西方团长，以骆驼为主要交通工具，在我国西北地区进行了科学考察；第二阶段是1933年10月至1935年2月，由民国政府铁道部组织和出资，斯文·赫定领队的“绥新公路查勘队”，以汽车为交通工具，勘察内地到新疆的公路路线，包括对沿线进行的科学考察。考查涉及的学科众多，包括气象、地质、古生物、地理、民族学、考古学等；考查的地域也非常广泛，涉及内蒙古、甘肃、新疆、青海和西藏等多个省区。在自然条件恶劣、西北政局动荡的环境下，考查团的成员们克服重重困难，以严谨的态度开展科学工作，取得了众多令人瞩目的成就。

我馆所藏“刘半农友朋信札”中有许多信涉及到“西北科学考查团”的两个阶段。蔡元培致刘半农书信（编号10）提到“西北科学考察团外方团员护照”、李书华致刘半农书信（编号97）谈到“西北科学考察团助款”[30]，可见刘半农作为“西北科学考查团”中方的常务理事，不仅要负责和外方的沟通谈判，还要对考查团经费、人员安排、计划方案、文物归属等作出决定。其中的曲折和艰辛，在信中的字里行间中可见一斑。

“西北科学考查团”因经费不足，由国立中央研究院于1929年3月18日以第412号公函洽准交通部，特为发行纪念邮票1套。除由南京、上海、北平、广州、汉口各邮局发售少量外，余均照票面值售与该团，由该团加价转售于集邮人士，所得盈余，即作为补助该团之经费。“西北科学考查团纪念邮票”（图17）的主图案为故宫博物院中

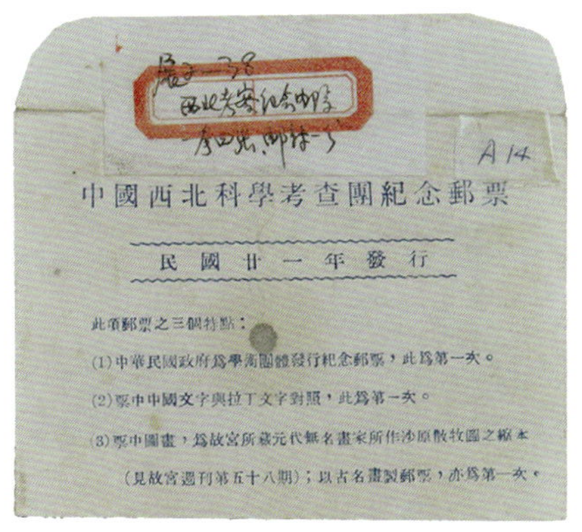

图17 西北科学考查团纪念邮票（江阴市博物馆藏）

所珍藏的元代名画《平沙卓歇图》，票图内除刊“西北科学考查团纪念”外，还印有该团的拉丁文名称和考查团预定考查的年限1927-1933。由北平财政部印刷局于1932年发行，邮票总共有四枚，面值分别为一分、四分、五分和一角，主要色调为蓝色、橙色、绿色和蓝色，不仅存世数量少且非常具有科考价值，所以当时就很受关注。竺可桢致刘半农信共2通（编号92、93），写于1932年6月16及7月18日，内容均提到“西北科学考查团”纪念邮票，当时邮票尚未发行，但竺可桢“他日该项邮票分发后，望能照价让给数份，是所至托。”显然已有求藏之意；许寿裳致刘半农书信（编号27）写于1932年8月20日“贵会纪念邮票事，院中前得先生公函并汇款，即日函送交通部，请其讯将邮票照送尊寓，已得部复并转函贵会，谅蒙詧悉。此项纪念学术之邮票，至有价值，弟在京遍向各邮局购买，竟不可得。用特函商，可否以两套见赐？如须备价，亦请示知，并代为留起两套，款当即日寄奉也。”表达了许寿裳买不到邮票转而拜托刘半农之心；周肇祥致刘半农书信（编号21）写于1933年5月6日“佳想安胜为颂。《艺刊》代售纪念邮票自当结束，兹将续行，售出一份价洋四元八角，连同邮票十四组，送请查收为荷。”涉及的是西北科学考查团纪念邮票委托《艺刊》代售的事情；至于西北科学考查第二阶段“新绥公路查勘”前期准备工作，在我馆所藏王世杰致刘半农书信（编号98）中均有体现，尤其是王世杰写于1933年9月30日的信（编号99）“关于新绥公路查勘队事，日前先生在京时，殷殷以古物保护相嘱，教部遂一再与铁部详商，嗣经商定，由教部专派一人，予以考察西北教育及古文化名义，随同该查勘队出发，由教部按月酌给该员薪俸，至于运输、食宿等事则由该队供给。并规定（一）任何沿途发掘须得部派专员之许可；（二）任何采集物须交教部转送博物院或其他学术机关；（三）影片、图片须分送铁部、教部审查。适黄君建中函荐黄君文弼，并查黄君文弼即西北科学考察团团员，因即决定指派黄君。盖出发在即，不能不即决也。兹因黄君西行仍须道出北平，特将此事办理情形奉达，并希予以指示为荷”，信文不但详说办理情形，还特别强调之所以派黄文弼最大因素是他本来就是西北科学考察团的一员，为了解当时决策层的所思所想提供了依据。

早在留学期间，刘半农就和中国西北文物结下了不解之缘。1920年至1921年，蔡元培赴欧美考察期间顺便调查了各国所藏中国西北文物，正在伦敦学习的刘半农陪同蔡元培调查了英国探险家斯坦因所获敦煌文物。蔡元培1921年5月10日的日记中记录道：“十日 午前偕刘君半农、傅君孟真往观不列颠博物院，访齐勒君（Giles），见示敦煌石室中所得古写本，有切韵四卷，小公主信一纸，唐时历本二叶，又有木简若干件，已见沙凡氏书中。又晤韦勃氏，出示中国古图画，看埃及、叙里亚等遗物。午后，看印度古物。”[31] 1921年夏，刘半农转学到法国巴黎大学和法兰西学院，1925年3月17日通过答辩后获得法国国家文学博士学位，主考官中包括伯希和与马伯乐这两位被我们称为敦煌学家的汉学大师。刘半农在巴黎学习期间，还利用业余时间抄录了法国国家图书馆藏伯希和所获敦煌文献104件，辑成中国敦煌学发展史上一部具有划时代意义的著作《敦煌掇琐》。《敦煌掇琐》这本书在傅斯年致刘半农书信（编号126）、周叔迦致刘半农书信（编号142）中都有提及。1925年初，美国哈佛大学派遣华尔纳率队进行第二次敦煌考察，目的是将敦煌莫高窟一个西魏石窟的壁画全部剥离转移。后来当瑞典探险家斯文·赫定来华与北京政府协商，想获准去中国西北进行他的第五次中亚考察。刘半农等人闻讯后，立即组织起来，联络北京大学、清华学校等在京十余机构，于1927年春创建"中国学术团体协会"。中国学术团体协会成立后，立即委派骨干刘半农、翁文灏和马叔平三人与斯文·赫定接洽谈判，反对他单独去西北进行考察，力争将这次考察置于中国学术团体协会的控制之下。在谈判过程中，刘半农出力最多，按照徐炳昶在《徐旭生西游日记》中的话说：“这个时候，恰好有瑞典地理学大家斯文赫定博士想到我国西北部继续他从前数次所作底考查，来商议合作办法；我们的协会就派人同他交涉。折冲最多者为刘复博士。协商十余次，乃于四月二十六日订立合作办法十九条。协会接受赫定博士的补助，组织西北科学考查团。”[32] 根据1927年4月26日在北京大学研究所国学门签订的《中国学术团体协会为组织西北科学考查团事与瑞典

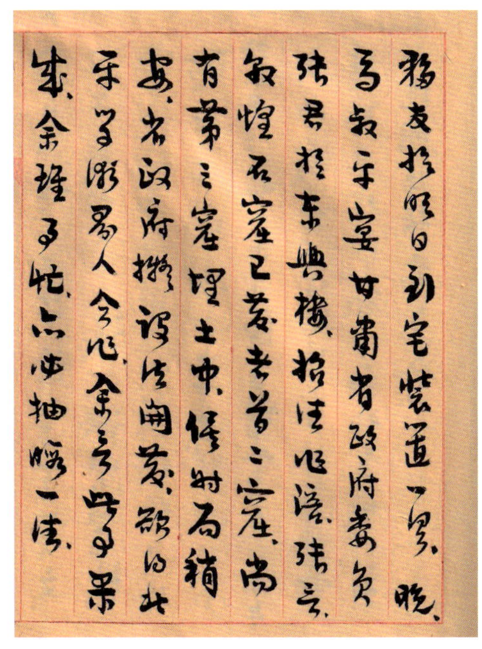

图18 刘半农日记1934年4月23日（江阴市博物馆藏）

国斯文赫定博士订定合作办法》规定，西北科学考查团理事会监察并指挥该团进行的一切活动。随后刘半农被任命为西北科学考查团理事会常务理事，从1927年起遥控着考察团的进程，直到他去世为止。而就在刘半农去世的两个多月前，他还盘算着将来去敦煌从事考古工作。他在1934年4月23日日记中写道：“晚，马叔平宴甘肃省政府委员张君于东兴楼，招往作陪。张言，敦煌石窟已发者首二窟，尚有第三窟埋土中，候时局稍安，省政府拟设法开发，欲得北平学术界合作。余言此事果成，余虽事忙，亦必抽暇一往。”（图18）可惜天不假年。

2、功在当代的提携后辈、教书育人

刘半农作为北大教授，对学生关怀备至，尤其在学术和专业辅导上，这在我馆所藏“刘半农友朋信札”中可见一斑。罗常培致刘半农有三通信，其中署日期3月13的信（编号138），释文内容为“半农先生惠鉴：拙稿一〇四页，特专人送请斧正，恐托丁君携带不便也。此文得先生启发之处甚多，拟统于自序中声谢之，尚有第四段十余页及附录两种以未缮就，故未及呈阅，稿中错误之点，敬恳不吝指教，实所至祷。专颂晚安。 后学罗常培启 三月十三”，信中所指的“拙稿”“此文”指的是罗常培1933年出版的《唐五代西北方音》，该书也是第一部探讨古代方言音系的著作，信中所云“此文得先生启发之处甚多，拟统于自序中声谢之” 指的是曾在1933年11月25日发表于北平《世界日报·国语周刊》113期的《唐五代西北方音自序》[33]。通过罗常培的自序，不难了解，作为对方言音系有造诣的研究者，《开蒙要训》是刘半农从法国抄回来的敦煌文献之一,且早已在《敦煌掇琐序目》中提出:“此篇可贵之处,不在本文而在所注之音。”可是当刘半农知道罗常培在研究《开蒙要训》的注音,却立刻将自己关于这个课题已经写了近半的文章停笔，罗常培正是受到刘半农的启示并且辗转利用刘半农的辑录,才得以进行这项工作的,而刘半农本着“只求有所发现,不必成功自我”的宗旨,不仅牺牲了自己“从事将半”的文章 ,还花费一个星期的时间从头到尾地审查全稿，从而成就了罗常培的研究。这样高尚的学术道德,实在令人钦佩不已。

刘半农作为北华美术专科学校的校董，躬体力行，为学校的发展出力。张恨水在《哀刘半农先生》一文中，提到当他出资兴办北华美术专科学校，曾聘请刘半农担任校董长达两年多。虽然《刘半农日记》目前只能看到1934年1月至6月的内容，但在这短短的6个月，作为生命最后阶段的文字，在1月4日、1月13日、4月16日、4月20

日、4月28日、6月12日的日记中多处提及北华美专，或写字作为学生奖品、或参加北华美专学生毕业典礼，或为北华美专写校牌，其中，在1月4日的日记中，刘半农提到与郑颖孙一起去北华美术专门学校，看学校举办的第二次成绩展览会。这次展览会展出作品颇多，但是鱼龙混杂，泥沙俱下，精品少，触目所见大都是比较差的作品。他还与展览的主事人张牧野聊起此事。观展结束后，他与张牧野、郑颖孙一起，前往方家胡同访张恨水，结果张恨水外出，未曾见到。在1月13日的日记中，刘半农又提到张恨水为了激励美专的学生，请他写了五张条幅，作为北华美术专门学校奖励优秀学生的奖品。这两件事在我馆所藏张恨水致刘半农的信中（编号109）都能找到印证。

3、利在千秋的语音研究、古物保护

作为一名音乐考古和理论家，刘半农在北京大学筹建了中国第一个语音乐律实验室。在研究实验语音学的同时，他借助语音仪器展开了一系列古代乐律的研究，《十二等律的发明者朱载堉》《从五音六律说到三百六十律》等著名文论，是他在这方面研究的重要结晶。他还发起并主持了对故宫和天坛所藏清宫古乐器的测音研究，带领学生测试了大量的乐器，其中仅编钟、编磬两项就达500余件[34]，后著成《天坛所藏编钟编磬音律之鉴定》一文。他也曾将《天坛乐器音律鉴定表》赠给对古典词曲声律颇有研究的许之衡（编号15），1933年刘半农还利用暑假到河北、河南、山东等地进行古乐器音律测验，郭宝钧致刘半农书信（编号105）信中所云“台驾不辞溽暑，正乐南北”；“此间诸事如恒，彦唐初抵此，璋如方为汉墓之整理，惟天气炎热，静坐挥汗，工作进行稍见迟滞耳。先生此行结果，古律复明，雅颂得所，大著何日完成”正指此事。

作为历史语言研究所的研究员，刘半农对古物有着深切的热爱。他以身作则。不但自己积极参与各项文物保护，还影响到他的学生沈仲章。沈仲章是刘半农的研究生，曾师从刘天华学习二胡且很有造诣，尤其是耳朵特别灵敏，上课记音分毫不差。后经刘天华推荐又向刘半农学习现代语言学，毕业后成为刘半农的得力助手。刘天华遽然病逝，沈仲章悲伤至极，一度提琴和二胡都不能碰。杨仲子几次三番邀请他去接替刘天华教二胡，他都怕触琴生悲而婉拒了。毕业后沈仲章担任刘半农语音乐律实验室的助教并跟随刘半农去绥远考察。1937年，北平沦陷，北大师生纷纷逃散，存放在国学门研究所的稀世珍品居延汉简随时面临着被劫掠的危机。沈仲章没跟任何人商量，趁夜色只身溜进校园偷运出汉简和其他有关物品，躲过日军巡逻队藏到了安全地方，然后又

独自一人设法将汉简经天津装船转移到香港，后几经辗转，被胡适存放于台湾“中央研究院”。沈仲章后来说，他冒死做这件事，很大程度上是为了刘半农、徐森玉、傅斯年等师长[35]。

翁文灏1934年1月9日致刘半农的信（编号86）中提到“裴克三尔君化石、岩石，前送来二十二箱，彼已自来将标本取出，计已存入敝所古生物研究室，内为彼自採之石炭纪、二叠纪动物化石及中生代植物化石及那林所采之石炭纪及二叠纪之动物化石。此外尚有若干那林所采之植物化石，彼亦愿交来此间研究。又有若干岩石标本，彼等拟自行研究。又有古生代化石数箱，拟送交瑞典Halle研究，研究完后皆可送归中国，云云。此项办法，弟觉尚合情理，但是否可准其如此办理，仍请钧示为荷。” 虽不知刘半农是如何回复的，但在1934年《刘半农日记》2月2日,2月6日，均提到裴克三尔地质标本事，并有“如裴君不允启箱查看，实无法放行，须俟赫定回平后再定办法”的记录，由此可见刘半农对此事的慎重和谨慎态度。其实早在1928年，面对探险家安得思率领的美国自然史博物馆中亚考察团在蒙古高原上进行了三次大规模的古生物学发掘，在世界上首次挖出了恐龙蛋，并于1928年4月12日，安得思又秘密率领第四次中亚考察团赴蒙古高原挖掘时，中国就诞生了两个保护古物的组织，即官方的古物保管委员会和非官方的文物维护会，刘半农的身影活跃在这两个组织中。古物保管委员会于1928年4月在南京成立，行使全国最高文物考古管理行政职能，刘半农是所聘19个委员之一；文物维护会是1928年6月在北京成立的一个临时性文物保护组织，刘半农任主席。非官方的文物维护会首先于1928年8月向美国自然史博物馆中亚考察团发难，一边在北平的报刊上发动舆论攻势，一边函请察哈尔省政府在张家口扣留安得思的古物搜集品，迫使安得思与文物维护会谈判。同年9月，官方的古物保管委员也加入到谈判中来，于10月20日达成《处置安得思先生一千九百二十八年在蒙古所采标本之办法》，由马叔平、刘半农和安得思在北平协和医学校签字生效，安得思被迫将一半搜集品留在了中国[36]（图19）。

作为兼具原始性和私密性的第一手史料，信札正被越来越多地用于探讨和回溯相关问题的研究中，喜欢历史的人，也必然看重历史人物。从某个角度说，历史往往就是各类人物活动素材堆积起来的鲜活存在。今人多已不再使用信笺，致使无法真切感受挥指墨随行的畅快达意，字里行间，文人墨客寸缣片纸所展示出的才情和风趣，纸短情长，唯有亲历者才懂得的琐碎过往，当下看来均难得又有趣。笔者梳理这批信札的过程中，因为不同写信人的信文查阅了一些已经整理或影印的日记，诸如《蔡元培日记》、《竺可桢日记》、《周作人日记》、《许寿裳日记》、《胡适日记》、《顾颉刚日记》、《马衡日记》、《吴稚晖日记》、《翁文灏日记》、《王世杰日记》、《钱玄同日记》等，不知不觉就有了想要一探究竟的欲望。虽然在梳理写信人生年时，解读并还原信札内容时，编写书信人小传时，感觉每走一步都会碰到很多问题和困难，满心疑惑或豁然开朗，但当写信者按生年排序可以确定的人员越来越多，当周作人40余通信基本按写信日期排出顺序，当书信人小传越来越精炼，当这篇综述有了大体框架，有了清晰想表达内容的时候，才真正有了一种收获的愉悦，一时间，觉得博物馆工作的存在和意义，大约也莫过于此了。回过头再敬阅这些珍贵书信，犹如回到了当时的语境中，触摸到了历史的温度，友朋之间的交往，可以那样地靠文字来鸿去雁，不同的书者，不同的文风、甚至不同的笔锋，不同的信笺，彰显不同的个性，传统书信固有的魅力、满纸生辉。

上海博物馆2019年办过一个展叫“丹青宝

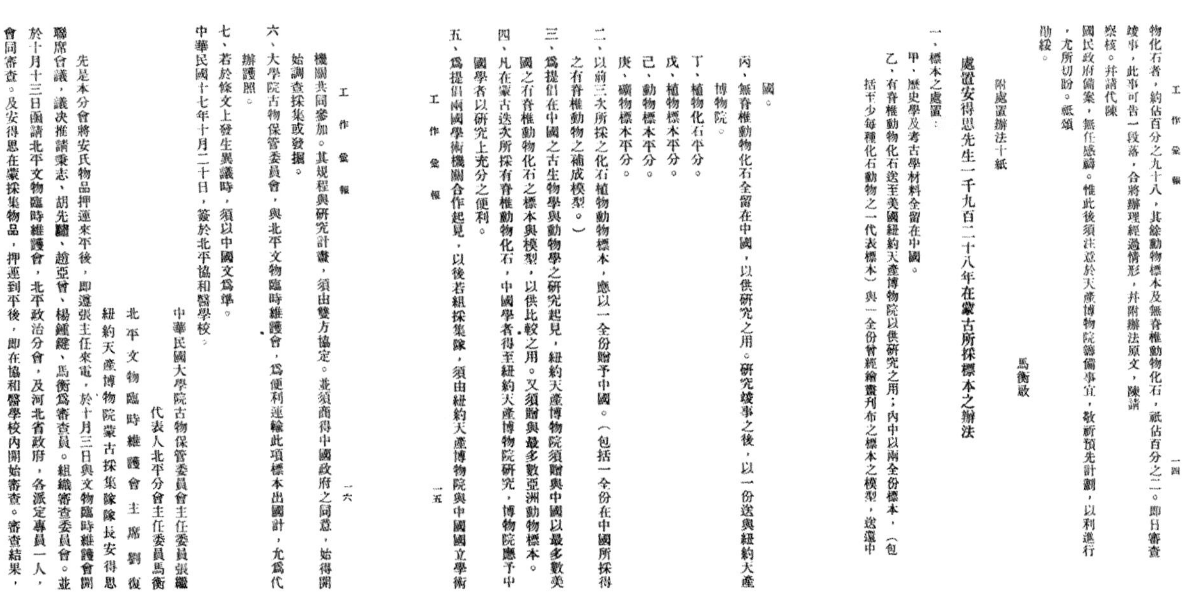

工作彙報　一四

物化石者，約佔百分之九十八，其餘動物標本及無脊椎動物化石，祇佔百分之二。即日審查竣事，此事可告一段落，合將辦理經過情形，并附辦法原文，陳請察核。并請代陳國民政府備案，無任感禱。惟此後須注意於天產博物院籌備事宜，敬祈預先計劃，以利進行，尤所切盼。祇頌勛綏。

馬衡啟

附處置辦法十紙

處置安得思先生一千九百二十八年在蒙古所採標本之辦法

一、標本之處置：

甲、歷史學及考古學材料全留在中國。

乙、有脊椎動物化石送至美國紐約天產博物院以供研究之用；內中以兩全份標本，（包括至少每種化石動物之一代表標本）與一全份曾經繪畫刊布之標本之模型，送還中國。

丙、無脊椎動物化石全留在中國，以供研究之用。研究竣事之後，以一份送與紐約天產博物院。

丁、植物化石平分。

戊、植物標本平分。

己、動物標本平分。

庚、礦物標本平分。

二、以前三次所採之化石植物動物標本，應以一全份贈予中國。（包括一全份在中國所採得之有脊椎動物之補成模型。）

三、爲提倡在中國之古生物學與動物學之研究起見，紐約天產博物院須贈與中國以最多數美國之有脊椎動物化石之標本與模型，以供比較之用。又須贈與最多數亞洲動物標本。

四、凡在蒙古迭次所採有脊椎動物化石，中國學者得至紐約天產博物院研究，博物院應予中國學者以研究上充分之便利。

五、爲提倡兩國學術機關合作起見，以後若組採集隊，須由紐約天產博物院與中國國立學術

工作彙報　一五

機關共同參加。其規程與研究計畫，須由雙方協定。並須商得中國政府之同意，始得開始調查採集或發掘。

六、大學院古物保管委員會，與北平文物臨時維護會，爲便利運輸此項標本出國計，允爲代辦護照。

七、若於條文上發生異議時，須以中國文爲準。

中華民國十七年十月二十日，簽於北平協和醫學校。

中華民國大學院古物保管委員會主任委員張繼

代表人北平分會主任委員馬衡

北平文物臨時維護會主席劉復

紐約天產博物院蒙古採集隊隊長安得思

先是本分會將安氏物品押運來平後，即還張主任來電，於十月三日與文物臨時維護會開聯席會議，議決推請秉志、胡先驌、趙亞曾、楊鍾鍵、馬衡爲審查員。組織審查委員會。並於十月十三日函請北平文物臨時維護會，北平政治分會，及河北省政府，各派定專員一人，會同審查。及安得思在蒙採集物品，押運到平後，即在協和醫學校內開始審查。審查結果，

工作彙報　一六

图19《处置安得思先生一千九百二十八年在蒙古所采标本之办法》

筏——董其昌书画艺术大展”，展出154件（组）跟董其昌相关的作品，笔者曾经徜徉展厅，流连忘返，深深着迷董其昌和他的朋友圈。整理我馆所藏的这批信札时，一样着迷刘半农和他的朋友圈，请教、请托、汇报、邀稿、工作、学术、生活、志趣、讨论、方方面面、林林总总，是似水流年的缩影，是回眸背后的诗行。蔡元培曾为刘半农墓志撰碑文，笔意昂扬。慨叹中，笔者从该文结尾的 “朴学隽文 同时并进 朋辈多才 如君实仅 甫及中年 身为学殉 嗣音有人 流风无尽”中选取了“朋辈多才　流风无尽”作为本文的主标题，致敬刘半农，致敬这批信札中出现的诸多耳熟能详的大师背影。陈寅恪曾经指出：“一时代之学术，必有其新材料与新问题。取用此材料，以研求问题，则为此时代学术之新潮流。”[37]那么，希望我馆所藏这批“刘半农友朋信札”的整理与出版，也能对研究民国人物及民国史的新材料新问题上提供帮助，循着历史的印记，解锁更多的内容，追溯杳杳已逝的旧时光。

01、郑重著、周伯军主编，《文汇传记 叶恭绰传 仰止亭畔落梅花》第161页，文汇出版社2023年。

02、徐瑞岳，《刘半农研究》第196页，江苏古籍出版社1987年。

03、徐瑞岳，《刘半农年谱》第162页，中国矿业大学出版社1989年。

04、赵建永，《荆楚文库 汤用彤评传》第101页，湖北人民出版社2019年。

05、侯鸿鉴，《民国人文地理丛书 漫道南国真如铁 西南漫游记》第55页，辽宁教育出版社2013年。

06、王子初，《刘半农的清宫古乐器测音研究与中国音乐考古学》第44页，《音乐艺术–上海音乐学院学报》1992年第1期。

07、胡适著、季羡林主编，《胡适全集》第24卷第6页，《安徽教育出版社》2003年。

08、胡适著、季羡林主编，《胡适全集》第32卷第157页，《安徽教育出版社》2003年。

09、刁文伟，《齐白石《审音鉴古图》考析——兼论齐白石与刘半农的交谊》，《收藏家》2024年第四期。

10、刘小惠，《父亲刘半农》第267–268页，上海人民出版社2000年。

11、李福眠，《疏林尺牍》第133页，山东画报出版社2022年。

12、邓云乡，《云乡漫录》第236页，河北教育出版社2004年。

13、蔡元培著、高平叔编，《蔡元培教育论集》第533页，湖南教育出版社1987年。

14、半农遗稿《双凤凰专斋小品文》之五十四《记砚兄之称》。

文云：其实余二人相识，余已二十六，岂明已三十三。时余穿鱼皮鞋，犹存上海少年滑头气，岂明则蓄浓髯，戴大绒帽，披马夫式大衣，俨然一俄国英雄也。越十年，红胡入关主政，北新封，《语丝》停，李丹忱捕，余与岂明同避菜厂胡同一友人家。小厢三楹，中为膳食所，左为寝室，席地而卧，右为书室，室仅一桌，桌仅一砚。寝，食，相对枯坐而外，低头共砚写文而已，砚兄之称自此 始。居停主人不许多友来视，能来者余妻岂明妻而外，仅有徐耀辰兄传递外间消息，日或三四至也。时民国十六，以十月二十四日去，越一星期归，今日思之，亦如梦中矣。

15、王风 夏寅整理，《刘半农书简汇编》第226–227页，《中国现代文学研究 丛刊》2021年第8期。

16、黄永玉著，《沈从文与我》第22页，湖南美术出版社2015年。

17、吴世勇编，《沈从文年谱》，天津人民出版社版2006年。

18、鲁迅博物馆藏，《周作人日记 影印本 下》第486页，大象出版社1996年。

19、刘艺，《王悦之作品略考》，《书苑徘徊—刘艺书法图文选集》青岛出版社1997年。

20、刘艺，《刘锦堂（王悦之）年表（初稿）》第54页，《美术杂志》1982年第12期。

21、刘小惠，《父亲刘半农》第249–256页，上海人民出版社2000年。

22、叶康宁，《刘半农画像细读》第151页，《新文学史料》2021年第3期。

23、胡适著、季羡林主编《胡适全集》第32卷第330页，安徽教育出版社2003年。

24、叶康宁，《刘半农画像细读》，《新文学史料》2021 年第3期 。

25、李浩然，《透过尘封——新发现王悦之旧藏作品照片探究》，《中国美术馆》2014.4。

26、王小丽，《王悦之的作品之“变”》，《脉脉之思 王悦之艺术研究》，安徽美术出版社 2014年。

27、王震，《徐悲鸿年谱长编》，上海画报出版社2006年。

28、胡进，《鸿鹄片羽 贵州省博物馆藏徐悲鸿书画赏析》第142页，广西师范大学出版社 2023年。

29、胡适著、季羡林主编，《胡适全集》第32卷第274–275页，安徽教育出版社2003年。

30、虽然按照正式称呼为“西北科学考查团”但此处因为蔡元培、李书华信中所写均为“西北科学考察团”所以保持原样。

31、蔡元培著、王世儒编《蔡元培日记》上册第882页，北京大学出版社2010年。

32、徐旭生著、《徐旭生文集》第5109页，中华书局2021年。

33、罗常培，《唐五代西北方音 序》《罗常培文集》第2卷，山东教育出版社1999年。

文云：“最末了儿但是不最小”,我还得郑重地谢谢刘半农先生!因为他不单费了一个星期的时间从头到尾地给我审查全稿,并且他听说我在研究《开蒙要训》的注音,就把自己关于这个题目“从事将半”的文章立刻搁笔了!本来刘先生在《敦煌掇琐》的序录里早就说过:“此篇可贵之处,不在本文而在所注之音。”我所以能够展转地利用这种材料,当然得谢谢刘先生的辑录跟启示!现在又承他本着“只求有所发现,不必成功自我”的宗旨,牺牲了自己“从事将半”的文章,那么，即使我所得的结果是完全独立的,我对于他这种态度也应当十二分的感谢!

34、王子初，《刘半农的清宫古乐器测音研究与中国音乐考古学》第43–44页，《音乐艺术–上海音乐学院学报》1992年第1期。

35、沈亚明:《1934年沈仲章随刘半农去塞北考查”》第23页，《新文学史料》2014年第3期。

36、古物保管委员会编辑，《古物保管委员会工作汇报》第11页，1935年。

37、陈寅恪，《金明馆丛稿二编 · 陈垣敦煌劫余序录》，上海古籍出版社，1980年。

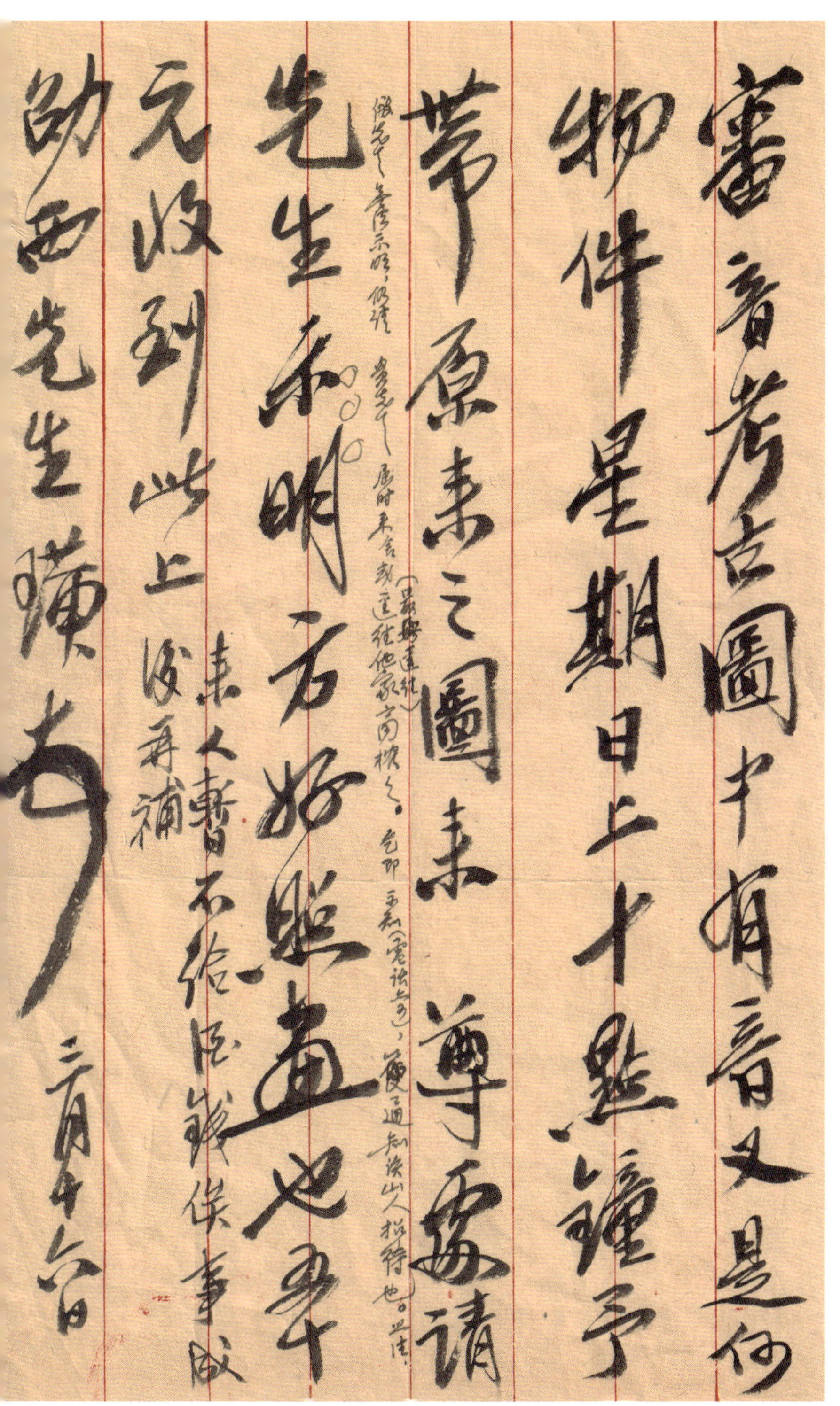

1. 齐白石致黎锦熙书信

尺寸：纵 26.8 厘米 横 16.8 厘米

笺纸：木版印红格八行笺

日期：（一九三三年）三月十六日

释文：

《审音考古图》中有音叉是何物件？星期日上十点钟，予带原来之图来尊处请先生示明［敝先生无法示明，仍请贵先生届时来舍或迳往（最好迳往）他家商榷之。乞即示知（电话亦可），以便通知该山人招待也。熙注］，方好照画也。五十元收到，此上劭西先生。（来人暂不给酒钱，俟事成后再补。）

璜顿首　三月十六日

2. 吴稚晖致刘半农书信之一

尺寸：纵 25.9 厘米 横 16 厘米

笺纸：木版印红格八行笺

日期：（一九三一年十月）九日

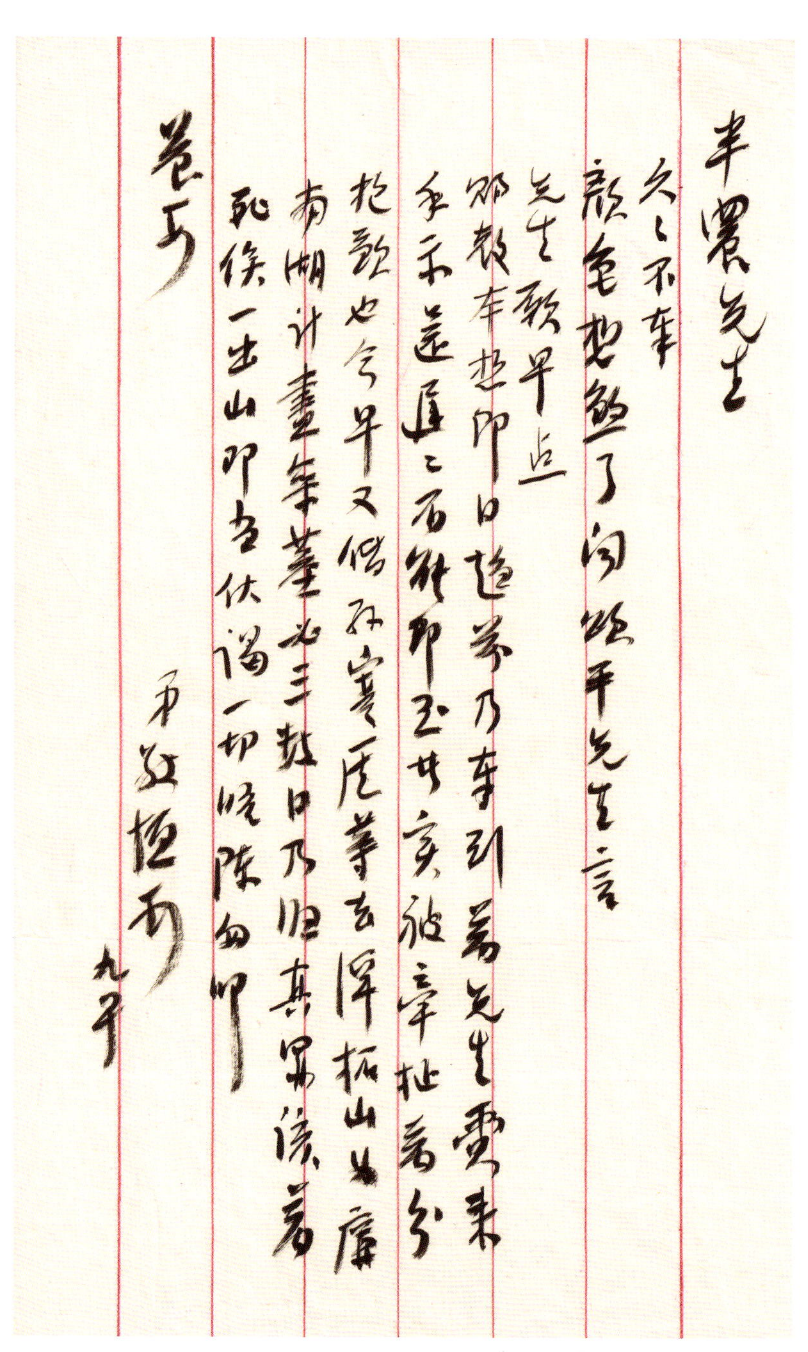

半農先生
久久不奉
顏色想煞了聞頌平先生言
先生願早點
賜教本想即日趨前乃奉到萬先生賫來
手示還遲遲不能即至者實被牽扯萬分
抱歉也今早又偕孫寒厓等去潭柘山為廉
南湖計畫築墓必三數日乃歸真罪
該萬死俟一出山即當伏謁一切晤陳勿叩
餈安
弟敬恒頓首
九号

释文：

半农先生：

久久不奉颜色，想煞了。闻颂平先生言，先生愿早点赐教，本想即日趋前，乃奉到万先生赍来手示，还迟迟不能即至者，实被牵扯，万分抱歉也。今早又偕孙寒厓等去潭柘山为廉南湖计画筑墓，必三数日乃归，真罪该万死。俟一出山，即当伏谒，一切晤陈。匆叩餈安。

弟敬恒顿首　九号

3. 吴稚晖致刘半农书信之二

尺寸：纵 27.6 厘米 横 20.3 厘米

笺纸：铅印红框格八行“建设委员会公用笺”

日期：十九日

释文：

半农先生执事：

今早晤民谊，知又失诸交臂，怅怅。加苏志以《方言》一部，快睹其盛，惜志局变为历史上之东西，早消失在一年以前矣，可叹可矣，敬报阅。溽暑珍卫，即叩道安。

弟敬恒顿首　十九晚

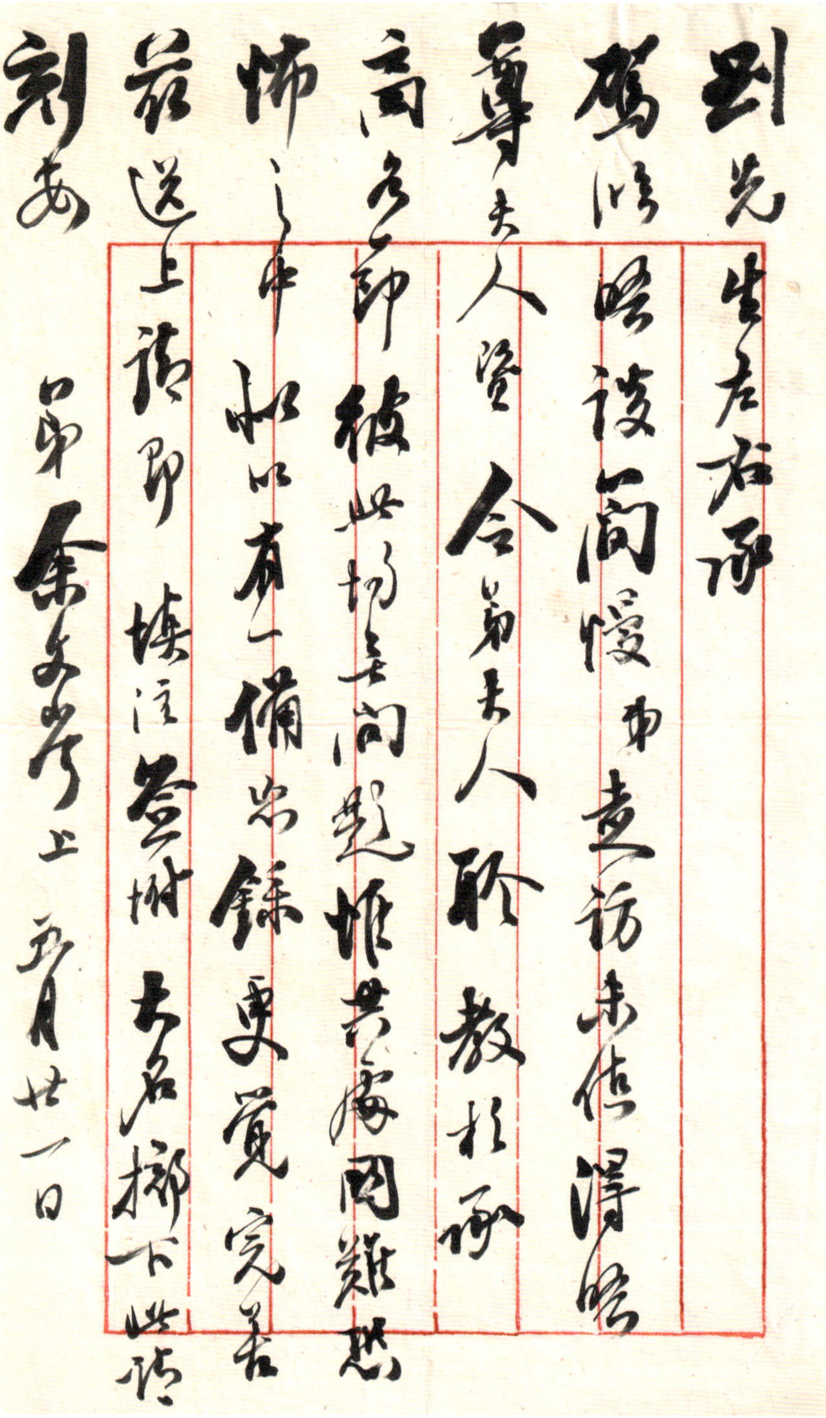

4. 余文岑致刘半农书信

尺寸：纵 28 厘米 横 17.2 厘米

笺纸：木版印红框格八行笺

日期：五月廿一日

释文：

刘先生左右：

承驾临晤谈简慢，弟走访未值，得晤尊夫人暨令弟大人，聆教于承商各节，彼此均无问题。惟共处国难恐怖之中，似以有一备忘录，更觉完善。兹送上请即填注，签埘大名掷下。此请刻安。

弟余文岑上　五月廿一日

5. 蔡元培致刘半农书信之一

尺寸：纵 26.3 厘米 横 16.9 厘米

笺纸：木版印红格八行“上海朵云轩制笺”

日期：（一九三三年二月）

释文：

半农先生大鉴：

抄录《申报》中关于北大之新闻，已取得一部分奉上，其他俟交来再奉。如有须斟酌之处，候示，当属抄者注意。专此，敬请著安。

弟元培敬启

外稿寄北平国立北京大学刘半农先生

國立中央研究院用箋

第　號第　頁

北平各文化機關恐有上海東方圖書館之續，咸主南遷，但故宮古物已生波折，其他機關各有特別關係，亦止於各行其是而已。失敗以刺戟較重，或緣此而有轉機，則為天之福也。人所候則總編纂之行，一傾積懷，先此布復，並祝

著綏

夫人暨令郎均好！

岫廬吾兄掌著候

弟元培敬啟

中華民國廿二年三月九日

國立中央研究院用箋

6. 蔡元培致刘半农书信之二

尺寸：纵 26.8 厘米 横 18 厘米

笺纸：铅印红框暗格八行“国立中央研究院用笺”

日期：一九三三年三月九日

释文：

半农先生大鉴：

前奉二月廿日惠函，敬悉弟所寄《申报》新闻抄本已蒙誊存，甚慰。抄费百九十元已由北大汇来，希弗念。顷卫超伟世兄到，携示手书并大著三种及《初期白话诗稿》拜领，谢谢。卫君事已询过无忌，一时尚未易安排，当为别行留意。榆变后，南方人对于北平各文化机关，恐为上海东方图书馆之续，咸主南迁，但故宫古物已生波折，其他机关各有特别关系，亦止可各行其是而已。失热后，刺戟较重，或缘此而有转机，则为天之福也。伫候测捻编钟之行，一倾积愫，先此布复，并祝著绥。

弟元培敬启　廿二年三月九日

养浩率儿辈敬候夫人暨令媛、令郎均好！

國立中央研究院用箋

第　號第　頁

以至今未復，近又由董彥堂設法俾得消息，隨後奉聞。衛趙偉世兄曾屢晤及，現正在籌商中，附聞並祝

研安

夫人及世兄妹均安

弟 元培 敬啓

中華民國　年 四月廿一日

國立中央研究院用箋

7. 蔡元培致刘半农书信之三

尺寸：纵 26.8 厘米 横 18 厘米

笺纸：铅印红框暗格八行“国立中央研究院用笺”

日期：（一九三三年）四月廿一日

释文：

半农先生大鉴：

前奉本月十日惠函，称刘晦之所藏编钟十二有出售之说，属弟提出国府倍价收买，但弟以当此国难时期，财政竭蹶，此种提议决难通过，而风声一播，刘氏之钟必预为捷足先得。盖政府即能通过此数，而何时能领到尚是问题，不足以取信于出售者也。故欲先向刘氏探询实况，再定办法。初托叶玉甫，而函去后至今未复，近又由董彦堂设法，俟有消息，陆续奉闻。卫超伟世兄曾屡晤，现正在筹商中。附闻，并祝研安。

弟元培敬启 四月廿一日

夫人及世兄、世妹均安

國立中央研究院用箋

贊同彥堂原函奉

覽並祝

著安

夫人暨世妹均安

弟元培敬啓

衛超偉兄已請其訪北平研究所所長李書華君

附寄信囑後以方能決定是否能在物理與練習生中安排

中華民國　年四月廿七日

第　號第　頁

國立中央研究院用箋

第 號第 頁

中華民國 年 月 日

8. 蔡元培致刘半农书信之四

尺寸：纵 26.8 厘米 横 18 厘米

笺纸：铅印红框暗格八行“国立中央研究院用笺”

日期：（一九三三年）四月廿七日

释文：

半农先生大鉴：

前奉一函，想荷鉴及。现董彦堂、李济之等已与刘晦之晤谈，晦之所藏编钟并无出售之意，自不能谈到收卖。俟先生到沪时，与商定研究方法，在不妨害藏钟条件上，设法考求，想承赞同。彦堂原函奉览，并祝著安。

弟元培敬启 四月廿七日

夫人暨世兄、世妹均安

卫超伟兄已请其访化学研究所所长王季梁君，俟彼等晤谈后，方能决定是否可在助理与练习员中安排。

鐘加以研究之意，劉君慨然允諾，惟言外對于叩擊求声律一事，似甚吝惜。鄭君亦言銅經久腐化，叩則易破，且音易變啞，不足為據。如能依其形制仿作一套，然後研究音律，當較方便也。

聞劉氏花鐘共卅三枚，其上有「太簇」「夾鐘」等字樣，可別十二律所屬，尤極可貴。劉嘗自詡其藏鐘最多，當無善價求沽之意也。

現在屬鐘好收仍有點不可得，如欲研究必須就其家，且稍有限制，仿製亦甚不易，未知半農先生意見如何，若僅參觀一次，量其形狀，據其輕重，考其制度，似亦值得。

尊意以為如何？

謹函奉聞，敬頌撰安！

後學作賓謹上 廿四，廿六

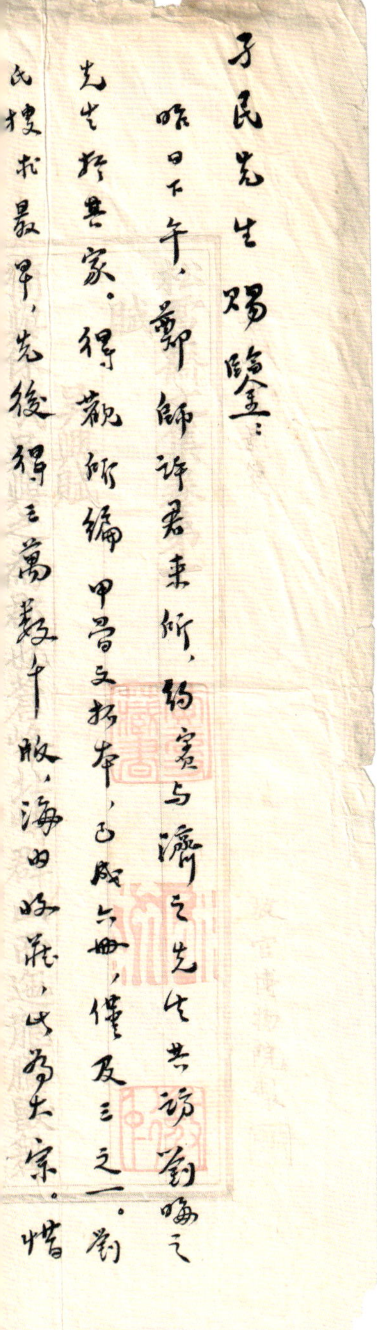
孑民先生賜鑒：
昨日下午，鄭師許君來所，約賓與濟之先生共訪劉晦之
先生於其家。得觀所編甲骨文拓本，已成六册，僅及三之一。劉
氏搜求最早，先後得三萬數千版，海内收藏，此為大宗。惜

附 . 董作宾致蔡元培书信

尺寸：纵 29 厘米 横 20.5 厘米

笺纸：木版套色印“故宫博物院制善本书影笺”

日期：一九三三年四月廿六日

释文：

孑民先生赐鉴：

昨日下午，郑师许君来所，约宾与济之先生共访刘晦之先生于其家。得观所编甲骨文拓本，已成六册，仅及三之一。刘氏搜求最早，先后得三万数千版，海内收藏，此为大宗。惜已著录者不少，且间有伪品耳，羼氏编钟因在他处，未及见，刘氏约改日再至其家。济之为言半农先生拟对羼钟加以研究之意，刘亦慨然允诺，惟言外对于叩击求声律一事，似甚吝惜。郑君亦言铜经久腐化，叩则易破，且音必变哑，不足为据。如能依其形制仿作一套，然后研究音律，当较方便也。

闻刘氏藏钟共卅三枚，其上有“太簇”、“夹钟”等字样，可别十二律所属，亦极可贵。刘尝自诩其藏钟最多，当无善价求沽之意也。现在羼钟收归公有既不可得，如欲研究必须就其家，且稍有限制，仿制亦甚不易，未知半农先生意见如何？若仅参观一次，量其形状，权其轻重，考其制度，似亦值得。尊意以为如何？

谨函奉闻，敬颂撰安！

后学作宾谨上 廿二，四，廿六

錄君辦理，因該件僅有此抄一份，不能借出，外人往館往抄，亦有不方便處。除君在館服務，代為委託館中書記抄錄較順也。先此報告，並祝

著安

內子率兒輩敬候

弟元培敬啓 五月十三日

夫人及世兄妹均候

夢麟兄過滬，務以此事據言前為部中檔案，已函商安

培又及

9. 蔡元培致刘半农书信之五

尺寸：纵 26.8 厘米 横 18 厘米

笺纸：铅印红框暗格八行“国立中央研究院用笺”

日期：（一九三三年）五月十三日

释文：

半农先生大鉴：

奉本月四日惠函，敬谂起居安善，潭府休嘉为慰。北大校志得公主编，必足以信今传后，甚快。属于清光绪二十四年至民国七年之《申报》中检抄北大记事，已托陈彬龢君办理，因该馆仅有此报一份，不能借出，外人往检往抄亦有不方便处，陈君在馆服务，代为委托馆中书记抄录较顺也。先此报告，并祝著安。

弟元培敬启　五月十三日

内子率儿辈敬候夫人及世兄、世妹均吉

梦麟兄过沪谈及此事，据言教育部中档案已商妥。培又及

國立中央研究院用箋

第　號第　頁

性質判獲此可以速發之　弟頗以爲疑
適馬衡平兄來以弟意告之彼亦頗非考
察團全體之要求而爲赫定氏一方面之活
動並告弟團長可
[illegible]生弟已復赫定氏一函謂於內
先生所處判然不盡力幫忙云云　一切拘請
酌示爲荷　專此敬祝
著安並頌譯福

弟蔡元培敬啓

中華民國廿二年七月廿七日

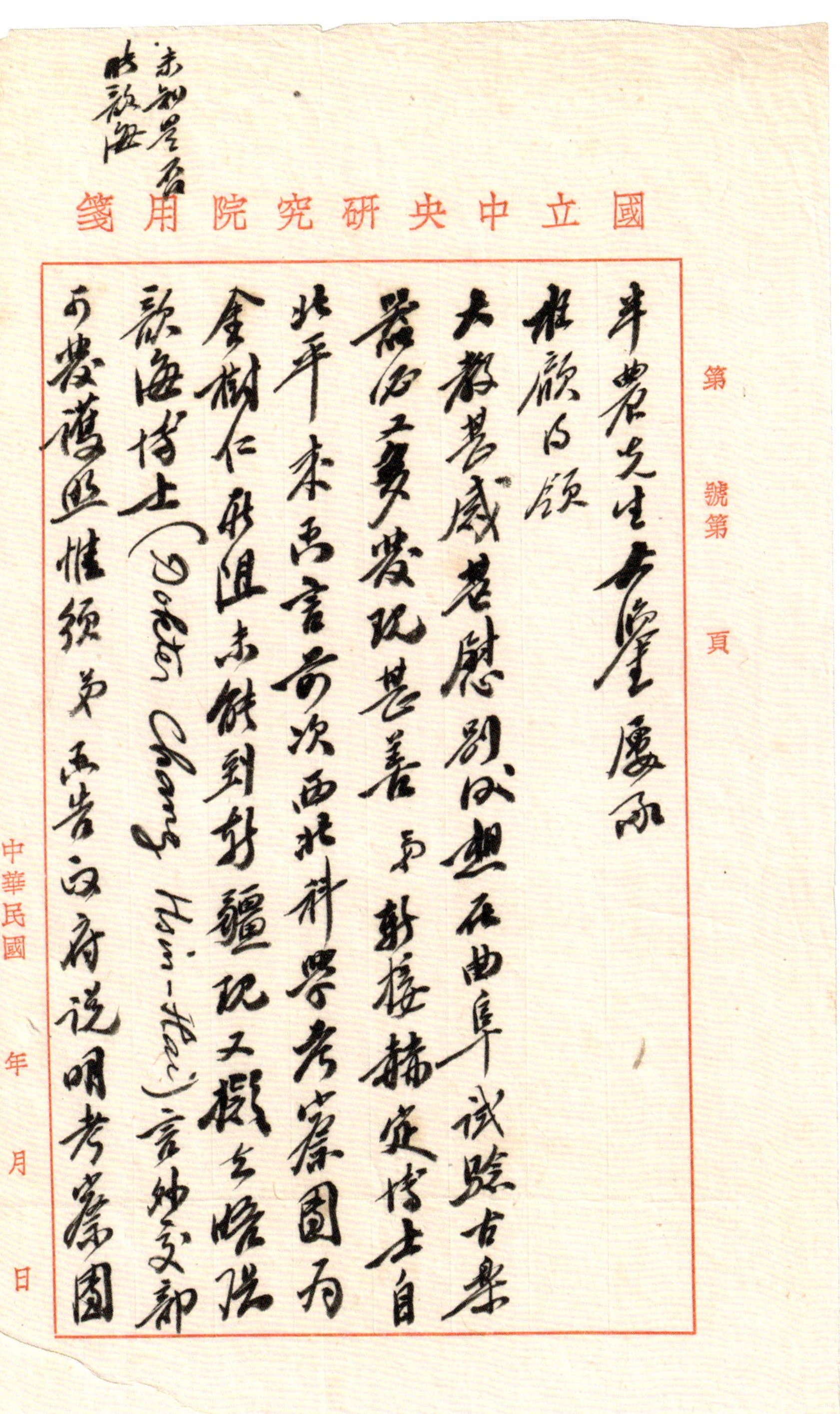

10. 蔡元培致刘半农书信之六

尺寸：纵 26.8 厘米 横 18 厘米

笺纸：铅印红框暗格八行“国立中央研究院用笺”

日期：一九三三年七月廿七日

释文：

半农先生大鉴：

屡承枉顾，得领大教，甚感甚慰。别后，想在曲阜试验古乐器，必又多发现，甚善。弟新接赫定博士自北平来函，言前次西北科学考察团为金树仁所阻，未能到新疆，现又拟去晤张歆海博士（Doctor Chang Hsin-Hai）未知是否张歆海，言外交部可发护照，惟须弟函告政府，说明考察团性质，则护照可以速发云云，弟颇以为疑。适马叔平兄来，以函意告之，彼亦疑非考察团全体之要求，而为赫定氏一方面之活动，并告弟团长为旭生。弟已复赫定氏一函，谓如得先生函属，则无不尽力帮忙云云，一切均请酌示为荷。专此，敬祝著安，并颂潭福。

弟蔡元培敬启　廿二年七月廿七日

11. 蔡元培致刘半农书信之七

尺寸：纵 26.8 厘米 横 18 厘米

笺纸：铅印红框暗格八行“国立中央研究院用笺”

日期：（一九三三年）九月廿五日

释文：

半农先生大鉴：

前奉惠函，属为周养庵先生致函教部，要求列入北平艺专筹备委员会，已遵照尊意转达当局。但颇闻名单早已内定，能否如愿，未敢必也。先此报告，并祝著祺，兼颂潭福。

弟蔡元培敬启　九月廿五日

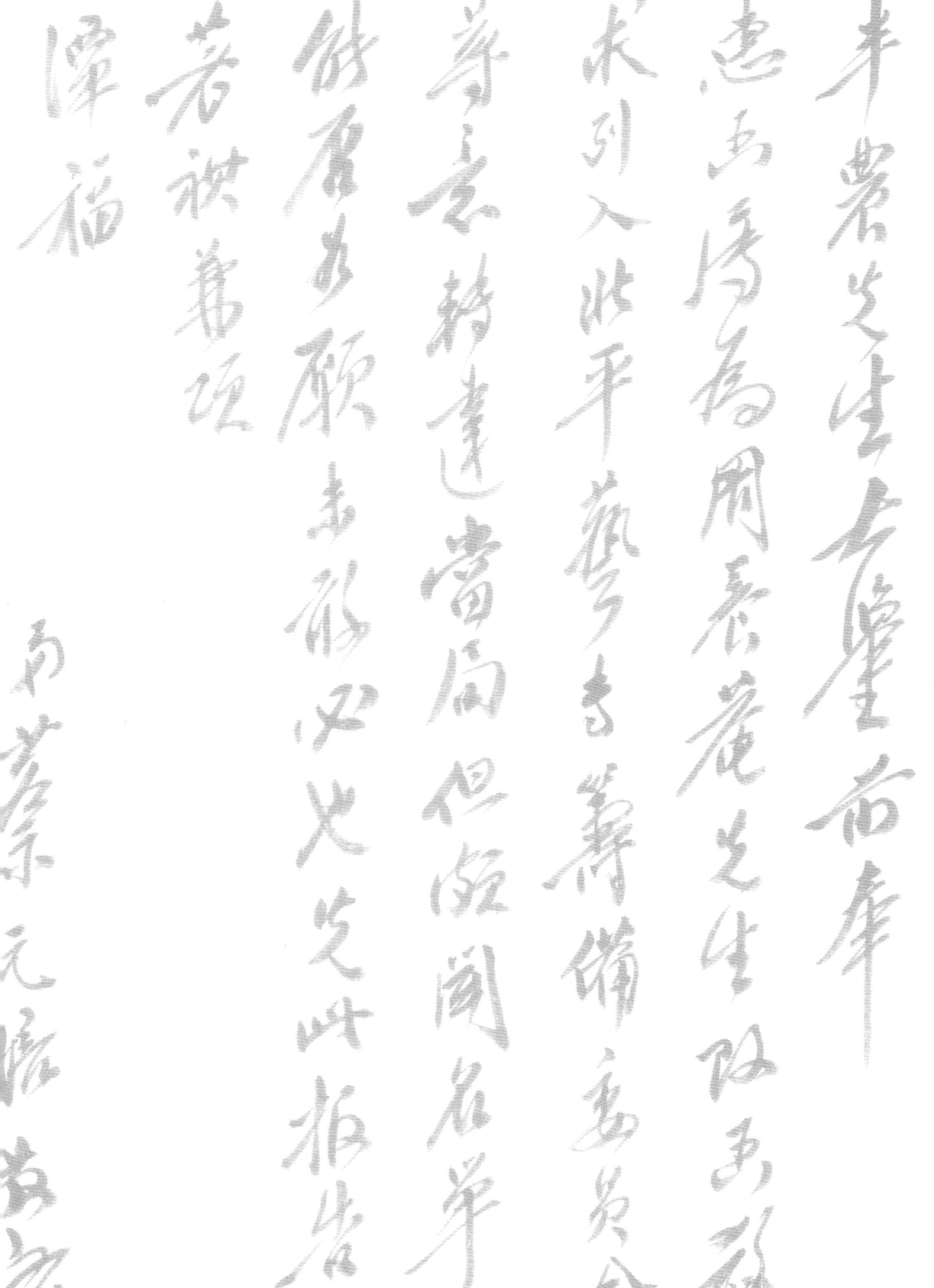

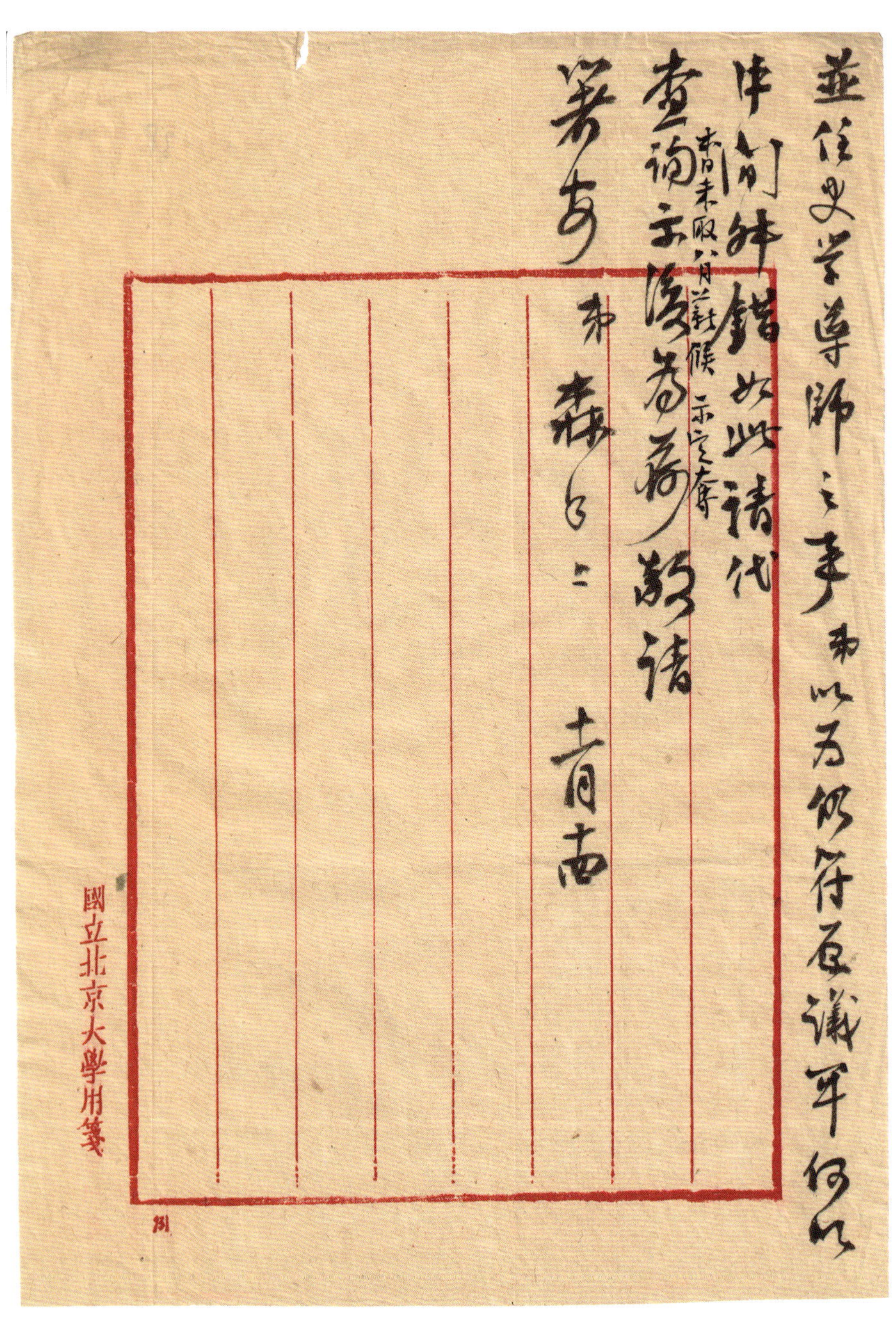

並任史學導師之事，弟以為似符原議耳，何如？

中間舛錯如此，請代（本月未取八月份薪，俟示定奪）

查詢示復為荷。敬請

著安

弟 森玉 上

十一月十四

國立北京大學用箋

12. 孟森致刘半农书信

尺寸：纵 27.8 厘米 横 19.6 厘米

笺纸：木版印红框格八行“国立北京大学用笺”

日期：（一九三三年）十一月十四日

释文：

半农先生台鉴：

今日校中发薪，据称八月分起只给二百八十元。忆研究所属弟担任时，由公面订，校长南行，公代致意：研究所工作在指导整理档案、并有史学研究生导师之责，上学期姑尽义务，下学期当减少上课钟点一半等语。旋档案南行，与弟商回南担任，而校课则不复兼，其薪数或减半、或减不及半（当时言或送二百数十元，未定其数），亦可酌量，亦由公面谈，并约校课，可另延小儿担任教席。嗣小儿因此间未拟聘为教授，不愿零星计钟点上课，遂回南另就，而此间档案亦已运回校中，亦约仍上课四点钟，并任史学导师之事。弟以为仍符原议耳，何以中间舛错如此？请代查询，示复为荷（本日未取八月薪，候示定夺）。敬请箸安。

弟森手上　十一月十四

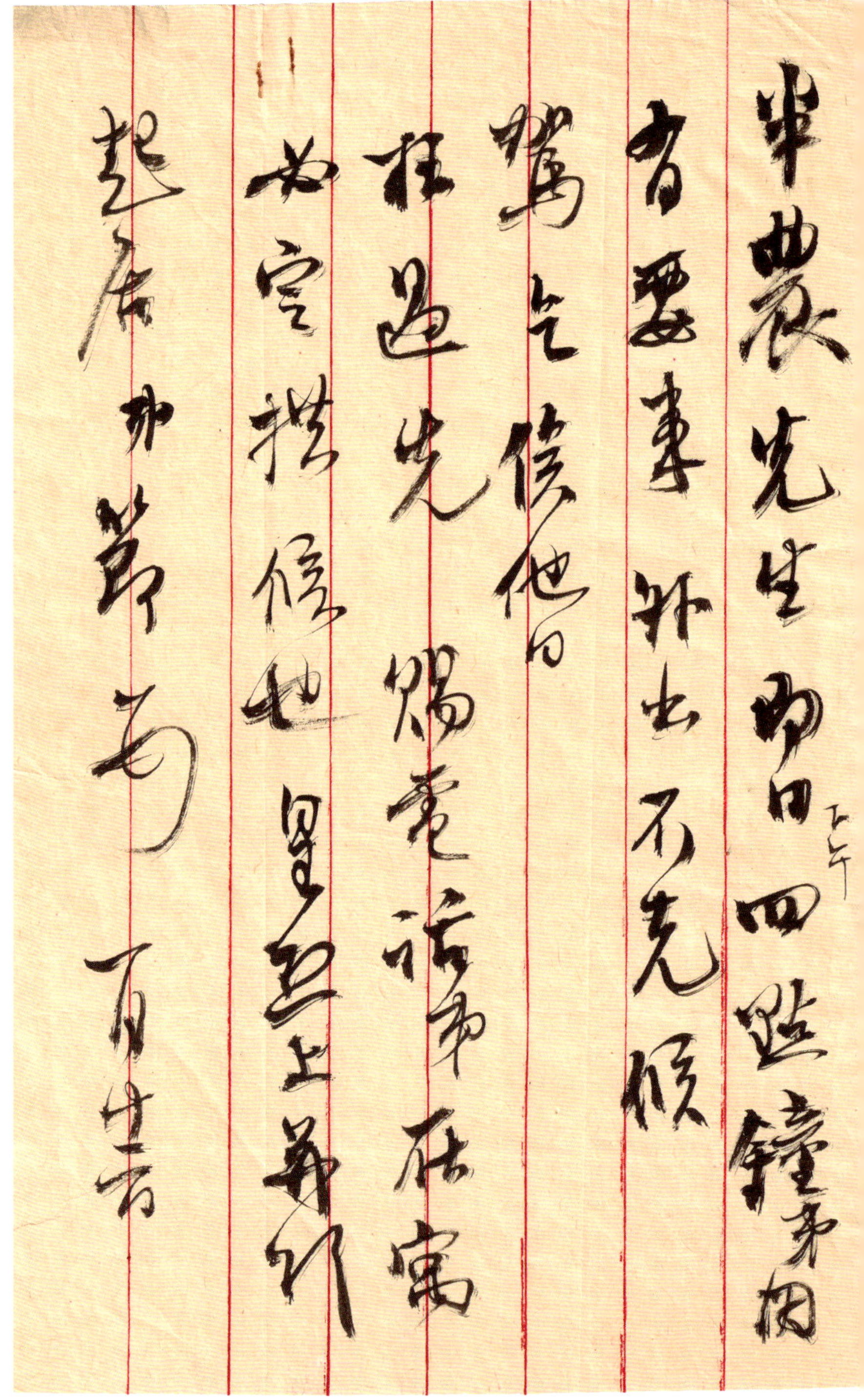

13. 黄节致刘半农书信之一

尺寸：纵 26.3 厘米 横 16.9 厘米

笺纸：木版印红格八行笺

日期：一月廿一日

释文：

半农先生：

即日下午四点钟，弟因有要事外出，不克候驾，乞俟他日枉过，先赐电话，弟在寓，必定拱候也。皇恐上，并颂起居。

弟节顿首　一月廿一日

半農先生：兩日前四照館
有要事外出，不克候
駕，乞恕。他日
往過先生，偶覓談，研
為宜。揩候也。冒暑上簽
起居，加萬福。
丁月廿

覺對於世界語云及東院

研究一節院中無當

希明白告示鄙意甚感

惟

執事教之草草奉覆

學祺　弟鄭□上

九月吉

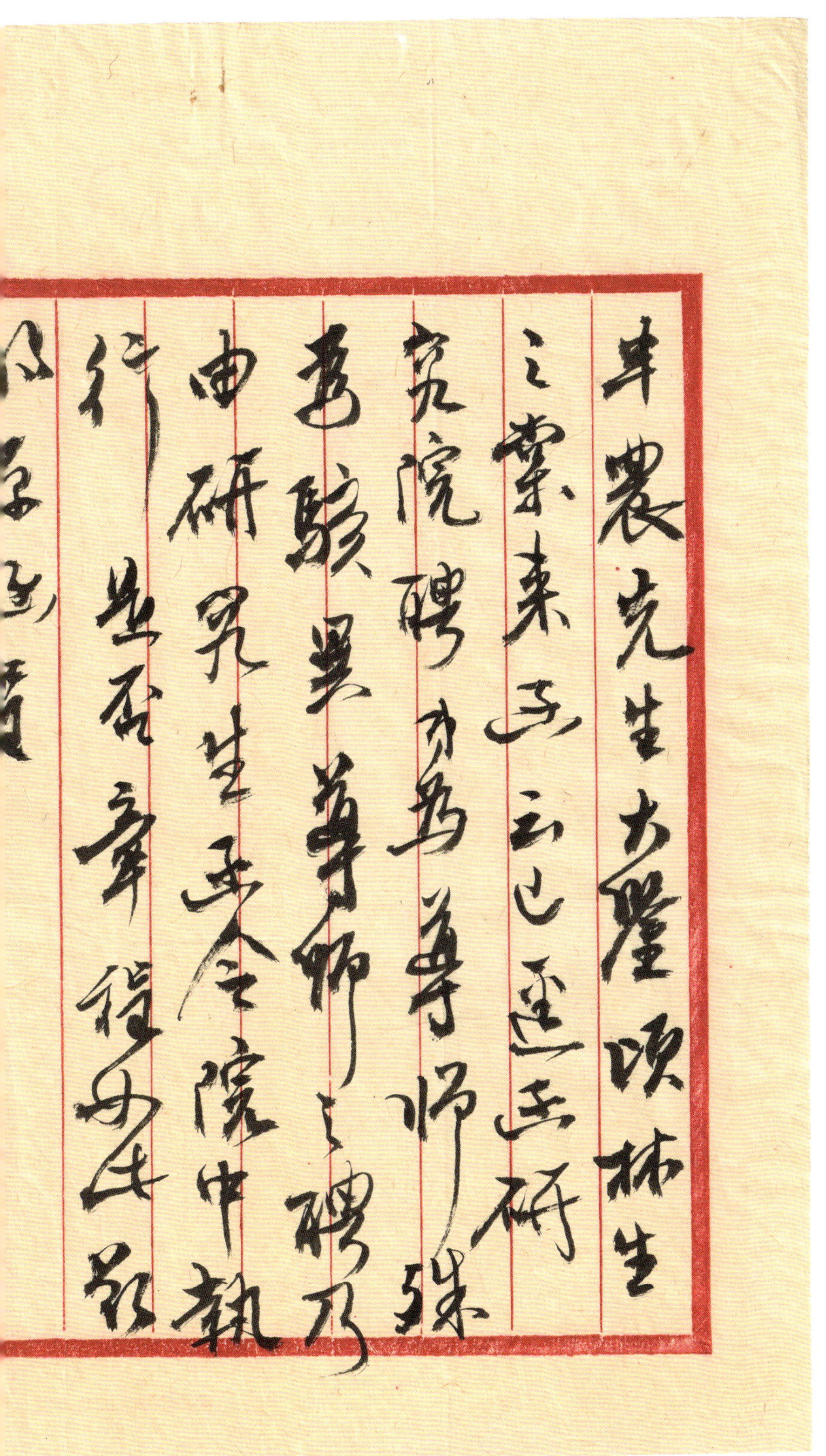

14. 黄节致刘半农书信之二

尺寸：纵 27.5 厘米 横 19 厘米

笺纸：木版印红框格八行笺

日期：九月七日

释文：

半农先生大鉴：

　　顷林生之棠来函，云已迳函研究院，聘弟为导师，殊为骇异。导师之聘乃由研究生函令院中执行，是否章程如此？兹将原函呈览。对于其所云及在院研究一节，院中应当有明白告示。鄙意如此，惟执事教之。草上，并颂学祺，不一一。

弟节顿首　九月七日

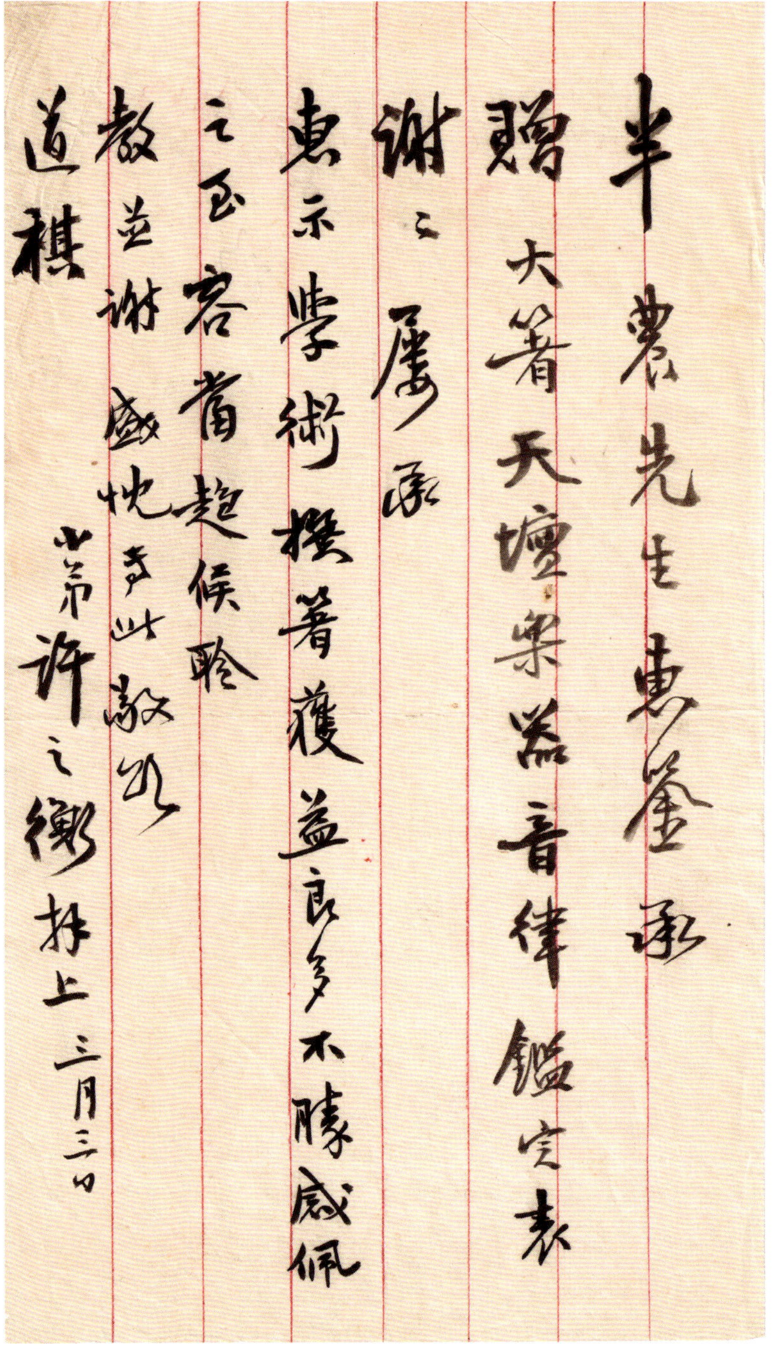
半農先生惠鑒承
贈大箸天壇樂器音律鑑定表
謝謝屢承
惠示學術撰箸獲益良多不勝感佩
之至容當趨候聆
教並謝盛忱專此敬頌
道祺
小弟許之衡拜上 三月三日

15. 许之衡致刘半农书信之一

尺寸：纵 29.2 厘米 横 18.1 厘米

笺纸：木版印红格八行笺

日期：（一九三三年）三月三日

释文：

半农先生惠鉴：

承赠大箸《天坛乐器音律鉴定定表》，谢谢。屡承惠示学术撰箸，获益良多，不胜感佩之至，容当趋候聆教，并谢盛忱。专此，敬颂道祺。

小弟许之衡拜上　三月三日

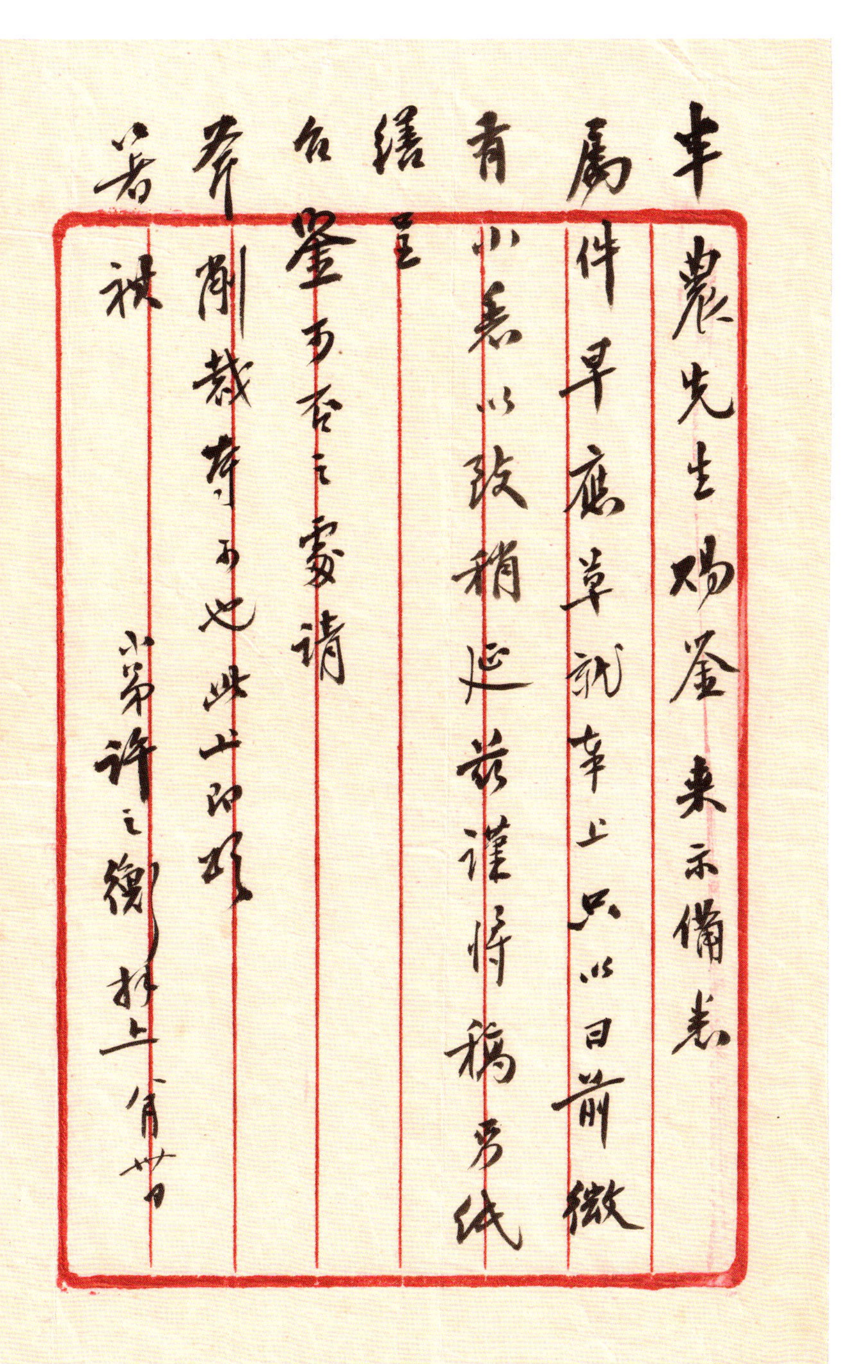

16. 许之衡致刘半农书信之二

尺寸：纵 26.5 厘米 横 17.5 厘米

笺纸：木版印红框格八行笺

日期：八月卅日

释文：

半农先生赐鉴：

来示备悉，属件早应草就奉上，只以日前微有小恙，以致稍延。兹谨将稿另纸缮呈台鉴，可否之处，请斧削裁夺可也。此上，即颂箸祺。

小弟许之衡拜上　八月卅日

17. 马裕藻致刘半农书信（残）

尺寸：纵 29 厘米 横 18 厘米

笺纸：木版印红框格七行笺

日期：不详

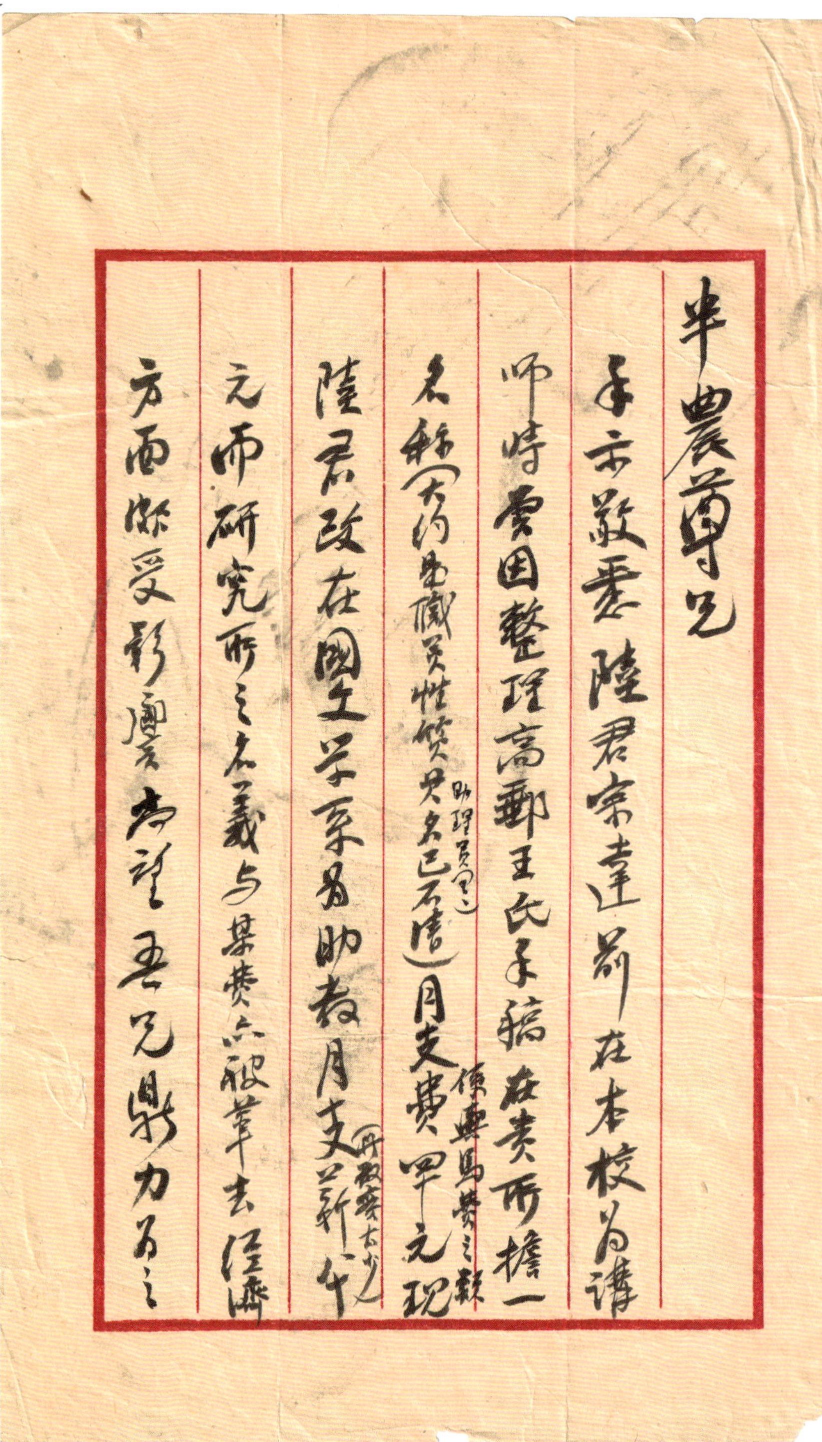

半農尊兄

手示敬悉 陸君宗達前在本校為講

師時曾因整理高郵王氏手稿在貴所擔一

名稱（大約是職員性質其名已不清 助理員？）月支費（係與馬費之款）四十元現

陸君改在國文學系為助教月支薪八十元（此數實太少）

而研究所之名義與某費亦被革去經濟

方面頗受影響尚望吾兄鼎力為之

释文：

半农尊兄：

手示敬悉，陆君宗达前在本校为讲师时，曾因整理高邮王氏手稿在贵所担一名称（大约是职员性质，其名已不清。助理员？），月支费四十元（系舆马费之欸）。现陆君改在国文学系为助教，月支薪八十元（此数实太少），而研究所之名义与某费亦被革去，经济方面颇受影响，尚望吾兄鼎力为之……

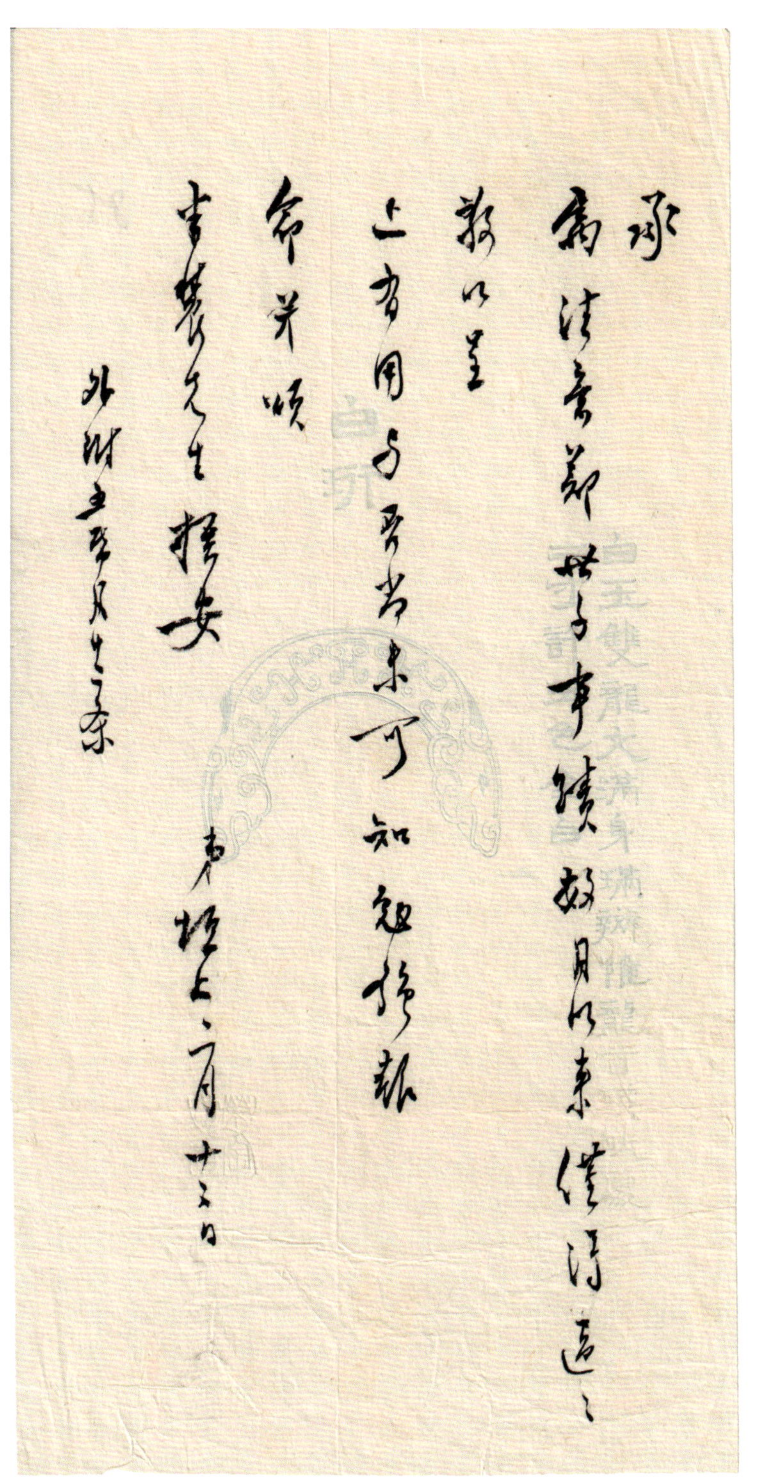

18. 陈垣致刘半农书信之一

尺寸：纵 25.3 厘米 横 12.7 厘米

笺纸：木版印荣宝斋制愙斋《古玉图考》笺之白珩笺

日期：二月十二日

释文：

承属注意郑世子事迹，数月以来，仅得区区，敬以呈上。有用与否，尚未可知，勉强报命，并颂半农先生撰安。

弟垣上　二月十二日

外附五纸凡十二条。

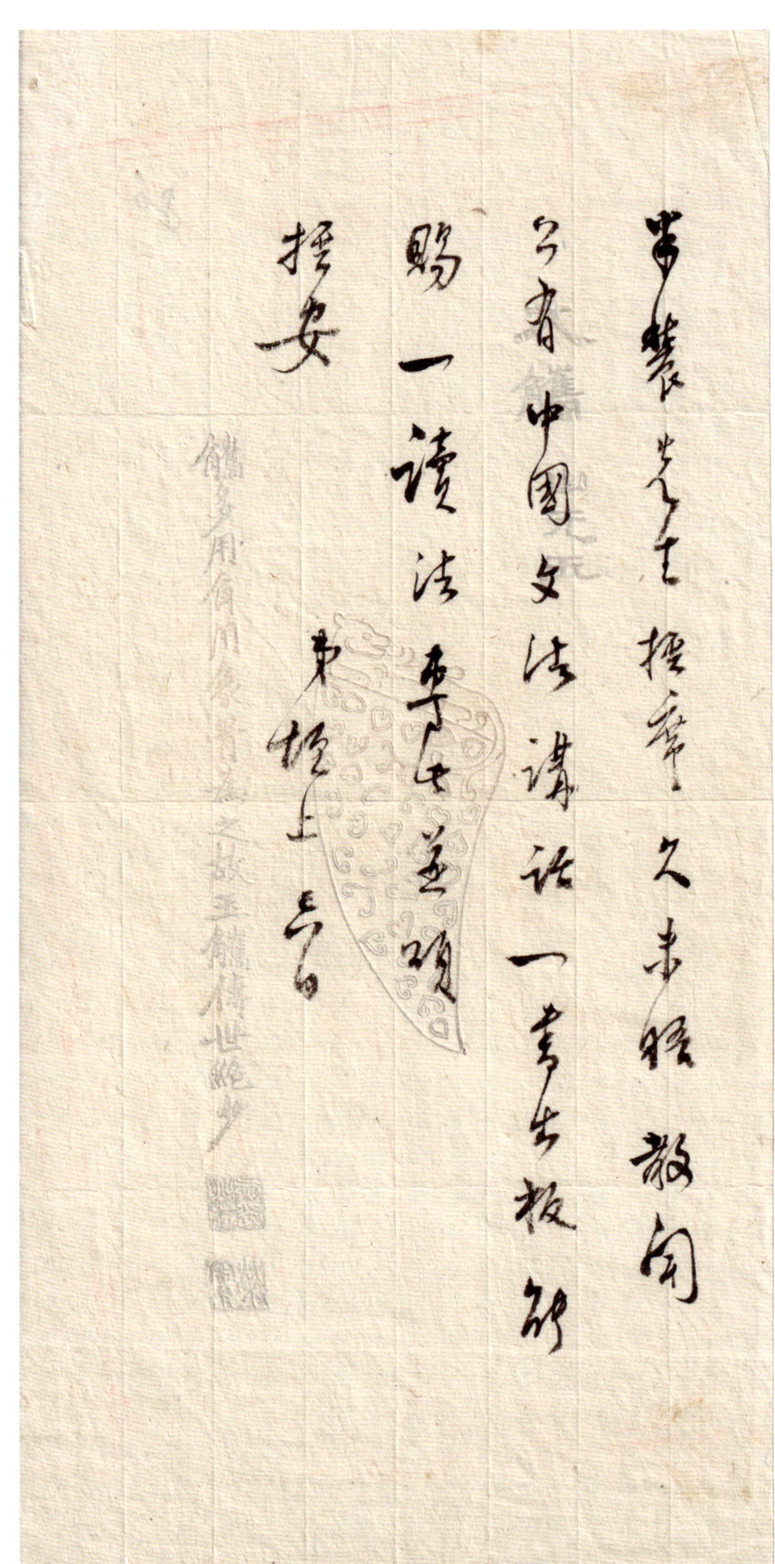

19. 陈垣致刘半农书信之二

尺寸：纵 24.9 厘米 横 12.5 厘米

笺纸：木版印暗格八行荣宝斋制窓斋《古玉图考》笺之大觿笺

日期：（一九三二年）六日

释文：

半农先生撰席：

久未晤教，闻公有《中国文法讲话》一书出板，能赐一读法？专此，并颂撰安。

弟垣上 六日

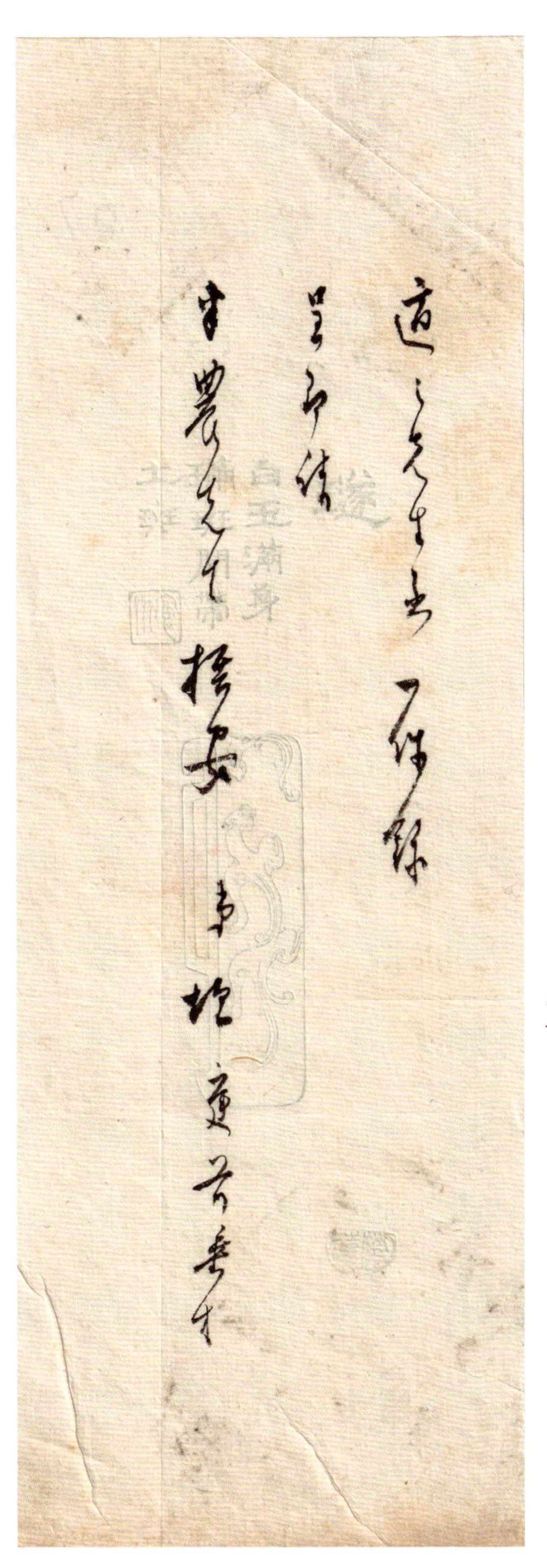

20. 陈垣致刘半农书信之三

尺寸：纵 24.8 厘米 横 9.3 厘米

笺纸：木版印荣宝斋制愙斋《古玉图考》笺之璲笺

日期：（一九三二年一月）

释文：

适之先生函一件，录呈，即请半农先生撰安。

弟垣

庭前垂木（柳）……

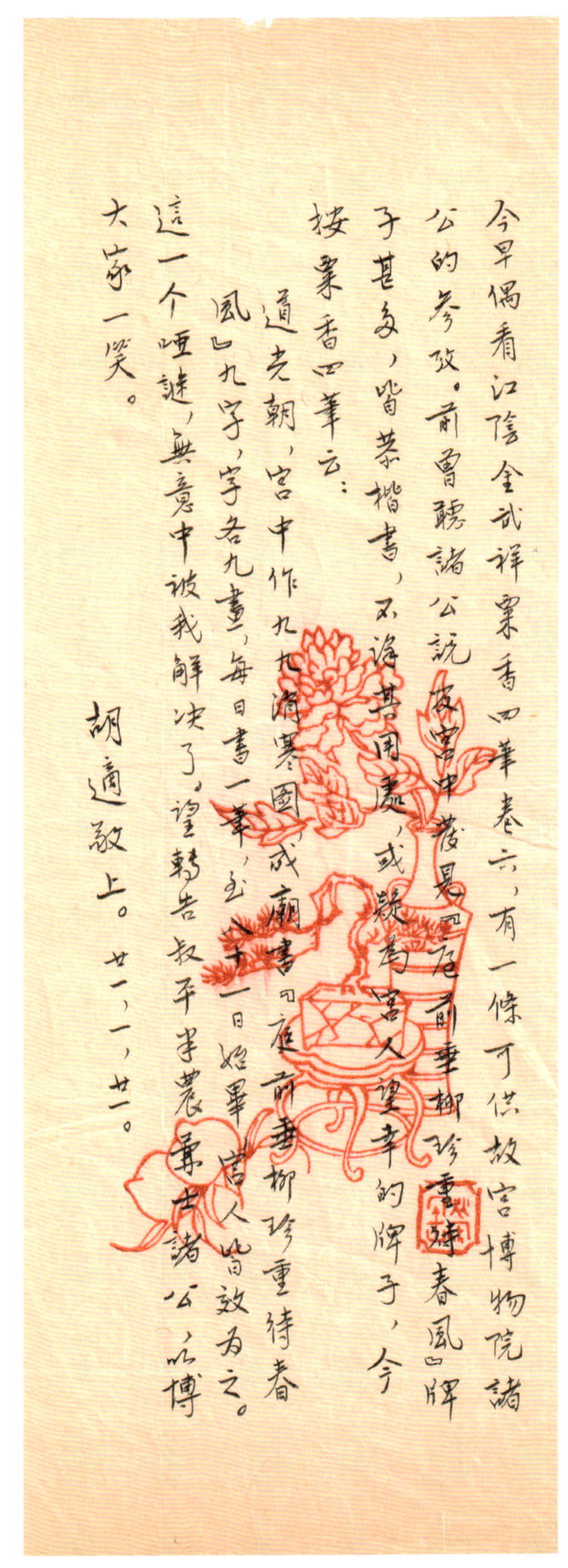

今早偶看江陰金武祥粟香四筆卷六，有一條可供故宮博物院諸
公的參考。前曾聽諸公說及宮中發見『庭前垂柳珍重待春風』牌
子甚多，皆恭楷書，不詳其用處，或疑為宮人望幸的牌子，今
按粟香四筆云：
道光朝，宮中作九九消寒圖，成廟書『庭前垂柳珍重待春
風』九字，字各九畫，每日書一筆，至八十一日始畢，宮人皆效為之。
這一个啞謎，無意中被我解決了。望轉告叔平半農兼士諸公以博
大家一笑。
胡適敬上。廿一，一，廿一。

附 . 胡适致陈垣书信录函

尺寸：纵 22.4 厘米 横 8.5 厘米

笺纸：木版印荣宝斋制富贵松寿清供图笺

日期：一九三二年一月廿一日

释文：

今早偶看江阴金武祥《粟香四笔》卷六，有一条可供故宫博物院诸公的参考。前曾听诸公说及宫中发见“庭前垂柳珍重待春风”牌子甚多，皆恭楷书，不详其用处，或疑为宫人望幸的牌子。今按《粟香四笔》云：道光朝，宫中作《九九消寒图》，成庙书“庭前垂柳珍重待春风”九字，字各九画，每日书一笔，至八十一日始毕，宫人皆效为之。这一个哑谜，无意中被我解决了，望转告叔平、半农、兼士诸公，以博大家一笑。

胡适敬上。 廿一,一，廿一。

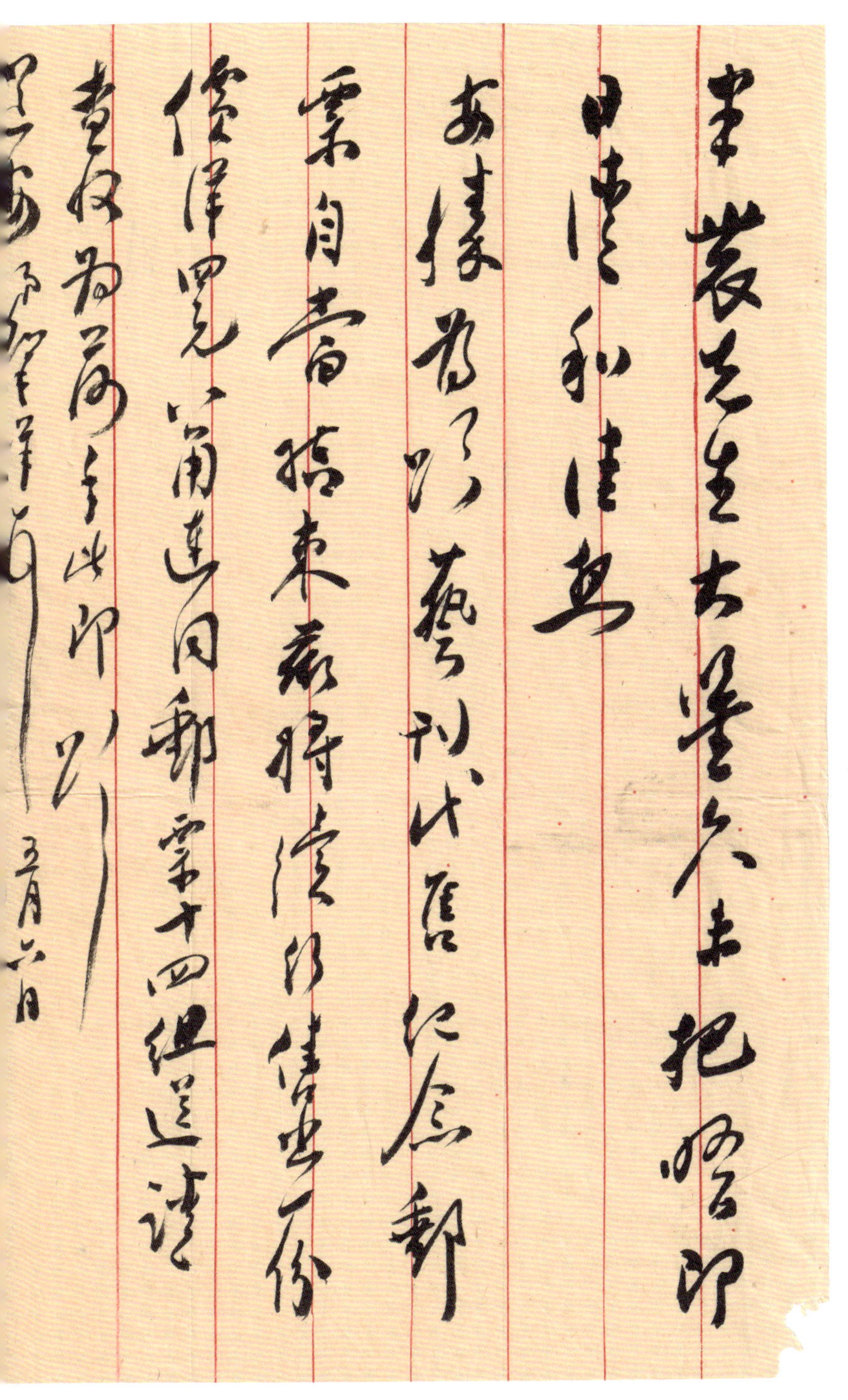

21. 周肇祥致刘半农书信

尺寸：纵 27.8 厘米 横 17.8 厘米

笺纸：木版印红格八行笺

日期：（一九三三年）五月六日

释文：

半农先生大鉴：

久未把晤，即日清和，佳想安胜为颂。《艺刊》代售纪念邮票自当结束，兹将续行，售出一份价洋四元八角，连同邮票十四组，送请查收为荷。手此，即颂道安。

弟肇祥顿首　五月六日

託人與戴游切實言之，或有濟，其言似亦有理，請斟酌行之。弟今晚擬赴滬一行，八日以前必在上海，如仍須弟奔走之處，請函示或電示可也。此頌

台安

弟衡上言　十月三日

上海亞爾培路亞爾培坊十五號故宮辦事處電掛號 9537

南京秣陵路二二三號故宮辦事處電掛號 0950

北平故宮博物院駐京辦事處箋

22. 马衡致刘半农书信

尺寸：纵 30.3 厘米 横 21.5 厘米

笺纸：木版印红框格八行“北平故宫博物院驻京办事处笺”

日期：十月三日

释文：

半农我兄大鉴：

报纸称弟消极，终日游栖霞山，想是兄所造之谣言也。前嘱办之事，已与尹默谈过两次，据云此事虽经前任批准，若后任诿为经费支绌，延不肯付，亦属无法。因此等不履行或推翻前案，乃常有之事，最好仍从交谊上着手，托人与轼游切实言之，事或有济。其言似亦有理，请斟酌行之。弟今晚拟赴沪一行，八日以前必在上海，如仍须弟奔走之处，请函示或电示可也。此颂台安。

弟衡上言　十月三日

上海亚尔培路亚尔培坊十七号故宫办事处，电挂号：9537。

南京秣陵路二二三号故宫办事处，电挂号：0950。

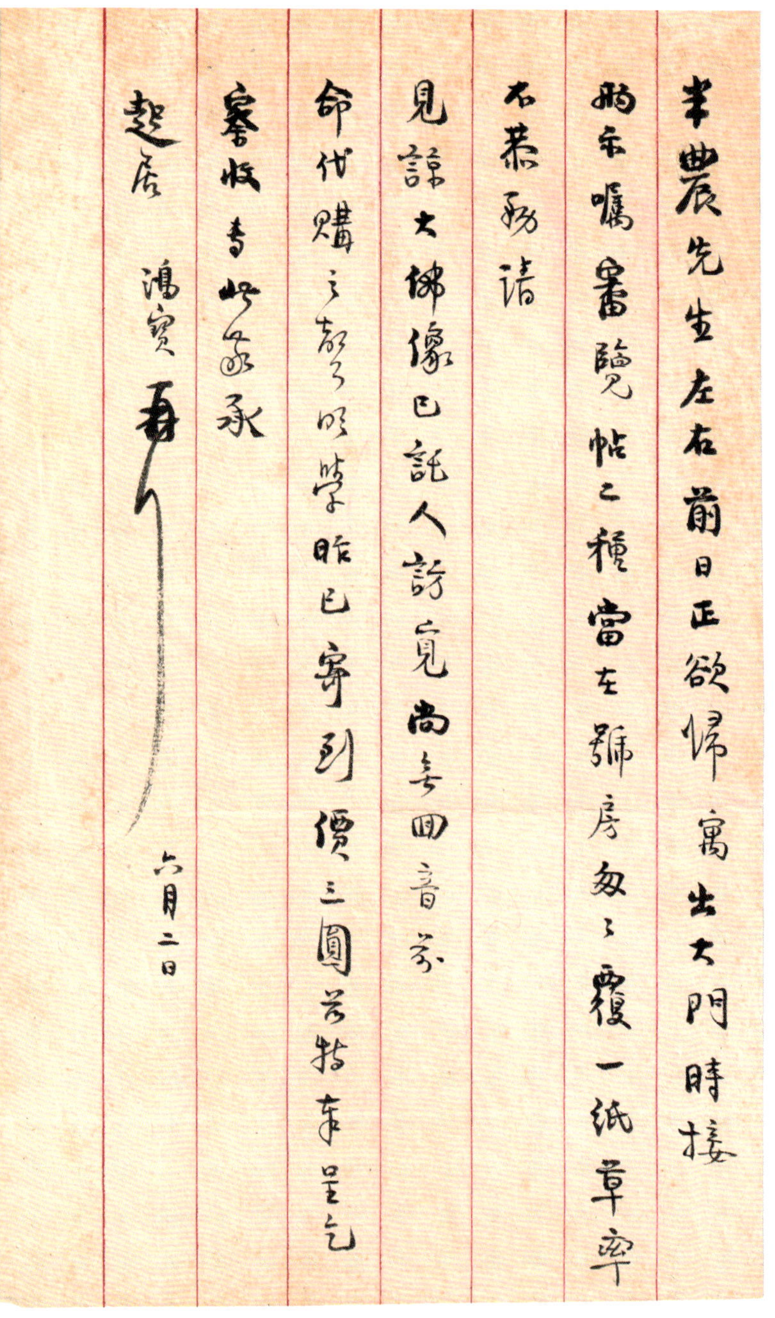

半農先生左右前日正欲歸寓出大門時接
兩示囑審覽帖二種當在號房匆匆覆一紙草率
不恭務請
見諒大佛像已託人訪覓尚無回音前
命代購之聲明學昨已寄到價三圓荷特奉呈乞
察收專此敬承
起居　鴻寶再拜　六月二日

23. 徐鸿宝致刘半农书信

尺寸：纵 25.9 厘米 横 15.7 厘米

笺纸：木版印红格八行笺

日期：六月二日

释文：

半农先生左右：

前日正欲归寓，出大门时接两示，嘱审览帖二种，当在号房，匆匆覆一纸，草率不恭，务请见谅。大佛像已托人访觅，尚无回音。前命代购之《声明学》，昨已寄到，价三圆，荷特奉呈，乞察收。专此，敬承起居。

鸿宝再拜　六月二日

24. 叶恭绰致刘半农书信

尺寸：纵 28.2 厘米 横 18.3 厘米

笺纸：木版套色印祥云纹双勾“松柏之茂”笺

日期：（一九三三年）十一月廿八

释文：

半农先生：

不晤忽已两月余，良殷系念。兹者法国名小说家德哥派拉 Maurice Dekobra 因搜集新资料来华，正欲与我国知识界往还，因为介绍，尚祈导引一切，并为转介于各知友为幸。余颂大安。

弟恭绰上　十一月廿八

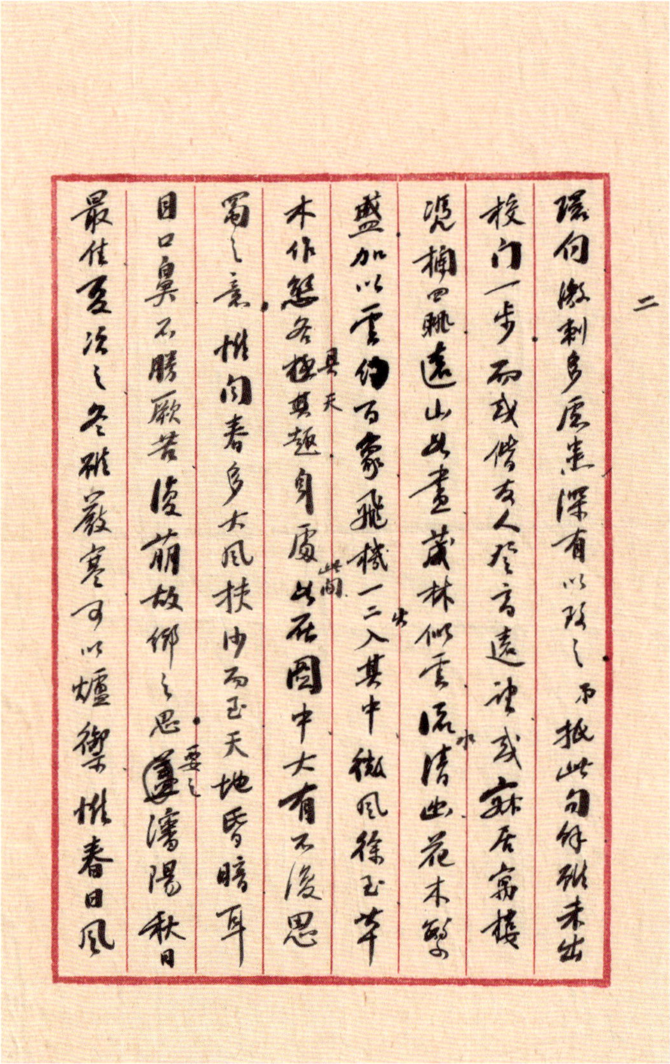

環向激刺多處患深有以致之弟擬此句舒張未出
校門一步而或借友人登高遠望或窮居高樓
憑欄四眺遠山如畫蔥林似雲流水清幽花木繁
盛加以雲約百家飛樓一二出入其中微風徐至華
本作態是天各極其趣身處此間如在圖中大有不復思
蜀之意桃開春多大風挾沙而至天地昏暗耳
目口鼻不勝厥苦凌崩故鄉之思要之瀋陽秋日
最佳夏次之冬雖嚴寒可以爐禦桃春日風

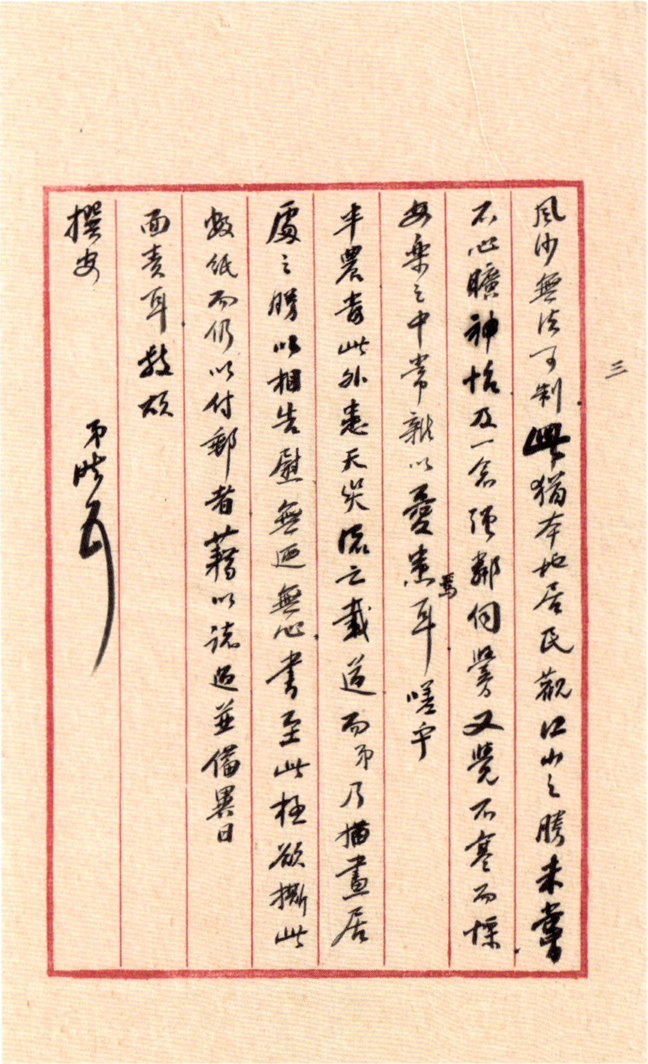

風沙無法可制此獨本地居民歡江山之勝未嘗
不心曠神怡及一念陳鄰何[illegible]又覺不寒而慄
如棄之中常執以憂患焉耳嗟乎
半農當此外患天災流亡載道而弟乃描畫居
處之勝以相告慰無甌無心書至此極欲撕此
數紙而仍以付郵者籍以疏遠並備異日
面責耳敬頌
撰安
弟[illegible]

25. 顾澄致刘半农书信

尺寸：纵 27 厘米 横 16.5 厘米

笺纸：木版印红框格八行笺

日期：（一九三三年）

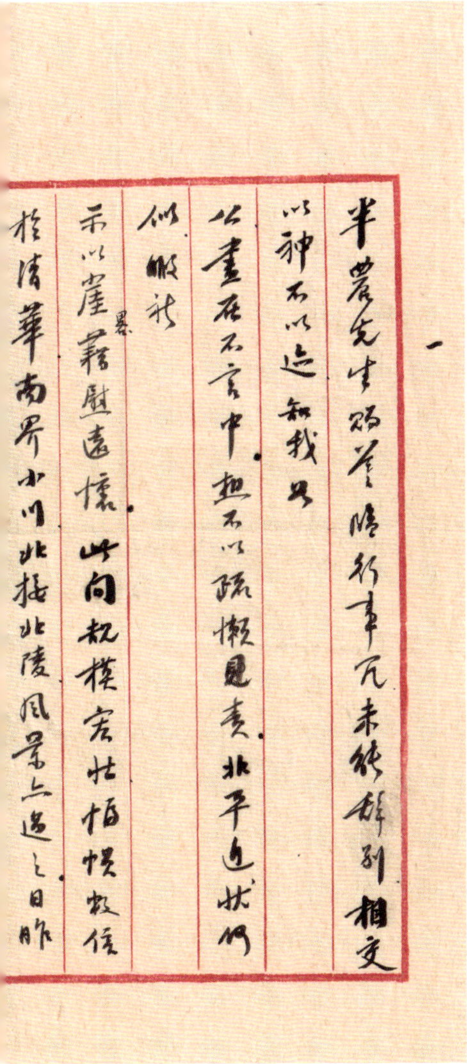
半农先生赐鉴：临行事冗，未能辞别。相交以神不以迹，知我如公，尽在不言中，想不以疏懒见责。北平近状何似？暇祈示以崖略，慰藉远怀。此间规模宏壮，幅员数倍于清华，南界小川、北接北陵，风景亦过之。日昨

释文：

半农先生赐鉴：

临行事冗，未能辞别。相交以神不以迹，知我如公，尽在不言中，想不以疏懒责。北平近状何似？暇祈示以崖略，慰藉远怀。此间规模宏壮，幅员数倍于清华，南界小川、北接北陵，风景亦过之。日昨开课，学风甚好，当局亦颇振作，凡有益于校之事，决不惜费，终日筹划，不稍畏劳，盖强邻环向激刺，多虑患深，有以致之。弟抵此旬余，虽未出校门一步，而或偕友人登高远望，或寂居寓楼、凭栏四眺，远山如画、茂林似云、流水清幽、花木繁盛。加以云约万象，飞机一二出入其中，微风徐至，草木作态，各具天趣。身处此间，如在图中，大有不复思蜀之意。惟闻春多大风，挟沙而至，天地昏暗，耳目口鼻不胜厥苦，复萌故乡之思。要之，沈阳秋日最佳，夏次之，冬虽严寒，可以炉御，惟春日风［风］沙，无法可制。此犹本地居民观江山之胜，未尝不心旷神怡，及一念强邻伺衅，又觉不寒而栗，每乐之中常杂以忧患焉耳。嗟乎，半农当此外患天灾、流亡载道，而弟乃描画居处之胜以相告慰，无乃无心。书至此，极欲撕此数纸而仍以付邮者，藉以志过，并备异日面责耳。敬颂撰安。

弟澄顿首

26. 童德禧致刘半农书信

尺寸：纵 26.1 厘米 横 15.7 厘米

笺纸：木版印红框格八行笺

日期：八月十日

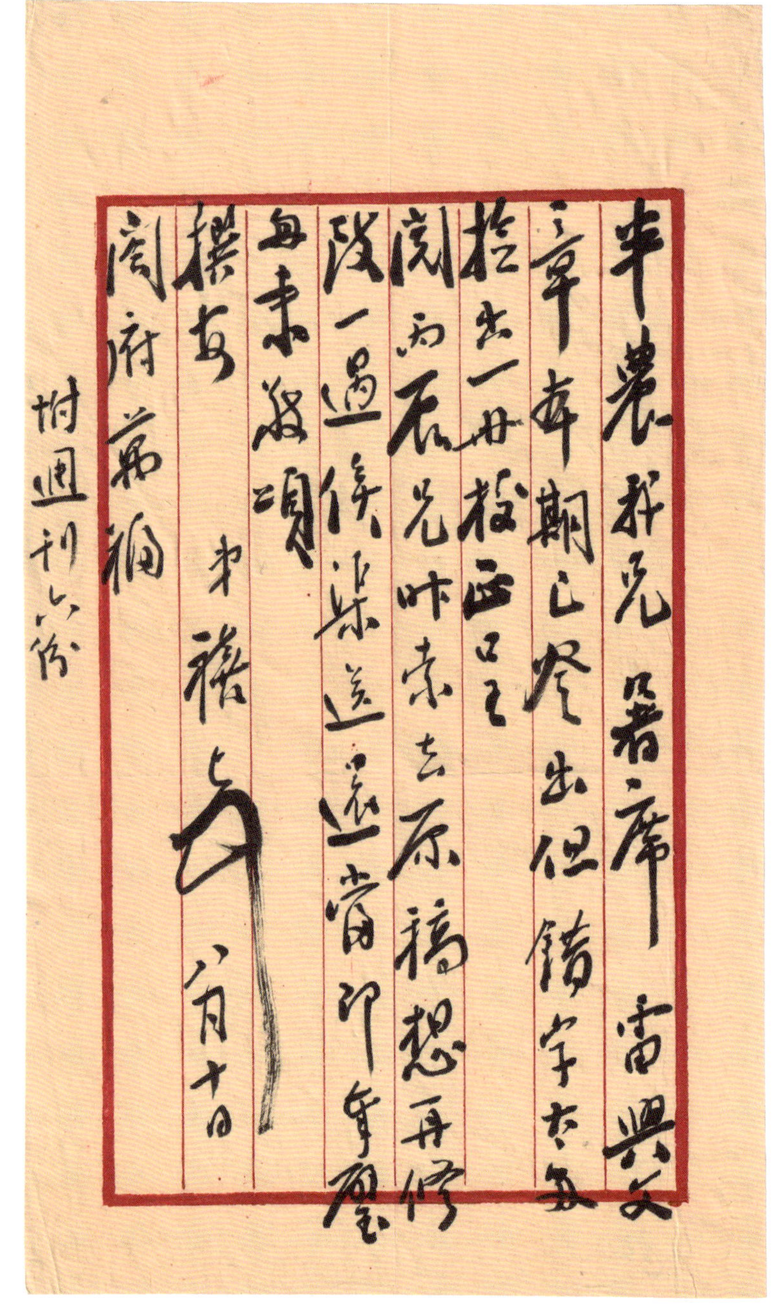

半農我兄著席　雷興文
章本期已登出但錯字太多
檢出一冊校正呈
閱丙辰兄昨索去原稿想再修
改一過俟渠送還當即奉璧
匆束敬頌
撰安　弟禧頓首　八月十日
閤府萬福
附周刊六份

释文：

半农我兄箸席：

雷兴文章本期已登出，但错字太多，检出一册校正呈阅。丙辰兄昨索去原稿，想再修改一过，俟渠送还，当即奉璧。匆束。敬颂撰安，阖府万福。

弟禧顿首　八月十日

附周刊六份

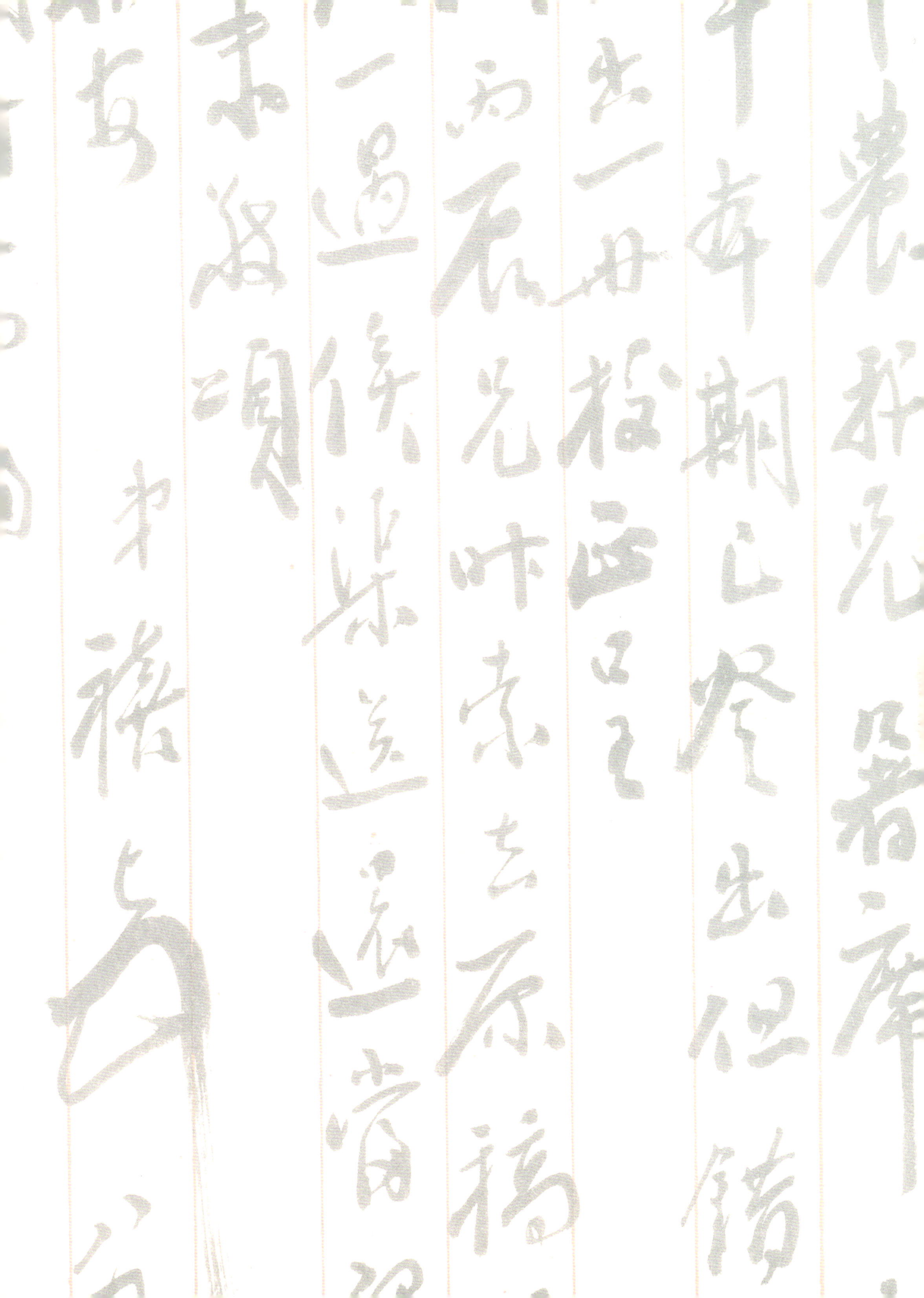

國立中央研究院用箋

第　　號第　　頁

見賜之，如須備價，亦請　示知，並代為留
起兩套，款當即日寄奉也。專此，順頌
公綏，並盼
惠復。

小許壽裳敬啓

中華民國　　年　　月　　日

電報（有線）四四九六（究）（無線）一四四九六
電話（院長室）三一四九一（辦公室）三一五五六
院址南京成賢街

27. 许寿裳致刘半农书信

尺寸：纵 26.8 厘米 横 19.9 厘米

笺纸：铅印红框格八行“国立中央研究院用笺”

日期：一九三二年八月二十日

释文：

半农我兄大鉴：

秋暑，惟起居安善为颂。贵会纪念邮票事，院中前得先生公函并汇款，即日函送交通部，请其迅将邮票照送尊寓，已得部复并转函贵会，谅蒙詧悉。此项纪念学术之邮票，至有价值，弟在京遍向各邮局购买，竟不可得。用特函商，可否以两套见赐？如须备价，亦请示知，并代为留起两套，款当即日寄奉也。专此，顺颂公绥，并盼惠复。

弟许寿裳敬启

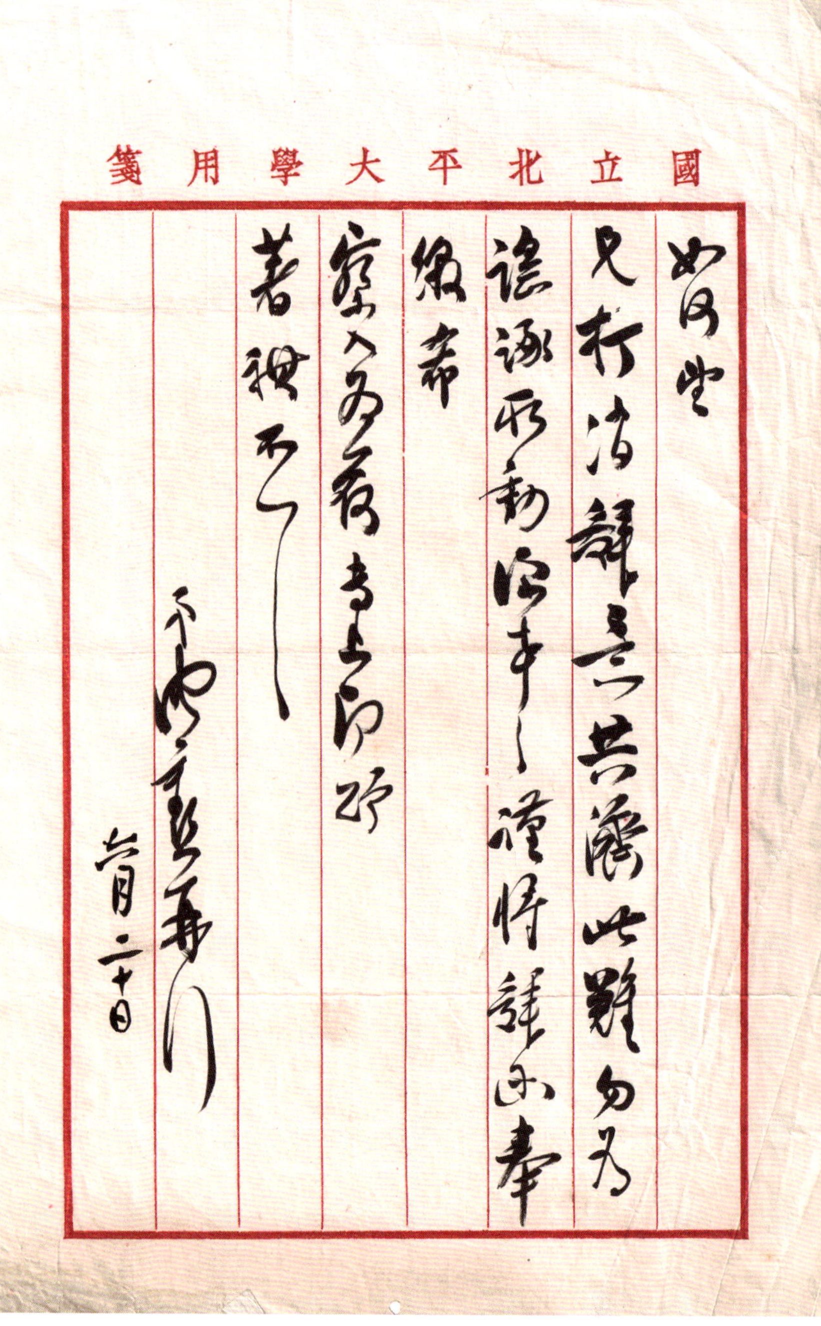
國立北平大學用箋

如何？望兄打消辭意，共濟此難，勿為謠諑所動，深幸深幸。謹將辭函奉繳，希察入為荷。專上，即頌著祺，不一一。

弟沈尹默再拜 六月二十日

28. 沈尹默致刘半农书信（残）

尺寸：纵 29.9 厘米 横 20 厘米

笺纸：木版印红框格八行“国立北平大学用笺”

日期：六月二十日

释文：

……如何？望兄打消辞意，共济此难，勿为谣诼所动，深幸深幸。谨将辞函奉缴，希察入为荷。专上，即颂著祺，不一一。

弟沈尹默再拜　六月二十日

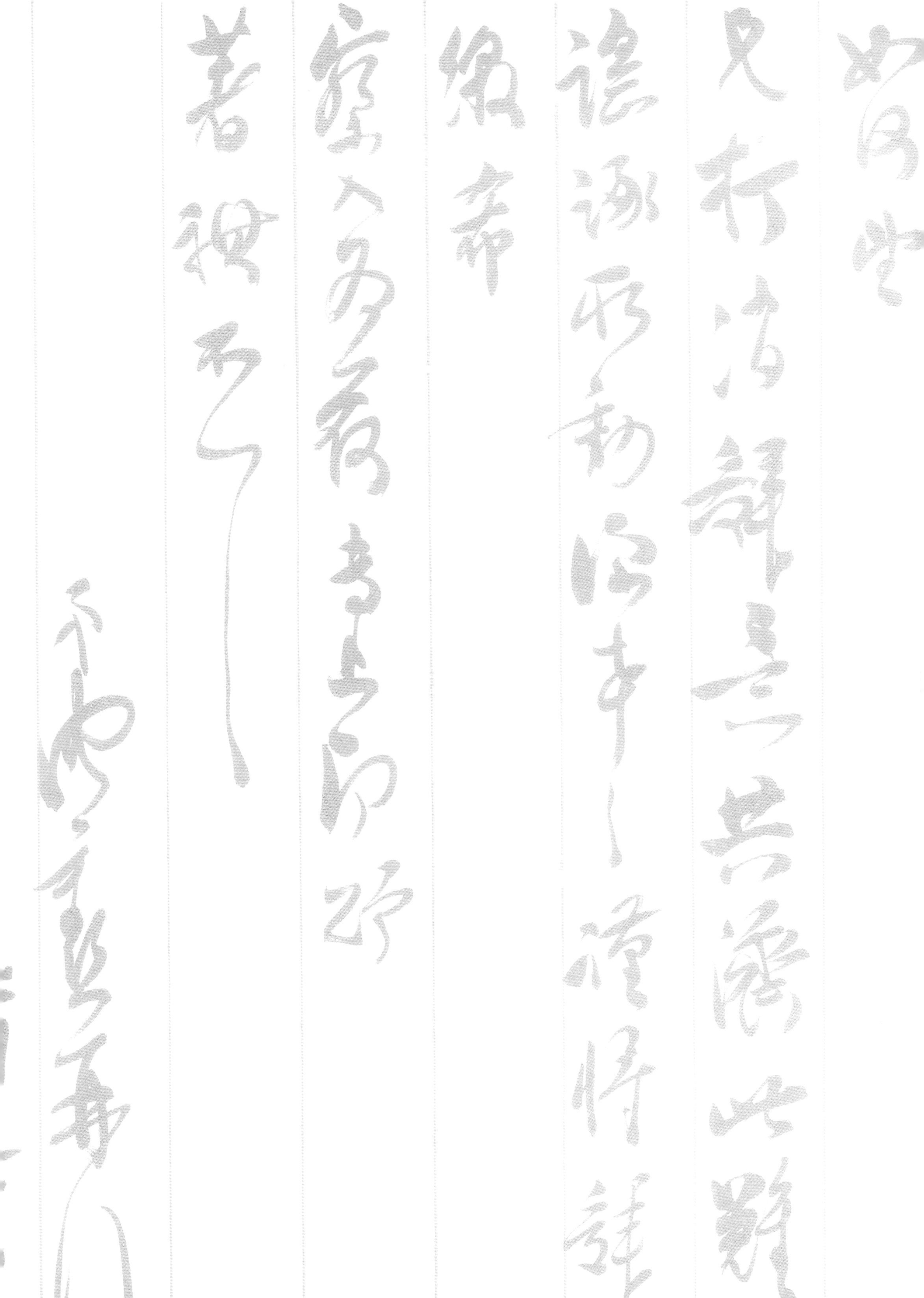

訃書較晚

設奠之期已過本擬略備聯幛藉表

微忱但恐後時非禮惟希

鑒原卷查詩郎公牘業經本部呈

院轉府奉准並以附

聞專此敬詢

起居

弟楊芳謹啟

九、二、

半農先生大鑒 別久念甚 弟近患感冒
經旬未到部 今日接讀
台函 祇悉一是 承
詢各節 另紙奉
覽 又前聞
令弟天華先生噩耗 悼歎殊深 當以
奉到

教育部用牋

29. 杨芳致刘半农书信

尺寸：纵 28.3 厘米 横 17.9 厘米

笺纸：木版印暗格八行“教育部用笺”

日期：一九三二年九月十二日

释文：

半农先生大鉴：

久别念甚，弟近患感冒，经旬未到部，今日接读台函，祇悉一是，承询各节，另纸奉览。又前闻令弟天华先生噩耗，悼叹殊深。当以奉到讣书较晚，设奠之期已过，本拟略备联幛，籍表微忱，但恐后时非礼，惟希鉴原。卷查请恤公牍，业经本部呈院转府奉准，并以附闻。专此，敬询起居。

弟杨芳谨启 九，一二。

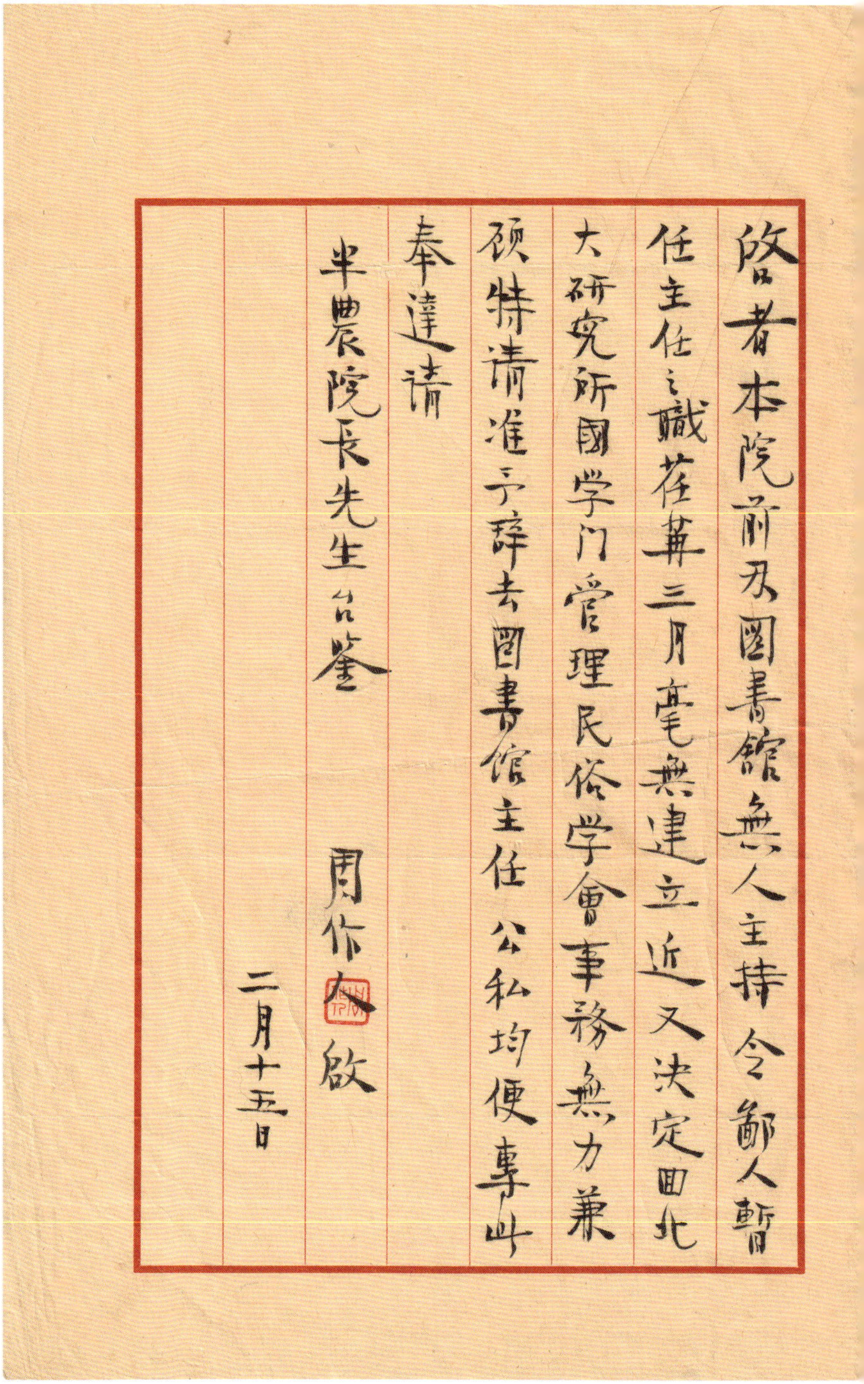
啓者本院前因圖書館無人主持令鄙人暫
任主任之職荏苒三月毫無建立近又決定回北
大研究所國学門管理民俗学會事務無力兼
顧特請准予辭去圖書館主任公私均便專此
奉達請
半農院長先生台鑒
周作人啓
二月十五日

30. 周作人致刘半农书信之一

尺寸：纵 27.7 厘米 横 19.7 厘米

笺纸：铅印红框格八行笺

日期：（一九三一年）二月十五日

释文：

启者：本院前因图书馆无人主持，令鄙人暂任主任之职，荏苒三月，毫无建立，近又决定回北大研究所国学门管理民俗学会事务，无力兼顾，特请准予辞去图书馆主任，公私均便。专此奉达，请半农院长先生台鉴。

周作人启　二月十五日

者本院前及圖書館無人主持令之
任之職荏苒三月竟無建立近又決
究所國學门管理民俗學會事務無
特請准予辭去圖書館主任公私均便
逕請
農院長先生台鑒
周作人敬
二月十

31. 周作人致刘半农书信之二

尺寸：纵 28.4 厘米 横 15.3 厘米

笺纸：木版印中华民国二十年一月煅药庐制双勾齐永明六年维卫尊佛像铭笺

日期：（一九三一年）三月二十五日

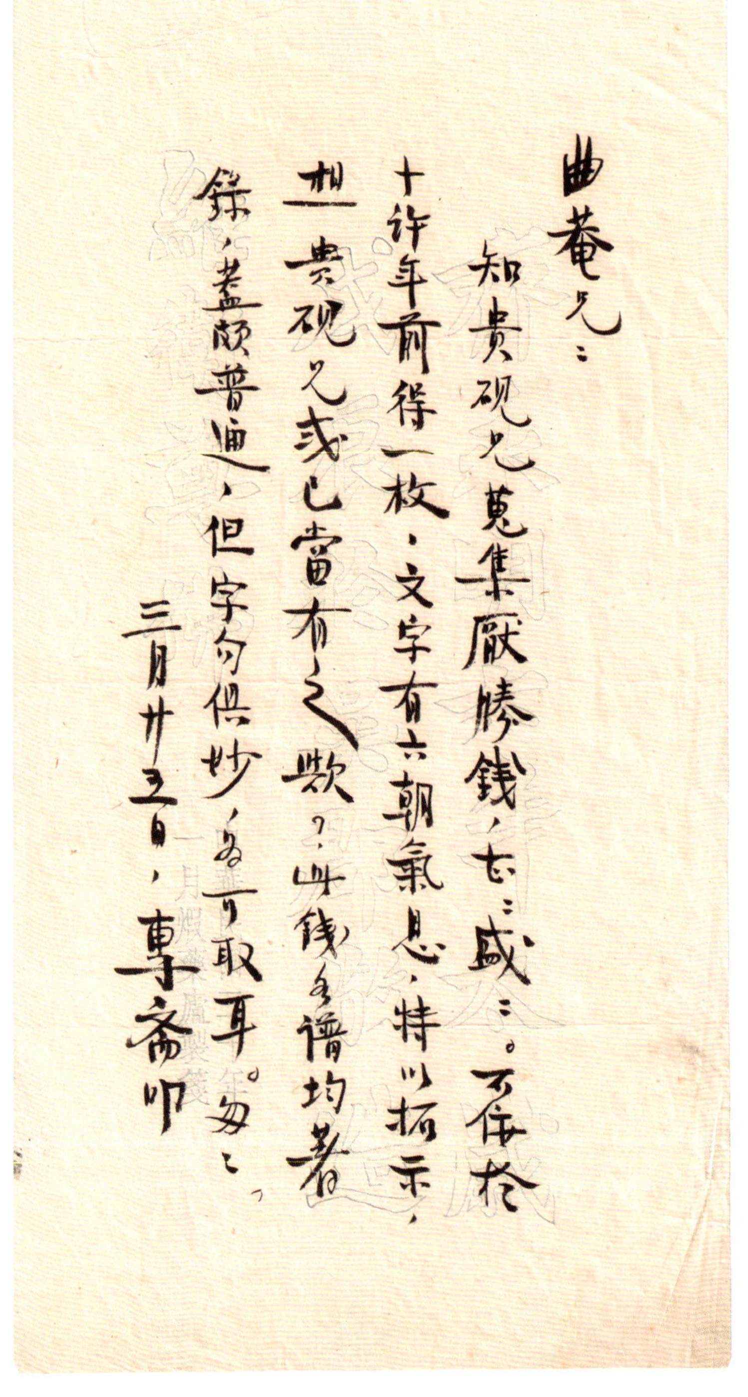

曲庵兄：
知贵砚兄蒐集厭勝钱，甚盛甚盛。不佞於十许年前得一枚，文字有六朝氣息，特以拓示，想贵砚兄或已當有之歟？此钱各谱均著録，蓋頗普通，但字句俱妙，為可取耳。匆匆。
三月廿五日，專斋叩

释文：

曲庵兄：

知贵砚兄蒐集厌胜钱，甚盛甚盛，不佞于十许年前得一枚，文字有六朝气息，特以拓示，想贵砚兄或已当有之欤？此钱各谱均著录，盖颇普通，但字句俱妙，为可取耳。匆匆。

三月廿五日，专斋叩

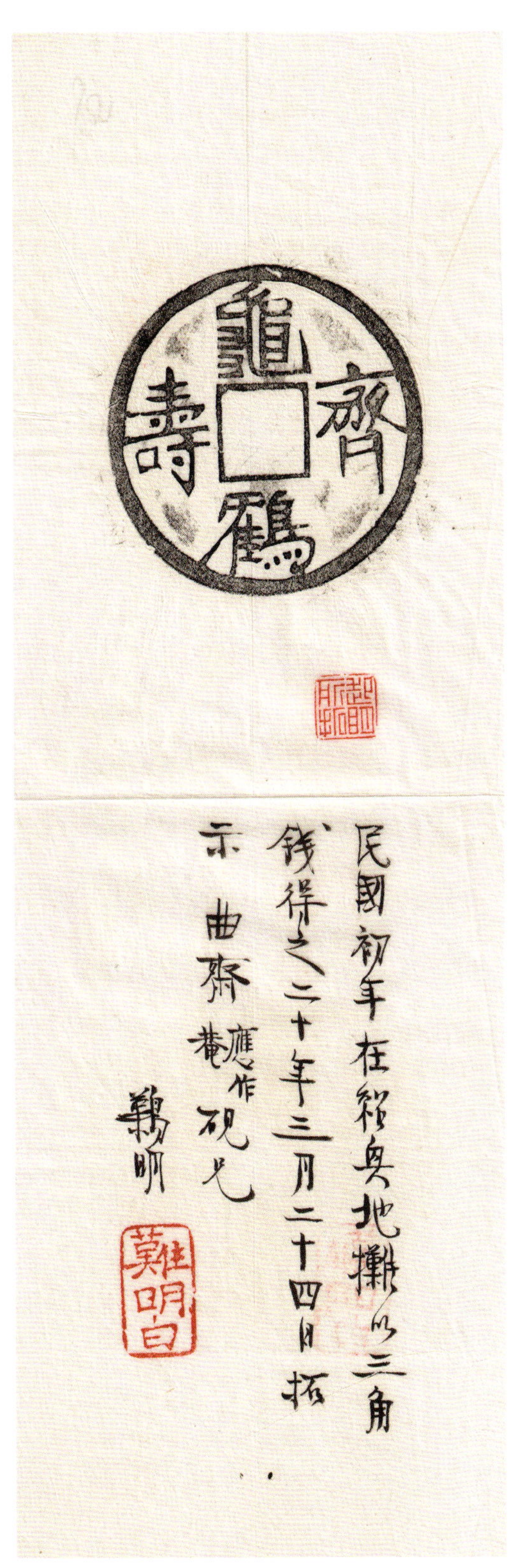

附 . 周作人致刘半农“龟鹤齐寿”压胜钱拓片

尺寸：纵 27.5 厘米 横 9 厘米

日期：一九三一年三月二十四日

释文：

民国初年在绍兴地摊以三角钱得之，二十年三月二十四日拓示曲斋（应作庵）砚兄。

难明

莫也。承擲來家奉托翻印之字片，收到後即去製鋅板，做六朝名片看，尚未知做得好否？如能成功，當先一校刺，以奉何其神之處（此句似有未妥，但亦不再修改了）也。匆匆，順頌近安

二月廿九日，硯小弟鄭句

32. 周作人致刘半农书信之三

尺寸：纵 24.9 厘米 横 12.3 厘米

笺纸：木版印齐璜《东坡居士玩砚图》暗格八行笺

日期：（一九三一年）三月二十九日

释文：

曲庵兄：

承招陪某教授，恐难免有方命之愆，因再上礼拜二曾经缺课，故今未便又隔一周而再缺也。窃惟某教授原系鬼话专门学者，今既有通鬼话者多人，当不寂莫也。承掷来前奉托翻印之字片，收到后即去制锌板，做六朝名片看，尚未知做能好否？如能成功，当先一投刺，以奉谢费神之处（此句似有未妥，但亦不再修改了）也。匆匆。顺颂撰安。

三月廿九日，砚小弟难明顿首

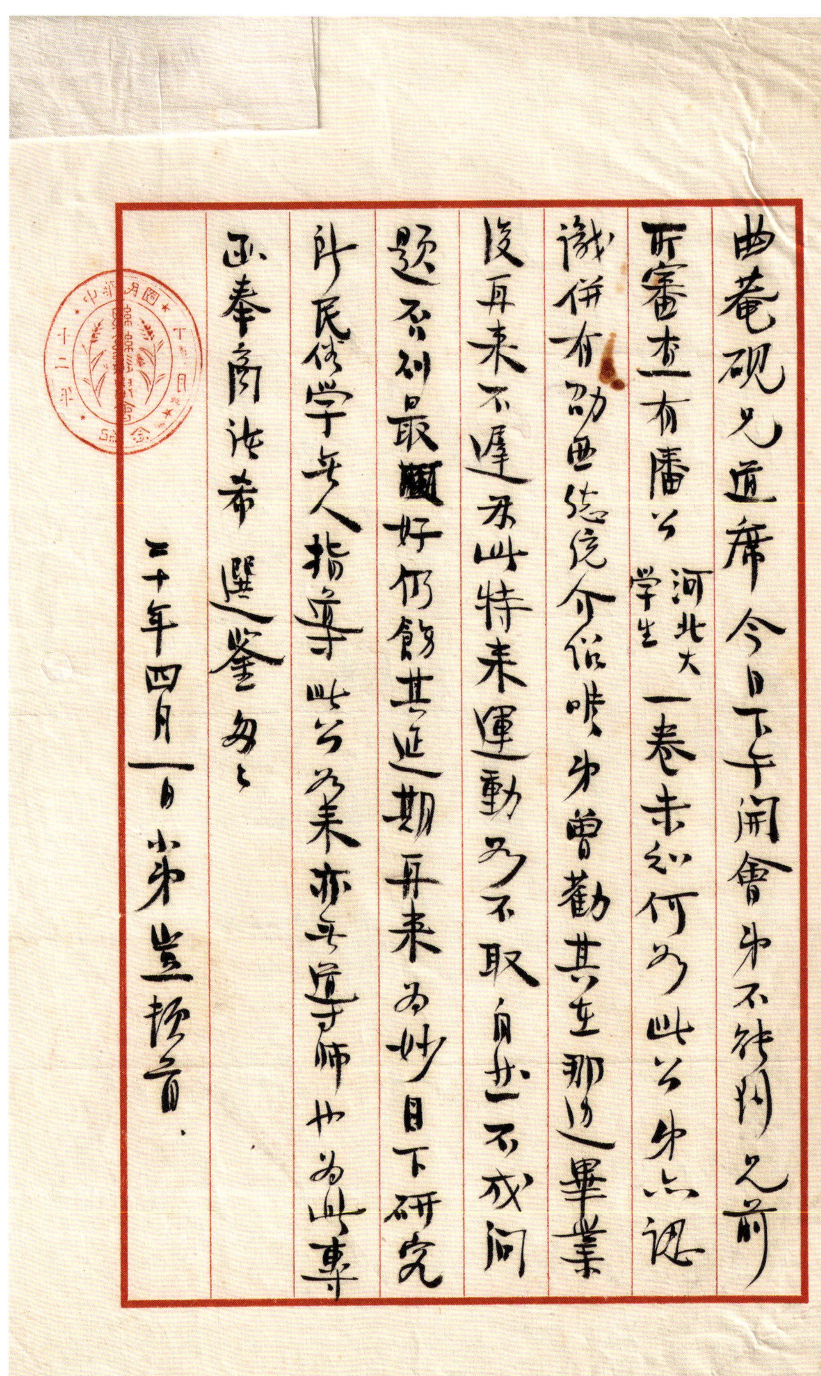
曲菴硯兄道席：今日下午開會，弟不能到。兄前所審查有潘公（河北大學生）一卷，未知何如？此公弟亦認識，併有劭西總統介紹。唯弟曾勸其在那邊畢業後再來不遲，因此特來運動。如不取，自然不成問題，否則最好仍飭其延期再來為妙。目下研究所民俗學無人指導，此公如來，亦無導師也。為此專函奉商，諸希撰鑒。匆匆。

二十年四月一日 小弟豈頓首

33. 周作人致刘半农书信之四

尺寸：纵 27.8 厘米 横 19.7 厘米

笺纸：铅印红框格八行笺

日期：一九三一年四月一日

释文：

曲庵砚兄道席：

今日下午开会，弟不能到。兄前所审查有潘公（河北大学生）一卷，未知何如？此公弟亦认识，并有劭西总统介绍。唯弟曾劝其在那边毕业后再来不迟，因此特来运动。如不取，自然不成问题，否则最好仍饬其延期再来为妙。目下研究所民俗学无人指导，此公如来，亦无导师也。为此专函奉商，诸希撰鉴。匆匆。

二十年四月一日 小弟岂顿首

附.“中华民国十二年十月总统选举会纪念”徽章拓片

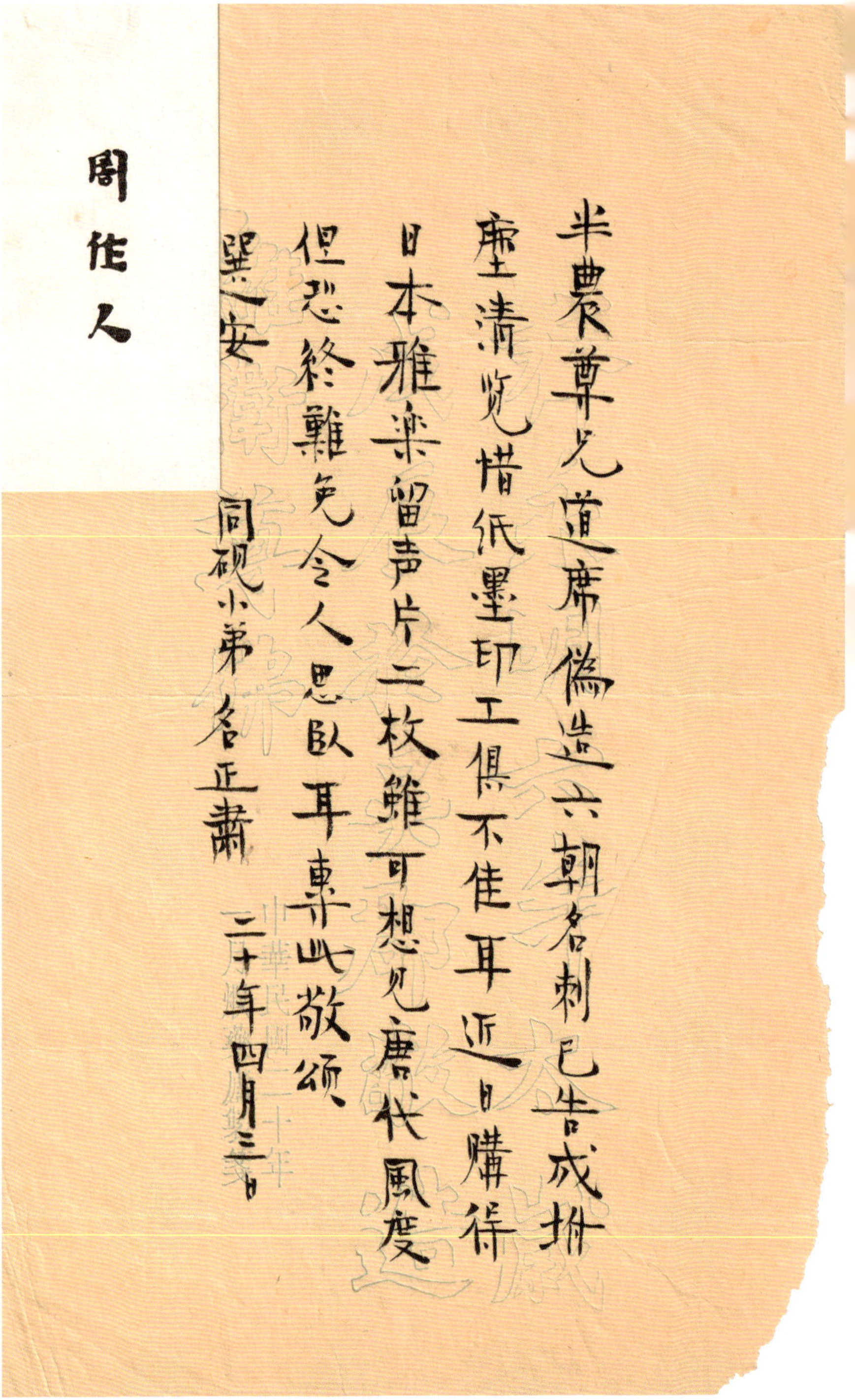

34. 周作人致刘半农书信之五

尺寸：纵 28.4 厘米 横 17.9 厘米

笺纸：木版印中华民国二十年一月煨药庐制双勾齐永明六年维卫尊佛像铭笺

日期：一九三一年四月三日

释文：

半农尊兄道席：

伪造六朝名刺已告成，坿尘清览，惜纸墨印工俱不佳耳。近日购得日本雅乐留声片二枚，虽可想见唐代风度，但恐终难免令人思卧耳。专此，敬颂撰安。

同砚小弟名正肃　二十年四月三日

附："周作人"名刺

農尊兄道席：備造六朝名刺已告成，以
塗清覽，惜紙墨印工俱不佳耳。近日購得
日本雅樂留声片二枚，雖可想見唐代風
復恐終難免令人思臥耳。專此敬頌
塵之安

同硯小弟　名正肅　二十年四月三日

前日劭匋說及研究社，我不以人人擬先推
足下，了載，而今不倚代其庖，以若干日為期，
不使當初熱心公益之人，以為亡羊之不可，但經營
重之後，已函請劭匋中止進行，丹下午家計
不敷，亦偷閒製造考文補充，不可，除教書外
不想一再受事也。草草。

硯弟[illegible]叩

六月十二日

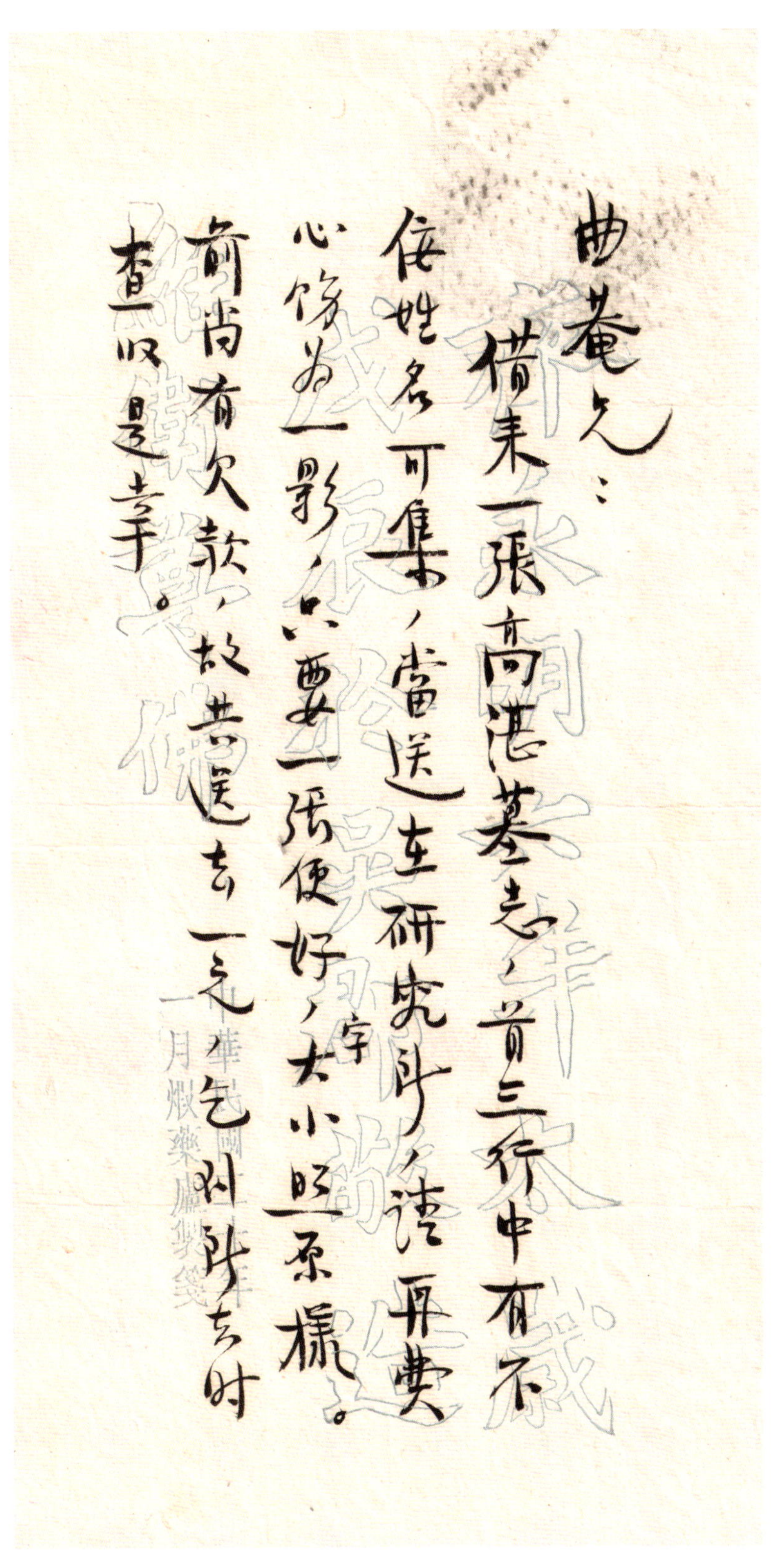

曲庵兄：

借來一張高湛墓志，首三行中有不佞姓名可集，當送在研究所，請再費心飭為一影，只要一張便好，字大小照原樣。前尚有欠款，故共送去一元，乞到所去時查收是幸。

35. 周作人致刘半农书信之六

尺寸：纵 28.4 厘米 横 15.3 厘米

笺纸：木版印中华民国二十年一月煆药庐制双勾齐永明六年维卫尊佛像铭笺

日期：（一九三一年）六月十二日

释文：

曲庵兄：

借来一张高湛墓志，首三行中有不佞姓名可集，当送在研究所，请再费心饬为一影，只要一张便好，字大小照原样。前尚有欠款，故共送去一元，乞到所去时查收是幸。

前日幼渔说及研究所找不到人，拟先推足下之毂而令不佞代其庖，以若干日为期，不佞当初热心公益，以为亦无不可，但经考虑之后，已函请幼渔中止进行，因下年家计不敷，非偷闲制造劣文补充不可，除教书外不想再管事也。草草。

砚弟粥尊叩　六月十二日

陳介白　河南人

燕京大学国文系畢業

曾任民国大学天津女子师範学院及

北平汇文中学国文英文教員

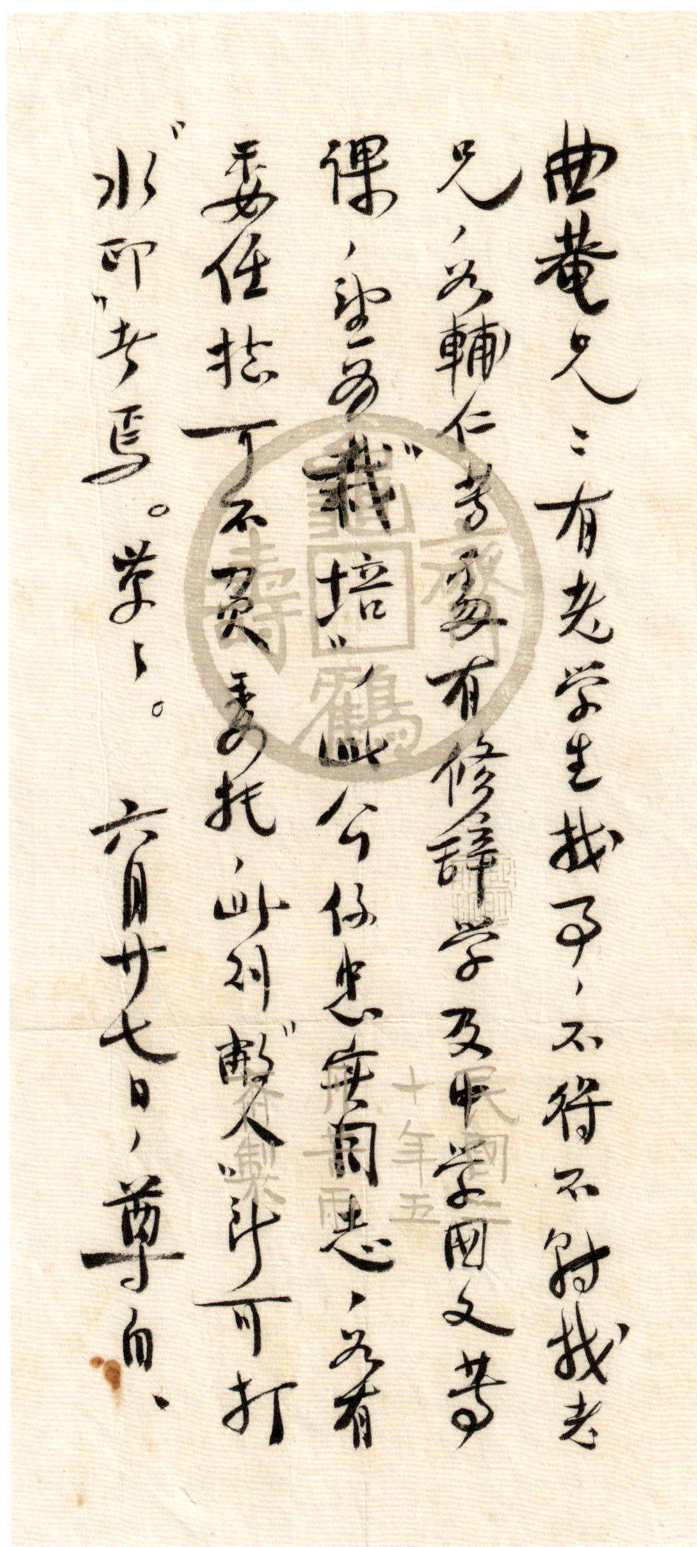

36. 周作人致刘半农书信之七

尺寸：纵 24.7 厘米 横 12.2 厘米

笺纸：木版印“民国二十年五月苦雨斋制”“龟鹤齐寿”厌胜钱拓笺

日期：（一九三一年）六月廿七日

释文：

曲庵兄：

有老学生找事，不得不转找老兄，如辅仁等处有修辞学及中学国文等课，望为“栽培”，此公系忠实同志，如有委任揔可不负委托，此则“敝人”所可打“水印”者焉。草草。

六月廿七日，尊白。

陈介白，河南人，燕京大学国文系毕业，曾任民国大学天津女子师范学院及北平诸中学国文、英文教员。

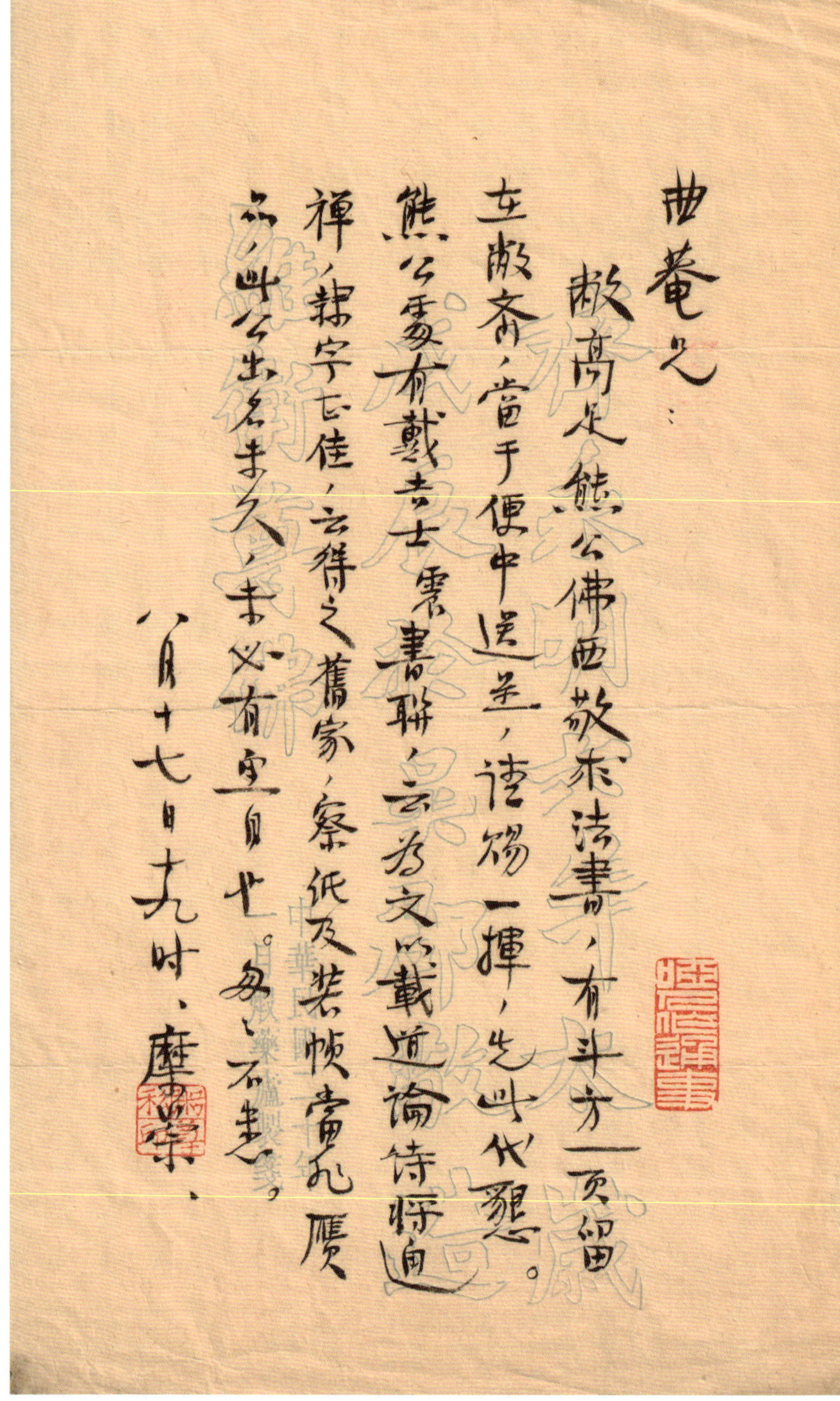

曲庵兄：
敝高足熊公佛西敬求法书，有斗方一页留
在敝斋，当于便中送呈，请赐一挥，先此代恳。
熊公处有戴吉士（震）书联，云为文以载道，论诗将通
禅，隶字正佳，云得之旧家，察纸及装帧，当非赝
品。此公出名未久，未必有鱼目也。匆匆不悉。
八月十七日十九时，糜崇。

37. 周作人致刘半农书信之八

尺寸：纵 28.5 厘米 横 17.9 厘米

笺纸：木版印中华民国二十年一月煨药庐制双勾齐永明六年维卫尊佛像铭笺

日期：（一九三一年）八月十七日

释文：

曲庵兄：

敝高足熊公佛西敬求法书，有斗方一页留在敝斋，当于便中送呈，请赐一挥，先此代恳。熊公处有戴吉士（震）书联，云："为文以载道，论诗将通禅"，隶字正佳，云得之旧家，察纸及装帧，当非赝品。此公出名未久，未必有鱼目也。匆匆不悉。

八月十七日十九时，糜崇。

足。熊公佛西敬求法書，有斗方一頁留

留于便中送呈，請賜一揮，先此代懇。

戴吉士需書聯，云為文以載道，論詩將道

亦佳，云得之舊家，案紙及裝幀當見贗

名書久，書必有真贗也。匆匆不盡。

八月十七日九時，應。

暂即以周钱二公主其事，而以魏副座任编辑事务，可无遗误，早日决定，于八月内将札子发出。望便中向蒋公一谈，该副座之饷二百八十大元之，想可从八月份起支。假如蒋公有担当一个月份之意，亦望观之向之解说疏通，盖因身受至于敝〃人〃單〃新饷例应自八月起支，但不知能否准期于月末付下耳。观之多有所闻，多號承蒙任蒋胡傅翁陶许憲橋准补充兵缺，而迄今未见委札谕示，故颇觉茫然也。专此顺颂

道安　不宣

小弟钟嵩顿首　八月廿三日晚

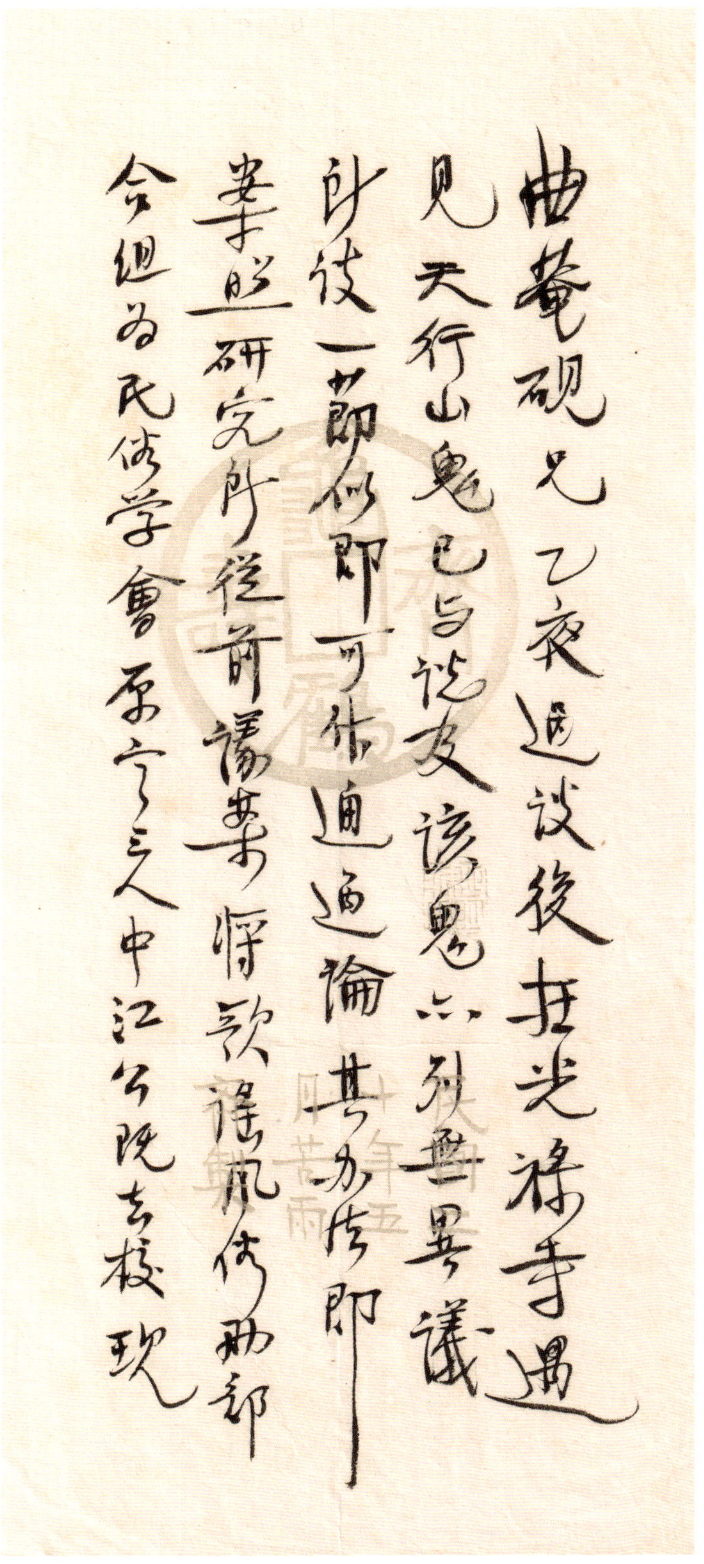

曲菴硯兄 乙夜過談後在光祿寺遇
見天行山鬼已與談及該鬼亦別無異議
所談一節似即可作通過論其辦法即
案照研究所從前議案將歌謠風俗兩部
合組為民俗學會 原定三人中江公既去校現

38. 周作人致刘半农书信之九

尺寸：纵 28.5 厘米 横 17.9 厘米

笺纸：木版印“民国二十年五月苦雨斋制”“龟鹤齐寿”厌胜钱拓笺

日期：（一九三一年）八月廿三日

释文：

曲庵砚兄：

乙夜过谈后，在光禄寺遇见天行山鬼，已与谈及，该鬼亦别无异议，所谈一节似即可作通过论，其办法即案照研究所从前议案，将歌谣、风俗两部合组为民俗学会。原定三人中，江公既去校，现暂即以周、钱二公主其事，而以魏副座任编辑事务，可否？请早日决定，于八月内将札子发出，望便中向蒋公一说，该副座之饷二百八十大元，想可从八月份起支，假如蒋公有想省一个月份之意，亦望砚兄向之解说疏通，感同身受。至于“敝人”辈之新饷，倒应自八月起支，但不知能否准期于月末付下耳？砚兄曾有所闻否？虽承蒙任、蒋、胡、傅、翁、陶诸宪核准补充兵缺，而迄今未见委札谕示，故颇觉茫然也。专此，顺颂撰安。不宣。

小弟鱣高顿首 八月廿三日晚

興趣弄筆頭了。話雖如此，等以身子好時筆头總还是想弄弄些，此就要向硯兄打听一件事件，即是援硯兄之經驗，北平市上那一家的筆比較地適用，日後想去買幾支來，預備身子好時弄弄也。專齋拜 九月十一夜

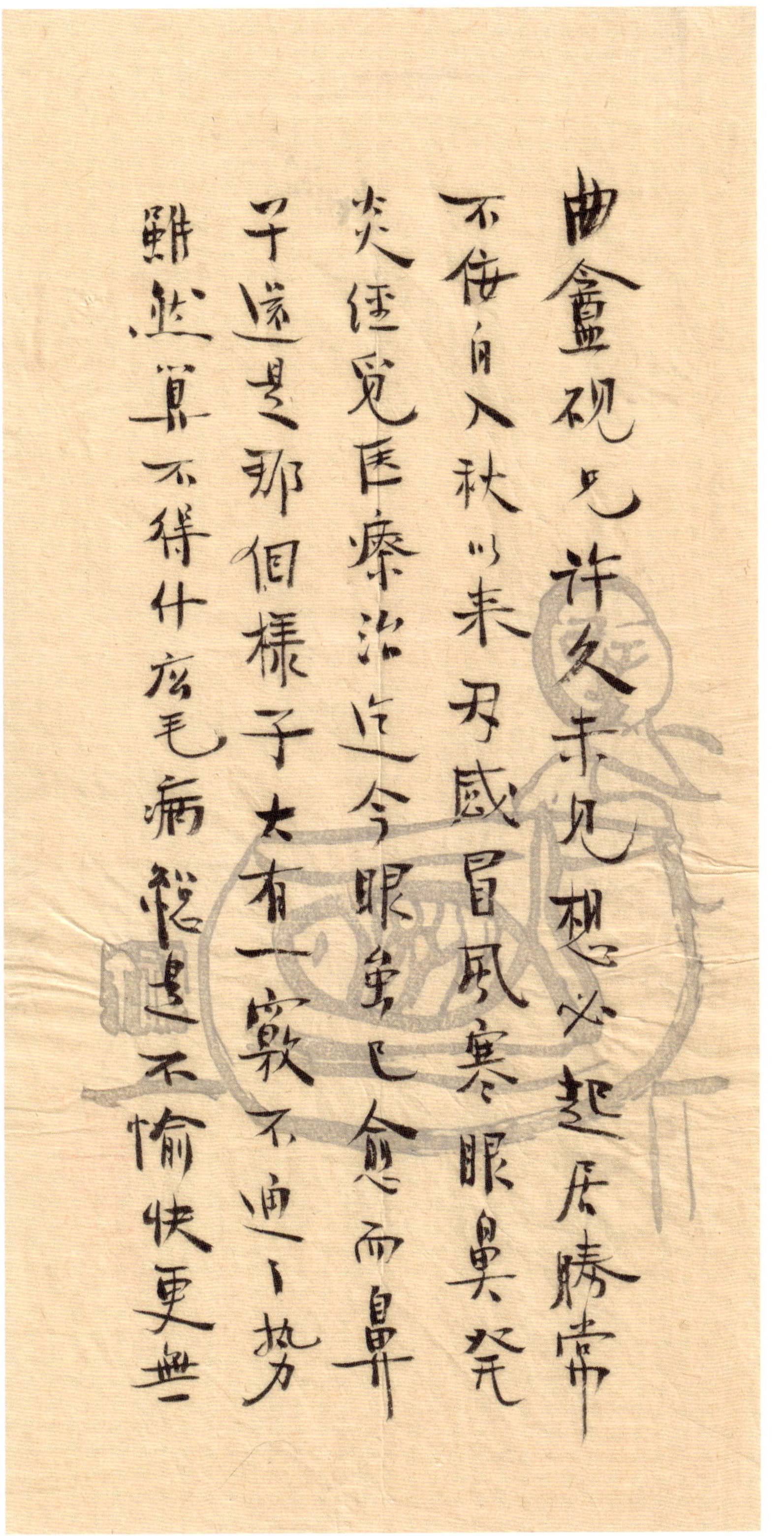

39. 周作人致刘半农书信之十

尺寸：纵 24.1 厘米 横 12.5 厘米

笺纸：木版印陈福丁《儿童画》笺

日期：（一九三一年）九月十一日

释文：

曲庵砚兄：

许久未见，想必起居胜常。不佞自入秋以来，因感冒风寒，眼鼻发炎，经觅医疗治，迄今眼虽已愈，而鼻子还是那个样子，大有一窍不通之势，虽然算不得什么毛病，总是不愉快，更无兴趣弄笔头了。话虽如此，等到鼻子好时，笔头总还是想弄。准此就要向砚兄打听一件事件，即是据砚兄之经验，北平市上那一家的笔比较地适用，日后想去买两支来，预备鼻子好时弄之也。

专斋拜　九月十一夜

書可否早日賜下以便徼卷门我们

的事乘君已往析津避難嗚呼豈

非大難即將臨头乎匆匆不備

十月十七日　粥尊謹狀

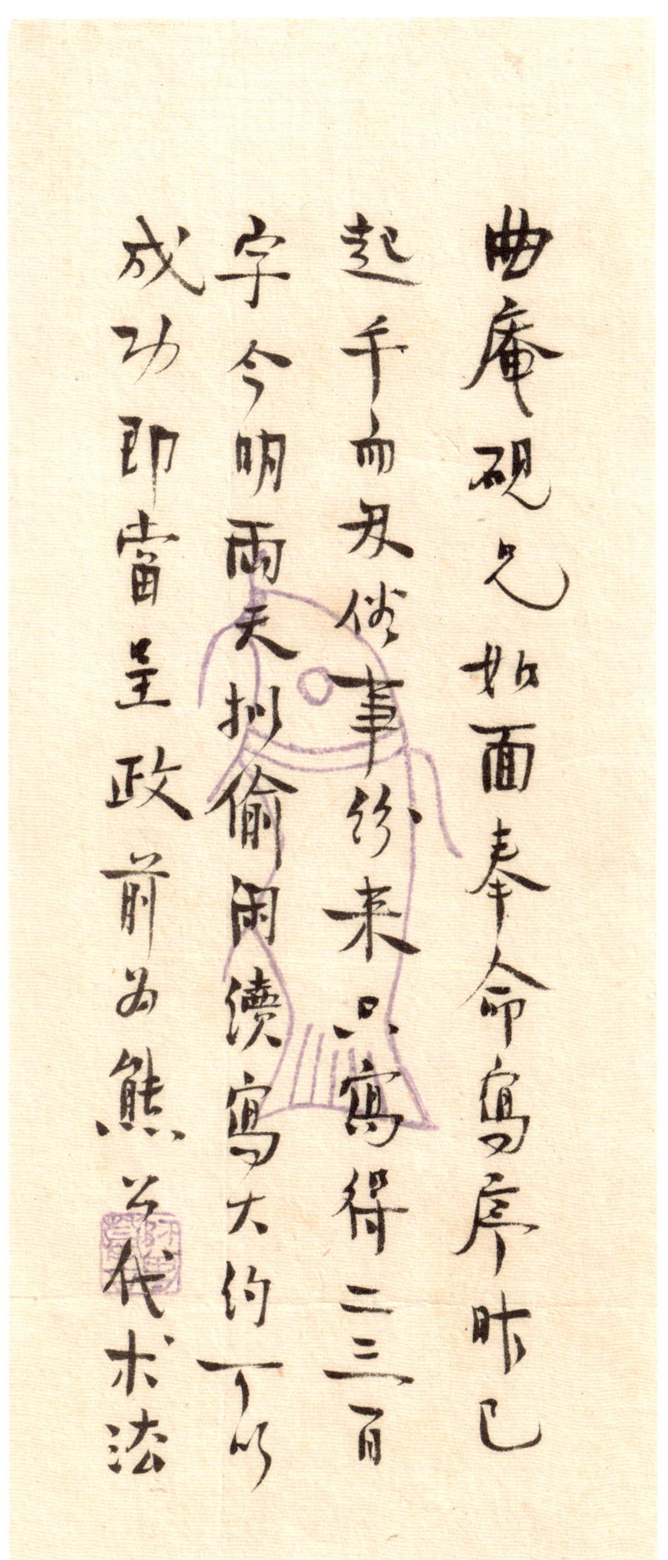

曲庵硯兄如面奉命寫序昨已
起手而因俗事紛來只寫得二三百
字今明兩天拟偷閑續寫大約可以
成功即當呈政前為熊公代求法

40. 周作人致刘半农书信之十一

尺寸：纵 22.4 厘米 横 9.6 厘米

笺纸：木版印陈师曾摹古鱼纹笺

日期：（一九三一年）十月十七日

释文：

曲庵砚兄如面：

奉命写序，昨已起手，而因俗事纷来，只写得二三百字，今明两天拟偷闲续写，大约可以成功，即当呈政。前为熊公代求法书，可否早日赐下？以便缴卷。闻我们的夷乘君已往析津避难，呜呼，岂非大难即将临头乎？匆匆不备。

十月十七日 粥尊谨状

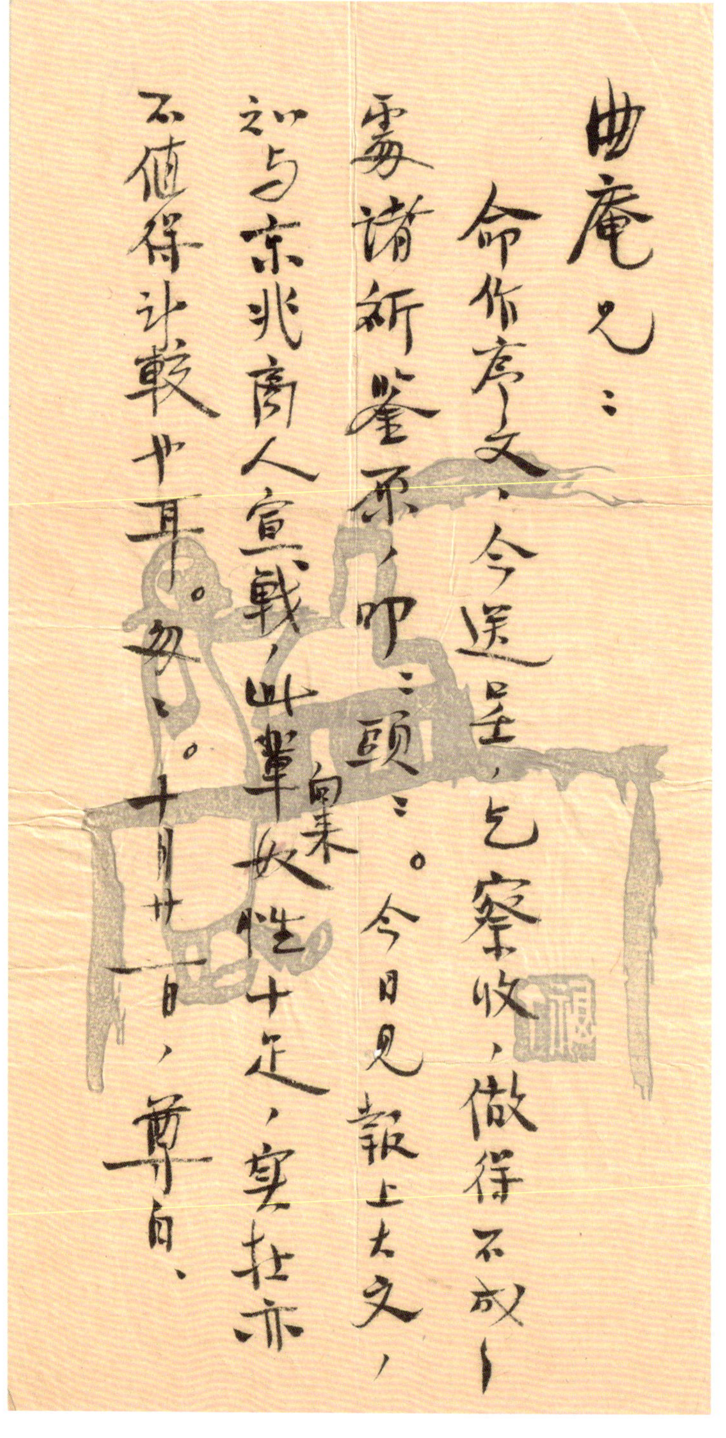

41. 周作人致刘半农书信之十二

尺寸：纵 24.1 厘米 横 12.4 厘米

笺纸：木版印陈福丁《儿童画》笺

日期：（一九三一年）十月廿一日

释文：

曲庵兄：

命作序文，今送呈，乞察收，做得不成之处，诸祈鉴原，叩头叩头。今日见报上大文，知与京兆商人宣战，此辈向来奴性十足，实在亦不值得计较也耳。匆匆。

十月廿一日，尊白。

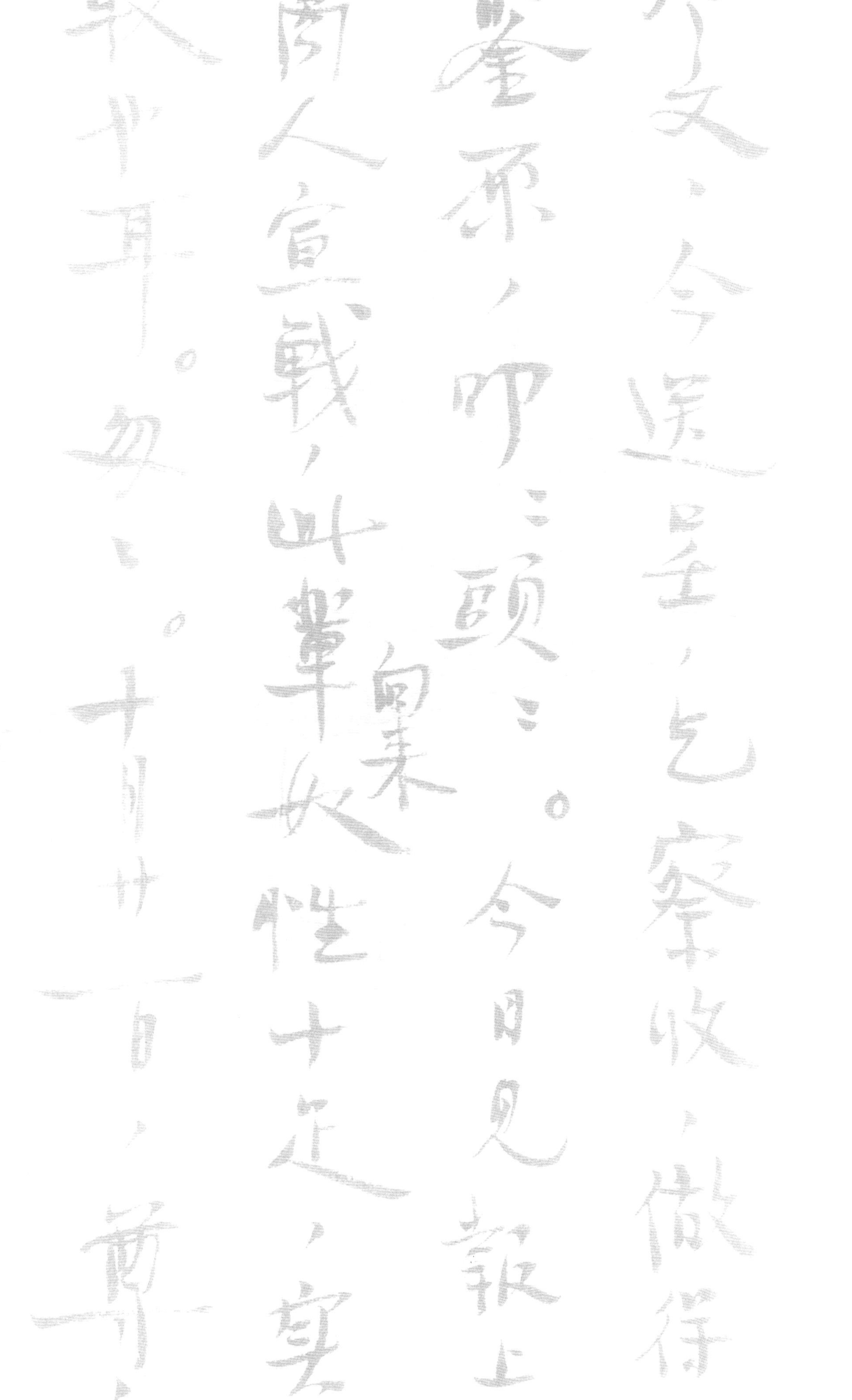

序文，今送呈，乞察收，借得

臺原之叩〻頭〻。今日見報上

商人宣戰，此輩向來奴性十足，真

取平耳。奴〻。十月廿一日，曾向

西清硯譜摹繪元虞集澄泥結翠硯之正面

唯何公則似更壞矣截至今日為止似女師女大兩處飯碗皆已落地鬼公對于何公之批語正如蔣公之于某君但敵意如有可援手尚不惜再磕一頭未知硯兄能否為在服院或他處找一點小碗事此奉懇務務不恚容後面罄順頌

選安

敝小弟粥尊頓首

二十年一月故宮博物院製版

42. 周作人致刘半农书信之十三

尺寸：纵 28.9 厘米 横 15.7 厘米

笺纸：木版套色印民国二十年一月故宫博物院制摹绘《西清砚谱》笺之元虞集“澄泉结翠”砚之正面

日期：（一九三一年）

释文：

曲庵砚兄：

繁文不叙。缪公金源、何公乐夫在女院原有功课，敝人曾经对鬼谷公磕头至少两次，唯该公对于此二公素表示反对，故卑头殆完全无效。缪公承砚兄荐于服院，得半枝栖，敝人虽为言诸燕大新主任郭公，而为马前主任所阻，未能照准。在缪公诚属教运欠佳，唯何公则似更坏矣，截至今日为止，似女师、女大两处饭盌皆已落地，鬼公对于何公之批语，正如蒋公之于某君，但敝意如有可援手，尚不惜再磕一头，未知砚兄能否为在服院或他处找一点小盌乎？专此奉恳。匆匆不悉，容后面罄，顺颂撰安。

敝小弟粥尊顿首

今人望羊，不知來薰有一部颿花斋集，
要敲三十竹槓，不知何處得起乎，只好
姑以石印本過瘾，留读書去给风雅富
翁（世間有此種人否）耳。多多順頌
研安百福、 愚小弟尊頓首 一月六日

再、敝館近來不知去看否？不佞去了一趟，
買得斷西邨舍利斋氏要術，仿佛大有歸
耕之樂。又得秋水軒尺牘（秘密！），细
讀一過，無乎得從與錦言之，不佞以鄉曲之
見故益加珍重也耳。即日又及、

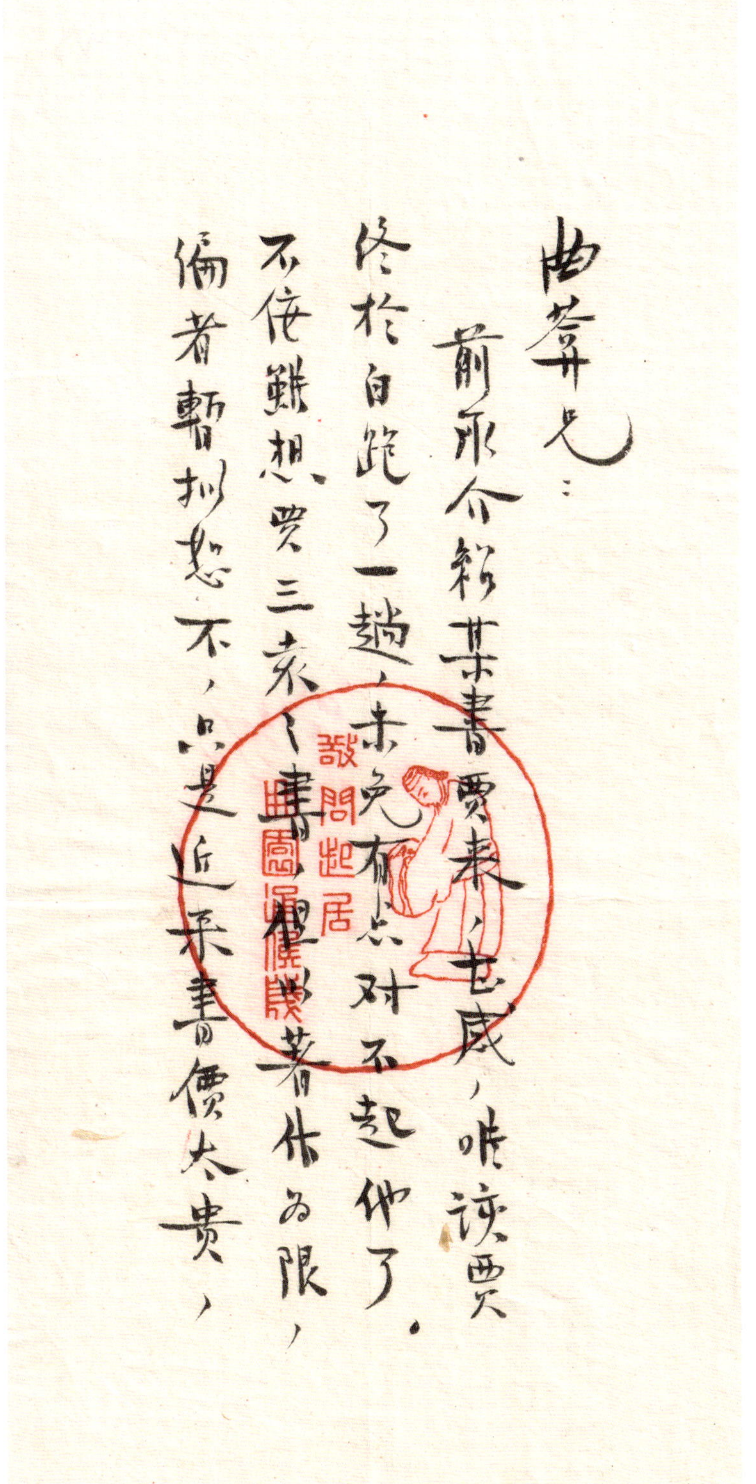
曲菴兄：

前承介紹某書賈來，甚感，唯該賈終於白跑了一趟，未免有點对不起他了。不佞雖想買三袁之書，但以著作為限，編者暫擬恕不，只是近來書價太貴，

43. 周作人致刘半农书信之十四

尺寸：纵 24.3 厘米 横 12.4 厘米

笺纸：木版印“敬问起居 曲园通候笺”

日期：（一九三二年）一月六日

释文：

曲庵兄：

前承介绍某书贾来，甚感，唯该贾终于白跑了一趟，未免有点对不起他了。不佞虽想买三袁之书，但以著作为限，编者暂拟恕不，只是近来书价太贵，令人望洋，如来薰有一部《瓶花斋集》，要敲三十竹杠，如何受得起乎，只能姑以石印本过瘾，留该书去给风雅富翁（世间有此种人否虽不敢知）耳。匆匆，顺颂研安百福。

愚小弟尊顿首 一月六日

再，厂甸近来曾去看否？不佞走了一趟，买得渐西村舍刊《齐民要术》，仿佛大有归耕之概。又得《秋水轩尺牍》（秘密！），细读一通，著者系“绍兴师爷”，不佞以乡曲之见故益加珍重也耳。即日又及。

曲菴兄：

知兄獲得一部詩体明辨，查該著者原有文体明辨，詩亦歸在内，全書卷數甚多，詩体或係別人抽出單行乎？未敢懸斷，姑以奉聞，以表献曝之忱耳。匆匆，順頌選安。

尊拜啓 一月二十九日

苦雨齋

44. 周作人致刘半农书信之十五

尺寸：纵 25.3 厘米 横 14.9 厘米

笺纸：木版印框格六行“苦雨斋”笺

日期：（一九三二年）一月二十九日

释文：

曲庵兄：

知兄获得一部《诗体明辨》，查该著者原有《文体明辨》，诗亦归在内，全书卷数甚多，“诗体”或系别人抽出单行乎？未敢悬断，姑以奉闻，以表献曝之忱耳。匆匆，顺颂“选”安。

尊拜启 一月二十九日

之獲得一部詩体明辨々査読致
文体明辨々詩々帰去内々全書々
々詩体々或係別人抽出単行乎々
其断々如以奉聞々以之献曝之也
々頓頓遐安

貞拝啓

一月
二十

拿出尤無妨偷懶矣，及拙一訪貴硯之及馬二之印行北返，而貴硯之正在高臥，故未得晤談，悵悵，而徒西板橋，列二之方遠瞻也。滬亂未已，商務已倒，小峯本來也甚不進，想必此正好閑門乎？匆匆，順頌

譔安

二月廿一日，硯兄半農

苦雨齋

……罢以手，又一本詩亦同樣失敗，該詩乃陽湖劉公炳照◎◎後丁老人詩作也，可謂巧合也已！、至大臣宴胡適之之晨，“敝人”往米糧庫

後門內之米糧庫，細思之殊不佳，此則大街豈不應曰敝道耶？

我請適之代某生文課稿，閱人以成辭，竊思主賓不以相配

苦雨齋

曲庵硯兄：

側聞在厰甸大有所獲得，不但書也，且有古物焉，逖聽之餘，欣羨無既。"敝人"只去逛一趟，花了幾枚毛錢票，買得兩三部書，其一係試帖，一乃乾隆刻本菜根譚耳。有一本程德全中

苦雨齋

45. 周作人致刘半农书信之十六

尺寸：纵 25.3 厘米 横 14.9 厘米

笺纸：木版印框格六行“苦雨斋”笺

日期：（一九三二年）二月廿一日

释文：

曲庵砚兄：

侧闻在厂甸大有所获得，不但书也，且有古物焉，逖听之余，欣羡无既。“敝人”只去逛一趟，花了几枚毛钱票，买得两三部书，其一系试帖，一乃乾隆刻本《菜根谭》耳。有一本程德全中丞宣统三年刻《寒山诗》，因还价稍吝，未曾买到手。又一本《诗》亦同样失败，该《诗》乃阳湖刘公炳照之《复丁老人诗记》也，可谓巧合也已！五大臣宴胡院长之晨，“敝人”往米粮库（后门内之米粮库，细思之殊不佳，然则其街岂不应曰穀道耶？）找该院长代某生交译稿，阍人以疾辞，窃思主宾不到则配享者尤无妨偷懒矣，因拟一访贵砚兄及马二兄即行北返，而贵砚兄正在高卧，故未得晤谈，怅怅而往西板桥，则二兄方洗脸也。沪乱未已，商务已倒，小峰本来叫苦不迭，想趁此正好关门乎？匆匆，顺颂撰安。

二月廿一日，砚愚弟尊顿首

昨收手示敬悉。至再近来有人提出"江湄二庸"一
句，徽对外已有"戴钱一叉"、"陈吴三立"（鄙人提议可改"陈吴六立"），
闻杨砚兄亦有"严刻四复"，此外尚有"陈王廿星"，
则似太晚恐矣。再用于场"羲星之人"之信，乃截至此刻
耽搁为止，未曾收到，候用。匆匆不尽。

小弟知堂白

三月廿二日

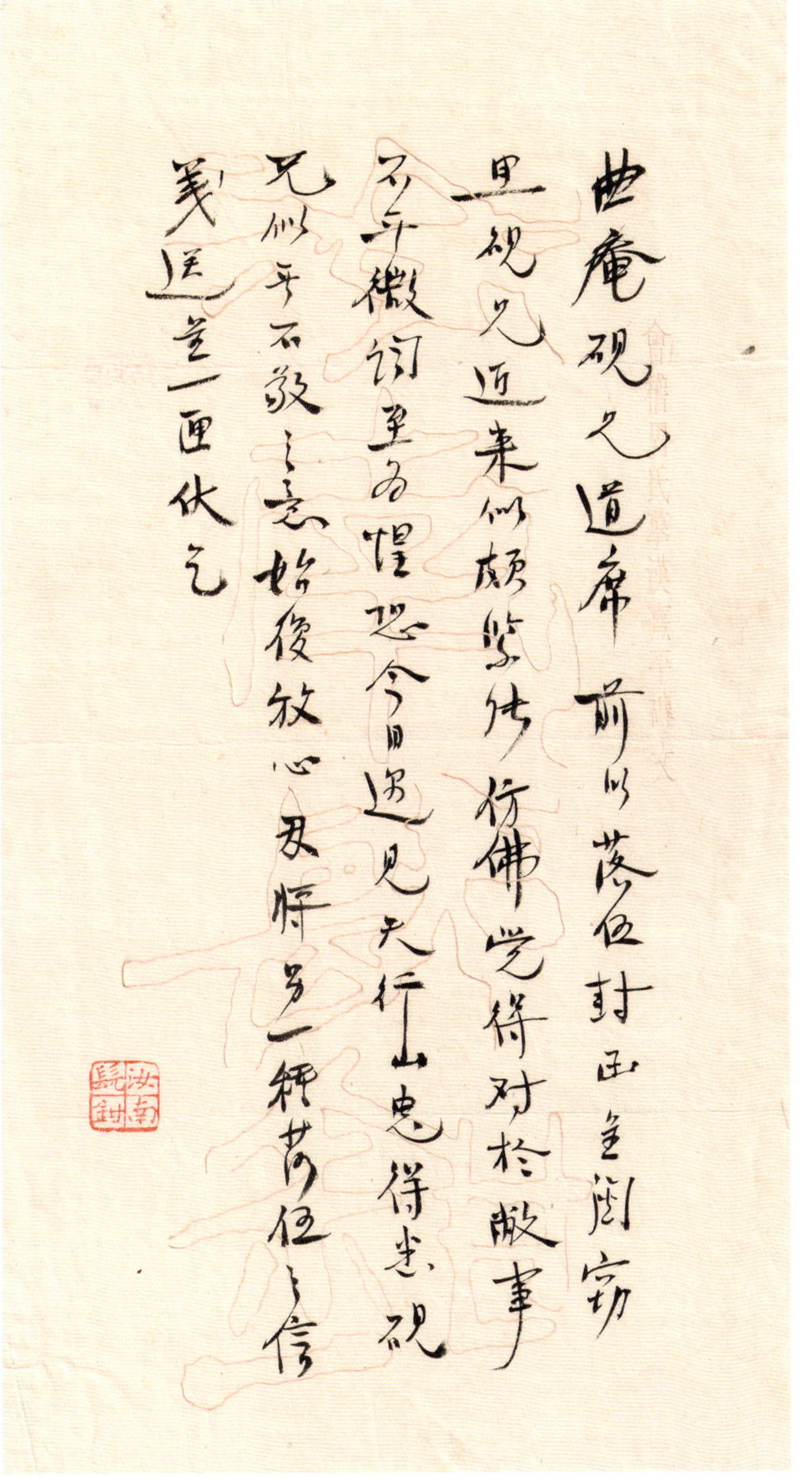
曲庵砚兄道席　前以落伍封函呈阅窃
思砚兄近来似颇紧张仿佛觉得对于敝事
不无微词至为惶恐今日遇见天行山鬼得悉砚
兄似无不敬之意始复放心因将另一种落伍之信
笺送呈一匣伏乞

46. 周作人致刘半农书信之十七

尺寸：纵 27.6 厘米 横 15.3 厘米

笺纸：木版印“会稽周氏摹汉熹平砖文”之双勾“汝南髡钳”笺

日期：（一九三二年）三月廿二日

释文：

曲庵砚兄道席：

前以落伍封函呈阅，窃思砚兄近来似颇紧张，仿佛觉得对于敝事不无微词，至为惶恐。今日遇见天行山鬼，得悉砚兄似无不敬之意，始复放心。因将另一种落伍之信笺送呈一匣，伏乞赏收，无任叩头之至。再，近来有人提出“江冯二庸”一句征对，计已有“戴钱一处”、“陈吴三立”（敝人提议可改“陈吴六立”）阅于砚兄者，有“严刘四复”，此外尚有“陈王廿旦”，则似太晦涩矣。再闻曾赐“羲皇上人”之信，乃截至此刻现在为止，未曾收到，并闻。匆匆不尽。

小弟知堂顿首　三月廿二日

不像倭人，但左下细书朱南恭造，朱南乎、朱南恭乎、未详，又刃係端右，故以为殆七先生之流之物也。不足观故，又不好拓故，遂不呈政矣。续

近日稍不适，礼拜五遂告了病假，大有附和王季绪公等罢课之势，昨今已好一点了，大约明天当上红楼去站讲台矣。家中人亦有病，

内人与弟妇同患流行感冒，不安这两日在家兼经营医药，殊为沉闷，大约一二日中当可轻减，不安亦可以稍有闲耳。久想写信，为上述情形未能如愿，不胜什么之至，想老兄同之当能垂谅也尔。

匆匆不备，顺颂

選安

苦茶庵居士拜启　四月十一日

47. 周作人致刘半农书信之十八

尺寸：纵 27.5 厘米 横 15.2 厘米

笺纸：木版印“会稽周氏摹汉熹平砖文”之双勾“汝南髡钳”笺

日期：（一九三二年）四月十一日

释文：

五福（福者复也）居主人砚兄大人庵下：

惠赐尊家制砚铭文并胡博士本家所刻刘伯温印匣文各拓本，已均领收矣，愧无新得古砖可以拓奉为报耳。虽然（茅坤批，转得疾），敝人亦得一砚（又批，也是砚妙），惜不足观（宕一笔），乃以数钱银得之于地摊，拟以研朱者也，一端石，背上横铭曰：谷兰斋写经（看下文，盖异端之经也）砚，下刻像则光头斜领席地坐，并非不像倭人，但左下细书朱南恭造（朱南乎，朱南恭乎，未详），又因系端石，故以为殆七先生之流之物也。不足观故，又不好拓故，遂不呈政矣（结）。近日稍不适，礼拜五遂告了病假，大有附和王季绪公等罢课之势，昨今已好一点了，大约明天当上红楼去站岗去矣。家中人亦有病，内人与弟妇同患流行感冒，不佞这两日在家兼经管医药，殊为沉闷，大抵一二日中当可轻减，不佞亦可以稍有闲耳。久想写信，因上述情形未能如愿，不胜什么之至，想老砚兄当能垂谅也尔。匆匆不备，顺颂撰安。

苦茶庵居士拜启　四月十一日

績必在江庸律師之上，是亦弟所出自道兄之賜也。至於紙筆精良，實是舊抄本之上乘，蓋係嘉慶時王鄉先輩手迹無疑，亦可寶貴，詩云，維桑與梓，必恭敬止，其是之謂乎，此又當感何道兄之貺我匪淺也。順請

選安。 侑頓首

五月二十五日

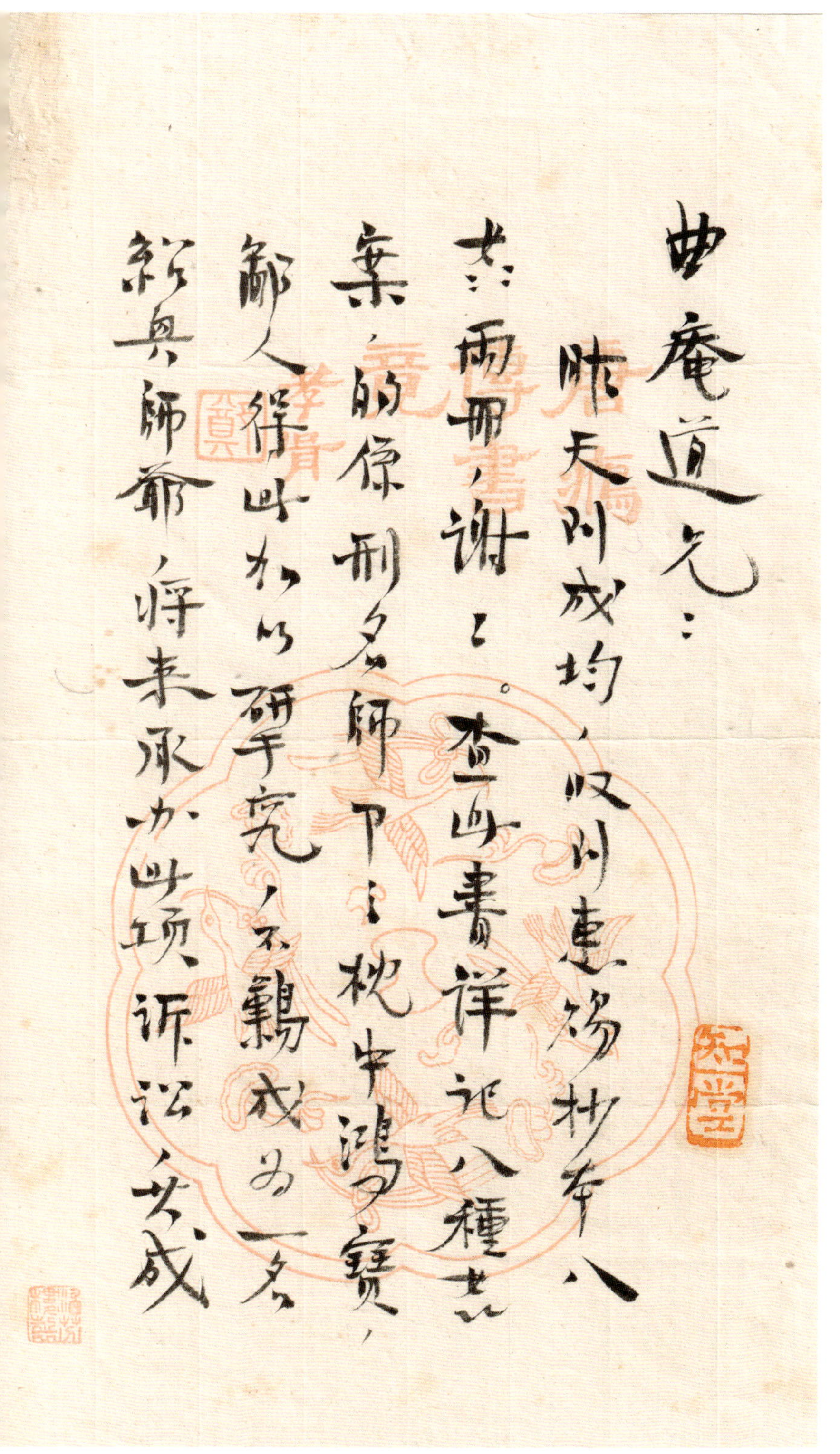

48. 周作人致刘半农书信之十九

尺寸：纵 24.7 厘米 横 15.3 厘米

笺纸：木版印涵芬楼制“唐雁传书竟”暗格八行笺

日期：（一九三二年）五月二十五日

释文：

曲庵道兄：

昨天到成均，收到惠赐抄本《八奸》两册，谢谢。查此书详记八种奸案，的系刑名师爷之枕中鸿宝，鄙人得此加以攀究，不难成为一名绍兴师爷，将来承办此项诉讼，其成绩必在江庸律师之上，是无弗出自道兄之赐也。至于纸笔精良，实是旧抄本之上乘，盖系嘉庆时吾乡先辈手迹无疑，甚可宝贵。诗云：维桑与梓，必恭敬止，其是之谓乎，此又当感谢道兄之贶我匪浅者也。顺请撰安。

作顿首　五月二十五日

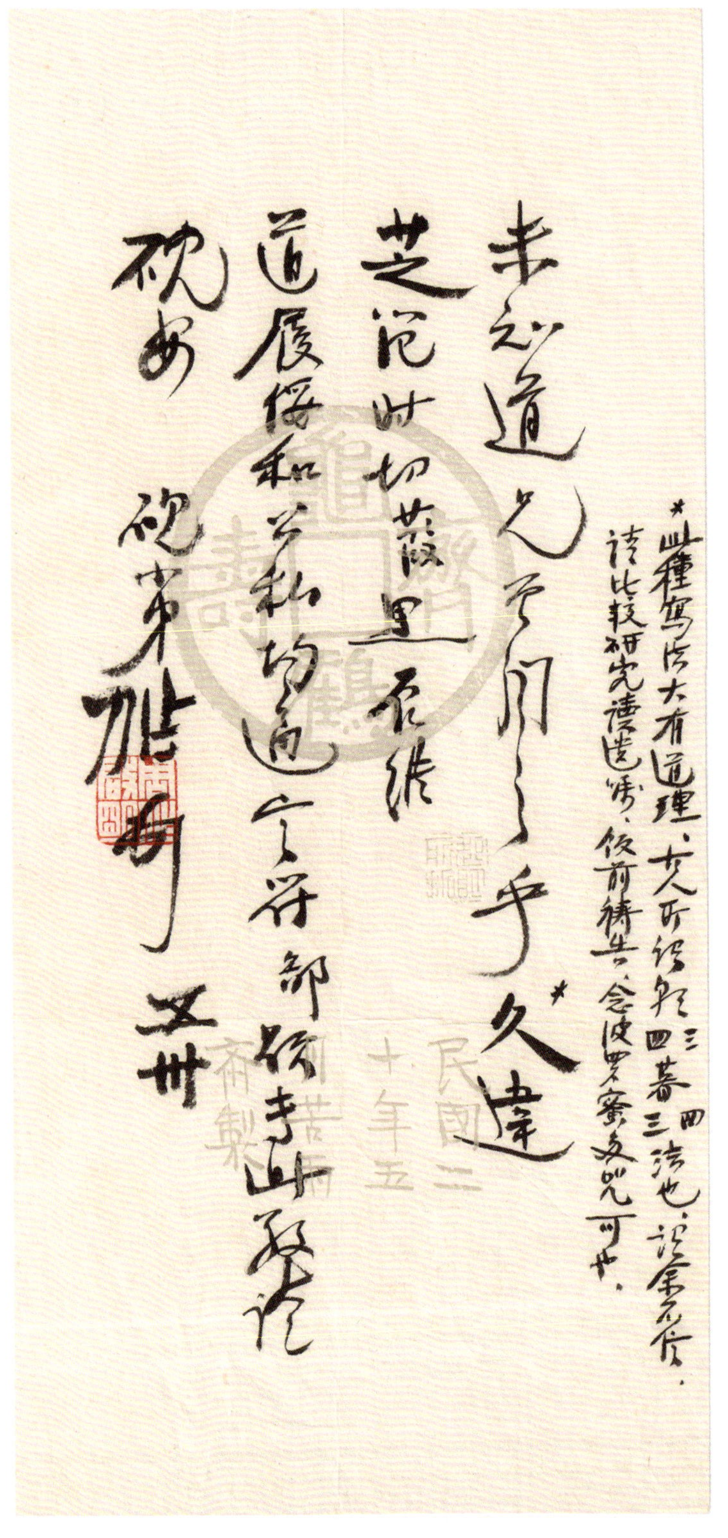

49. 周作人致刘半农书信之二十

尺寸：纵 24.6 厘米 横 12.1 厘米

笺纸：木版印“民国二十年五月苦雨斋制”“龟鹤齐寿”厌胜钱拓笺

日期：（一九三二年）五月卅日

释文：

未知道兄曾闻之乎？* 久违芝范，时切葭思。辰维道履绥和，公私均适，定符鄙愿。专此，敬请砚安。

砚小弟作人顿首 五卅

* 此种写法大有道理，古人所谓朝三暮四、朝四暮三法也。谓余不信，请比较研究读遗嘱、饭前祷告、念波罗蜜多咒可也。

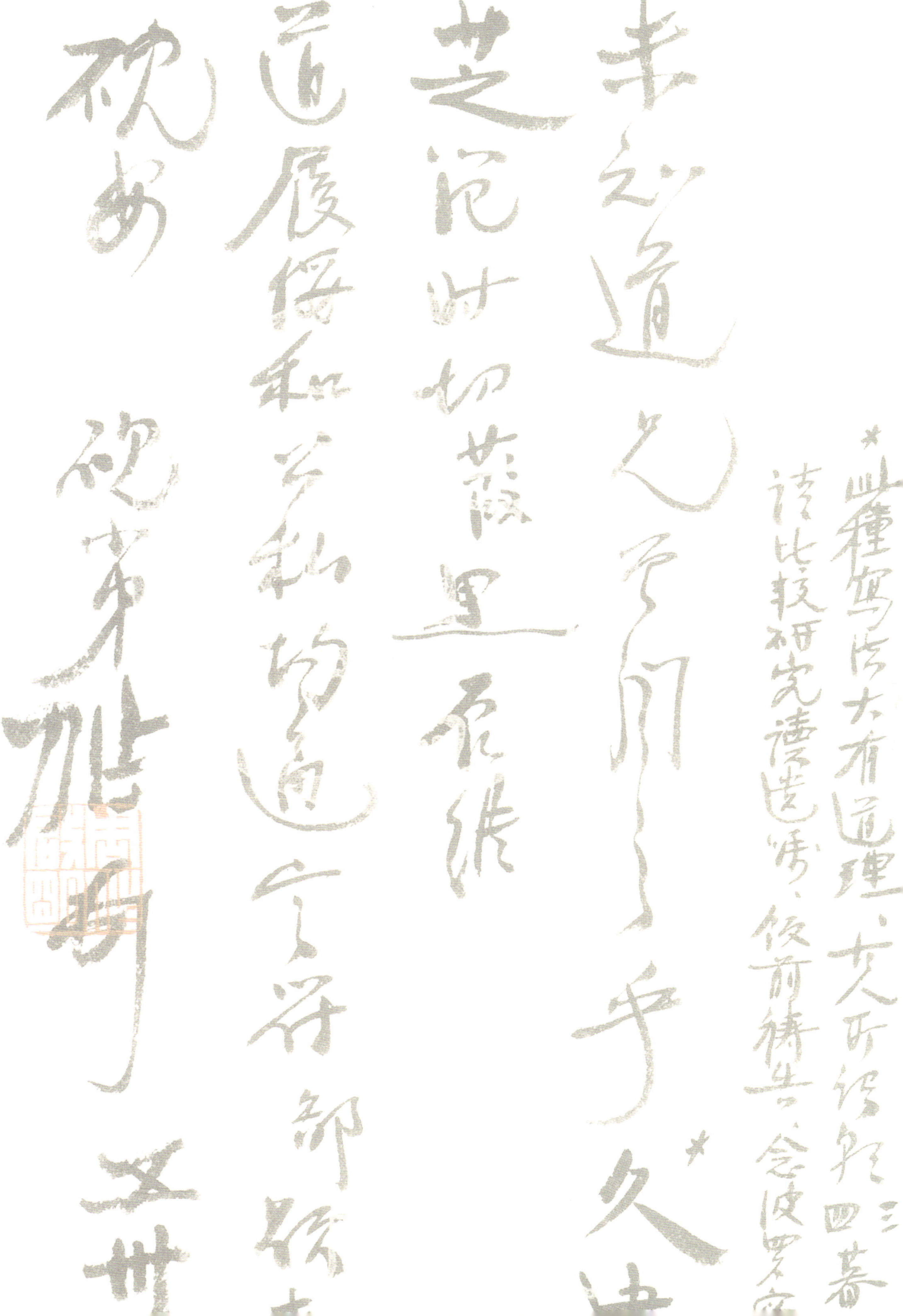

未必道之乎久也

芝范此切英里辰張

道履得和弘和的道字部孫

砚如

硯弟雅静

文艸

*此種寫法大有道理，其人所得無限四篇三

請比較研究讀這篇，後前講出，念皮要字

奉上一休墨華禪師、有之一首好詩、錄呈

雅正。詩曰：

情蜓許是好情蜓，飛來飛去不曾停。

彼我捉來摘卻兩邊翼，恰似一枚大鐵釘。

六月三日燈下、知堂和南。

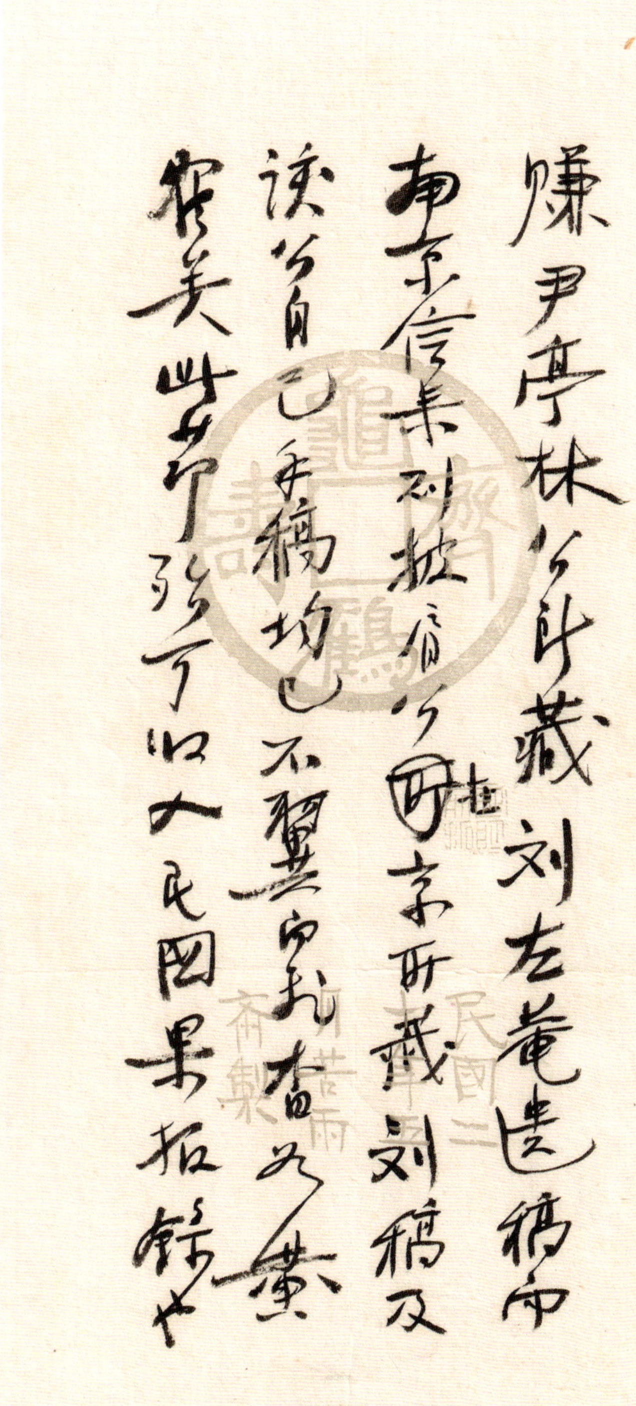

50. 周作人致刘半农书信之二十一

尺寸：纵 24.6 厘米 横 12.1 厘米

笺纸：木版印“民国二十年五月苦雨斋制”“龟鹤齐寿”厌胜钱拓笺

日期：（一九三二年）六月三日

释文：

赚尹亭林公所藏刘左庵遗稿，而南京信来，则披肩公在京所藏刘稿及该公自己手稿均已不翼而飞，杳如黄鹤矣，此节殆可收入民国《果报录》也。

卷一说昙华禅师，有一首好诗，录呈雅正。诗曰：蜻蜓许是好蜻蜓，飞来飞去不曾停。被我捉来摘却两边翼，恰似一枚大铁钉。

六月三日灯下，知堂和南。

51. 周作人致刘半农书信之二十二

尺寸：纵 27.7 厘米 横 15.3 厘米

笺纸：木版印“会稽周氏摹汉熹平砖文”之双勾“汝南髡钳”笺

日期：（一九三二年）七月十一日

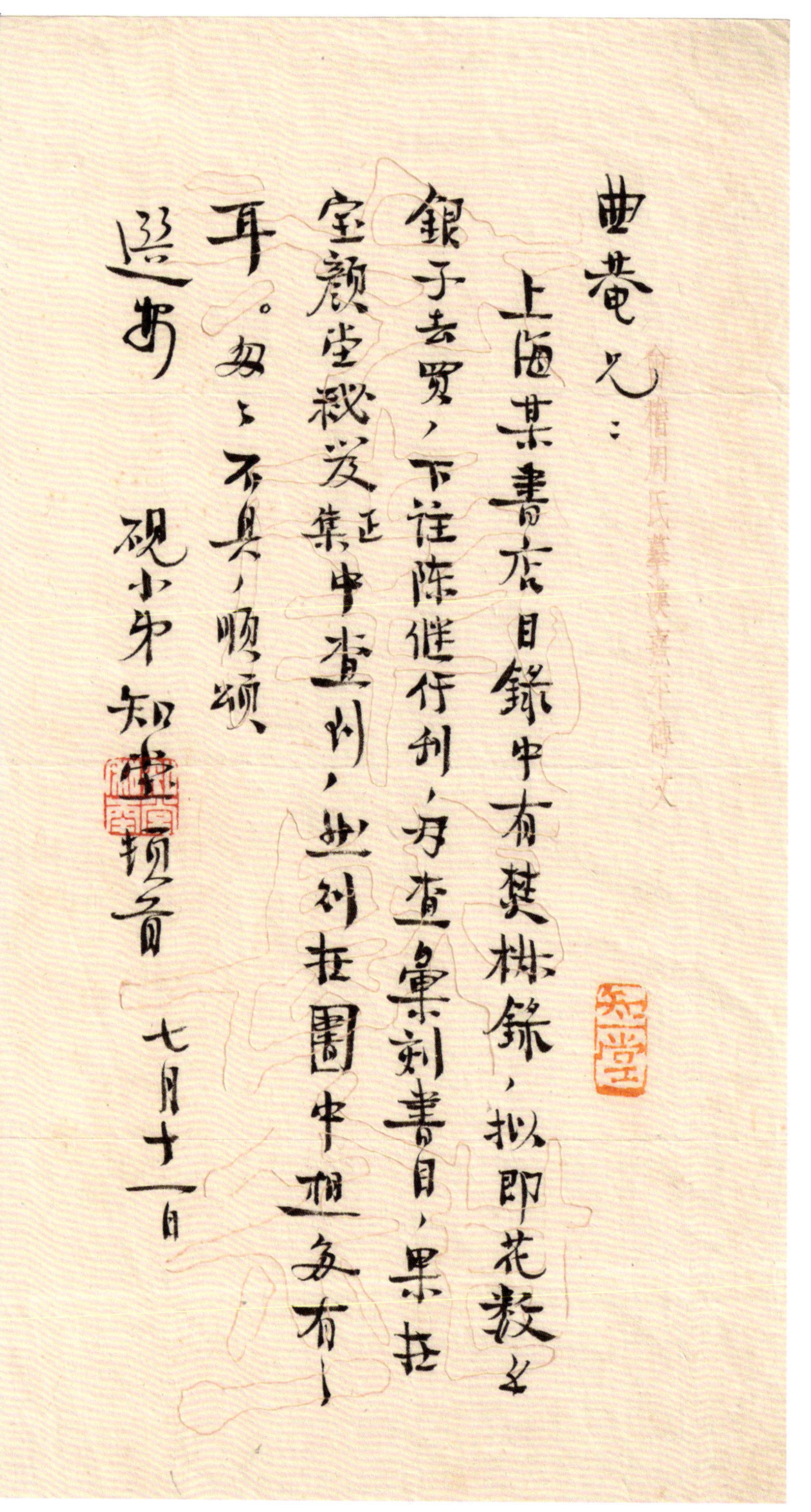

曲菴兄：

上海某書店目錄中有焚椒錄，擬即花數錢銀子去買，下注陳繼儒刊，因查彙刻書目，果在寳顏堂秘笈正集中查到，然則在圕中想多有之耳。匆匆不具，順頌

撰安

硯小弟知堂頓首

七月十一日

释文：

曲庵兄：

上海某书店目录中有《焚椒录》，拟即花数钱银子去买，下注陈继儒刊，因查《汇刻书目》，果在《宝颜堂秘笈》（正集）中查到，然则在圕中想多有之耳。匆匆不具，顺颂撰安。

砚小弟知堂顿首　七月十一日

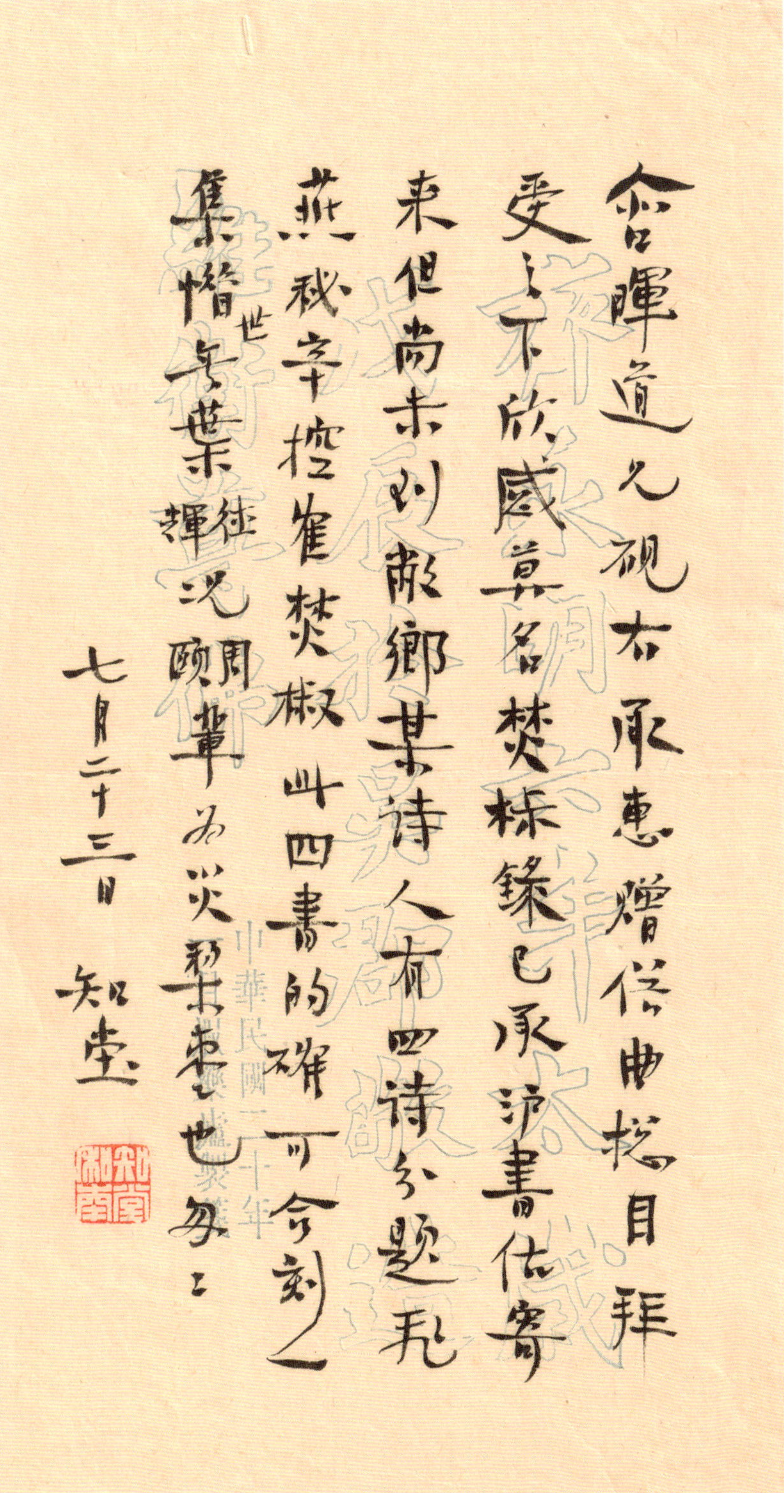

含暉道兄硯右：承惠贈俗曲總目，拜
受之下，欣感莫名。焚椒錄已承滬書估寄
來，但尚未到。敝鄉某詩人有四詩分題：飛
燕、秘辛、控雀、焚椒，此四書的確可合刻一
集，惜世無葉輝徒、況周頤輩為災梨棗也。匆匆。
七月二十三日 知堂

52. 周作人致刘半农书信之二十三

尺寸：纵 28.3 厘米 横 15.3 厘米

笺纸：木版印中华民国二十年一月煆药庐制双勾齐永明六年维卫尊佛像铭笺

日期：（一九三二年）七月二十三日

释文：

含晖道兄砚右：

承惠赠《俗曲总目》，拜受之下，欣感莫名。《焚椒录》已承沪书估寄来，但尚未到。敝乡某诗人有四诗分题：飞燕、秘辛、控雀、焚椒，此四书的确可合刻一集，惜世无叶（德辉）、况（周颐）辈为灾梨枣也。匆匆。

七月二十三日 知堂

53. 周作人致刘半农书信之二十四

尺寸：纵 28.5 厘米 横 17.9 厘米

笺纸：木版印中华民国二十年一月煆药庐制双勾齐永明六年维卫尊佛像铭笺

日期：（一九三二年）七月廿六日

释文：

曲庵道兄：

《焚椒录》已买到，只是记辽萧后被诬与伶官赵惟一私通之惨案，其中云："惟一低声言曰：奴具虽健，小蛇耳，自不敌可汗真龙。后曰：小猛蛇却赛真懒龙。此后但闻惺惺若小儿梦中啼而已。"此外别无什么违碍字句了（况夔笙某笔记中已抄录）。录中又有《十香词》及《回心院词》亦颇佳，如欲一阅者，当送去也。匆匆。

七月廿六日　知堂和南

曲庵道兄：梵樹錄已買到，只是近來蕭居被
兩份官趙帖一秘通之慘案，其中六帖一低聲言
只供僅小悅耳，自不敢可評。真識后曰山猛悅卻寒
懶識，此後但們惺惺若小兒夢中常常已世外別乎
應當通得字句了。兄夢筌某筆記中已抄錄，錄中又百十余詞友回
院詞亦頗佳，如欲一閱，我當送去也。匆匆
七月廿六日 弘生和南

大概此刻書估对了教科书眼紅别的書便有之

不大願意不論思想為賺錢計編一中學需用之書可惜於思想因不好林語堂月入千金以英語教科書也更勉強現且稱正尊亦收入甚多以文章作法及愛的教育（Amicis原著教育小說）譯本也不能出了三年文藝書則所入不過平均每月二三十之而已學生畢業以後似亦不可不參考此種情形積積努力（墮落了）至於救他的

文藝或學術著作再另行努力也寫之論來之後知以為何如衣萍之滑頭蓋已久矣見其廣告中有（行）襲適之之四十自述之我的卅年不知彼想等如此出版合印為一書題曰他們的七十歲由坪來擬開特之老人書店印行一十一笑匆匆不具順頌

近安

七月廿九日　知堂拜

54. 周作人致刘半农书信之二十五

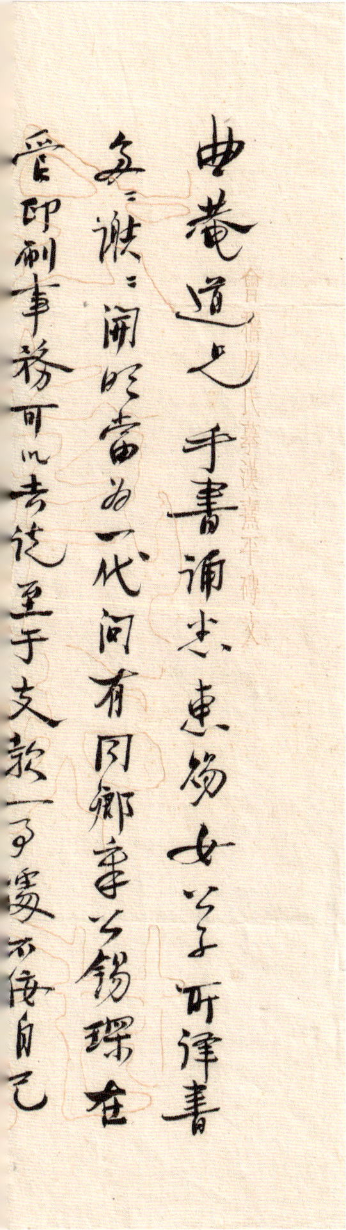

尺寸：纵 27.7 厘米 横 15.3 厘米

笺纸：木版印“会稽周氏摹汉熹平砖文”之双勾“汝南髡钳”笺

日期：（一九三二年）七月廿九日

释文：

曲庵道兄：

手书诵悉，惠赐女公子所译书，多谢多谢。开明当为一代问，有同乡章公锡琛在管印刷事务，可以去说。至于支款一事，据不佞自己经验及平伯所说，多支恐不易。不佞于春间送呈一部《看云集》的文稿，蒙借给壹佰元而已。大抵此刻书估对了教科书眼红，别的书便有点不大愿意。不佞曾想为赚钱计，编一中学生需用之书，可惜终于想不好。闻语堂月入千金，以英语教科书也，夏勉旃（现自称“丏”尊）亦收入甚多，以“文章作法”及“爱的教育”（Amicis 原著教育小说）译本也。不佞出了三本文艺书，则所入不过平均每月二三十元而已，吾辈以后似亦不可不参考此种情形稍稍努力（堕落？）。至于较纯的文艺或学术著作，再另行努力也。愚论未知道兄以为何如？衣萍之滑头盖已久矣，见其广告中有仿适之“四十自述”之“我的卅年”，不佞颇想等两书出板合印为一书，题曰“他们的七十岁”，由将来拟开张之老人书店印行之也。一笑。匆匆不具，顺颂撰安。

七月廿九日 知堂拜

55. 周作人致刘半农书信之二十六

尺寸：纵 28.4 厘米 横 15.3 厘米

笺纸：木版印中华民国二十年一月煅药庐制双勾齐永明六年维卫尊佛像铭笺

日期：（一九三二年）八月十一日

释文：

半农砚兄：

尊信虽未到，但就卑见所及，先写一点寄呈曲览。如承引用，甚感光荣。唯幸勿表彰此系某老人所说，因敝人殊无意与现今摩登诸公相见于论坛之上也，所供是实。

八月十一日，知堂。

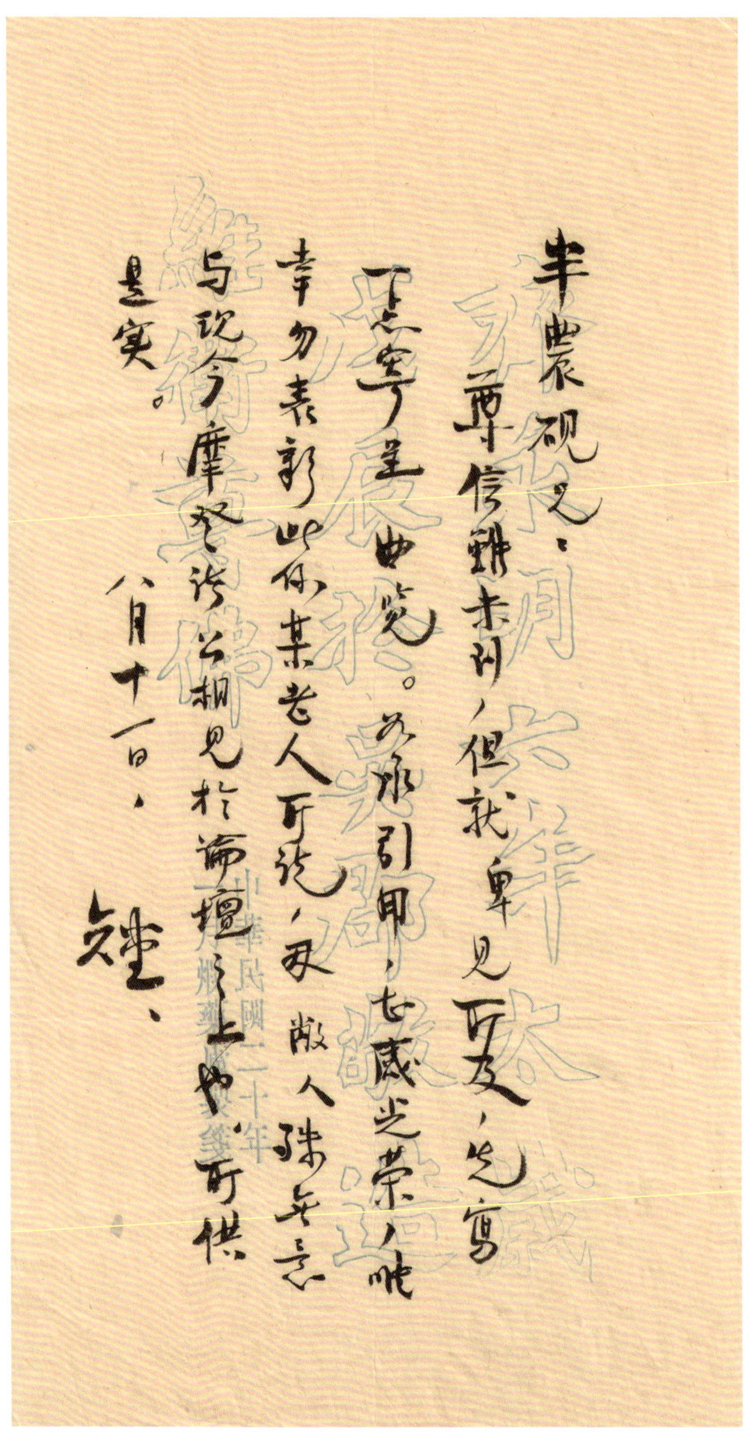
半农砚兄：尊信虽未到，但就卑见所及，先写一点寄呈曲览。如承引用，甚感光荣。唯幸勿表彰此系某老人所说，因敝人殊无意与现今摩登诸公相见于论坛之上也，所供是实。八月十一日，知堂。

農硯之：

兩奉信，鈔未到，但就卑見可及之處

之實等呈，無覺。然亦引申，古藏之常

勿表彰此係某老人所說，恐敵人殊矣

說今摩登活佛相見於論壇之上也。所以

實。

八月十一日。

迅、

較早的言語，女性只訓作女人的性質或生而為女人的這件事。

原係抽象名詞，(乙)用作集合名詞(甲)用，蓋係後起，再一轉則作女人講，大抵由於新聞雜誌記者之亂用，為Con. Oxf. Dic.所說蓋是Vulgarity之佔優勢也。

三

中國用女性，蓋係承襲日本新名詞，見於何時則不可考矣。為通俗便利計，以女性作集合名詞用似乎不可。唯如云我是個什麼的女性，似亦不妥。假若以為已通行故不得用，則自稱瞎頭或堂客豈不更普遍亦更霸氣乎。

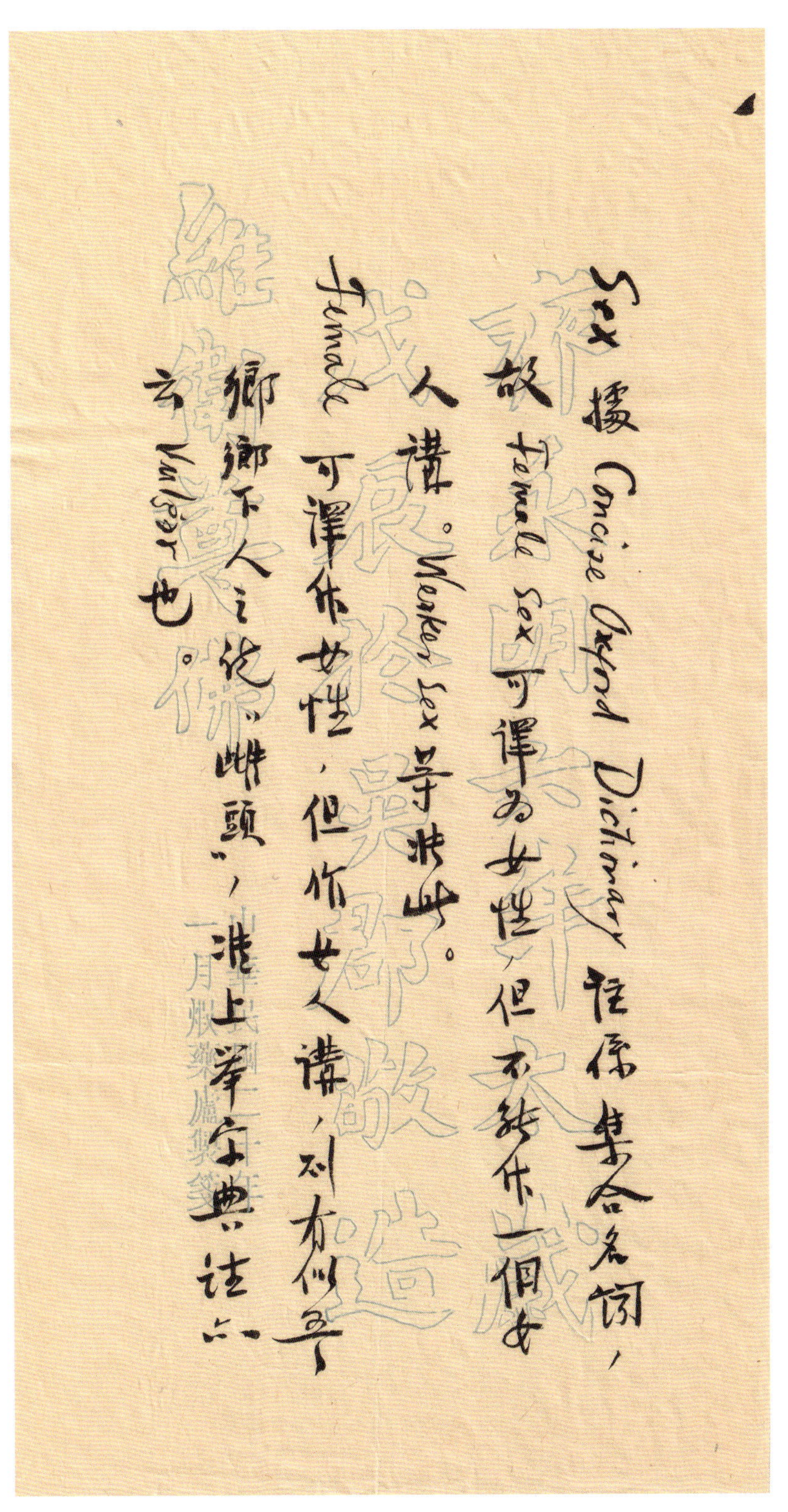

Sex 據 Concise Oxford Dictionary 往係集合名詞，故 Female sex 可譯為女性，但不能作一個女人講。Weaker sex 等準此。

Female 可譯作女性，但作女人講，則有似吾鄉鄉下人之說"雌頭"，準上舉字典注亦云 Vulgar 也。

附：

Sex 据 Concise Oxford Dictionary 往系集合名词，故 Female sex 可译为女性，但不能作一个女人讲。Weaker sex 等准此。

Female 可译作女性，但作女人讲，则有似吾乡乡下人之说“雌头”，准上举字典注亦云 vulgar 也。

Female sex（甲）、Womanhood（乙）等日本均译作女性，查较早的《言海》，女性只训作女人的性质（或生而为女人的这件事），（乙）原系抽象名词，作集合名词（甲）用，盖系后起，再一转则作女人讲，大抵由于新闻杂志记者之乱用，如 Con.Oxf.Dic 所说，盖是 Vulgarity 之占优势也。

中国用“女性”盖系承袭日本“新名词”，始于何时则不可考矣。为通俗便利计，以女性作集合名词用似乎不可，唯如云：我是一个什么的女性，似嫌不妥。假如以为已通行故不妨用，则自称雌头或堂客岂不更普罗∴（注：即“所以”）更摩登乎。

流行语中极好丑，皆是中了Journalism之毒者也。恶劣者之一为摩登，其解说只可供无聊文人使笔头，摩而又登，登了又摩，云云，其实时髦一语已足以表之，何必译音，此盖亦是效东邻之颦，而东邻之为此者大都亦只是无聊新闻记者及尚未读通之学生，有如中国中学生之善说ㄚㄎㄚㄙ与ㄈㄜㄎㄙ等语耳。匆匆。

寿之

八月十四日

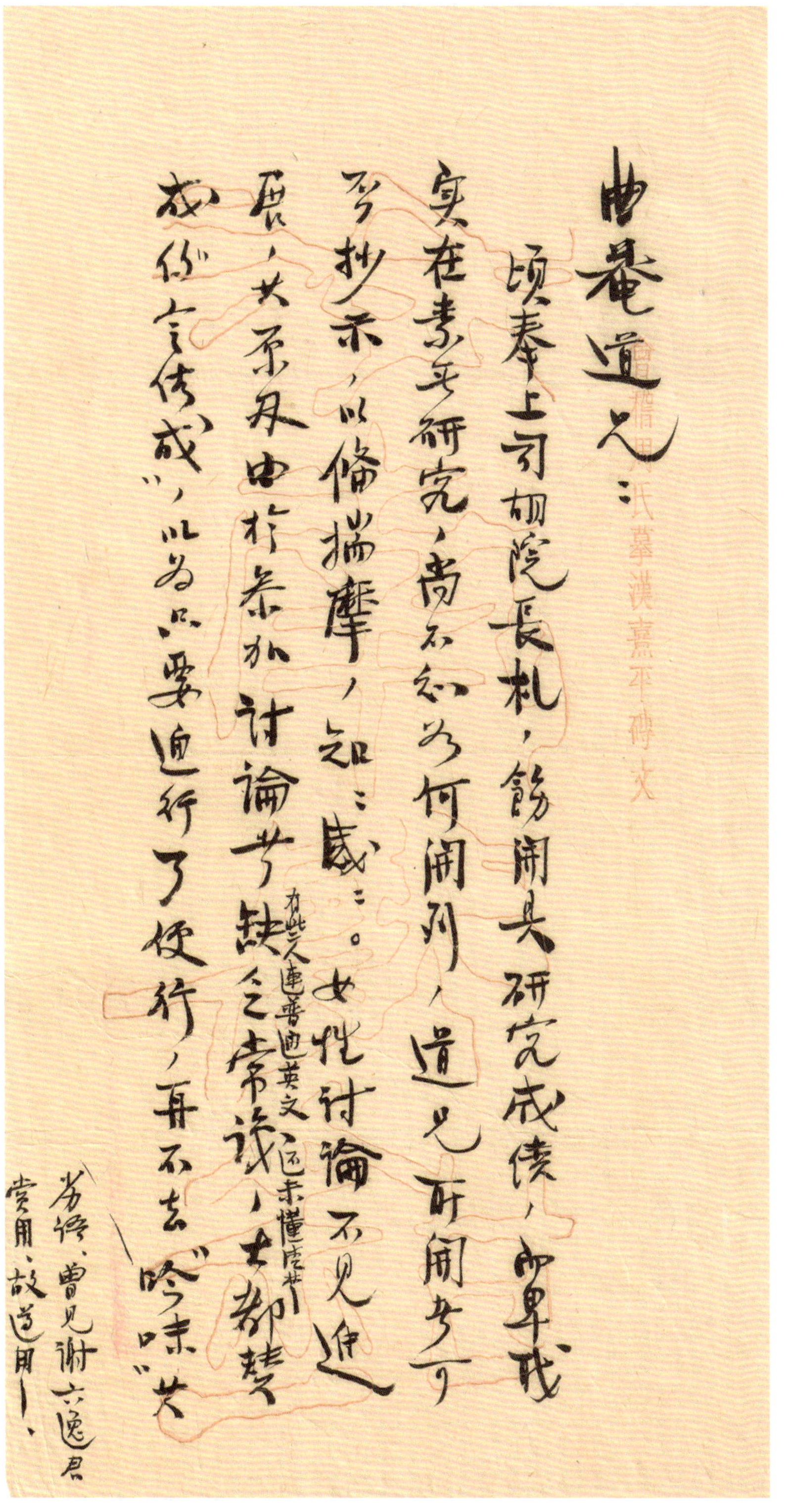

56. 周作人致刘半农书信之二十七

尺寸：纵 27.7 厘米 横 15.3 厘米

笺纸：木版印“会稽周氏摹汉熹平砖文”之双勾“汝南髡钳”笺

日期：（一九三二年）八月十四日

释文：

曲庵道兄：

顷奉上司胡院长札，饬开具研究成绩，而卑职实在素无研究，尚不知如何开列，道兄所开者可否抄示，以备揣摩，知感知感。女性讨论不见进展，其原因由于参加讨论者缺乏常识（有些人连普通英文还未懂清楚），大都赞成“约定俗成”，以为只要通行了便行，再不去“吟味”（劣语，曾见谢六逸君赏用，故遵用之）其好丑，皆是中了 journalism 之毒者也。流行语中极恶劣者之一为摩登，其好处只可供无聊文人绕笔头，“摩而登之，登而摩之”云云，其实时髦一语已足以表之，何必译音，此盖亦是效东邻之颦，而东邻之为此言者大都亦只是无聊新闻记者及尚未读通之学生，有如中国中学生之喜说ㄚㄋㄚㄙ与ㄈㄛㄎㄙ等语耳。匆匆。

知堂 八月十四日

四百元，已用以買得一塊墳地矣。惟此石碑乃益甫信，碑入於地主主頗亦直打倒倒列了，豈不哀哉。秋風已起，校门將開，勒令搬家之期又不遠了，此又可為長太息者也。匆匆不一。

八月十九日，

硯弟知堂再拜

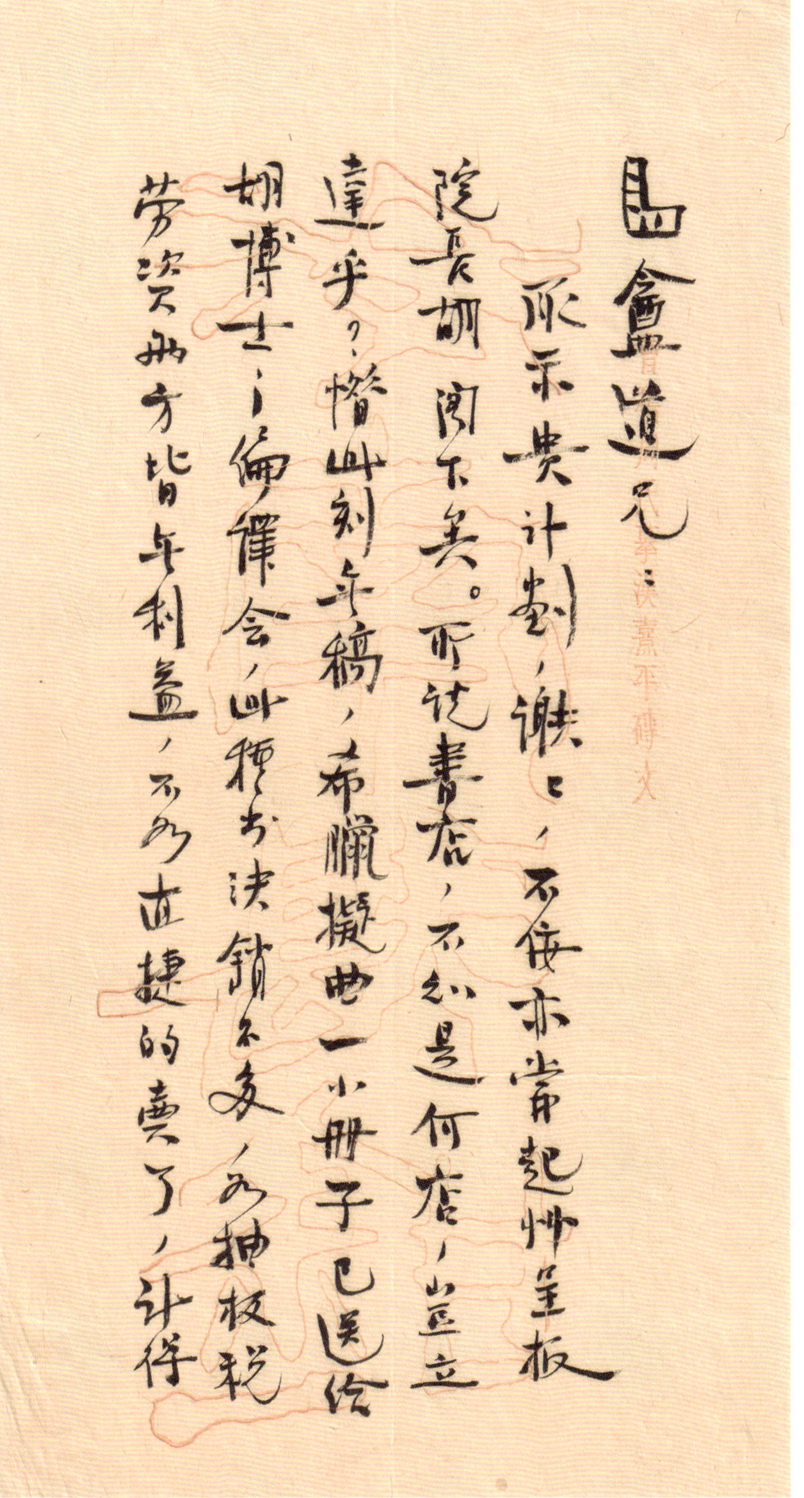

57. 周作人致刘半农书信之二十八

尺寸：纵 27.6 厘米 横 14.9 厘米

笺纸：木版印“会稽周氏摹汉熹平砖文”之双勾“汝南髡钳”笺

日期：（一九三二年）八月十九日

释文：

曲庵道兄：

承示贵计划，谢谢，不佞亦当起草呈报院长胡阅下矣。所说书店，不知是何店，岂立达乎？惜此刻无稿，《希腊拟曲》一小册子已送给胡博士之编译会，此种书决销不多，如抽板税，劳资两方皆无利益，不如直捷的卖了，计得四百元，已用以买得一块坟地矣。非此不佞乃益落伍，确入于地主之类而在打倒之列了，岂不哀哉。秋风已起，校门将开，勒令拥皋比之期又不远了，此又可为长太息者也！匆匆不一。

八月十九日，砚弟知堂再拜。

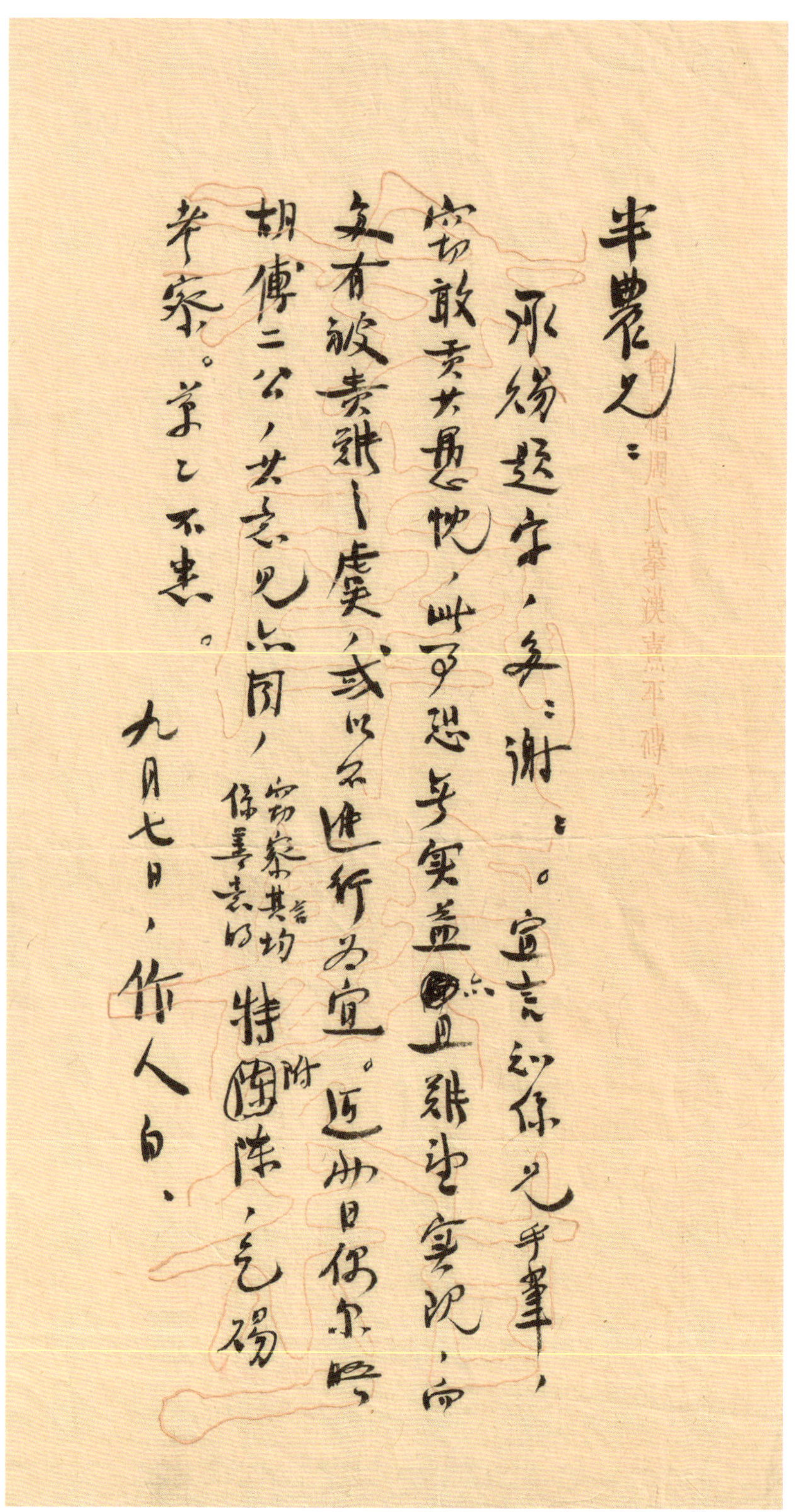

58. 周作人致刘半农书信之二十九

尺寸：纵 27.6 厘米 横 15 厘米

笺纸：木版印“会稽周氏摹汉熹平砖文”之双勾“汝南髡钳”笺

日期：（一九三二年）九月七日

释文：

半农兄：

承赐题字，多谢多谢。宣言知系兄手笔，窃敢贡其愚忱，此事恐无实益，亦且难望实现，而多有被责难之虞，或以不进行为宜。近两日偶尔晤胡、傅二公，其意见亦同（窃察其言，均系善意的），特附陈，乞赐考察。草草不悉。

九月七日，作人白。

这字，多多谢谢。宜言妙作之手笔，

忆快，此可恐与实益点且强迫实况，

一变，或以不便进行为宜。近此日你字

头之见亦间，窃察其旨均係善意的，特附陈，乞谅

之不来。

九月七日，作人白。

而久不了了，缘故则因舍小侄丰三洽旬重病，至今未愈，日日危疑，忙于医药也，其父消摇海上，不在，乃只得代为着忙着急，苦矣苦矣。连日不得安宁，无事可为，但看桐城大师惜抱尺牍消磨时光，此书以九毛半得之，尚算值得，此外又得印雪轩诗钞一部，则因系曲园之老太爷所作故耳。匆匆。

知堂

九月廿一日

会稽周氏藏汉熹平碑文

59. 周作人致刘半农书信之三十

尺寸：纵 27.6 厘米 横 15 厘米

笺纸：木版印“会稽周氏摹汉熹平砖文”之双勾“汝南髡钳”笺

日期：（一九三二年）九月廿一日

释文：

曲庵砚兄：

承示番印拓本，羡羡。案此字当作“卢”，因其文似作“乂丨”，今 Liu-i = Lu 也；但或者是“黎”亦未可知，盖 LIV-I = LIII 也（案 54，音ㄌㄧㄨ；53，音ㄌㄧ〰）。以上系端陶斋尚书幕僚考释埃及文铭词之法，非不佞之新发明者也。不佞近日乃一无所得，盖因久不出行，而久不之缘故则因舍小侄丰三浛旬重病，至今未愈，日日危疑，忙于医药也，其父消摇海上，不佞乃只得代为着忙着急，“苦矣”。连日不得安定，无事可为，但看桐城大师《惜抱尺牍》消磨时光。此书以九毛钱得之，尚算值得，此外又得《印雪轩诗钞》一部，则因系曲园之老太爷所作故耳。匆匆。

知堂。 九月廿一日

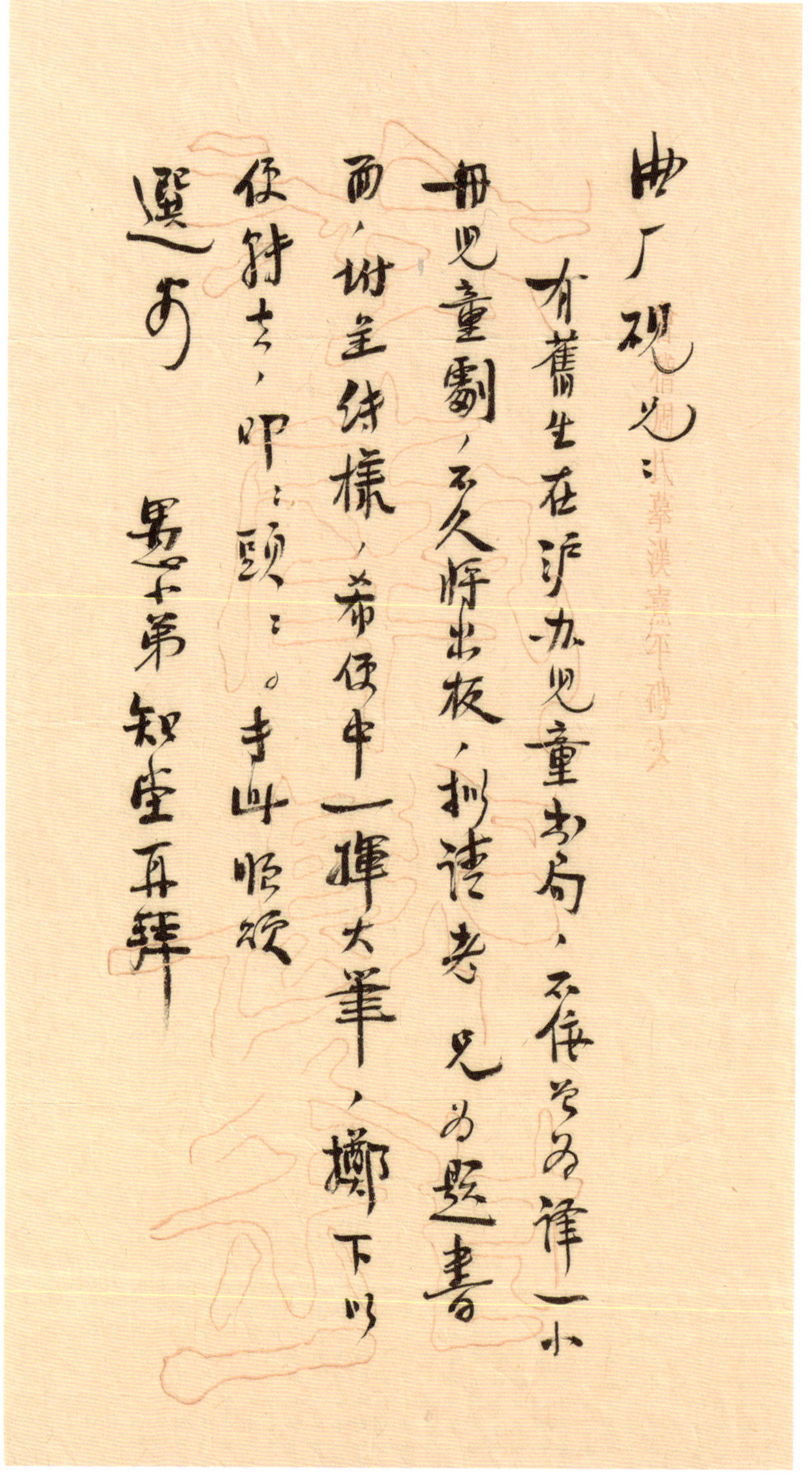

曲厂砚兄：

有舊生在沪办儿童书局，不佞曾为译一小册儿童劇，不久将出板，拟请老兄为题书面，附呈纸様，希便中一揮大筆，擲下以便转去，叩叩头头。专此顺颂

撰安

愚小弟知堂再拜

60. 周作人致刘半农书信之三十一

尺寸：纵 27.6 厘米 横 15 厘米

笺纸：木版印“会稽周氏摹汉熹平砖文”之双勾“汝南髡钳”笺

日期：（一九三二年）

释文：

曲庵砚兄：

有旧生在沪办儿童书局，不佞曾为译一小册儿童剧，不久将出板，拟请老兄为题书面，坿呈纸样，希便中一挥大笔，掷下以便转去，叩头叩头。专此，顺颂撰安。

愚小弟知堂再拜

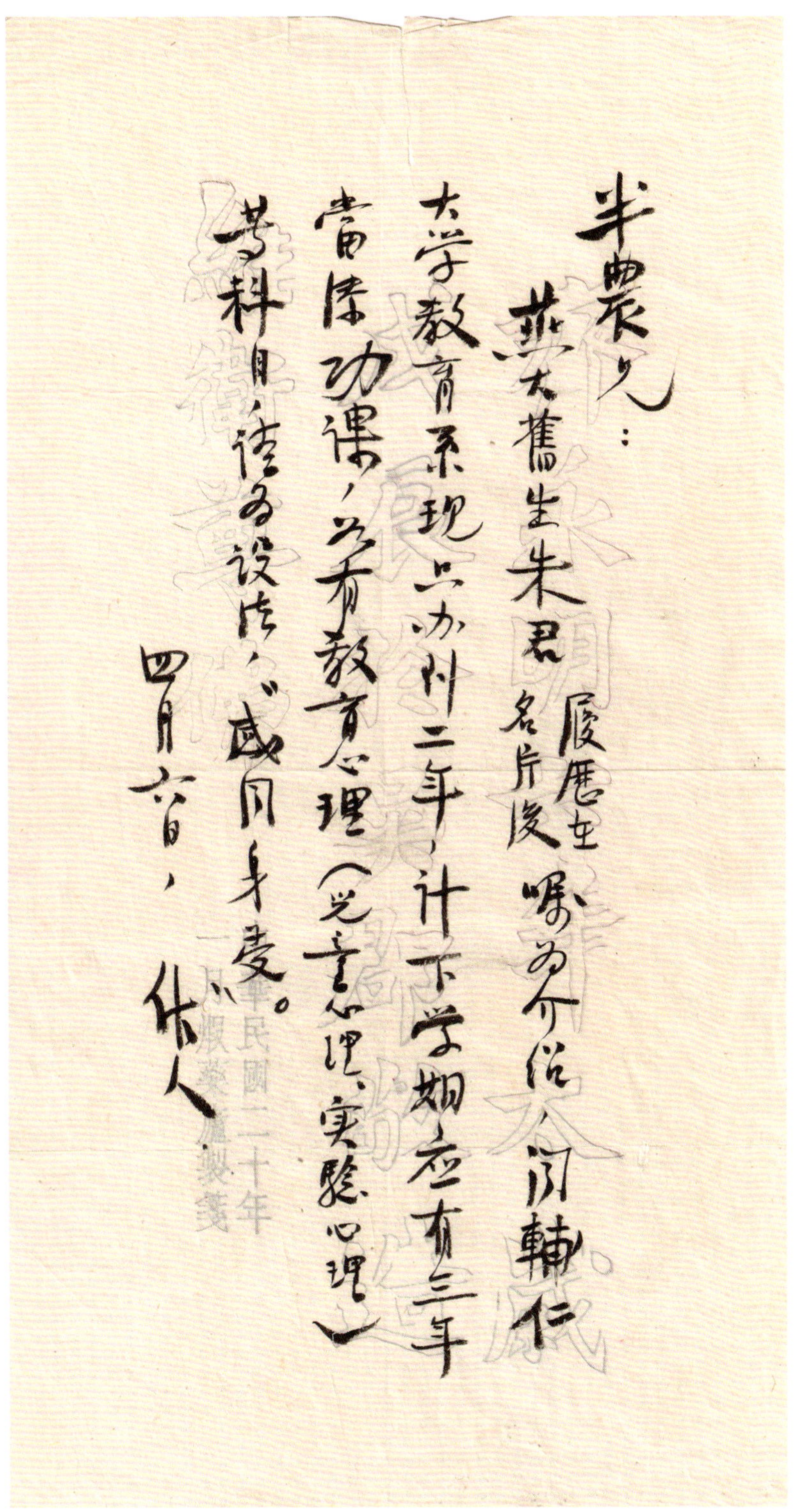

61. 周作人致刘半农书信之三十二

尺寸：纵 28.4 厘米 横 15.3 厘米

笺纸：木版印中华民国二十年一月煆药庐制双勾齐永明六年维卫尊佛像铭笺

日期：一九三三年四月六日

释文：

半农兄：

燕大旧生朱君（履历在名片后）嘱为介绍，闻辅仁大学教育系现只办到二年，计下学期应有三年，当添功课。如有教育心理（儿童心理、实验心理）等科目，请为设法，“感同身受”。

四月六日，作人

要〻栗文只詩冊要未詳何時之物也假為何用
要碑文都意至少反於虎猶一點似不可不從於
而楷例又似不易此亦吳老頭子所能者矣
一也上臘礼一兩下階失足傷左髁至今尚未全
愈大約須再過五六日始能外出耳草〻不盡敬
頌道安　硯兄弟專齋頓首
近得一磚硯文曰永明三年似南齊物頗可喜故
甎齋大有改名之意常稱永明專齋也　又及

62. 周作人致刘半农书信之三十三

尺寸：纵 27.8 厘米 横 19.6 厘米

笺纸：铅印红框格八行笺

日期：（一九三三年四月十七日）

释文：

曲庵砚兄如见：

知受命撰李公碑，甚善，而亦甚难，正如在清朝叙述死难明臣也。鄙见以为，文大可不用，只须正面大书：某官某人之墓；其阴简明地说：公讳某、字某、何处人，生何年，学于何校，为某校教官，某年某为大元帅，某日死于党狱，年若干，某年月友人某等为葬于某地（如有铭或殿以铭）。此系个人私见，谨供砚兄之参考，至于公开则恕不也，故送在蒋校长处之原文只注两处，未说到此点也。假如仍用原碑文，鄙意至少“死于党狱”一点似不可不说，然而措词又似不易，此亦吴老头子之所谓“苦矣”之一也。上瞻礼一，因下阶失足伤左踝，至今尚未全愈，大约须再过五六日殆能外出耳。草草不尽，顺颂撰安。

砚愚弟专斋顿首

近得一砖砚，文曰“永明三年”，系南齐物，颇可喜。故敝斋大有改名之意，当称“永明专斋”也，又及。

到六十年。又另一国，作"松葉昆布"，譯名當為海帶絲煮，你家中亦有，即以進呈，最好和在肉内作肉丸子吃，煮湯等亦佳。今日買到一冊Jespersen的"英文法要義"，与納斯菲爾兩張書之可同日而語，至於不倭々弱亦到，猶々乎兵人用書耳。草々。

專齋

五月十一夜

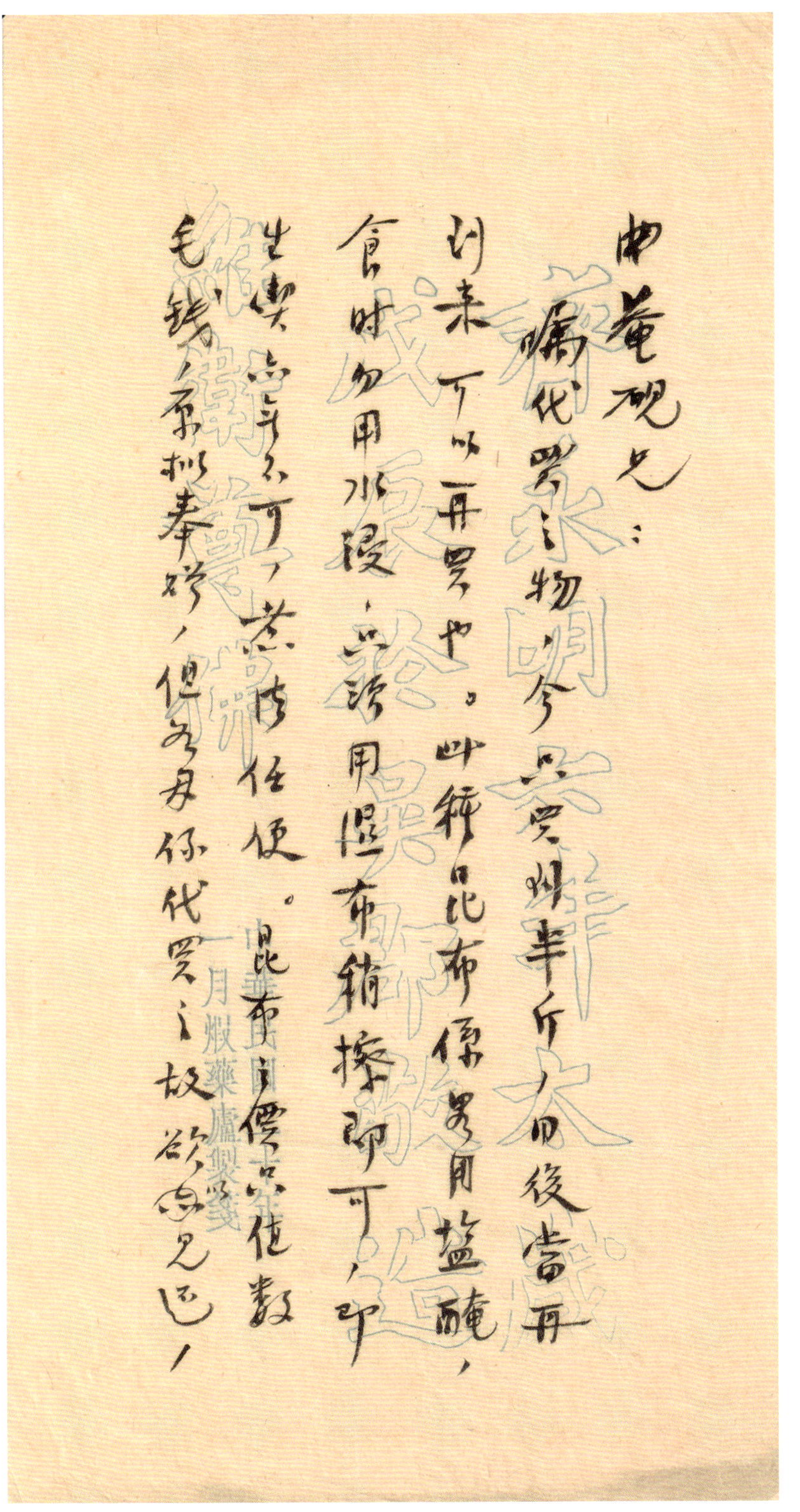
曲庵砚兄：
嘱代买之物，今只买到半斤，日后当再
到来可以再买也。此种昆布系略用盐腌，
食时勿用水浸，只须用湿布稍擦即可，即
生吃亦无不可，煮法任便。昆布之价只值数
毛钱，原拟奉赠，但如因系代买之故欲以见还，

63. 周作人致刘半农书信之三十四

尺寸：纵 28.4 厘米 横 15.3 厘米

笺纸：木版印中华民国二十年一月煆药庐制双勾齐永明六年维卫尊佛像铭笺

日期：（一九三三年）五月十一日

释文：

曲庵砚兄：

嘱代买之物，今只买到半斤，日后当再到来可以再买也。此种昆布系略用盐腌，食时勿用水浸，只须用湿布稍擦即可，即生吃亦无不可，煮法任便。昆布之价只值数毛钱，原拟奉赠，但如因系代买之故欲以见还，则亦可耳。又另一团，系"松叶昆布"，译名当为海带丝欤，系家中原有，即以进呈，最好和在肉内做肉丸子吃，煮汤等亦佳。今日买到一册 Jespersen 的《英文法要义》，与纳斯菲尔殆真不可同日而语，至于不佞之看此书则犹之乎看闲书耳。草草。

专斋拜 五月十一夜

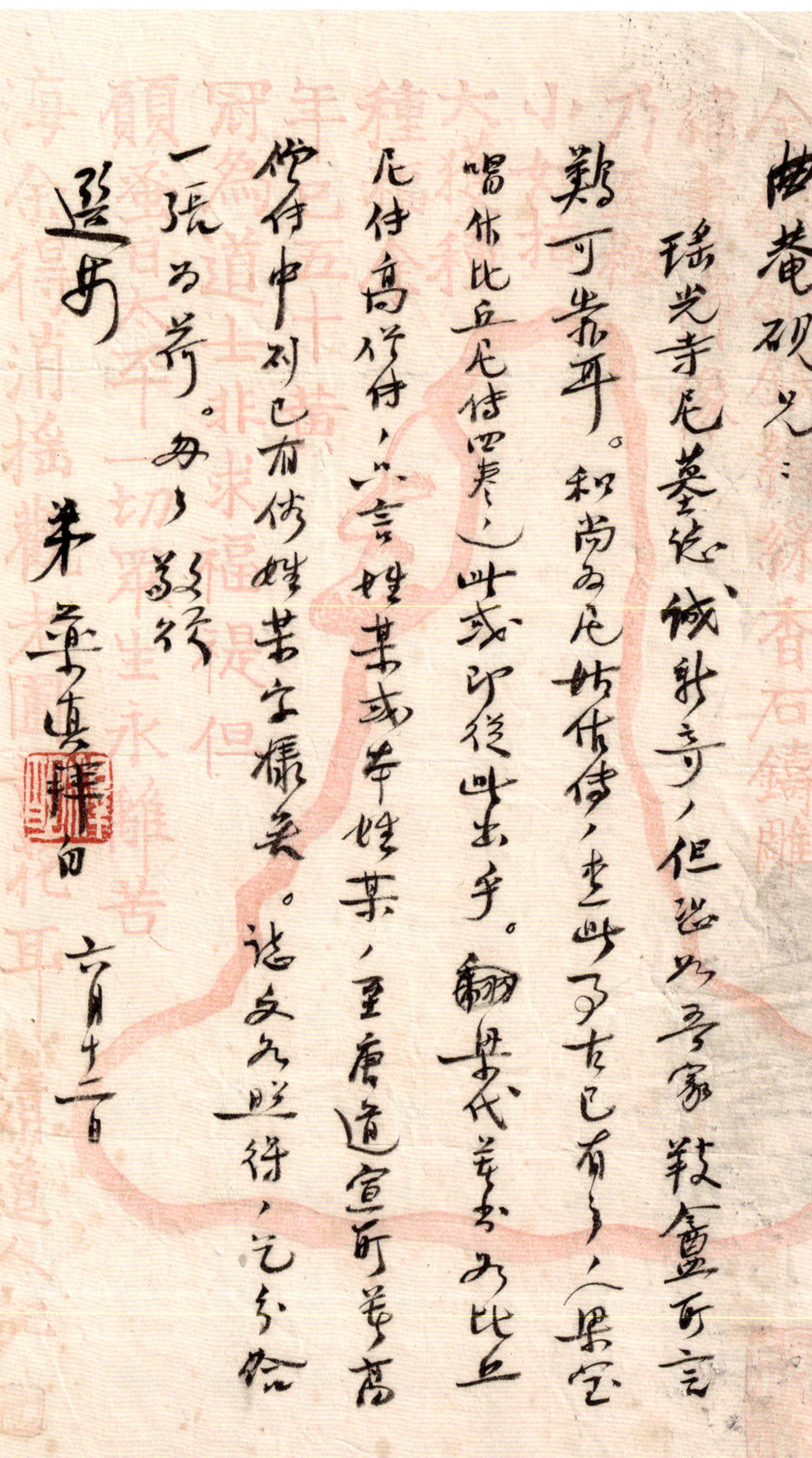

曲庵砚兄：
瑶光寺尼墓志诚新奇，但恐如吾家养盦所言，
难可靠耳。和尚为尼姑作传，查此事古已有之（梁宝
唱作比丘尼传四卷），此或即从此出乎。梁代著书如比丘
尼传高僧传，只言姓某或本姓某，至唐道宣所著高
僧传中则已有俗姓某字样矣。志文如照得，乞分给
一张为荷。匆匆，敬颂
撰安
弟药真拜白
六月十二日

64. 周作人致刘半农书信之三十五

尺寸：纵 25.6 厘米 横 16.8 厘米

笺纸：木版印李瑞清《罗汉笺》之达摩笺

日期：（一九三三年）六月十二日

释文：

曲庵砚兄：

瑶光寺尼墓志诚新奇，但恐如吾家养盦所言，难可靠耳。和尚为尼姑作传，查此事古已有之（梁宝唱作《比丘尼传》四卷），此或即从此出乎。梁代著书如《比丘尼传》《高僧传》，只言姓某或本姓某，至唐道宣所著《高僧传》中则已有俗姓某字样矣。志文如照得，乞分给一张为荷。匆匆，敬颂撰安。

弟药真拜白 六月十二日

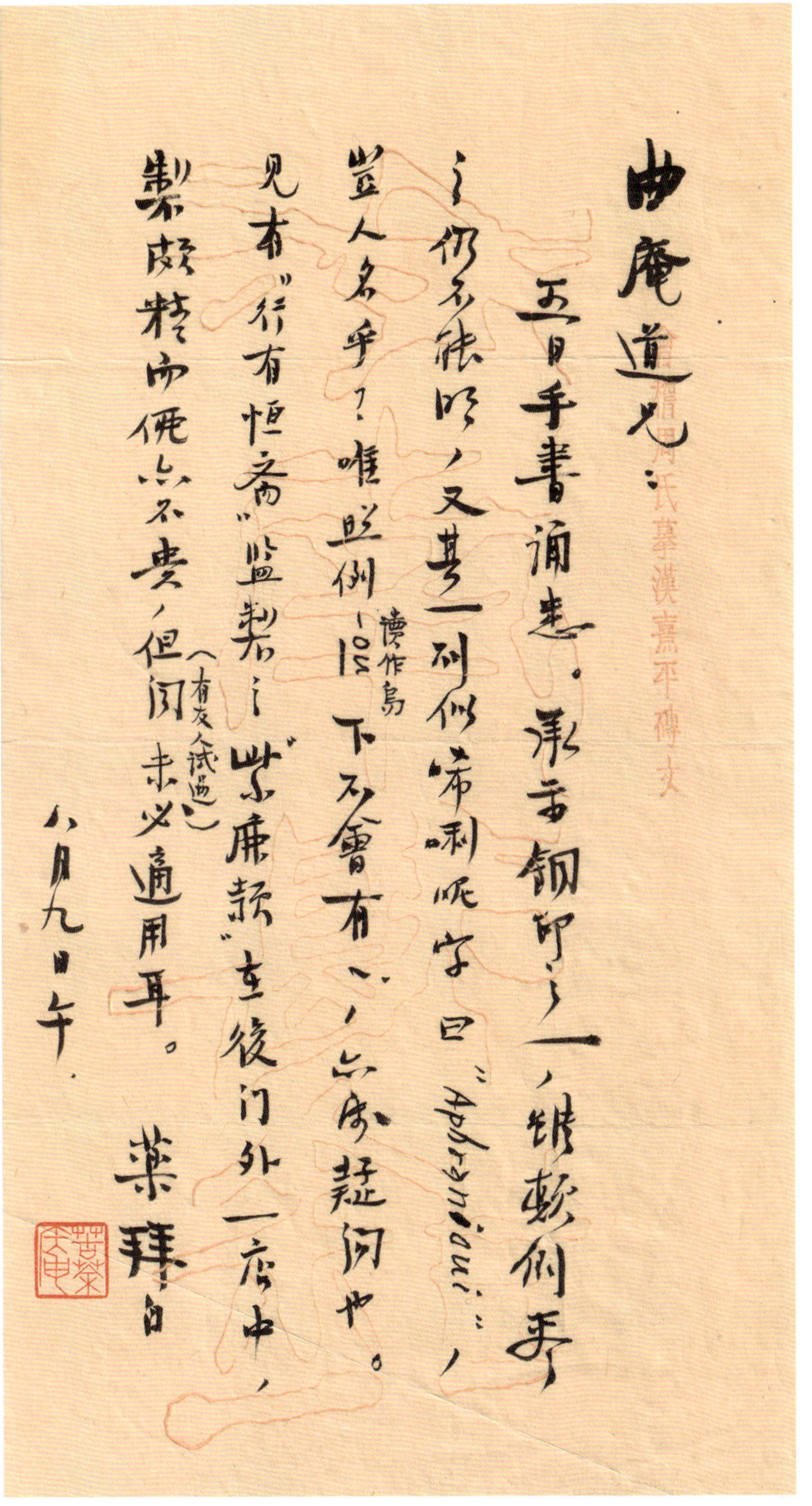

65. 周作人致刘半农书信之三十六

尺寸：纵 27.5 厘米 横 14.9 厘米

笺纸：木版印“会稽周氏摹汉熹平砖文”之双勾“汝南髡钳”笺

日期：（一九三三年）八月九日

释文：

曲庵道兄：

五日手书诵悉。承示铜印之一，虽颠倒看之仍不能明，又其一列似唏唎呢字曰“Apbranioui”，岂人名乎？唯照例 -ou（读作乌）下不会有 i，亦属疑问也。见有“行有恒斋”监制之“紫鹿颖”在后门外一店中，制颇精而价亦不贵，但闻未必适用耳（有友人试过）。

药拜白 八月九日午

大不敢收藏。贵所似不妨得之。其店在鼓楼东路北，店名得利，复无标实价，不肯减让一文，该布告则云价一元也。沈从文君要九结婚，拟送喜联而做不出句子，只记得沈君尝撰一部爱丽思漫游中国记，乃以作枯窘题法做打油诗十字送之，云：领取真奇境，会合爱丽思。此比曳白聊胜一筹而已。知堂拜

九月七日晨。

此非杨遇夫之所知也。

66. 周作人致刘半农书信之三十七

尺寸：纵 27.6 厘米 横 15 厘米

笺纸：木版印“会稽周氏摹汉熹平砖文”之双勾“汝南髡钳”笺

日期：（一九三三年）九月七日

释文：

曲庵仁兄同砚道长执事：

前为贵所属研究生赵公泉澄叩头，拟提出成绩请求奖学金，蒙饬令迅即提出，现该生已经照办，将论文送呈仁兄察阅，特再为叩头，乞赐以照拂，至感至感。公事之后继以私事，日前在鼓楼一小店中见有洪宪元年召开国民大会布告（铅印，盖印全）一纸，惜其太大不敢收藏，贵所（此非杨遇夫之“所”也）似不妨得之。其店在鼓楼东路北，店名“得利复兴”，标实价不肯减让一文，该布告则云价一元也。沈从文君重九结婚，拟送喜联而做不出句子，只记得沈君曾撰一部《爱丽思漫游中国记》，乃以作枯窘题法做打油体诗十字送之，云：领取真奇境，会合爱丽思。比曳白聊胜一筹而已。

知堂拜 九月七日晨

67. 周作人致刘半农书信之三十八

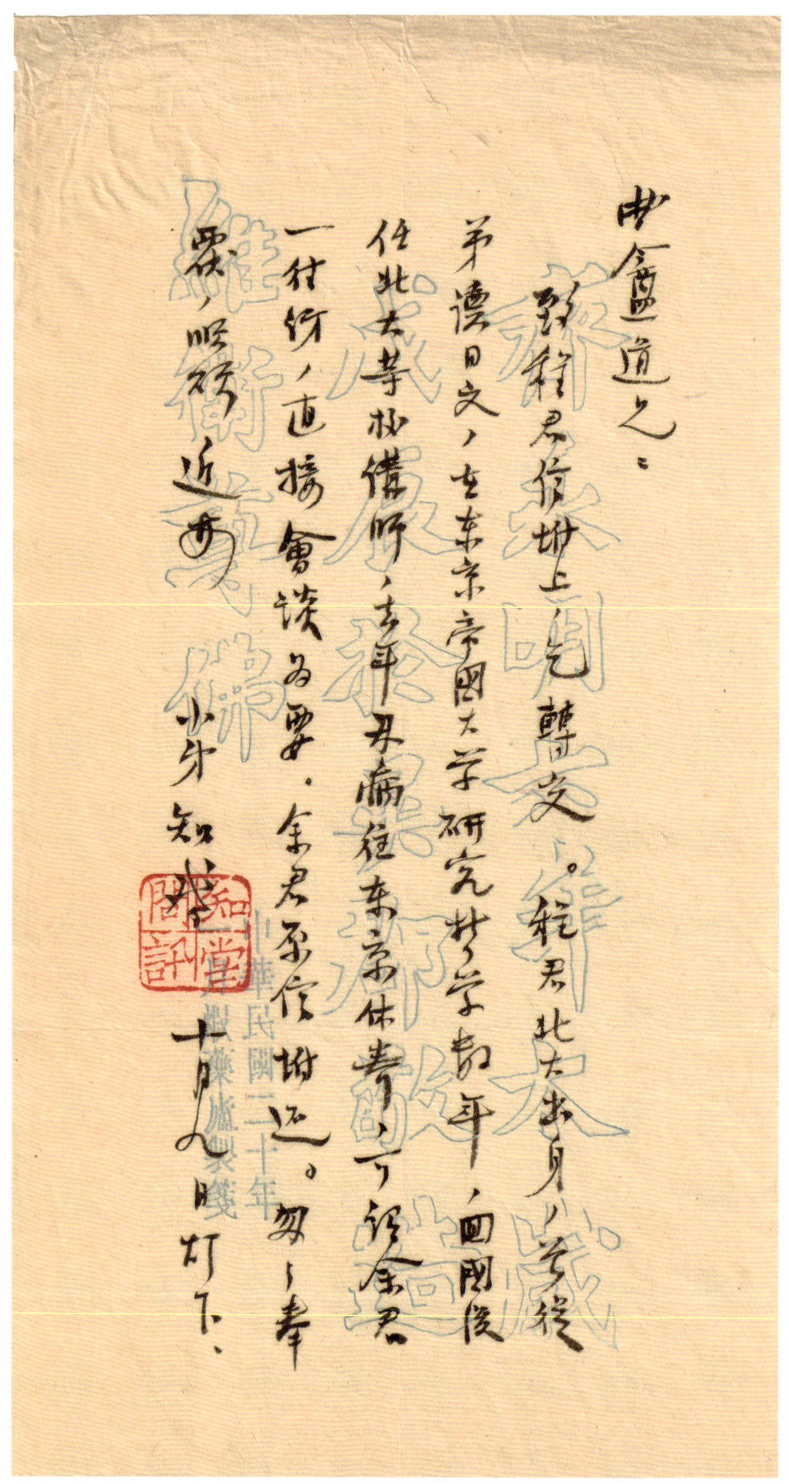
曲庵道兄：
致程君信坿上，乞转交。程君北大出身，曾从弟读日文，在东京帝国大学研究哲学数年，回国后任北大等校讲师，去年因生病往东京休养，可请余君一往访，直接会谈为要。余君原信坿还。匆匆奉覆，顺颂近安。
小弟知启 十月九日灯下

尺寸：纵 28.3 厘米 横 15.4 厘米

笺纸：木版印中华民国二十年一月煆药庐制双勾齐永明六年维卫尊佛像铭笺

日期：（一九三三年）十月九日

释文：

曲庵道兄：

致程君信坿上，乞转交。程君北大出身，曾从弟读日文，在东京帝国大学研究哲学数年，回国后任北大等校讲师，去年因生病往东京休养，可谓余君一往访，直接会谈为要。余君原信坿还。匆匆奉覆，顺颂近安。

小弟知启　十月九日灯下

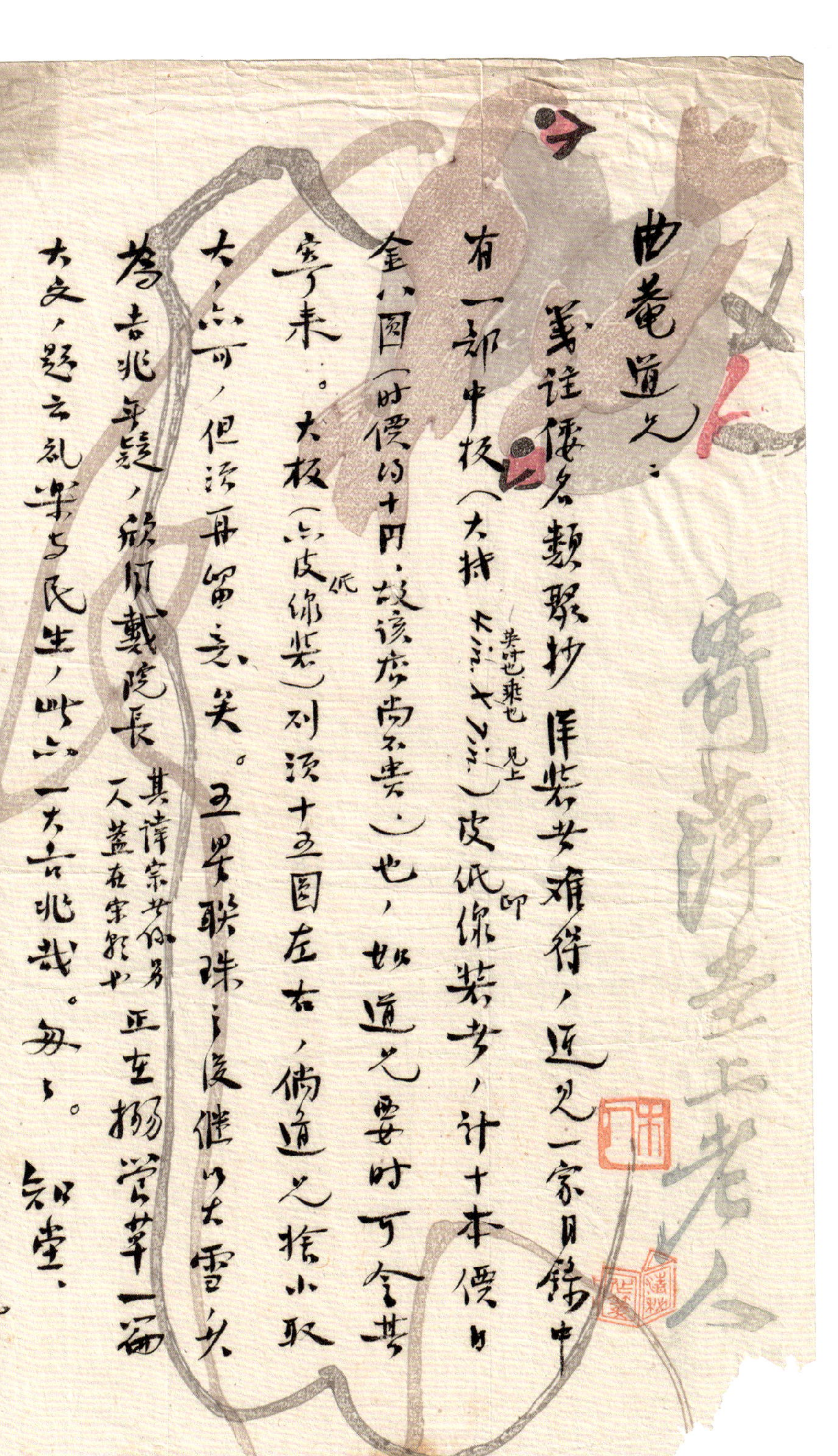

曲庵道兄：

箋注倭名類聚抄，洋裝者難得，近見一家目錄中有一部中板（大抵 4″（英吋也）×（乘也）7″（見上））皮紙印線裝者，計十本價日金八圓（時價約十円，故該店尚不貴）也，如道兄要時可令其寄來。大板（亦皮紙線裝）則須十五圓左右，倘道兄舍小取大，亦可，但須再留意矣。五星聯珠之後繼以大雪，其為吉兆無疑，欣聞戴院長（其諱宗者係另一人，蓋在宋朝也）正在搊管草一篇大文，題云禮樂與民生，此亦一大吉兆哉。匆匆。

知堂

68. 周作人致刘半农书信之三十九

尺寸：纵 29.5 厘米 横 19.4 厘米

笺纸：木版套色印清秘阁制齐白石《花果笺》之一

日期：（一九三三年）十二月廿七日

释文：

曲庵道兄：

笺注《倭名类聚抄》，洋装者难得，近见一家目录中有一部中板【大抵 4in（英吋也）×（乘也）7in（见上）】皮纸印线装者，计十本价日金八圆（时价约十円，故该店尚不贵）也，如道兄要时可令其寄来。大板（亦皮纸线装）则须十五圆左右，倘道兄舍小取大，亦可，但须再留意矣。五星联珠之后继以大雪，其为吉兆无疑，欣闻戴院长（其讳宗者系另一人，盖在宋朝也）正在搊管草一篇大文，题云《礼乐与民生》，此亦一大吉兆哉。匆匆。

知堂　十二月廿七日

再，有吾鄉范君在杭州做小官，以其先人手稿見示，范寅一部分年代可取，范家相著有詩瀋等稿數種，雖未必太高價，但以作乾隆時人，似亦可以收藏，不知貴院可加注意否乎，如有希望，當再設法，要價如缺乏則可由敝"研究"費下支付，此亦是鄉里之見乎，實受人之託，不得不為一問耳。

十五日，作人。

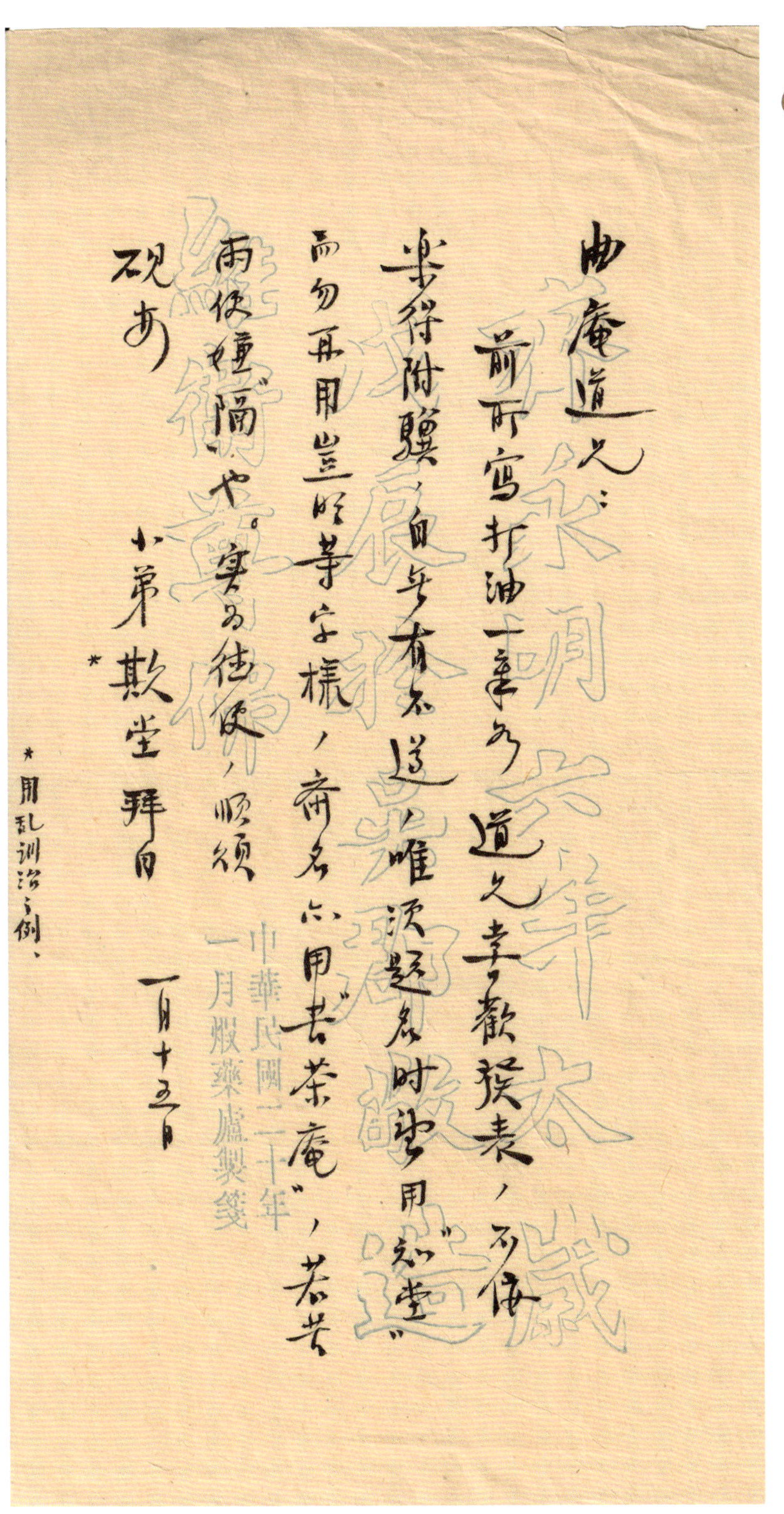

曲庵道兄：

前所写打油一章，如道兄喜欢发表，不佞乐得附骥，自无有不遵，唯须题名时望用"知堂"，而勿再用岂明等字样，斋名亦用"苦茶庵"，若苦雨便嫌"隔"也。实为德便，顺颂

砚安

小弟*欺堂拜白

一月十五日

*用乱训治之例、

69. 周作人致刘半农书信之四十

尺寸：纵 28.4 厘米 横 15.3 厘米

笺纸：木版印中华民国二十年一月煅药庐制双勾齐永明六年维卫尊佛像铭笺

日期：（一九三四年）一月十五日

释文：

曲庵道兄：

前所写打油一章，如道兄喜欢发表，不佞乐得附骥，自无有不遵，唯须题名时望用 " 知堂 "，而勿再用岂明等字样，斋名亦用“苦茶庵”，若苦雨便嫌“隔”也。实为德便，顺颂砚安。

小弟欺（用乱训治之例）堂拜白

一月十五日

再，有吾乡范公（在杭州做小官）以其先人手稿见示，范寅一部分无甚可取，范家相(《诗沈》等著者)稿数种，虽未必甚高深，但以系乾隆时人，似亦可收藏，不知贵院可办交涉乎，如有希望当再谈。买价如缺乏则可由敝“研究”费下支付，此亦是乡里之见乎，实亦受人之托，不得不为一问耳。

十五日，作人。

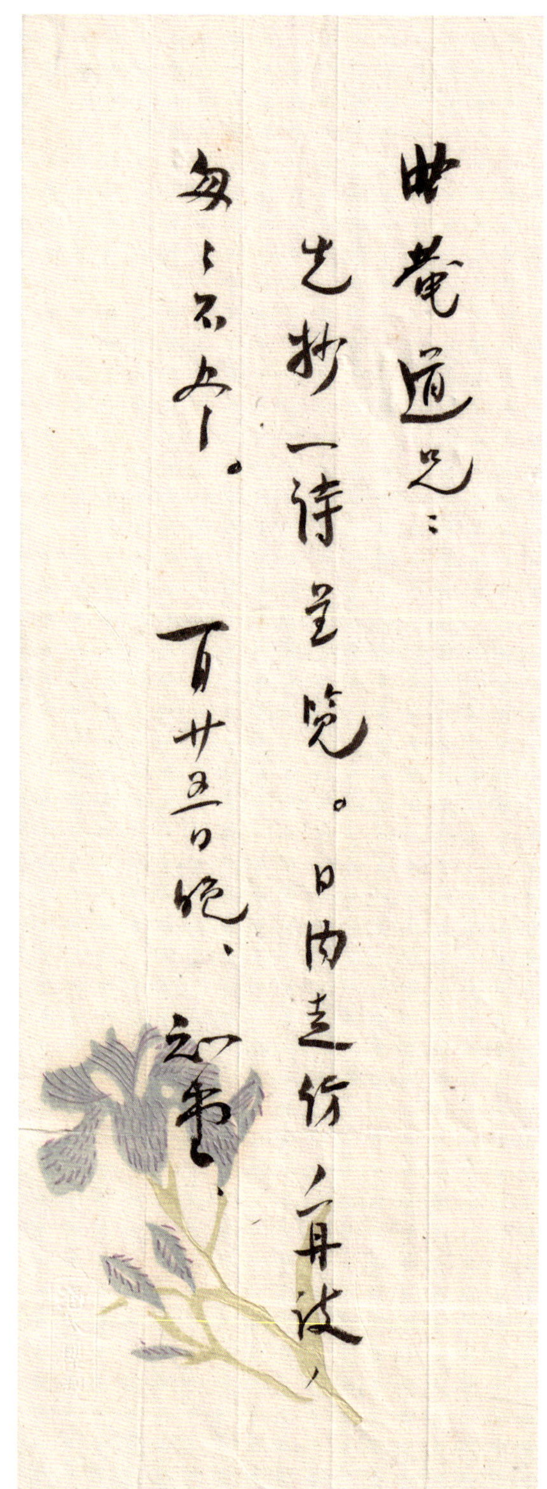
曲庵道兄：
先抄一诗呈览。日内走访，再谈，
匆匆不尽。
一月廿五日晚，知堂。

70. 周作人致刘半农书信之四十一

尺寸：纵 22.8 厘米 横 8.5 厘米

笺纸：木版套色印拱花“涵芬楼制”暗格五行鸢尾花笺

日期：（一九三四年）一月廿五日

释文：

曲庵道兄：

先抄一诗呈览。日内走访，再谈，匆匆不尽。

一月廿五日晚，知堂。

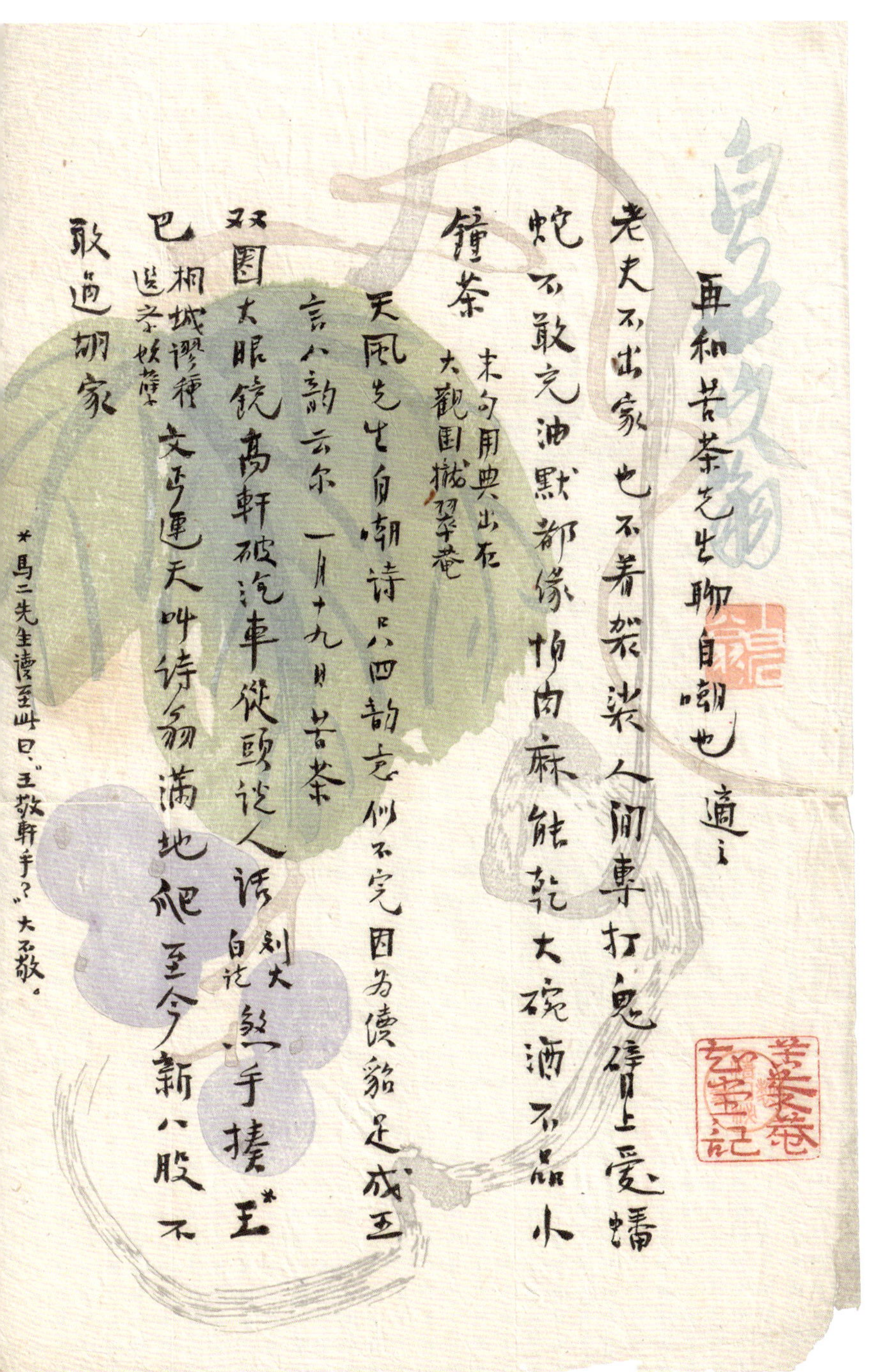
再和苦茶先生聊自嘲也 適之

老夫不出家也不着袈裟人間專打鬼臂上愛蟠蛇不敢充油默都緣怕肉麻能乾大碗酒不品小鍾茶 末句用典出在大觀園櫳翠菴

天風先生自嘲詩只四韵意似不完因為續貂足成五言八韵云尔 一月十九日 苦茶

双圈大眼鏡高軒破汽車從頭說人話劉大白說煞手揍王*巴桐城謬種選學妖孽文丐連天叫詩翁滿地爬至今新八股不敢過胡家

*馬二先生讀至此，曰：“王敬軒乎？”，大不敬。

附：诗函

尺寸：纵 29.5 厘米 横 19.5 厘米

笺纸：木版套色印清秘阁制齐白石《花果笺》之一

日期：（一九三四年）一月十九日

释文：

《再和苦茶先生聊自嘲也》适之

老夫不出家，也不着袈裟。人间专打鬼，臂上爱蟠蛇。不敢充油默，都缘怕肉麻。能乾大碗酒，不品小钟茶。（末句用典出在大观园栊翠庵）

天风先生自嘲诗只四韵，意似不完，因为续貂，足成五言八韵云尔。 一月十九日 苦茶

双圈大眼镜，高轩破汽车。从头说人话（刘大白说），煞手揍王 * 巴（桐城谬种、选学妖孽）。文丐连天叫，诗翁满地爬。至今新八股，不敢过胡家。

* 马二先生读至此，曰：“王敬轩乎？”，大不敬。

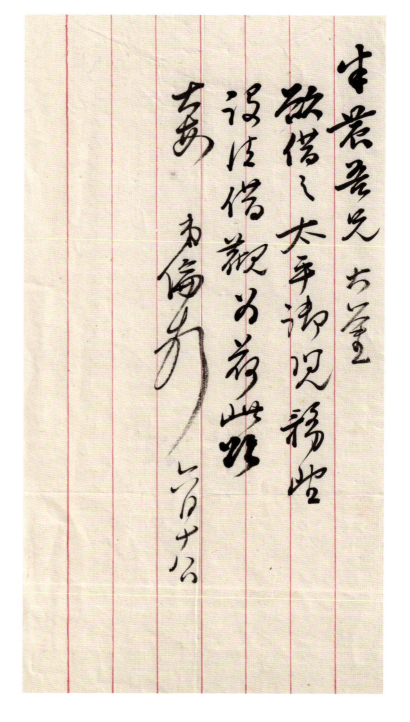

71. 马叙伦致刘半农书信

尺寸：纵 22.5 厘米 横 12.6 厘米

笺纸：木板印红格八行笺

日期：六月十八日

释文：

半农吾兄大鉴：

欲借之《太平御览》，务望设法借观为荷。此颂大安。

弟伦顿首 六月十八日

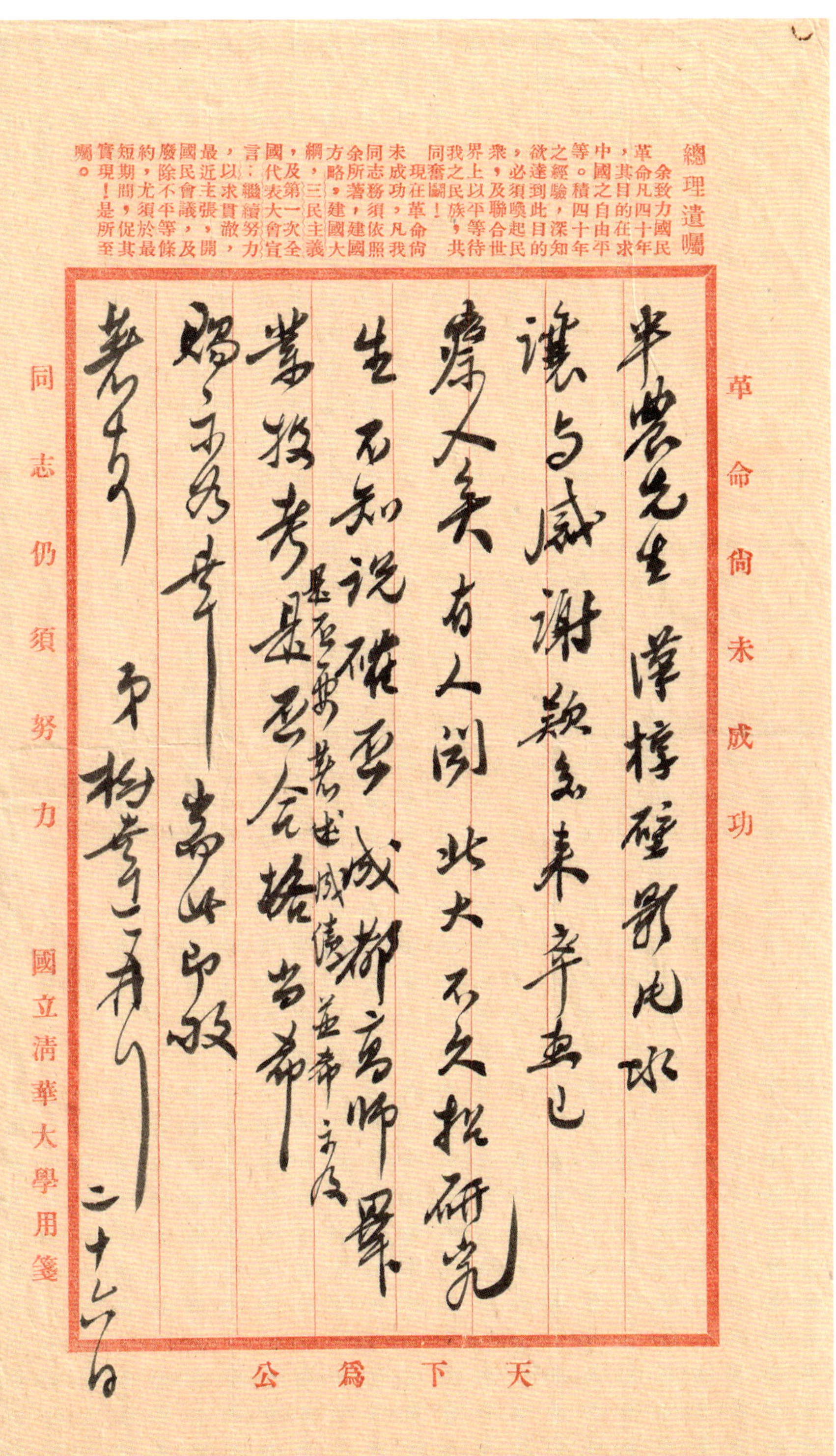

總理遺囑

余致力國民革命凡四十年，其目的在求中國之自由平等。積四十年之經驗，深知欲達到此目的，必須喚起民眾及聯合世界上以平等待我之民族，共同奮鬥。現在革命尚未成功，凡我同志，務須依照余所著建國方略、建國大綱、三民主義及第一次全國代表大會宣言，繼續努力，以求貫徹。最近主張開國民會議及廢除不平等條約，尤須於最短期間，促其實現。是所至囑！

革命尚未成功

半農先生 漢椁璧影片
讓與感謝款係來卒想已
察入矣有人聞北大不久招研究
生不知説確否成都高師畢
業投考是否合格當希
賜示爲幸 是否要著述成績並希示及
耑此即頌
著安 弟樹達再拜
二十六日

同志仍須努力

國立清華大學用箋

天下爲公

72. 杨树达致刘半农书信之一

尺寸：纵 28.5 厘米 横 18 厘米

笺纸：铅印《总理遗嘱》红框格八行“国立清华大学用笺”

日期：二十六日

释文：

半农先生：

汉椁壁影片承让与，感谢。款交来，卒想已察入矣。有人闻北大不久招研究生，不知说确否？成都高师毕业投考是否合格？当希赐示为幸。是否要著述、成绩？并希示及。耑此，即颂著安。

弟树达再拜　二十六日

國立清華大學用箋

司愈多則真理愈出否則真理
埋藏不顯耳如弟前十年與適之
討論詩經竟發現一擬議據之例
外共明證也然官司能打言論
不出學問範圍儘管兩方面紅耳

國立清華大學用箋

赤而於個人之友誼決不相牽涉
此則弟所兢兢以此自勉者
兄開朗性成想當與弟有同感也
前見世界日報有吾兄與汪中伯說話一文文中
函述 兄與汪君打官司了無忌此言深佩 卓論至此
專復敬頌
大安
弟樹達拜
四月二日

國立清華大學用箋

73. 杨树达致刘半农书信之二

尺寸：纵 27.7 厘米 横 15.5 厘米

笺纸：木版印红框“国立清华大学用笺”

日期：（一九三三年）四月二日

释文：

半农先生左右：

前奉赐谕，知不以弟应战之文为罪，许更有以见教，幸甚幸甚。国文法之研究本在初期，大约吾辈可打之官司还尚多，然官司愈多，则真理愈出，否则真理埋藏不显。即如弟前十年与适之讨论《诗经》，竟发现一极严格之例外，其明证也。然官司虽打，言论不出学问范围，尽管两方面红耳赤，而于个人之友谊决不相牵涉，此则弟愿兢兢以此自勉，吾兄开朗性成，想当与弟有同感也。前见《世界日报》有吾兄与汪申伯说话一文，文中述兄与汪君打官司事，亦是此意，深佩名论。手此奉复，敬颂大安。

弟树达再拜　四月二日

74. 寿鉨致刘半农书信

尺寸：纵 21.7 厘米 横 12.5 厘米

笺纸：木版印“玄尚精庐”笺

日期：十一日

释文：

尊印已由大壮刻来，兹就近交迪生处暂存，俟遣价便中往取何如？专颂半农先生撰安。

鉨再拜　十一日

75. 卓定谋致刘半农书信

尺寸：纵 27.2 厘米 横 17.2 厘米

笺纸：木版印红格八行笺

日期：四月三日

释文：

半农先生大鉴：

昨日聆教为快，所谈之事，如与他行有碍，即作罢论可也。肃此，即颂大绥。

弟制定谋谨启　四月三日

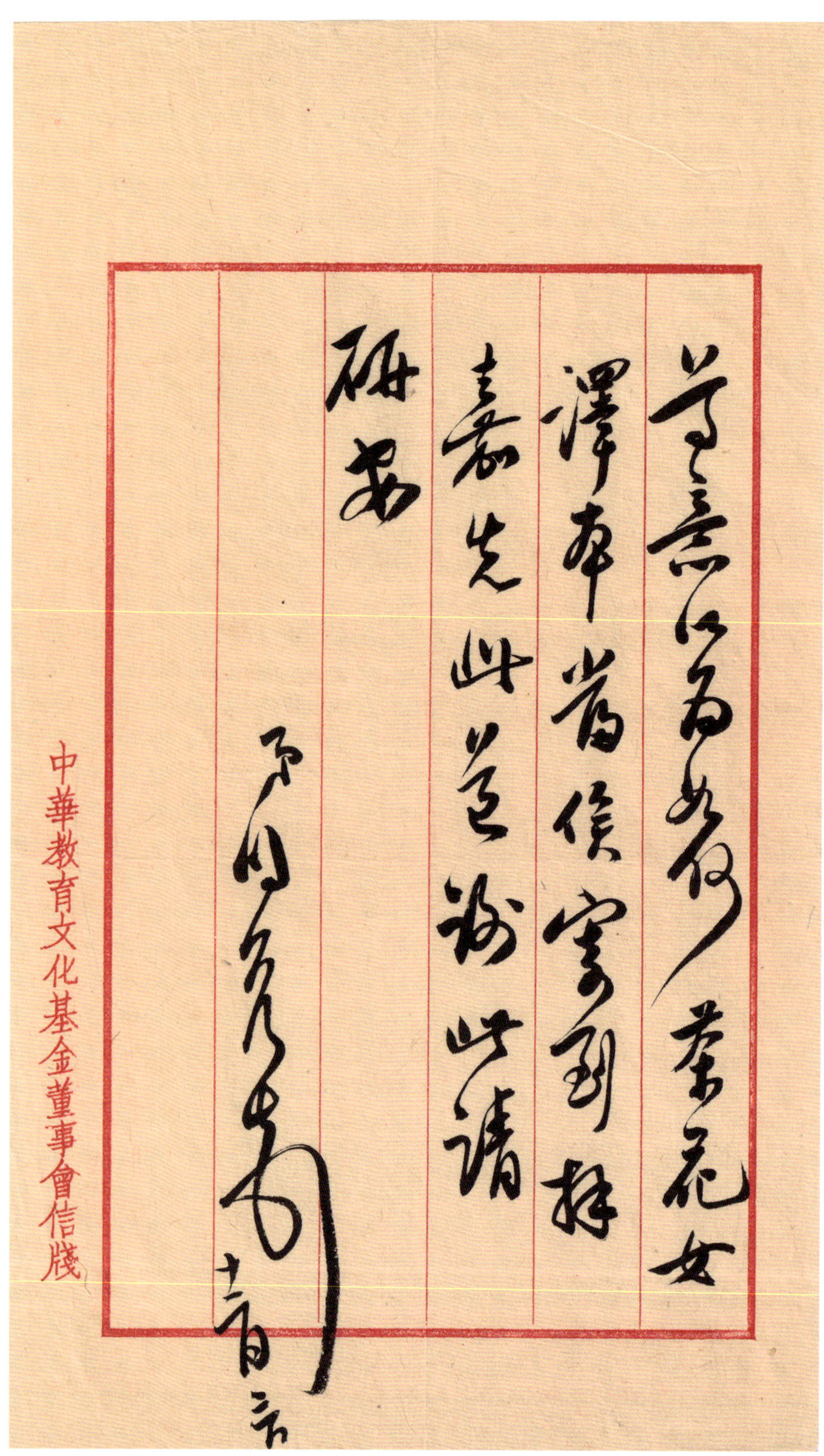

中華教育文化基金董事會信箋

尊意以為如何？蒙允女譯本尚須寄到拜嘉，先此道謝。此請

研安

弟 [illegible]

[illegible]

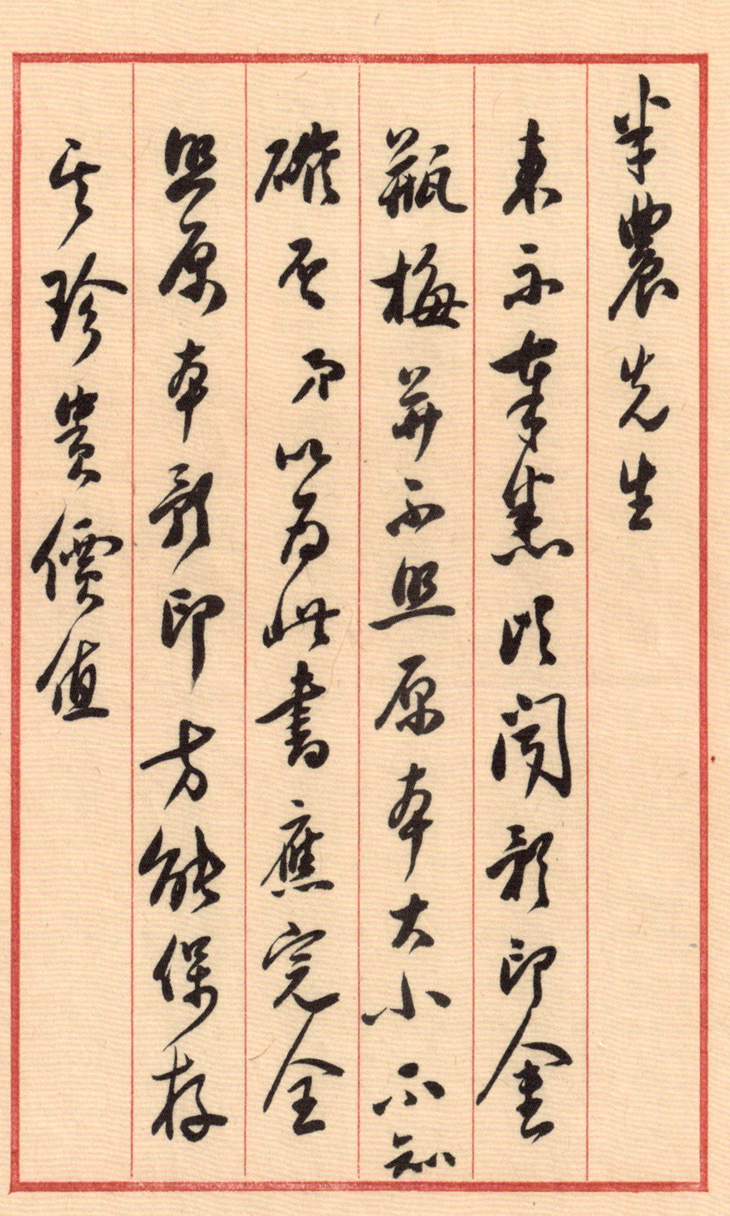

半農先生
來示奉悉頃聞影印金
瓶梅並不照原本大小不知
確否弟以為此書應完全
照原本影印方能保存
其珍貴價值

中華教育文化基金董事會信牋

76. 任鸿隽致刘半农书信

尺寸：纵 27.7 厘米 横 17.4 厘米

笺纸：木板印红框格六行“中华教育文化基金董事会信笺”

日期：十二月三日

释文：

半农先生：

来示奉悉，顷闻影印《金瓶梅》并不照原本大小，不知确否？弟以为此书应完全照原本影印，方能保存其珍贵价值，尊意以为如何。《茶花女》译本当俟寄到拜嘉，先此道谢，此请研安。

弟鸿隽顿首　十二月三日

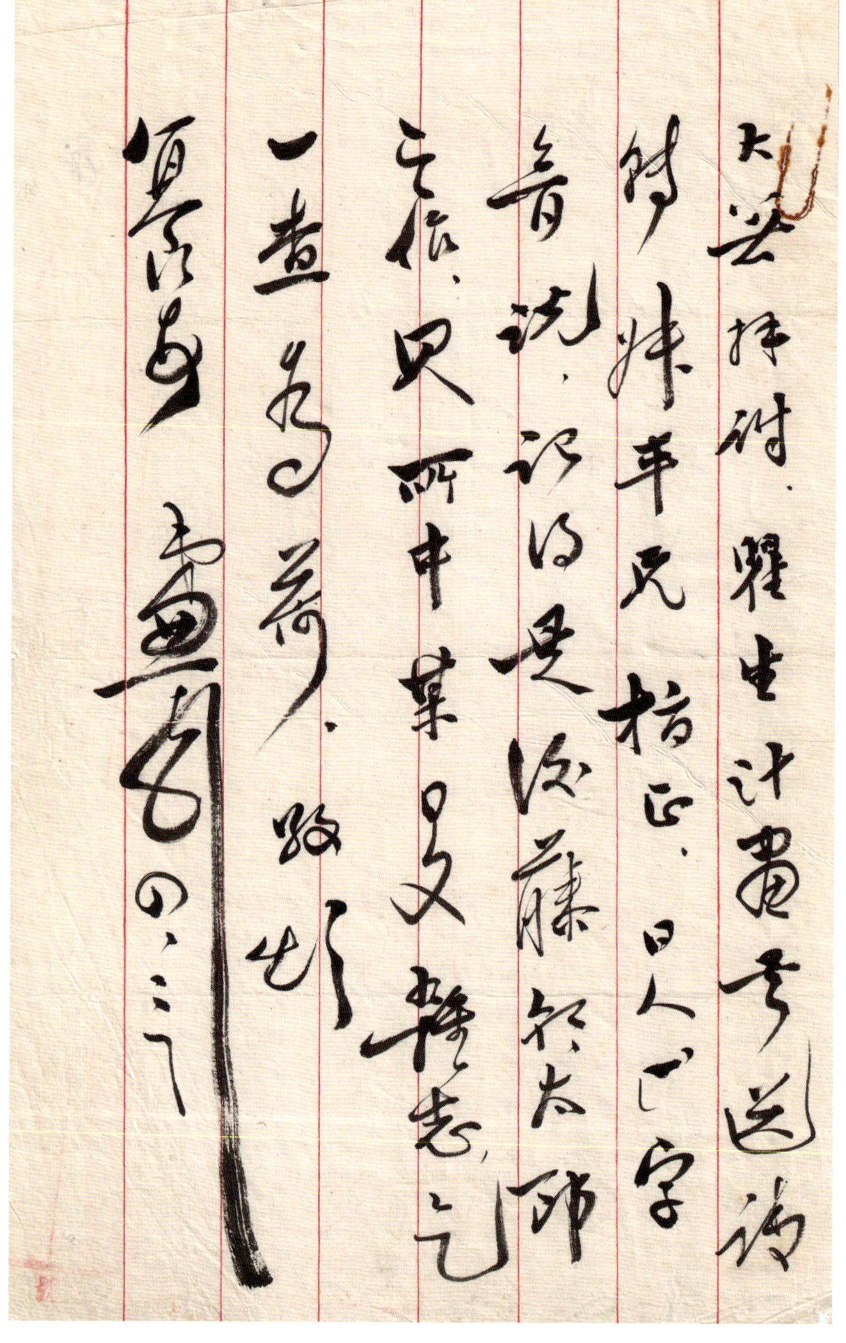

77. 沈兼士致刘半农书信之一

尺寸：纵 27.5 厘米 横 17.6 厘米

笺纸：木版印红格八行笺

日期：四月三日

释文：

大箸拜谢。瞿生计画书送请转叔平兄指正。日人“一”字音说，记得是后藤朝太郎之作，见所中某日文杂志，乞一查为荷。敬颂簧安。

弟兼士顿首 四．三

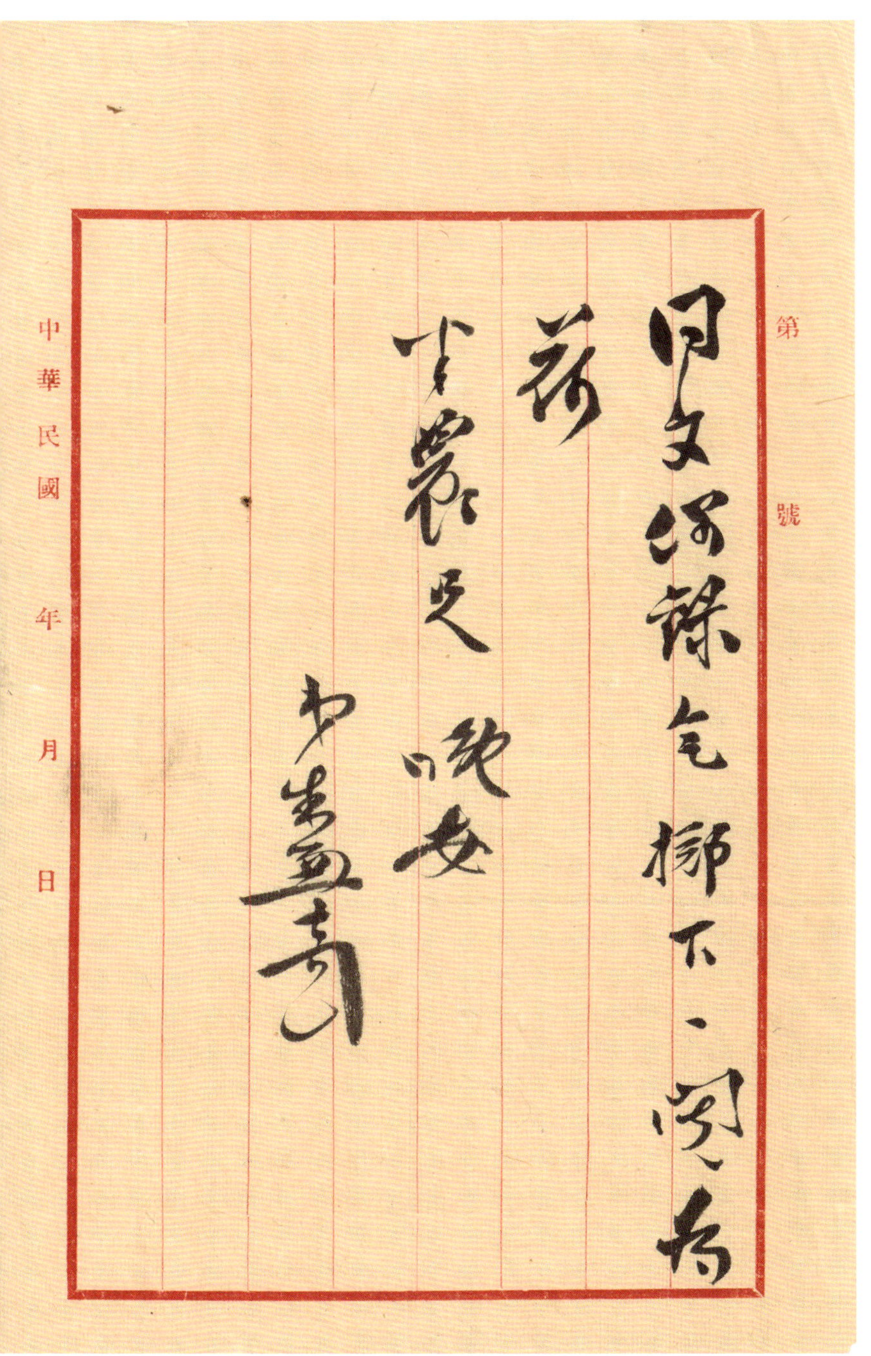

78. 沈兼士致刘半农书信之二

尺寸：纵 25 厘米 横 17.3 厘米

笺纸：铅印红框格八行笺

日期：不详

释文：

日文课录，乞掷下一阅为荷。半农兄晚安。

弟制兼士顿首

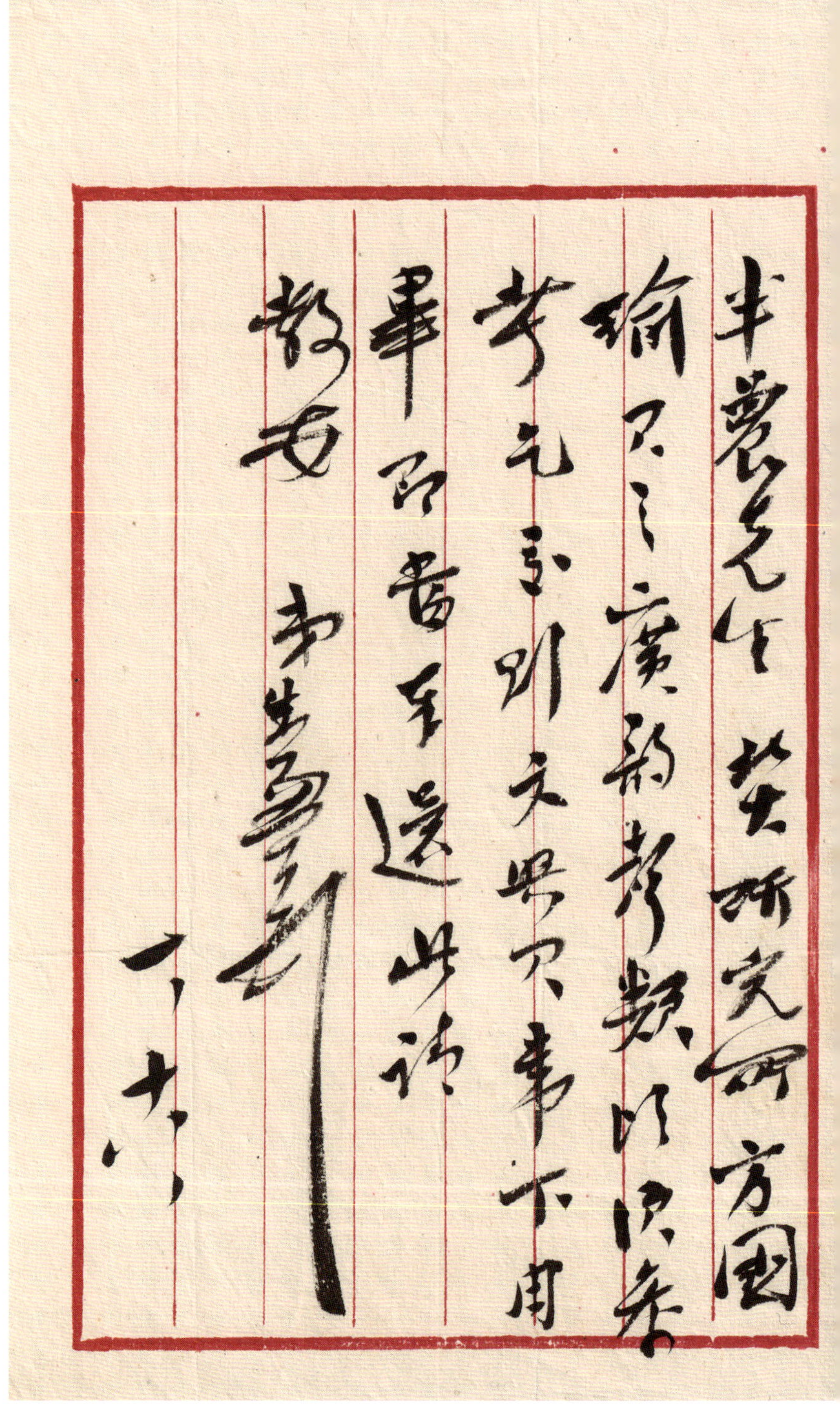

79. 沈兼士致刘半农书信之三

尺寸：纵 26.3 厘米 横 17.1 厘米

笺纸：木版印红格八行笺

日期：一月十八日

释文：

半农先生：

北大研究所方国瑜君之《广韵声类》顷须参考，乞交到文兴君带下，用毕即当奉还。此请教安。

弟制兼士顿首　一．十八．

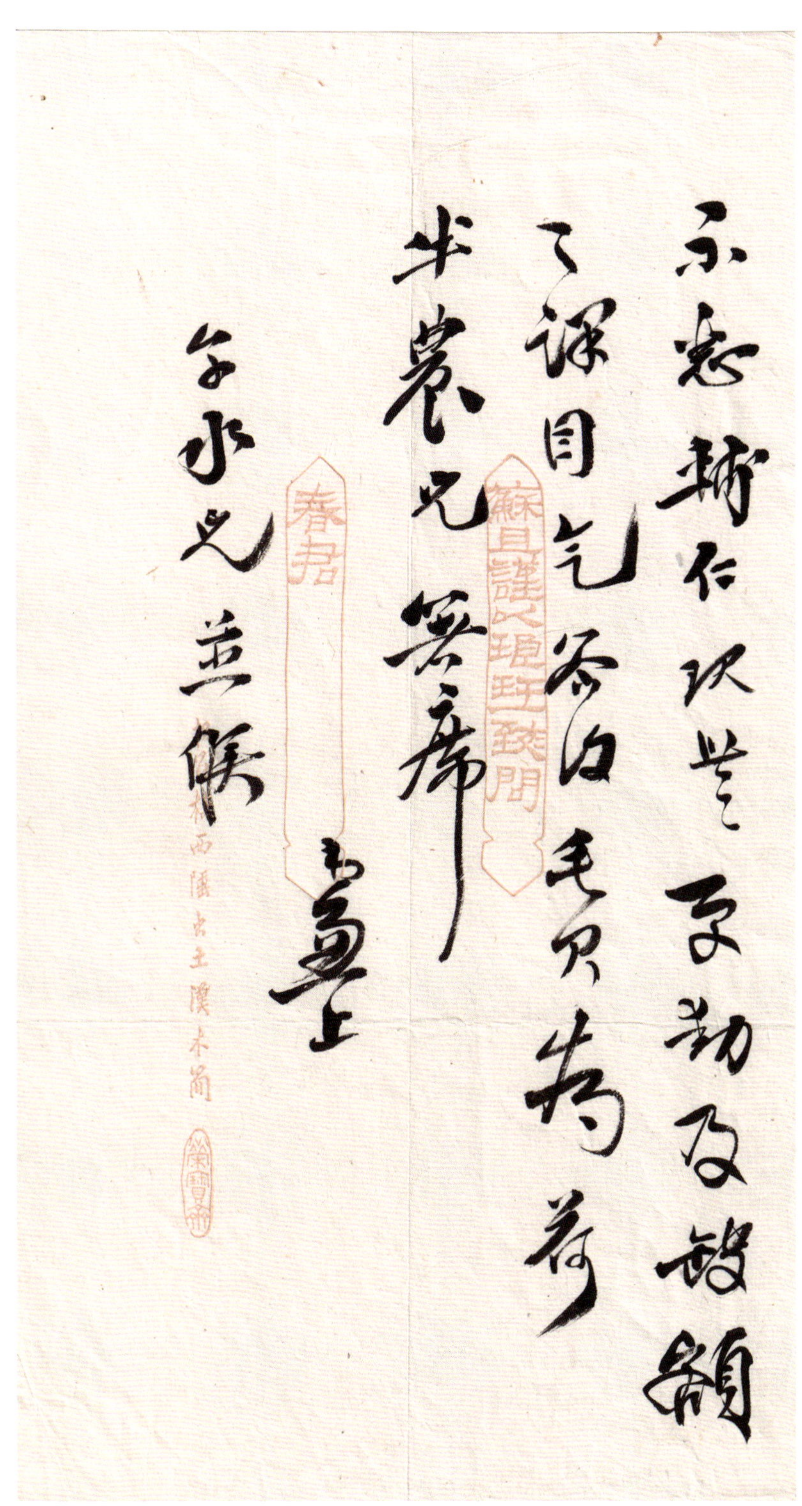

示悉。輔仁現無更動及缺額之課目，乞答復毛君為荷。半農兄箸席。

弟兼上

子水兄並候

80. 沈兼士致刘半农书信之四

尺寸：纵 28.5 厘米 横 15.6 厘米

笺纸：木版印荣宝斋制罗振玉“松翁橅西陲出土汉木简”笺之一

日期：不详

释文：

示悉。辅仁现无更动及缺额之课目，乞答复毛君为荷。半农兄箸席。

弟兼上

子水兄并候

我觉得其"无流音"，则谈当上铁代
实为说，只消说"我们要流"，"我们莫乱流"，
岂不明晓也乎哉！然亦何必定要那么的
的你者，因为现在要做成句简单的国
音上表意说明，关于这流音的问题，是
万难不能成句。但既要说了，那就无论
若何简单，似乎总得将句首与个性那些
不用管他的流音说起，于是人家要怪
疑了："何以句首与个性都有流音，而后的句
则个又倒很有这道儿呢？"此我之所以
为难而必须向你讨饶法也。若你肯不必
说到那么无用的流音（即句首与个性者）而
能将"我们无流"而"我们要流"的简明的说
法，那就很清楚了，你个检查（不是要
你也作文章，只是要你出主意而已。）
但若如法，则我们中无流与句首者个性的
流（所谓无用）之说，我总觉得有些
赘把也。恳你告我之，
早去！！并希于一半天内
赐覆为荷。

如疑玄同白。

廿，二，十三，灯下。

81. 钱玄同致刘半农书信之一

尺寸：纵 25.2 厘米 横 14.9 厘米

笺纸：木版印框格六行“苦雨斋”笺

日期：一九三二年二月十三日

释文：

半农兄：

某问题，我还要来打搅你一次：

（1）何故惟爆发声容易闹出“流音”的问题，而其他如吴声、摩擦声等则否？我的回答是：因为爆发声最短，一曝发即完，故略一延长即显明的露出“流音”来了。这个说法对不对？

（2）ㄅㄚ音虽无“流音”，是否可以说有与ㄅ前ㄚ后这些不必理会的同样的流音？说到这里，我要向你宣誓：我绝对不是反对或者怀疑你的“无流音”说。老实说，我是甚愿其“无流音”，则讲堂上就很容易说。只消说“ㄅㄚ无流，ㄆㄚ有气流。”岂不干脆也乎哉！其所以必须要那么问你者，因为现在要做几句简单的国音发音说明。关于这流音的问题，是不能不说几句。但既要说了，那就无论如何简单，“似当宜”，要从ㄅ前与ㄚ后那些不用管它的流音说起，于是看的人要怀疑了：“何以ㄅ前ㄚ后都有流音，而从ㄅ到ㄚ反倒没有。‘过道儿’呢？”此我之所以为难而必须向你讨办法也。若你有不必说到那么无用的流音（即ㄅ前ㄚ后者）而能将“ㄅㄚ无流”而“ㄆㄚ有流”的简妙的说法，那就请替我做个枪手（不是要你包办文章，只是要你出主意而已）。但如无妙法，则ㄅㄚ中无流与ㄅ前ㄚ后有流（虽然无用）之说，我总觉得有些蹩扭也。惟先生教之，幸甚幸甚！并希于一半天内赐答为荷。

弟龟竞白。廿一,二,十三，灯下。

言中出之。不過此理只可為知者言，可往文

字學通；若蒙通人從而說，自無從疑後也。對

對付著手以莫數了。王于家言明清

以代帶有一種辨字作用而傳，

則于老去及應用兩無當也。

兹有懇者：此次研究所舊生周

國亭，他現在因要看香港藏，特至騎

漢樓一帶，想了公家天天到檔府去查

書，近因所中不許五時即止，他要請求延長一

些時間，要我向係設法通融。又可每

融，務請特俯允，無任感荷。年

大安。

弟樹達同白。

廿、十二、五、

82. 钱玄同致刘半农书信之二

尺寸：纵 24 厘米 横 39.7 厘米

笺纸：木版印半页五行方格纸

日期：一九三二年十二月五日

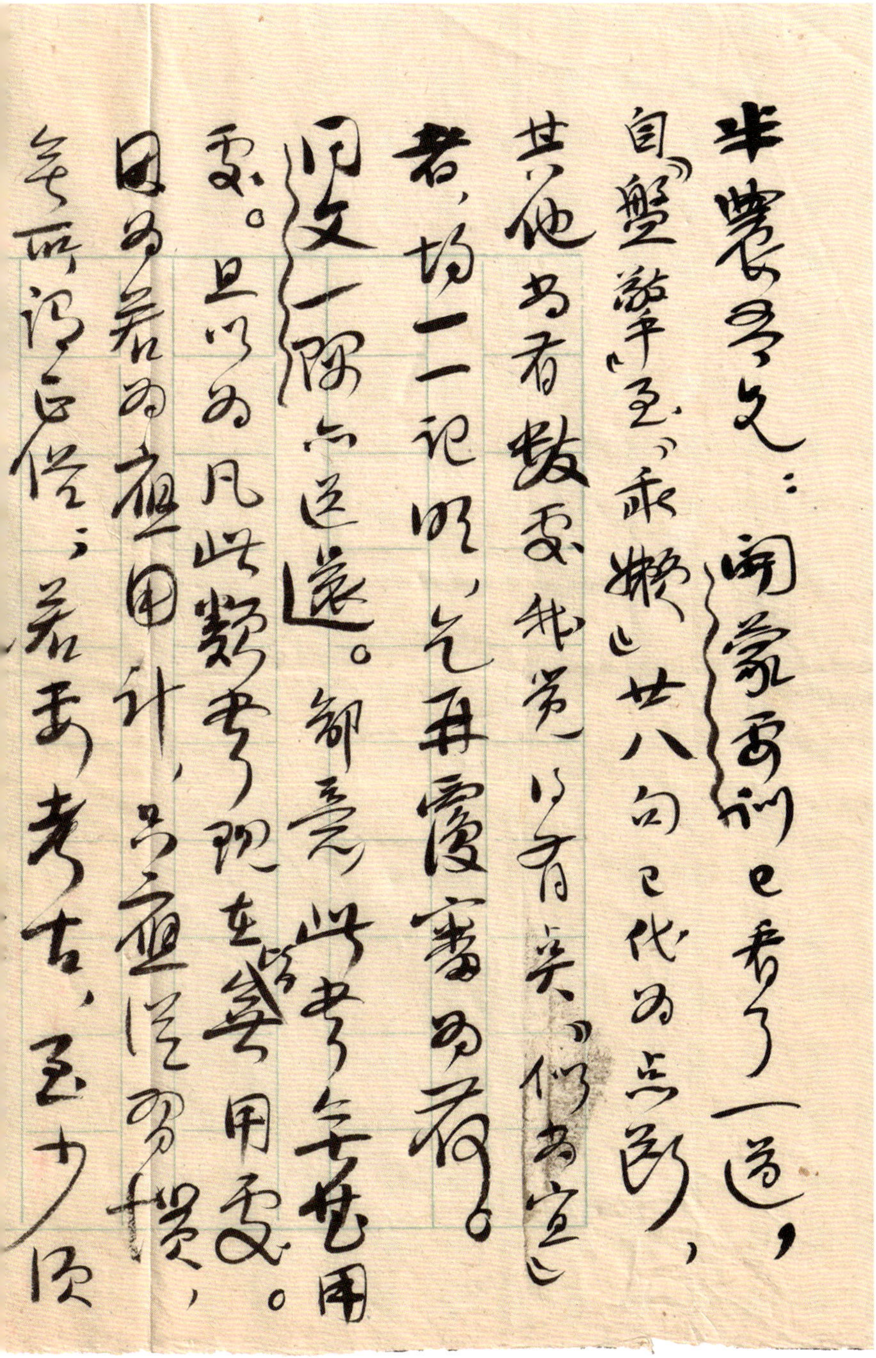

释文：

半农吾兄：

《开蒙要训》已看了一过，自“盘擎”至“乖嬾”廿八句已代为点断，其他尚有数处我觉得有点“仍尚宜”者，均一一记明，乞再覆审为荷。《同文一隅》亦送还。鄙觉，此书无甚用处。且以为凡此类书现在皆无用处。因为若为应用计，只应从习惯，无所谓正俗；若要考古，至少须看《说文》。（其实《说文》也不过汉朝的《同文一隅》耳。真要求源，必当向甲骨及铜器中求之。不过此语只可为专门治文字者道；若对普通人说，自然《说文》也就对付着可以算数了。）至于宋元明清四代常有一种辨字体正俗的书，则于考古及应用两无当也。

兹有恳者：北大研究所旧生周国亭，他现在因要看《道藏》，特在骑河楼一带租了公寓，天天到松公府去看书，近因所中至下午五时即止，他要请求延长一点时间，要我向您设法通融。如可通融，务请特许，无任感荷。手颂大安。

弟钱玄同白。廿一．十二．五．

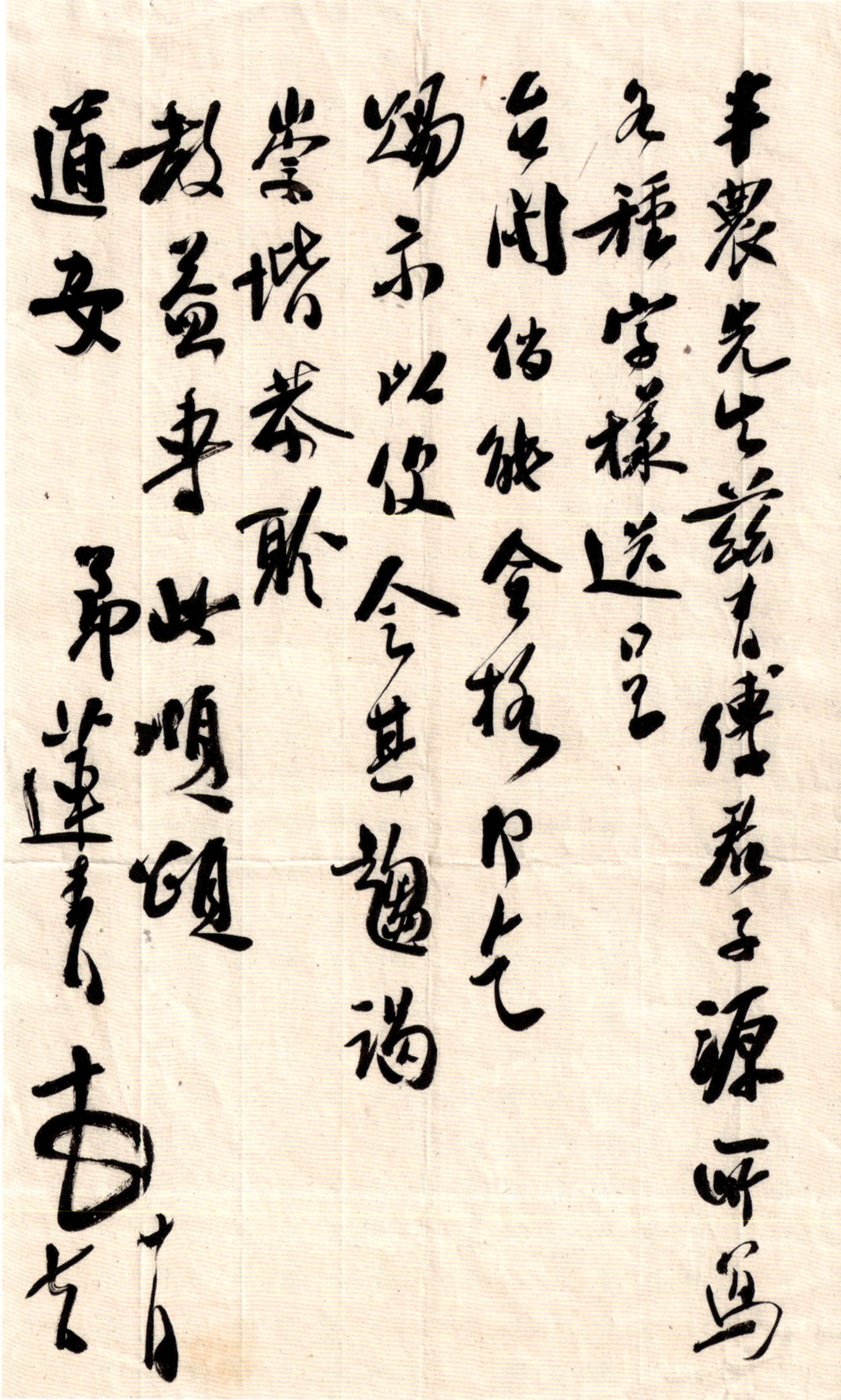

半農先生兹有傅君子源所寫
各種字樣送呈
台閱倘能合格即乞
賜示以便令其趨謁
崇階恭聆
教益專此順頌
道安
弟蓮青頓首 十月七日

83. 范莲青致刘半农书信

尺寸：纵 28.8 厘米 横 18 厘米

笺纸：木板印暗格八行笺

日期：十月七日

释文：

半农先生：

兹有傅君子源所写各种字样送呈台阅，倘能合格，即乞赐示，以便令其趋谒崇阶，恭聆教益。专此，顺颂道安。

弟莲青顿首 十月七日

承蒙先生惠来傅君子源所
书种字样送上
之间传种全格即乞
赐示以便令其遵谕
学楷恭耿
教益专此顺颂
道安
弟叶圣陶

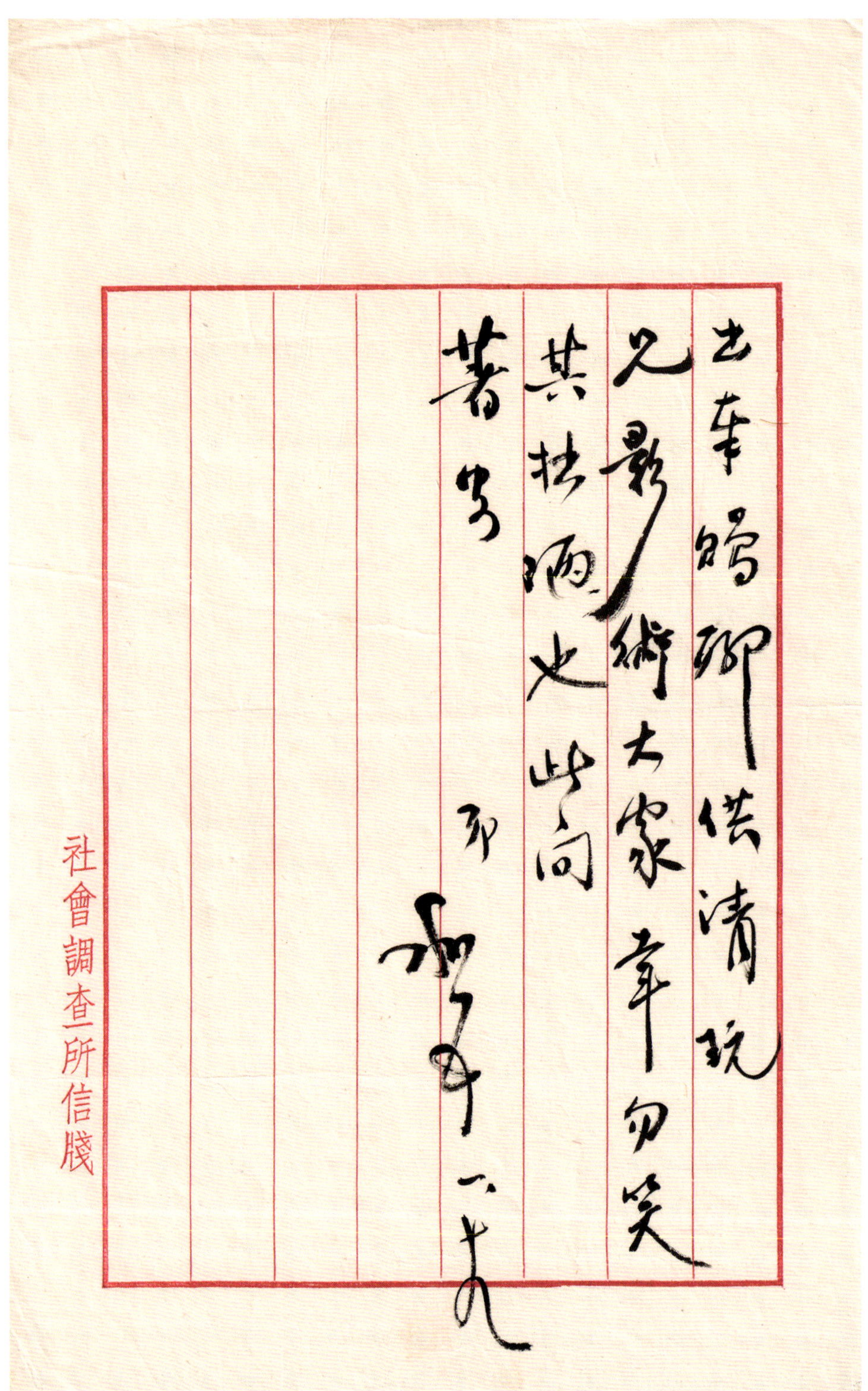

去年唱卿僕請玩
之影術大衆幸勿笑
其拙陋也此問
著安
弟
孟和 一廿九

社會調查所信牋

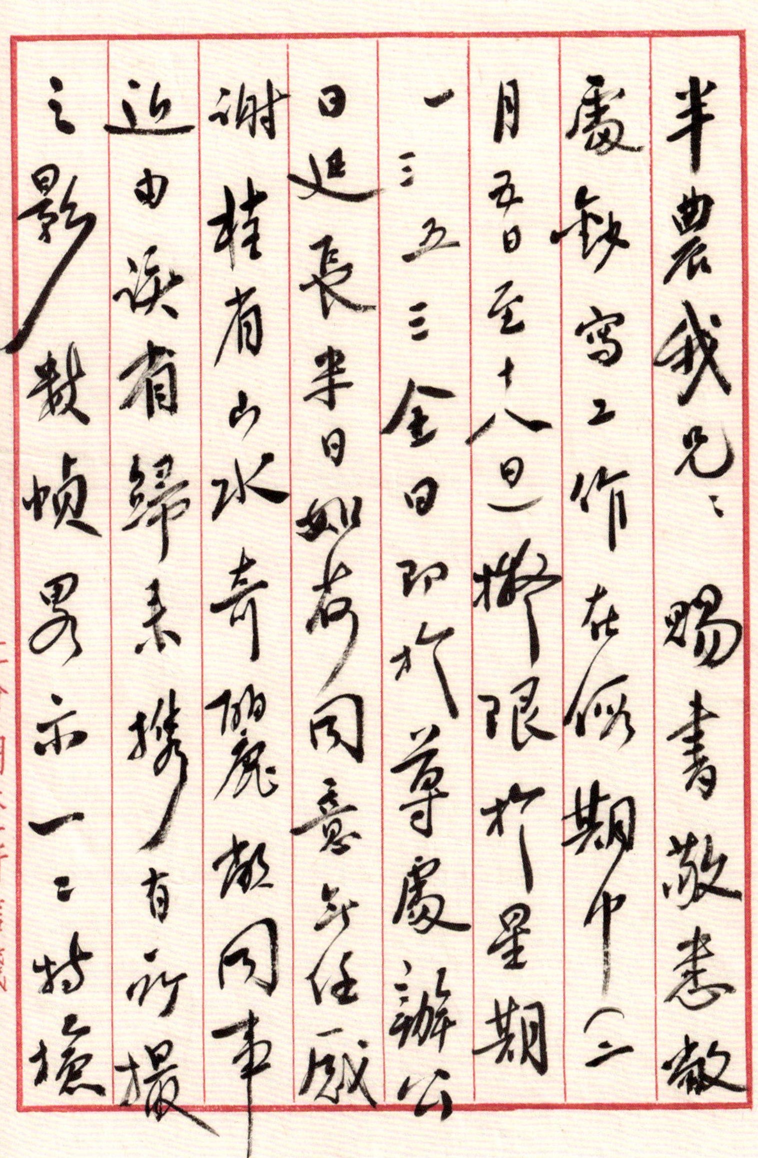

84. 陶孟和致刘半农书信

尺寸：纵 29.4 厘米 横 19.8 厘米

笺纸：木板印红框格八行“社会调查所信笺”

日期：一月十九日

释文：

半农我兄：

赐书敬悉，敝处钞写工作，在假期中（二月五日至十八日）拟限于星期一、三、五三全日，即于尊处办公日延长半日，如荷同意，无任感谢。桂省山水奇丽，敝同事近由该省归来，携有所撮【摄】之影数帧，略示一二，特检出奉赠，聊供清玩。兄影术大家，幸勿笑其拙陋也。此问著安。

弟和顿首 一．十九

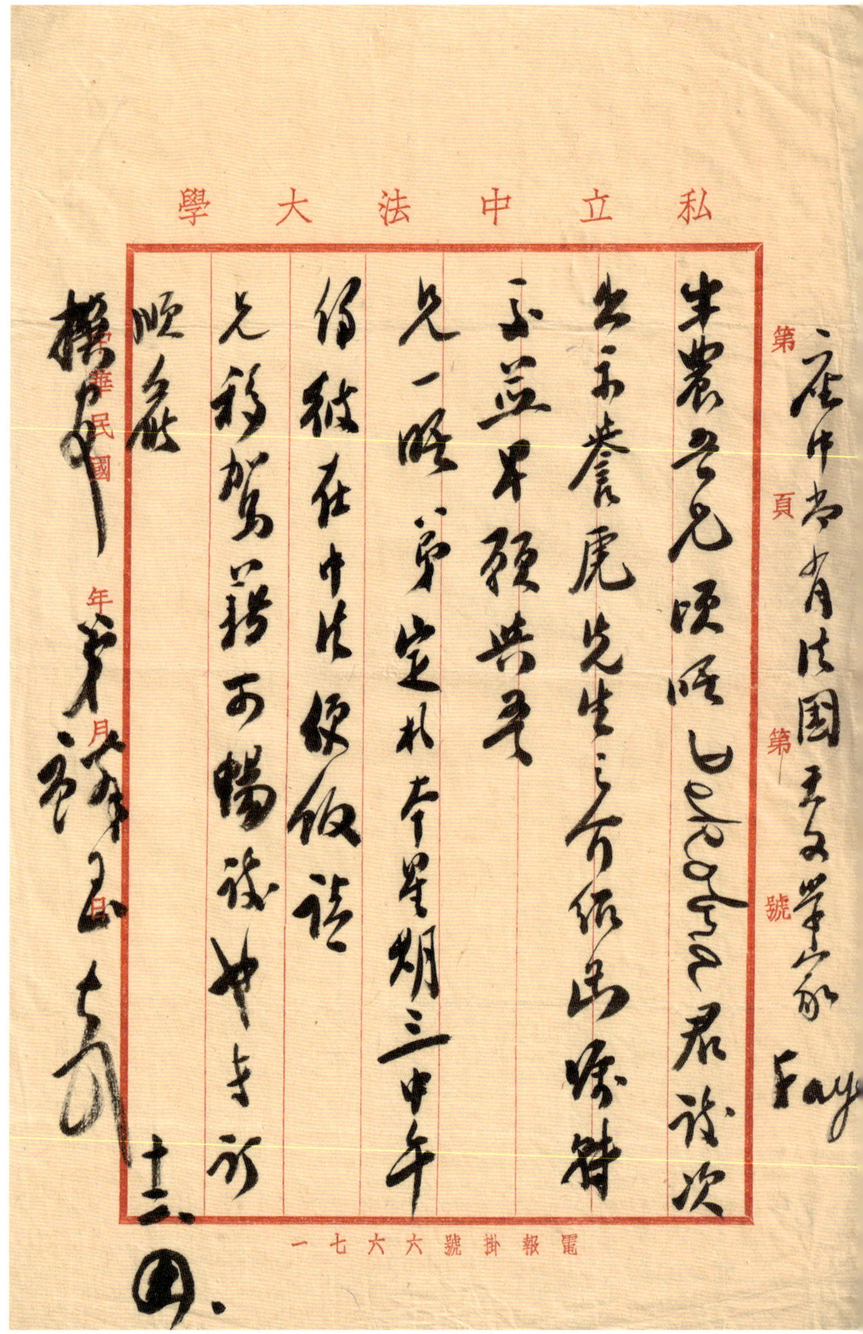
私立中法大學

第　頁　第　號

半农先生：顷晤Dekolia君谈次
出示誉虎先生之介绍函，嘱转交
并早愿与吾兄
一晤。弟定于本星期三中午约
彼在中法便饭，请
兄移驾，藉可畅谈也。专订，
顺候
撰安
弟麟玉顿首 十二.四.

座中尚有法国天文学家Fayet

中華民國　年　月　日

電報掛號六六七一

85. 李麟玉致刘半农书信

尺寸：纵 28.9 厘米 横 19.5 厘米

笺纸：铅印红框格八行“私立中法大学”笺

日期：（一九三三年）十二月四日

释文：

半农先生：

顷晤 Dekolia 君（座中尚有法国天文学家 Fayet），谈次出示誉虎先生之介绍函，嘱转交，并早愿与吾兄一晤。弟定于本星期三中午约彼在中法便饭，请兄移驾，藉可畅谈也。专订，顺候撰安。

弟麟玉顿首 十二．四．

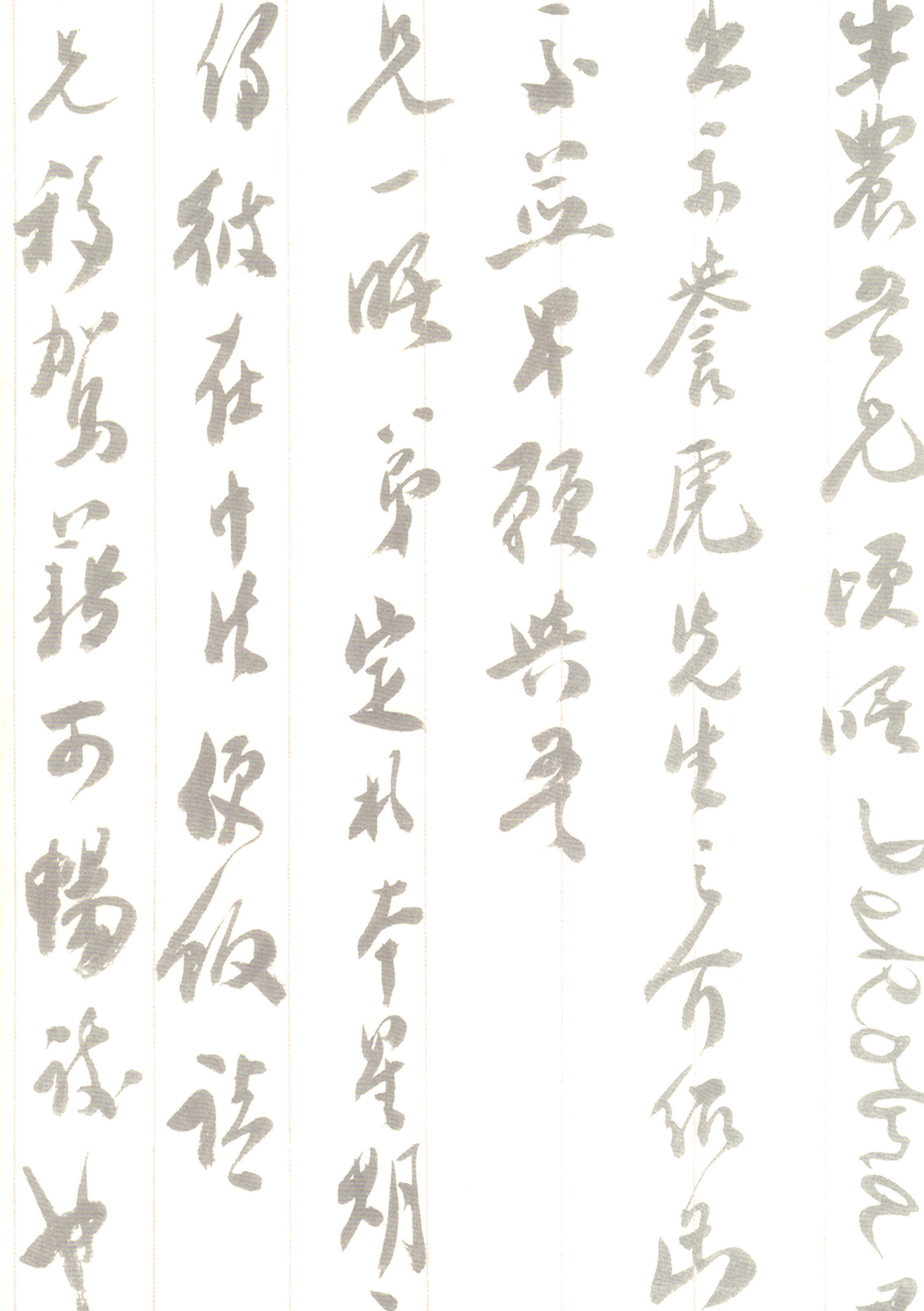

實業部地質調查所

北平西四兵馬司九號

本欲專誠奉訪，又有友來作伴，

石料雜報送子瑤要手續，研究所

允完後當可送到中國去。此項辦

法尚屬合情理，但是否可以公

此兩節仍請

賜示為荷。此頌

近安并賀

新禧

丁 翁文灝 [illegible]

廿三年

一月九日

中華民國　年　月　日　第　頁

有無線電報掛號〇九六六（地）

實業部地質調查所
北平西四兵馬司九號

中華民國 年 月 日 第 頁

有無線電報掛號〇九六六(地)

86. 翁文灏致刘半农书信之一

尺寸：纵 27.1 厘米 横 17 厘米

笺纸：铅印红框格八行“实业部地质调查所”笺

日期：一九三四年一月九日

释文：

半农先生大鉴：

裴克三尔君化石、岩石，前送来二十二箱，彼已自来将标本取出，计已存入敝所古生物研究室，内为彼自採之石炭纪、二叠纪动物化石及中生代植物化石及那林所采之石炭纪及二叠纪之动物化石。此外尚有若干那林所採之植物化石，彼亦愿交来此间研究。又有若干岩石标本，彼等拟自行研究。又有古生代化石数箱，拟送交瑞典 Halle 研究，研究完后皆可送归中国云云。此项办法，弟觉尚合情理，但是否可准其如此办理，仍请钧示为荷。此颂近安，并颂新禧。

弟翁文灏顿首 廿三年一月九日

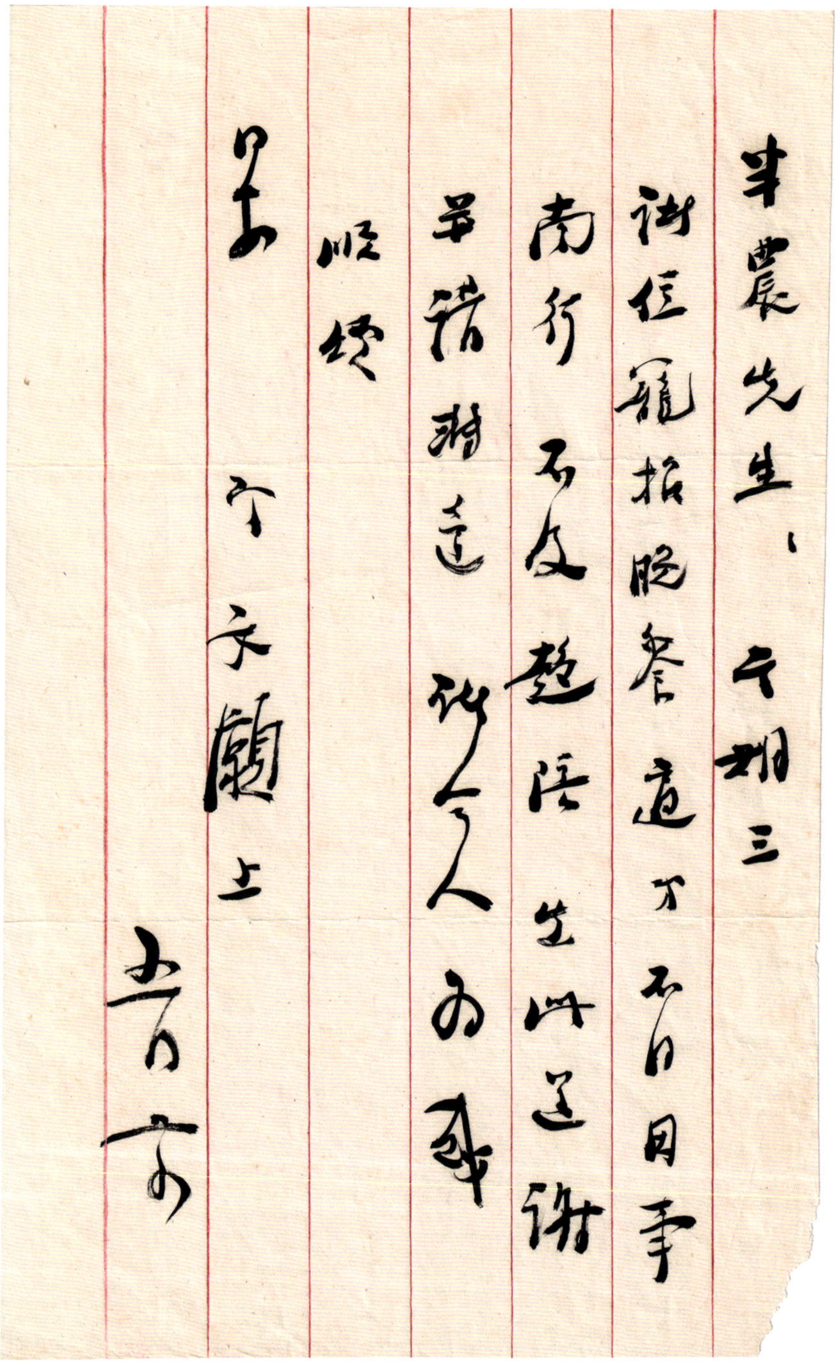

半農先生：星期三
諸位寵招晚餐，適弟不日因事
南行，不及趨陪，在此道謝，
並請轉達諸仝人為感。
順頌
日安。弟文灝上
五月二日

87. 翁文灏致刘半农书信之二

尺寸：纵 27.1 厘米 横 17 厘米

笺纸：木板印暗格八行笺

日期：（一九三四年）五月二日

释文：

半农先生：

星期三诸位宠招晚餐，适弟不日因事南行，不及趋陪，在此道谢，并请转达诸仝人为感。顺颂日安。

弟文灏上 五月二日

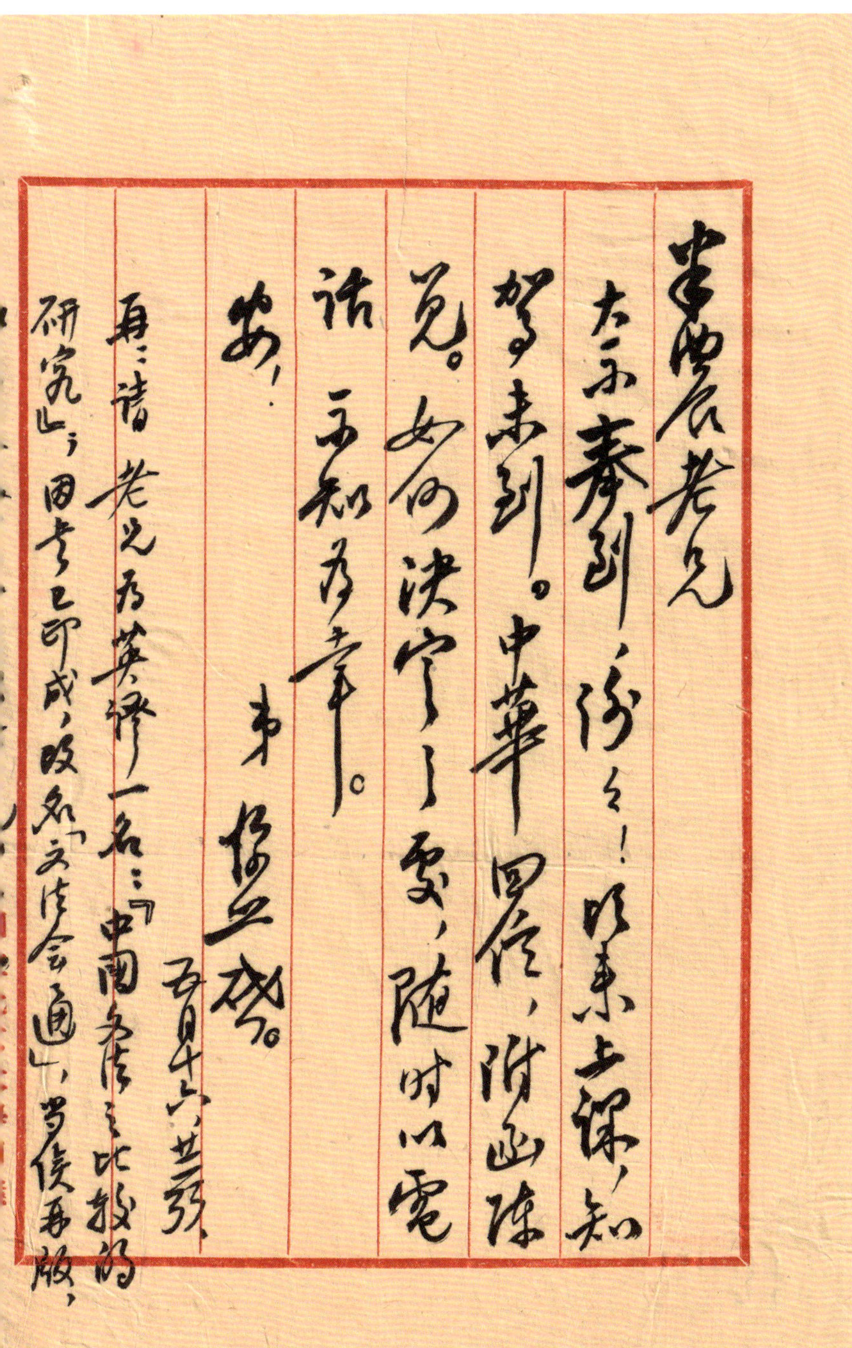

半農老兄：

大示奉到，謝謝！昨來上課，知駕未到。中華回信，附函陳覽。如何決定之處，隨時以電話示知為幸。

安！

弟錦熙啓。

五月十六．廿二．33．

再：請老兄為英譯一名：「中國文法之比較的研究」；因書已印成，改名「文法會通」，當俟再版，

88. 黎锦熙致刘半农书信之一

尺寸：纵 27.6 厘米 横 19.5 厘米

笺纸：铅印红框格八行“国立北京大学用笺”

日期：一九三三年五月十六日

释文：

半农老兄：

大示奉到，谢谢！昨来上课，知驾未到。中华回信，附函陈览。如何决定之处，随时以电话示知为幸。安！

弟锦熙启。五月十六．廿二．33.

再：请老兄为英译一名：《中国文法之比较的研究》；因书已印成，改名《文法会通》，当俟再版，拟先以此译名为救济也。费心费心！

89. 黎锦熙致刘半农书信之二

尺寸：纵 26.7 厘米 横 21.2 厘米

笺纸：铅印“中国大辞典编纂处”《总理遗嘱（英文）》笺

日期：一九三三年十一月四日

释文：

半农老兄：

兹有一琐件奉恳：即请老兄大笔一挥，其函稿附奉（上头下尾，尚烦添补）。盖舍间拆修门楼，两日而毕，自不等于建筑，惟工务局查勘此说，修门顶在距地一公尺以上方不让街（此即所谓“小有出入”，而我们未研究也），但只须局长有句话，自可通融。汪申伯君弟却认得，曾有酬酢之雅，但不好意思去说。故特恳兄为致一函，琐渎之至！迟日面谈一切。此颂烟安（想府上已生火炉矣？）。

弟锦熙启。 十一月四日 . 廿二 .33.

總理遺囑

TZOONGLII YIJUU

Yu jyhlih gwomin-germinq farn syhshyr nian, chyi muhdih tzay chyou Jonggwo jy tzyhyou pyngdeeng. Ji syhshyr nian jy jingyann, shen jy yuh dardaw tsyy muhdih, bihshiu huannchii minjonq jyi lianher shyhjieh-shanq yii pyngdeeng day woo jy mintzwu gouptorng fenndow.

Shianntzay germinq shanq wey cherngjong, farn woo torngjyh, wuhshiu ijaw yu suoo juh *Jiann Gwo Fangliueh, Jiann Gwo Dahgang, Sanmin-juuyih* jyi *Dih-i tsyh Chyuangwo Daybeau Dahhuey Shiuanyan*, jihshiuh nuulih, yii chyou guannchehh. Tzuey jinn juujang kai gwomin-hueyyih jyi feychwu buh pyngdeeng tyau-iue, you shiu yu tzuey doan chyijian tsuh chyi shyrshiann. Shyh suoo iyh Juu!

中國大辭典編纂處

Jonggwo Dah-tsyrdean Biantzuan Chuh

90. 黎锦熙致刘半农书信之三

尺寸：纵 26.7 厘米 横 21.2 厘米

笺纸：铅印“中国大辞典编纂处”《总理遗嘱（英文）》笺

日期：一九三三年十一月八日

释文：

半农老兄：

约已照签付邮；汪局长信亦奉到，费心！敬谢！记得去年曾与先生说定尊藏木版《佩文韵府》一部，以廿元赐让与中海作翦贴之用，顷询赏书记员，据云至今尚未走取。现在处中颇积有数百元作补搜材料之用；此书如无问题，可否仍照旧案办理？（则请赐一收条，取款送上；将书交崔钰带下可也。）

再，《元典章》之收集，可及时在此款中运行。尊处如有其人，请其并取陈校本勘清，酬金自可不拘定章也（如无其人，此间再设法）。日安！

弟锦熙启。十一月八夕 . 廿二 .33.

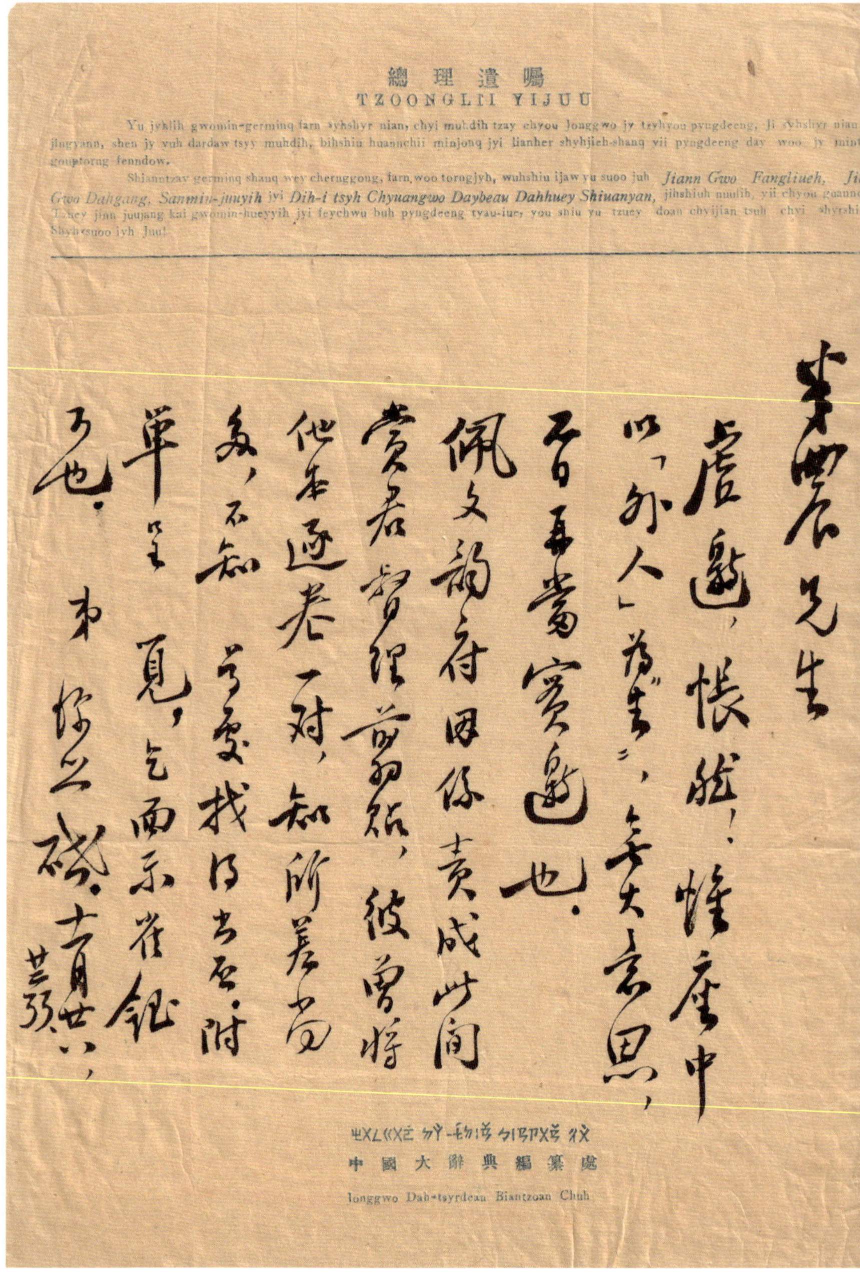

總理遺囑

TZOONGLII YIJUU

中國大辭典編纂處

Jonggwo Dah-tsyrdean Biantzoan Chuh

91. 黎锦熙致刘半农书信之四

尺寸：纵 26.7 厘米 横 21.2 厘米

笺纸：铅印“中国大辞典编纂处”《总理遗嘱（英文）》笺

日期：一九三三年十一月二十八日

释文：

半农先生：

虚邀，怅然！惟座中以“外人”为“生”，无大意思，不日再当实邀也。《佩文韵府》因系责成此间赏君督理翦贴，彼曾将他本逐卷一对，知所差尚多，不知尊处找得出否？附单呈览，乞面示崔钰可也。

弟锦熙启。十一月廿八．廿二.33.

以「外人」为书之，失去言思，
否书当实题也。
佩文韵府因係责成此间
常君整理前稿，彼曾将
他本逐卷一对，知所差者
多，不知　尚要找何书否。附
单呈览，乞面示为祉

國立中央研究院氣象研究所用箋

第　號第　頁

之數，該五開已寄，平坦可達
尊覽。他日該項郵票分發時請於
照價溢給數倍，是所至託，此頌
暑安

弟　竺可楨　頓

中華民國廿二年六月十六日

南京北極閣

92. 竺可桢致刘半农书信之一

尺寸：纵 27.3 厘米 横 19.3 厘米

笺纸：铅印红框格八行“国立中央研究院气象研究所用笺”

日期：一九三二年六月十六日

释文：

半侬先生道席：

平中一别，倏已旬日，郝德想已返国，其两次入蒙气象观测材料，未识何时可以付梓？台端曾与谈及未？关于西北科学考查团特制邮票，弟南返时，适蔡先生在都，即请其作函与陈真如先生问询，近敝院已得交部复函，知制邮票价目共需九千金，除已交五千金，尚差四千之数，该函闻已寄平，想可达尊览。他日该项邮票分发后，望能照价让给数份，是所至托。此颂暑安。

弟竺可桢顿首 廿一年六月十六日

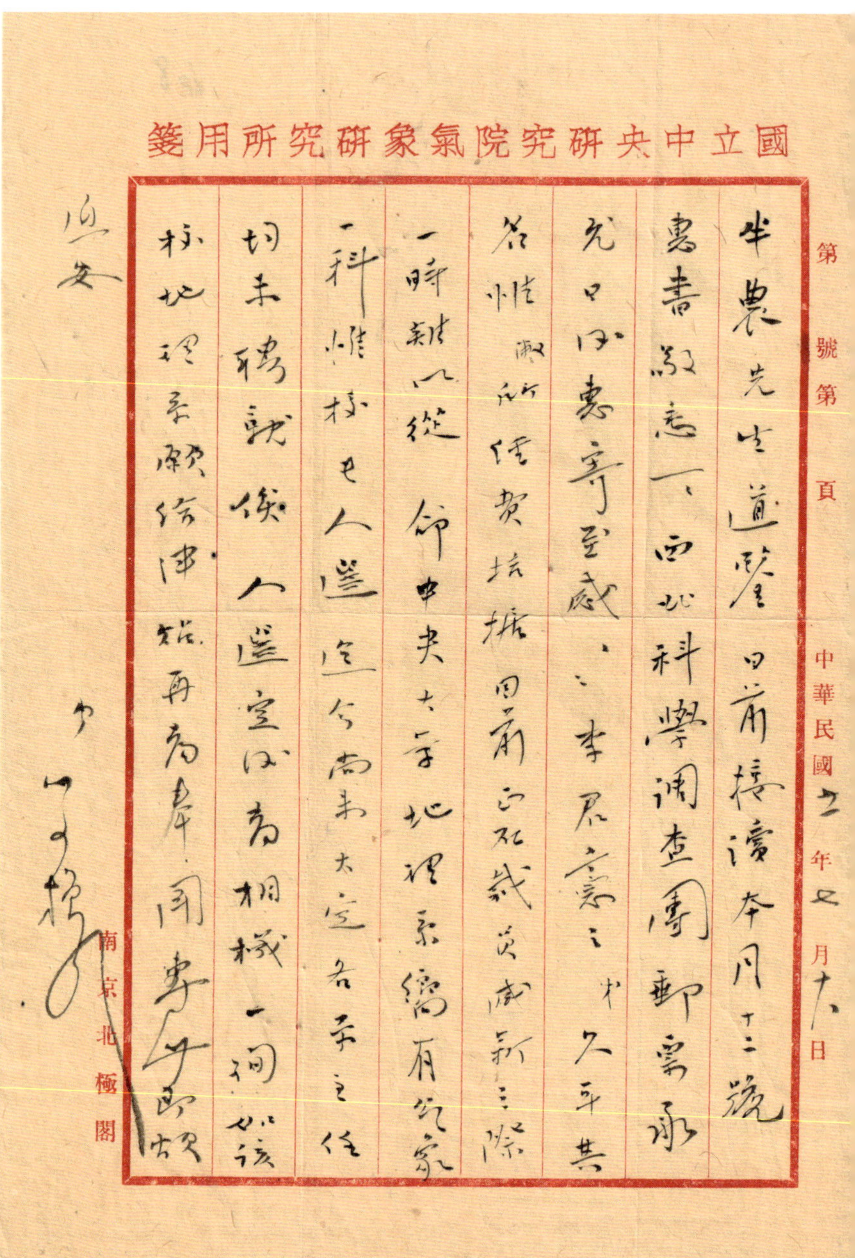

93. 竺可桢致刘半农书信之二

尺寸：纵 27.4 厘米 横 19.5 厘米

笺纸：铅印红框格八行“国立中央研究院气象研究所用笺”

日期：一九三二年七月十八日

释文：

半农先生道鉴：

日前接读本月十二号惠书，敬悉一一。西北科学调查团邮票承允日后惠寄，至感至感。李君宪之，弟久耳其名，惟敝所经费拮据，目前正在裁员减薪之际，一时难以从命。中央大学地理系向有气象一科，惟校长人选，迄今尚未大定，各系主任均未聘就，俟人选定后当相机一询，如该校地理系愿给津贴，再当奉闻。专此，即颂近安。

弟竺可桢顿首 廿一年七月十八日

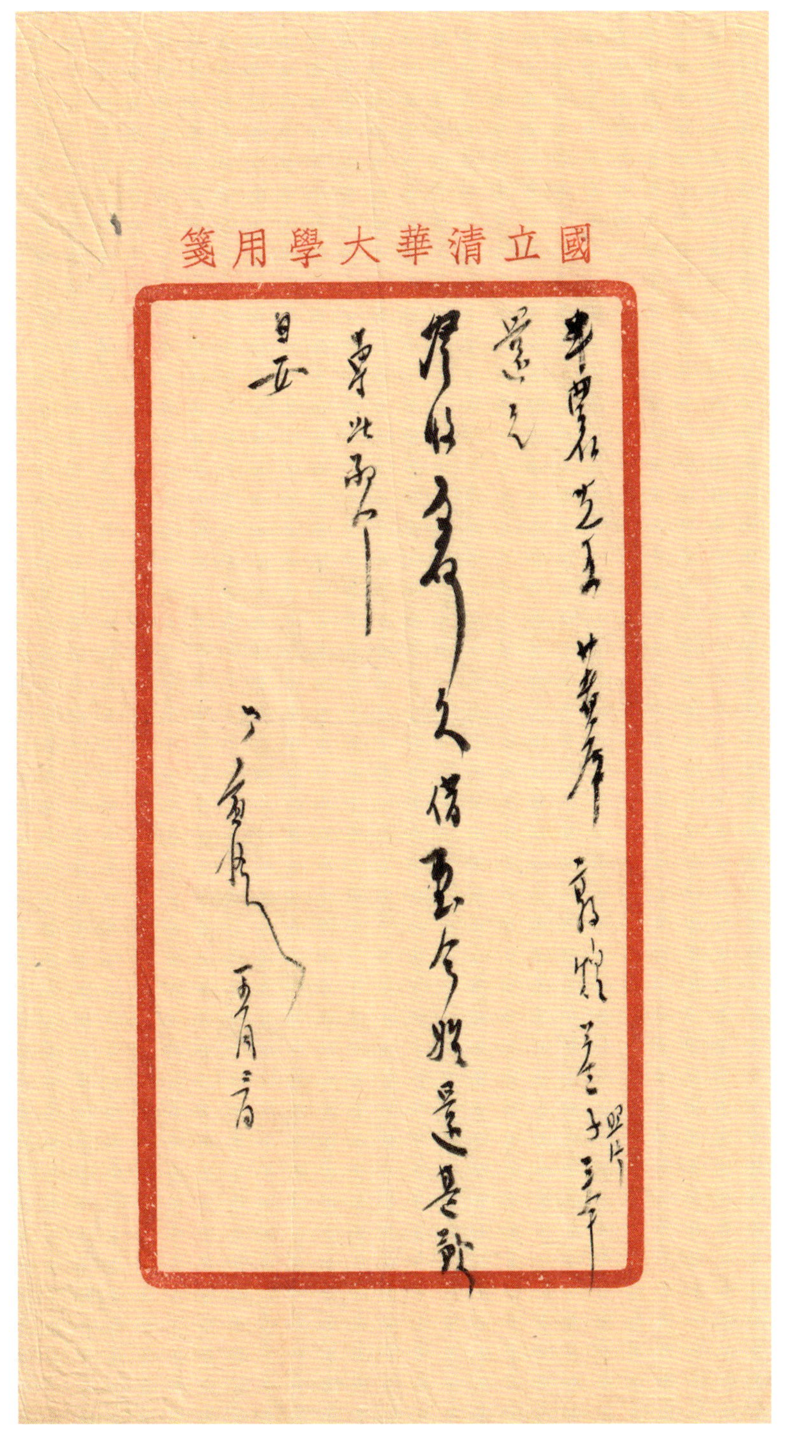
國立清華大學用箋

94. 陈寅恪致刘半农书信

尺寸：纵 28.2 厘米 横 15.5 厘米

笺纸：木版印红框“国立清华大学用笺”

日期：五月三日

释文：

半农先生著席：

敦煌卷子照片三本还，乞察收为荷。久借至今始还，甚歉。专此，敬叩日安。

弟寅恪 五月三日

95. 陈寅恪致刘半农、张颐书信

尺寸：纵 26.5 厘米 横 16.4 厘米
笺纸：木版印红框格八行笺
日期：（一九三一年）十月十六日

释文：

半农先生、真如先生同览：

李证刚（翊灼）先生前曾在北大研究所担任导师，其人于儒家、佛家哲学极有研究，公等所深知。近自沈阳归来，极为困窘，而其他学校已开课，钟点皆拟定，不易设法。闻北大哲学研究所中国儒学哲学及佛教哲学均尚需人指导，不知可以加入李公否？至李公人品学问，询之汤锡予兄（即汤公举以自代于中央大学者），即可为一保证也。匆此，敬叩讲安，并希示复。

弟陈寅恪谨启 十月十六

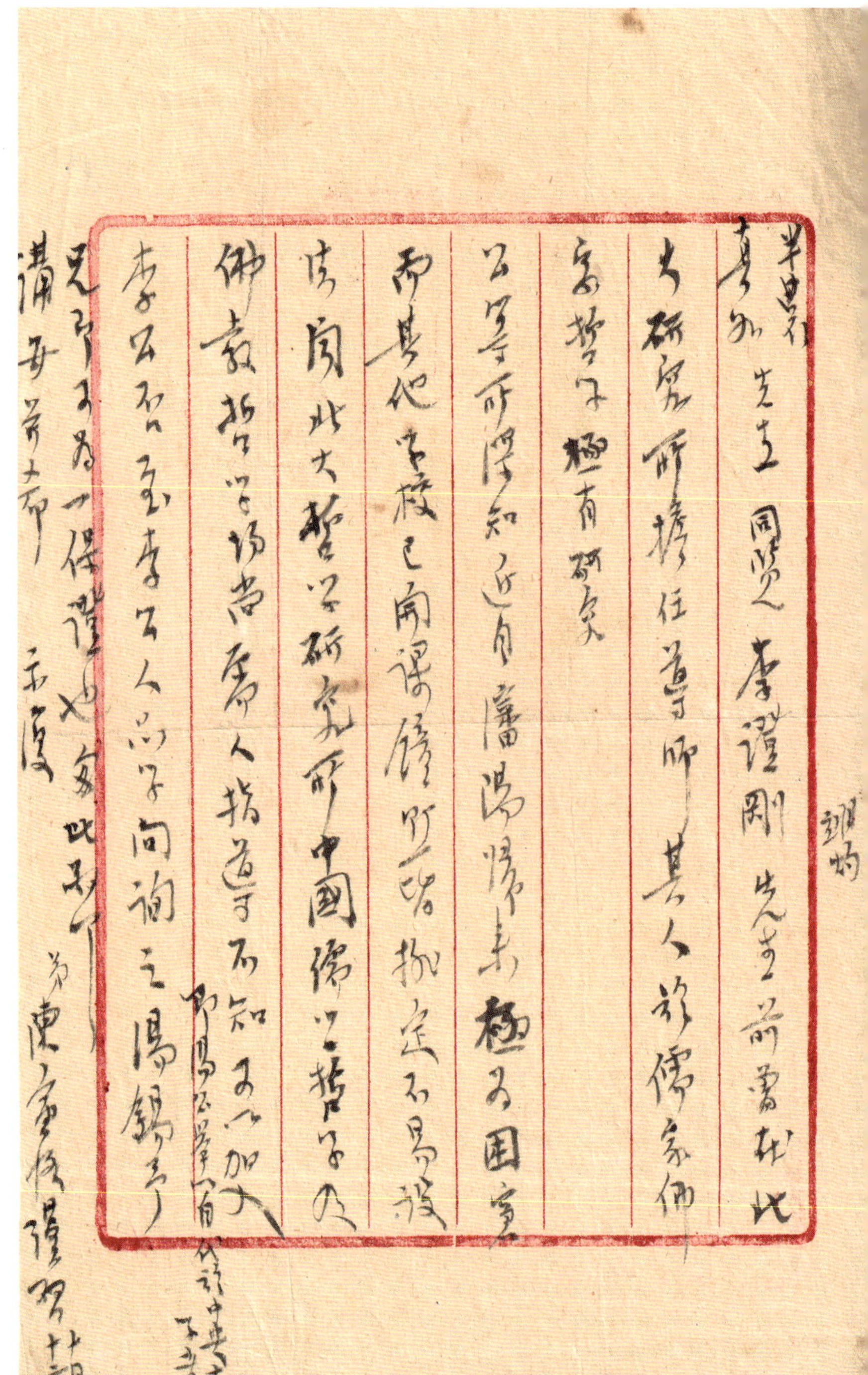

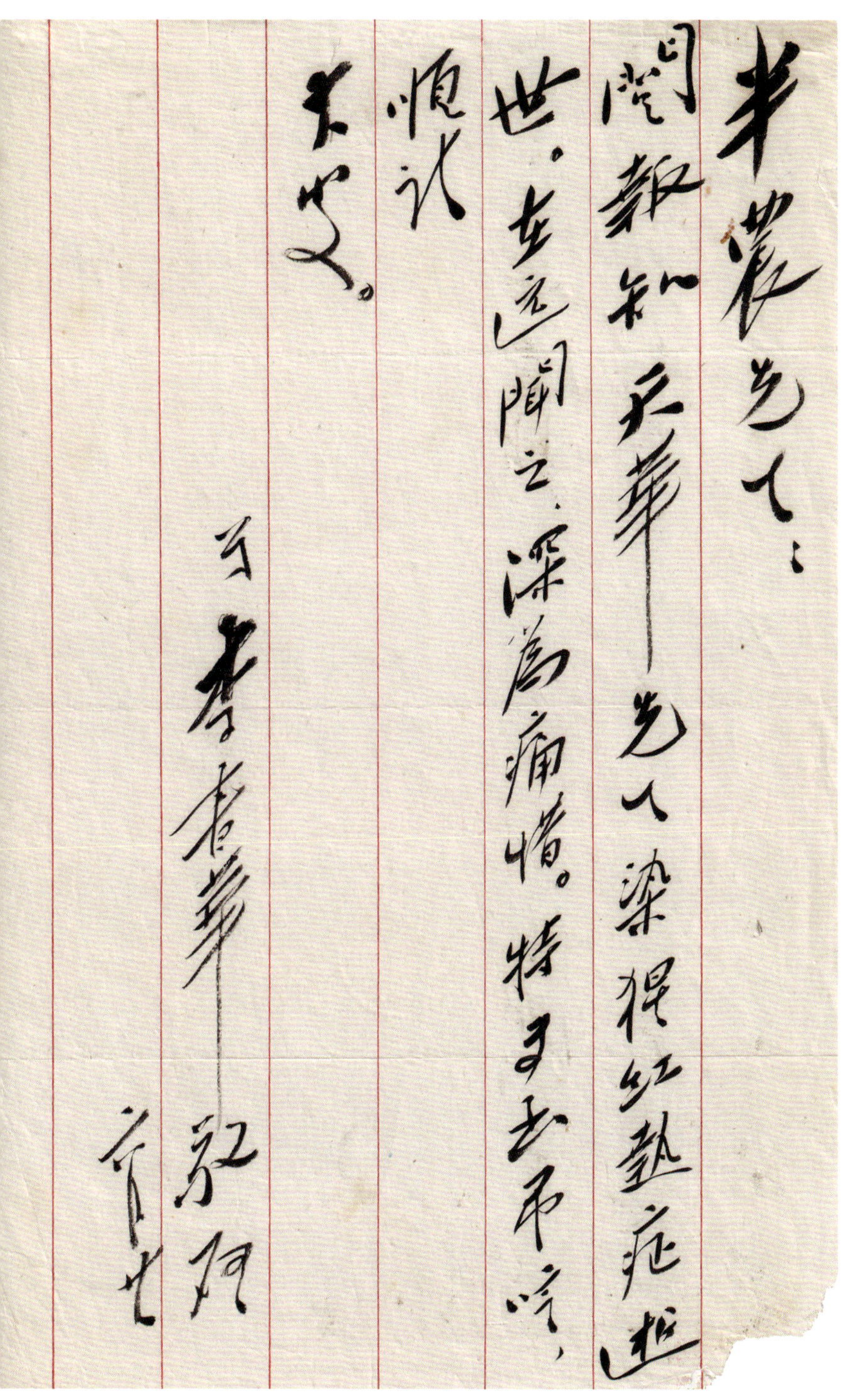

半農先生：
閲報知天華先生染猩紅熱症逝世。在遠聞之，深為痛惜。特專函弔唁，順請
大安。
弟李書華敬啟 六月廿

96. 李书华致刘半农书信之一

尺寸：纵 30.5 厘米 横 20.7 厘米

笺纸：木版印红格八行笺

日期：（一九三二年）六月廿日

释文：

半农先生：

阅报知天华先生染猩红热症逝世。在远闻之，深为痛惜。特专函吊唁，顺请大安。

弟李书华敬启　六月廿

97. 李书华致刘半农书信（残）

之二

尺寸：纵 28.3 厘米 横 17.8 厘米

笺纸：木版印暗格八行“教育部用笺”

日期：（一九三二年）

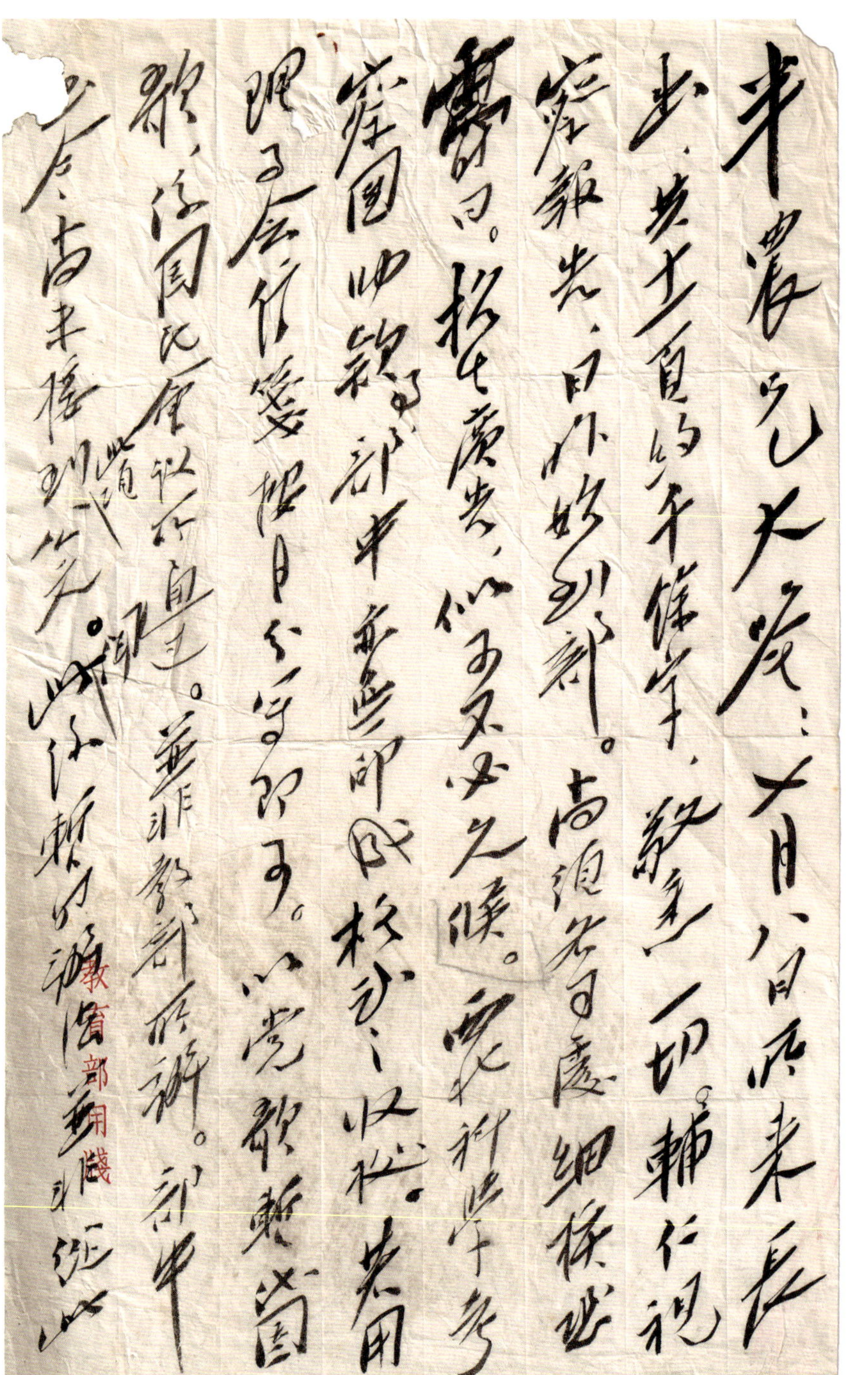

半農兄大鑒：七月八日所來長書，共十一頁，約千餘字，敬悉一切。輔仁視察報告，日昨始到部。尚須各司、處細核，恐需時日。招生廣告，似可不必久候。西北科學考察團助款事，部中亦無印成格式之收據。若用理事會信箋按月分寫即可。以黨歌暫代國歌，係國民會議所通過，並非教部所辦。部中至今尚未接到此項公文。聞此係暫時辦法，並非從此

教育部用箋

释文：

半农兄大鉴：

七月八日所来长书，共十一页，约千余字，敬悉一切。《辅仁视察报告》，日昨始到部。尚须各司、处细核，恐需时日。招生广告，似可不必久候。西北科学考察团助款事，部中亦无印成格式之收据。若用理事会信笺按月分写即可。以党歌暂代国歌，系国民会议所通过，并非教部所办。部中至今尚未接到此项公文。闻此系暂时办法，并非从此……

98. 王世杰致刘半农书信之一

尺寸：纵 28.7 厘米 横 18.3 厘米

笺纸：木版印暗格八行“教育部用笺”

日期：（一九三三年）九月十三日

释文：

半农先生左右：

西北考古一事，今晨已垂询汪先生，并商讨一切，均觉经费一层，如先生能向庚款或其他机关筹集，教部当给考古人员以特种名义，并转商铁部以求取得公路测量团之联络，专此佈复。尔后弟或不克到部，并以奉闻。即候夏安。

弟王世杰手启 九月十三日午

封送件何院或另代學術機關(三)郵寄為處
須另送鐵部教部審查。適黃君建中函薦
黃君文弼，并惠黃君文弼即西北科學考查團
員，因即決定指派黃君並出發去，即不能
不即決也。茲因黃君西行須返北平，
特將此事由即情形奉達，備希予以
指示為荷。即頌
教祺
王世杰啓
九月廿日

教育部用箋

99. 王世杰致刘半农书信之二

尺寸：纵 28.9 厘米 横 18.3 厘米

笺纸：木版印暗格八行“教育部用笺”

日期：（一九三三年）九月卅日

释文：

半农先生惠鉴：

关于新绥公路查勘队事，日前先生在京时，殷殷以古物保护相嘱，教部遂一再与铁部详商，嗣经商定，由教部专派一人，予以考察西北教育及古文化名义，随同该查勘队出发，由教部按月酌给该员薪俸，至于运输、食宿等事则由该队供给。并规定（一）任何沿途发掘须得部派专员之许可；（二）任何採集物须交教部转送博物院或其他学术机关；（三）影片、图片须分送铁部、教部审查。适黄君建中函荐黄君文弼，并查黄君文弼即西北科学考察团团员，因即决定指派黄君。盖出发在即，不能不即决也。兹因黄君西行仍须道出北平，特将此事办理情形奉达，并希予以指示为荷。即候教祺。

弟王世杰手启 九月卅日

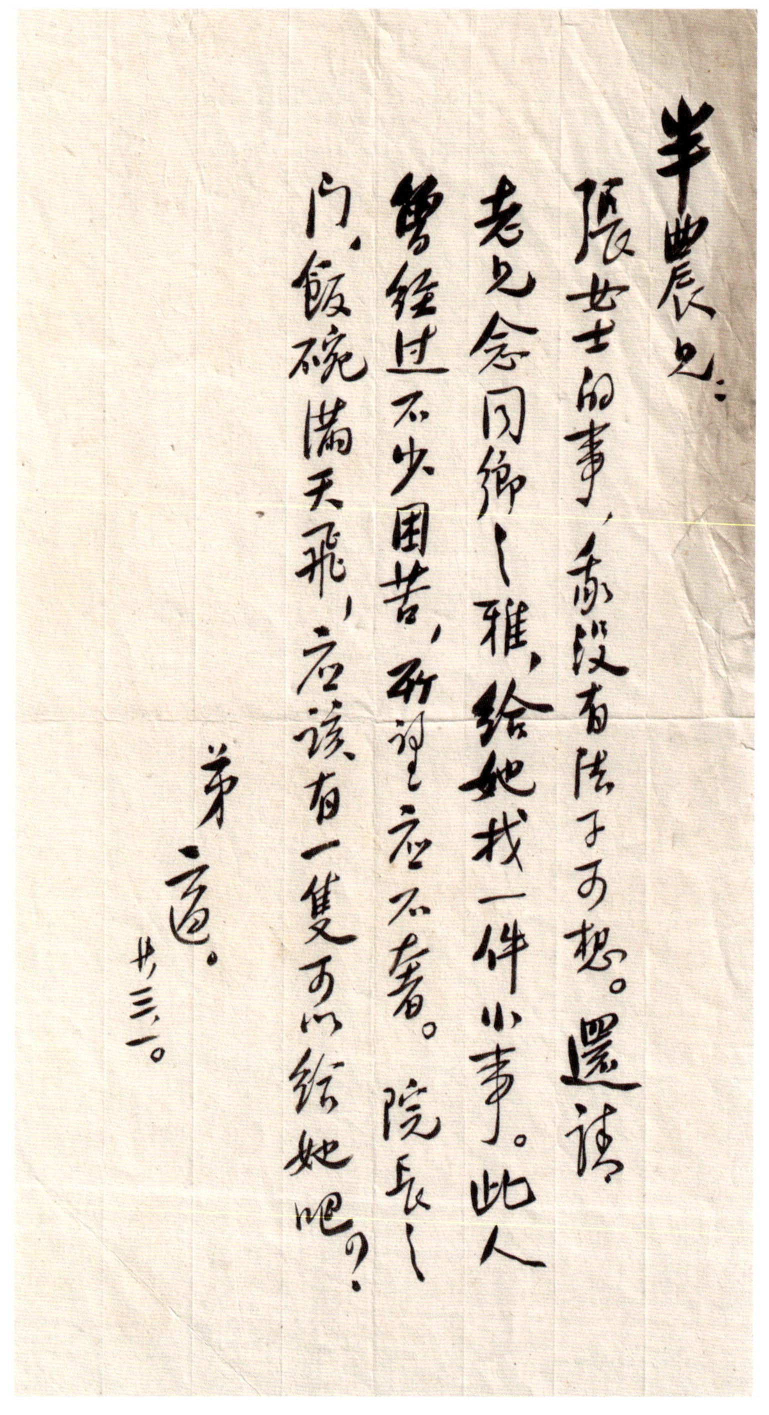

半農兄：

張女士的事，我沒有法子可想。還請老兄念同鄉之雅，給她找一件小事。此人曾經過不少困苦，所望應不奢。院長之門，飯碗滿天飛，應該有一隻可以給她吧？

弟適。

廿，三，一。

100. 胡适致刘半农书信

尺寸：纵 23.1 厘米 横 12.9 厘米

笺纸：木版印暗格八行笺

日期：一九三一年三月一日

释文：

半农兄：

张女士的事，我没有法子可想。还请老兄念同乡之雅，给她找一件小事。此人曾经过不少困苦，所望应不奢。院长之门，饭碗满天飞，应该有一只可以给她吧？

弟适。廿，三，一。

101. 顾颉刚致刘半农书信（残）

之一

尺寸：纵 27.4 厘米 横 17.5 厘米

笺纸：木版印暗框格八行“北平燕京大学历史学系用笺”

日期：二月十八日

释文：

……农学院方面无一熟人可以问询，尹默先生亦未知已否归来，特嘱其趋前接洽。倘蒙指导，俾得有所遵循，不胜感荷之至。专此，敬请道安。

顾颉刚敬启 二月十八日

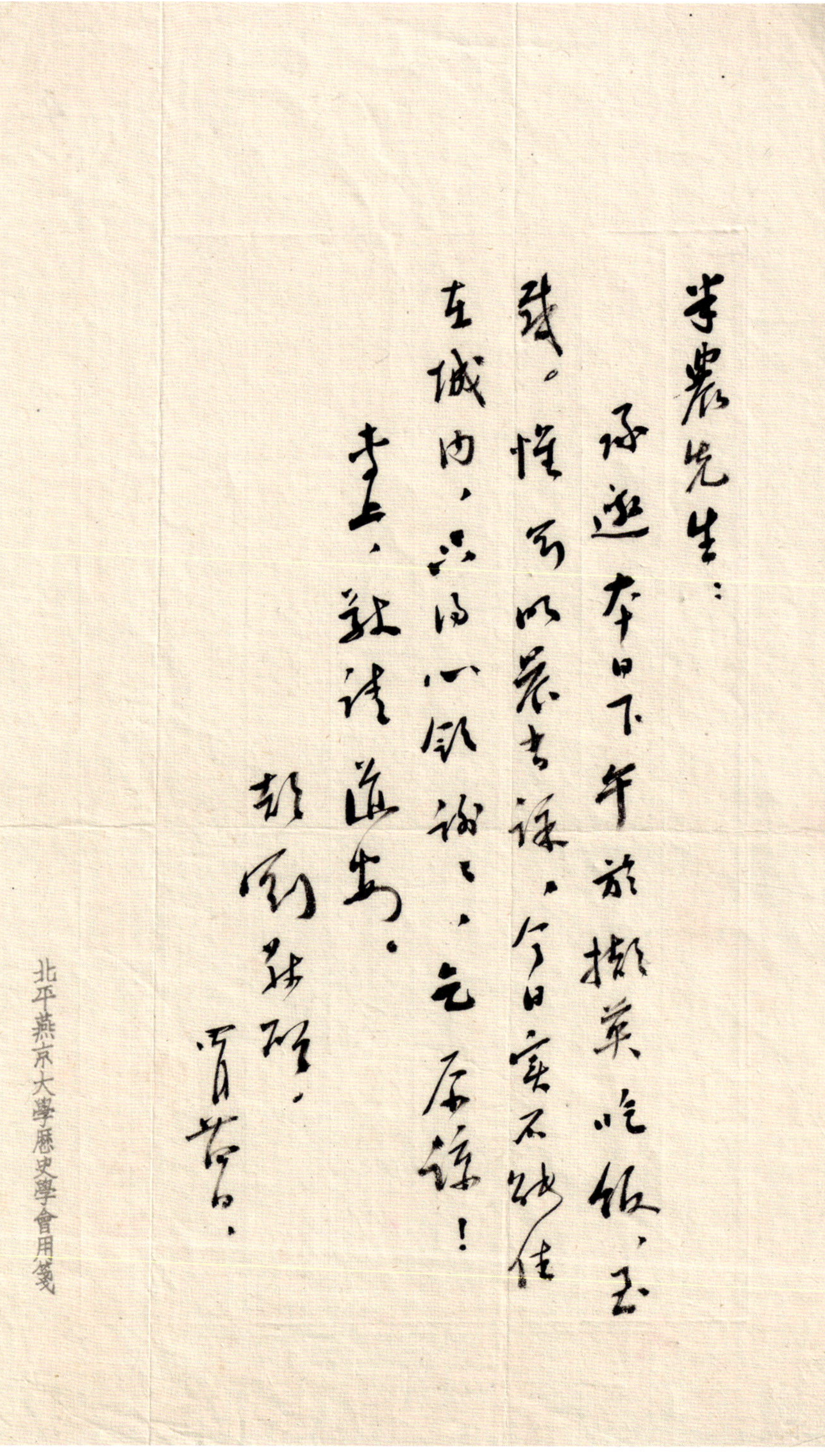

102. 顾颉刚致刘半农书信之二

尺寸：纵 27.7 厘米 横 17.6 厘米

笺纸：木版印暗框格八行“北平燕京大学历史学系用笺”

日期：四月廿四日

释文：

半农先生：

承邀本日下午于撷英吃饭，至感。惟今明晨有课，今日实不能住在城内，只得心领，谢谢，乞原谅！专上，敬请道安。

颉刚敬启。四月廿四日。

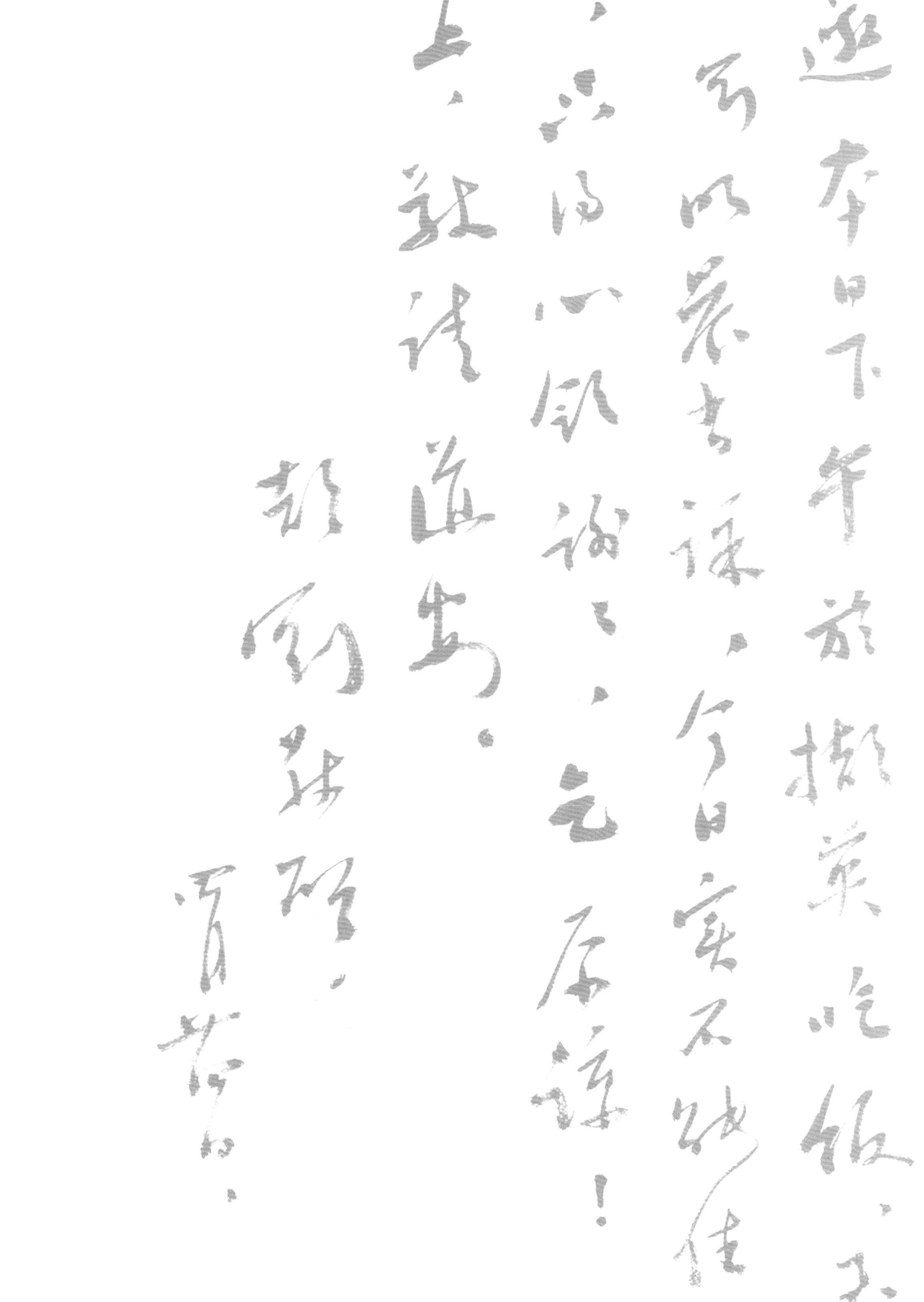

敬请
道安。

中國學術團體協會西北科學考查團理事會

奮之方針。至我等作此，目的不僅抗戰，對倭

抗日作一些貢獻，宗旨凡四：一、喚起民族

的精神；二、鼓勵抵抗的魄力；三、激厲

向上的意志；四、灌輸現代的常識。

寫作此書，必求精美，但此事決非

我一人之力所可勝任，因此，責先生之

丞甚多：一、請代搜題材；二、請修飾文

字；（去名誠乃子的感謝，使增益民眾意識）三、請募集捐款。此

中國學術團體協會西北科學考查團理事會

事好之作者，皆須遇之一月方可。承先生等同

人力量相助，至為只可担任半數；城中各

大學，我用之方面，務請先生著力進行。

此書如能籌好，則十年以後，必有極大之效

驗，遠勝乎高唱主義及新辭濫語之心。

今日本將題彰，適逢出國，未遑所

願，對流仲立之對塗此書，完成明晨。

敬請撰安。　彭剛敬上，廿六、九、十六

如需要多少，乞予示知，藉備送上也。

103. 顾颉刚致刘半农书信之三

尺寸：纵 29.4 厘米 横 19.1 厘米

笺纸：木版印“中国学术团体协会西北科学考查团理事会”红框格八行笺

日期：一九三三年九月十六日

释文：

半农先生：

今春奉谒，曾谈及我辈救国，别无他道，惟有民众教育一途乃是最切实的基本工作。半年以来，在燕大作此运动，居然得到抗日会的赞成，给与数百元作开办费。现在已出版者十二分，已付印者约二十种。此后拟再选聘民众文学家担任此项撰作，并画故事画，使不识字亦有兴奋之可能。至我辈作此，目的不仅抗日，特借抗日作一出发点，宗旨凡四：一、唤起民族的精神；二、鼓动抵抗的势力；三、激励向上的意志；四、灌输现代的常识。

刚既作此事，必求持久，但此事绝非我一人之力所可胜任，因此，责望先生之处甚多。一请代想题材，二请修饰文字（去知识分子的成语，使接近民众意识），三请募集捐款。此事好好作者，总须五百元一月方可，而燕京同人力量有限，至多只可担任半数；城中各大学，各同志方面，务请先生着力进行。此事如能办好，则十年以后，必有极大之效验，远胜于高唱主义及新亭涕泣也。

今日本欲趋前，适逢大雨，未遂所愿，特托仲良兄转达此函，乞赐覆，敬请撰安。

颉刚敬上 廿二.九.十六.

如需要多分，乞示知，当续送上也。

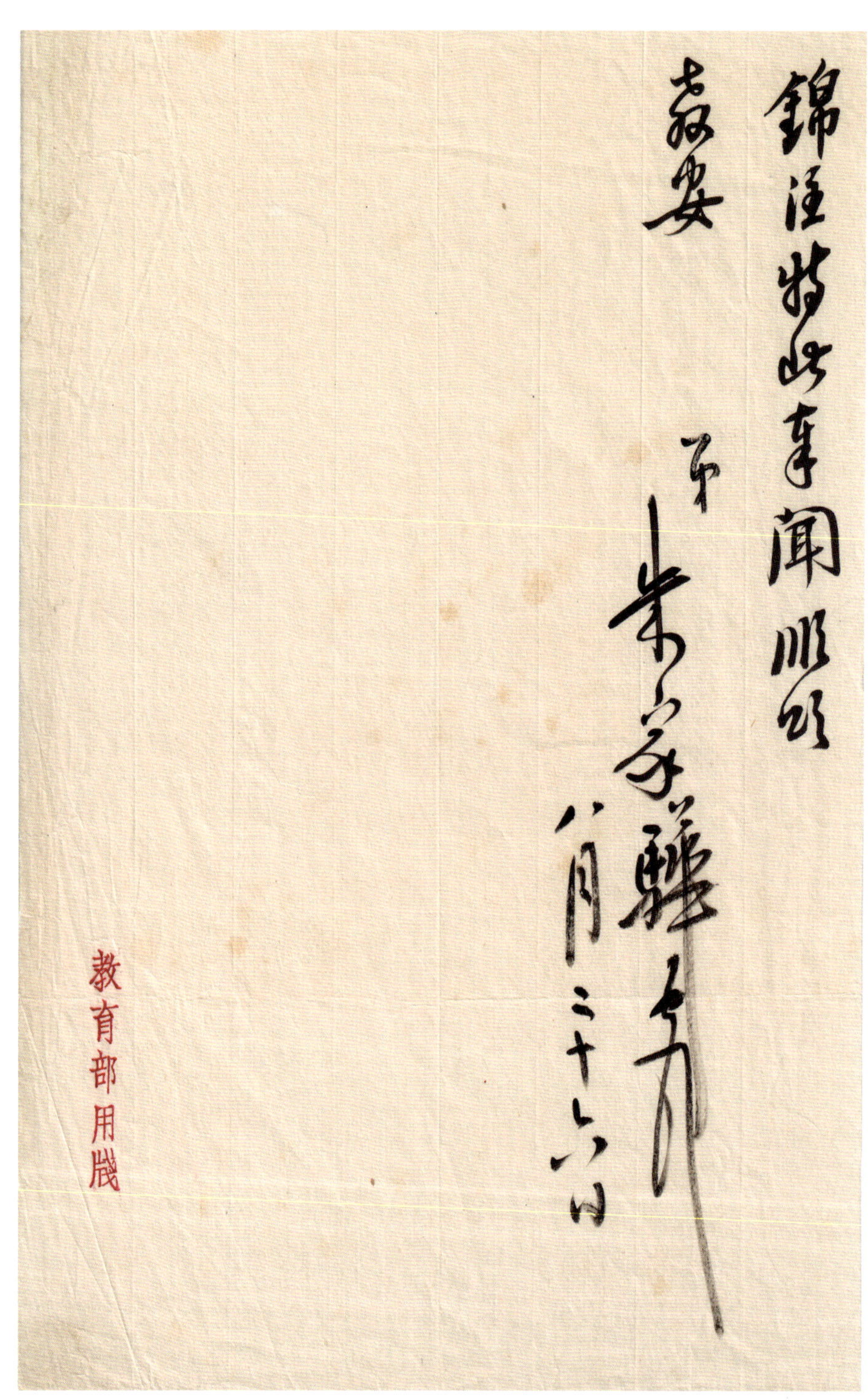
鈞注特此奉聞順頌

裁安

弟 朱家驊 手啟

八月二十六日

教育部用箋

104. 朱家骅致刘半农书信

尺寸：纵 28.2 厘米 横 17.9 厘米

笺纸：木版印暗格八行“教育部用笺”

日期：八月二十六日

释文：

半农吾兄惠鉴：

前承垂询，尊撰国歌早经转送审查委员会审查，并已一度审查完毕，计录取十余首，至最后之去取，该会主张尚须续请专家再行审择。尊撰辞旨闳远、音节高亮，至所赞佩，最后当选之一人想非兄莫属也。知关锦注，特此奉闻，顺颂教安。

弟朱家骅顿首 八月二十六日

為漢墓之整理，惟天氣炎熱，靜坐
揮汗工作，進行稍見遲滯耳。
先生此行結果，古律復明，雅公
得聆大著，何日完成，敬聆先讀
為快。專此奉復，順頌
著祺
穎孫先生均此

弟 郭寶鈞 敬啟
八月六日

國立中央研究院 河南省政府 合組河南古蹟研究會用箋

105. 郭宝钧致刘半农书信

尺寸：纵 27.3 厘米 横 19.3 厘米

笺纸：铅印红框格八行“国立中央研究院、河南省政府合组河南古迹研究会用笺”

日期：（一九三三年）八月八日

释文：

半农先生台鉴：

接奉手教，敬悉一是。台驾不辞溽暑，正乐南北。此次莅汴，正值贱恙陡发，招待诸多简慢，方深仄歉，乃辱书言谢，愧何可当。更允惠以法书，永作纪念，益增感荷。此间诸事如恒。彦唐初抵此，璋如方为汉墓之整理，惟天气炎热，静坐挥汗，工作进行稍见迟滞耳。先生此行结果，古律复明，雅颂得所。大著何日完成，敬愿先读为快。专此奉复，顺颂著祺。颖孙先生均此。

弟郭宝钧敬启 八月八日

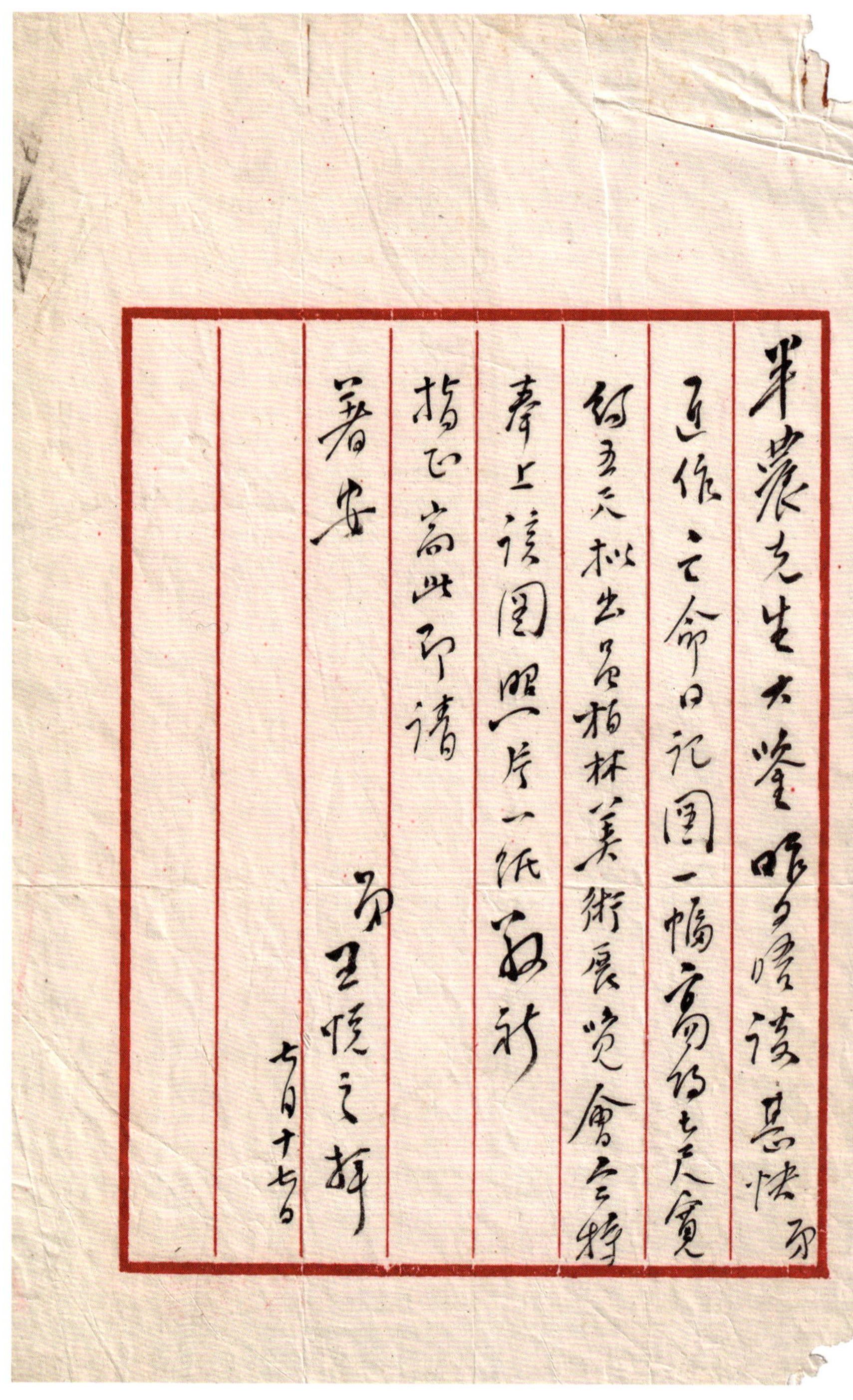

半農先生大鑒 昨日晤談甚快弟
近作亡命日記圖一幅高約七尺寬
約五尺擬出品柏林美術展覽會今特
奉上該圖照片一紙敬祈
指正耑此即請
著安
弟王悅之拜
七月十七

106. 王悦之致刘半农书信

尺寸：纵 30.3 厘米 横 20.6 厘米

笺纸：木版印红框格八行笺

日期：七月十七日

释文：

半农先生大鉴：

昨日晤谈甚快，弟近作《亡命日记图》一幅，高约七尺、宽约五尺，拟出员柏林美术展览会，今特奉上该图照片一纸，敬祈指正。耑此，即请著安。

弟王悦之拜 七月十七日

附《亡命日记图》照片

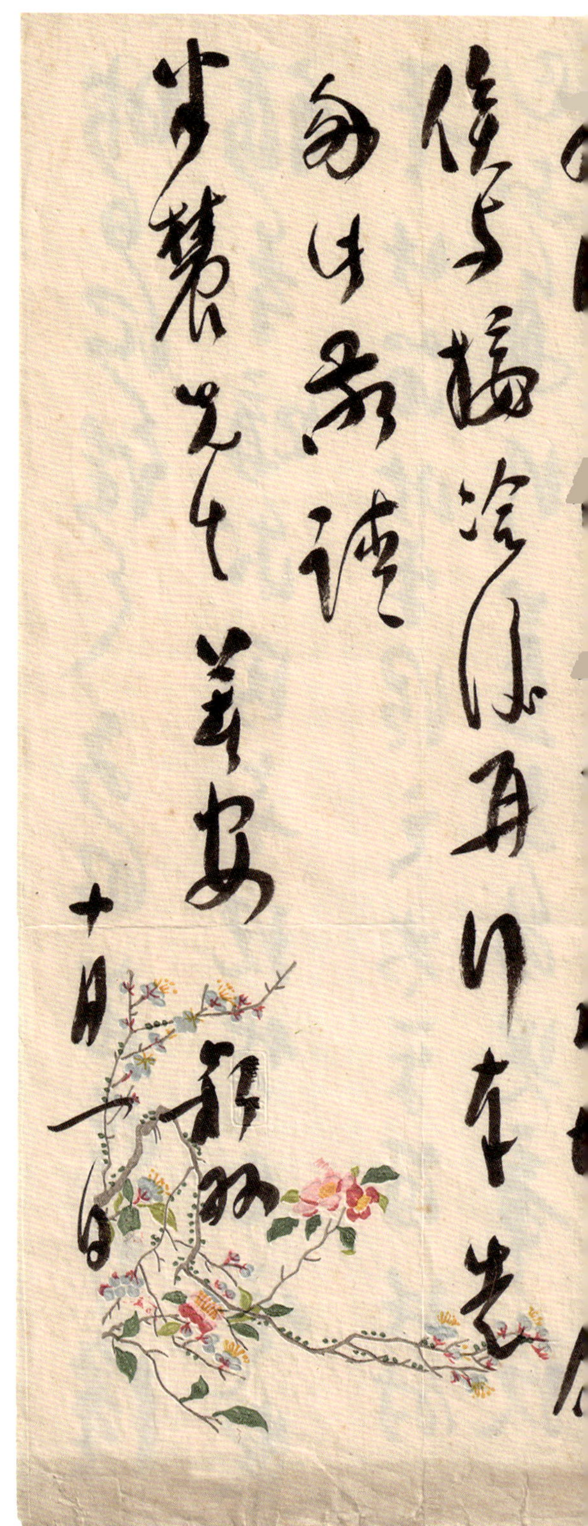

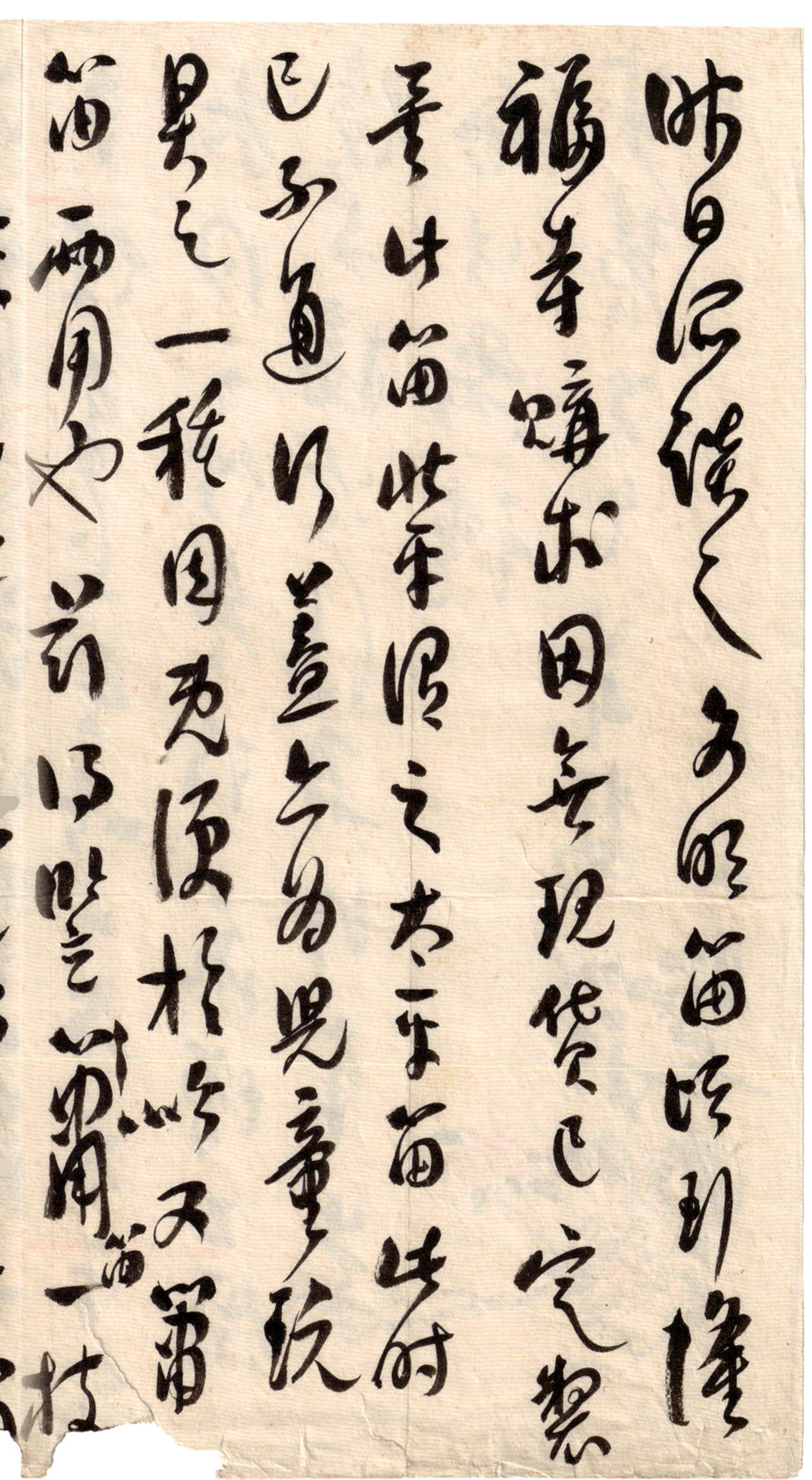

107. 郑颖孙致刘半农书信

尺寸：纵 28.8 厘米 横 31.5 厘米

笺纸：木版套色拱花印清秘阁仿怡王府角花笺

日期：十月一日

释文：

昨日公谈之文明笛，顷到隆福寺购求，因无现货，已定制矣。此笛北平谓之“太平笛”，此时已不通行，盖亦为儿童玩具之一种，因既便于吹，又箫笛两用也。兹得竖笛一枝，专便奉上，其吹口与太平笛相同，可供参考。永增工厂俟与接洽后再行奉告。匆此，敬请半农先生著安。

颖孙 十月一日

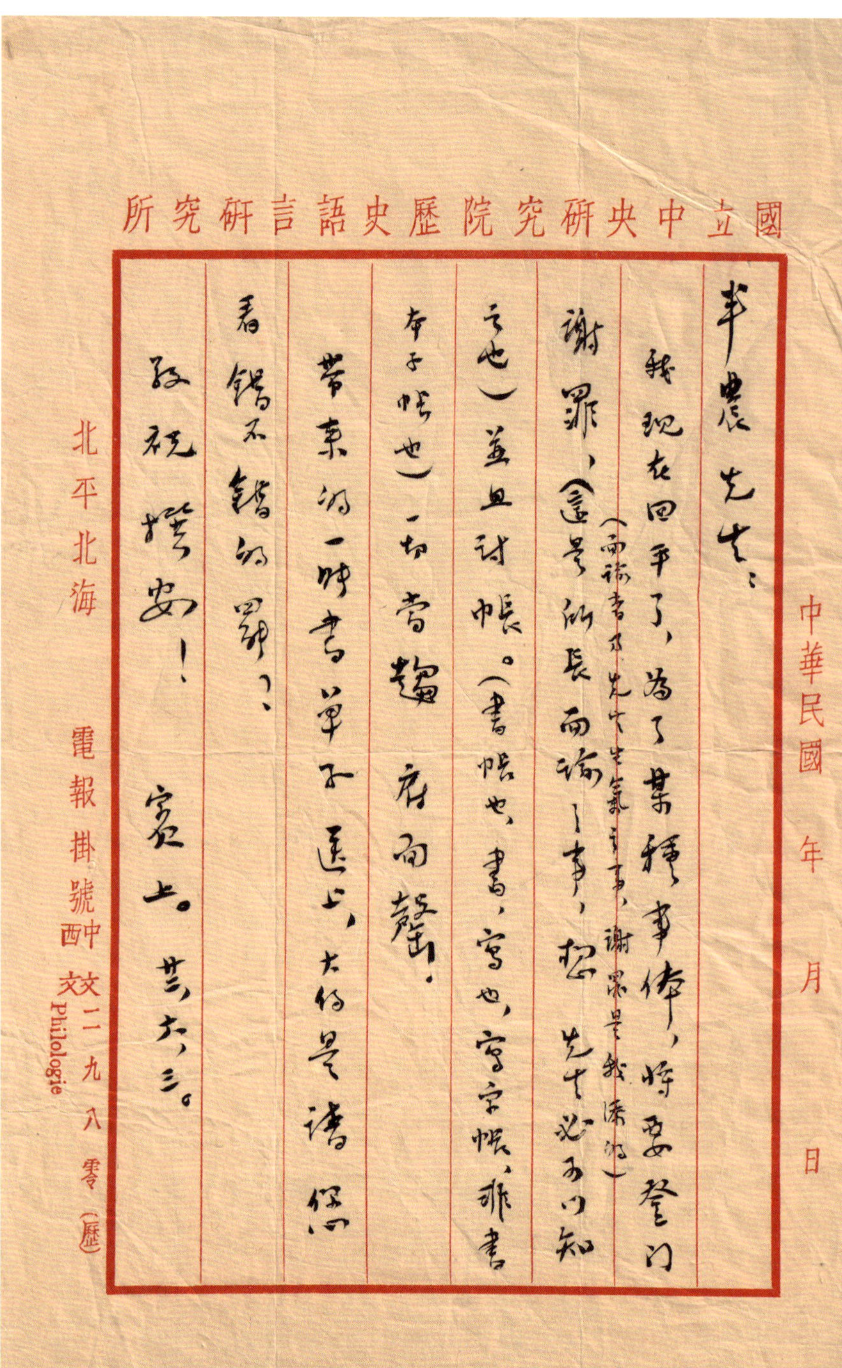

國立中央研究院歷史語言研究所

中華民國　年　月　日

北平北海

電報掛號 酬文 二九八零 (歷)
Philologie

108. 董作宾致刘半农书信

尺寸：纵 29.1 厘米 横 19.9 厘米

笺纸：铅印红框格八行“国立中央研究院历史语言研究所”笺

日期：一九三三年六月三日

释文：

半农先生：

我现在回平了，为了某种事体，将要登门谢罪［这是所长面谕之事（面谕者乃先生生气之事，谢罪是我添的），想先生必可以知之也］，并且讨账（书帐也，书，写也，写字帐，非书本子帐也）。一切当趋府面罄。

带来的一张书单子送上，大约是请您看错不错的罢？

敬祝撰安！

宾上。廿二，六，三。

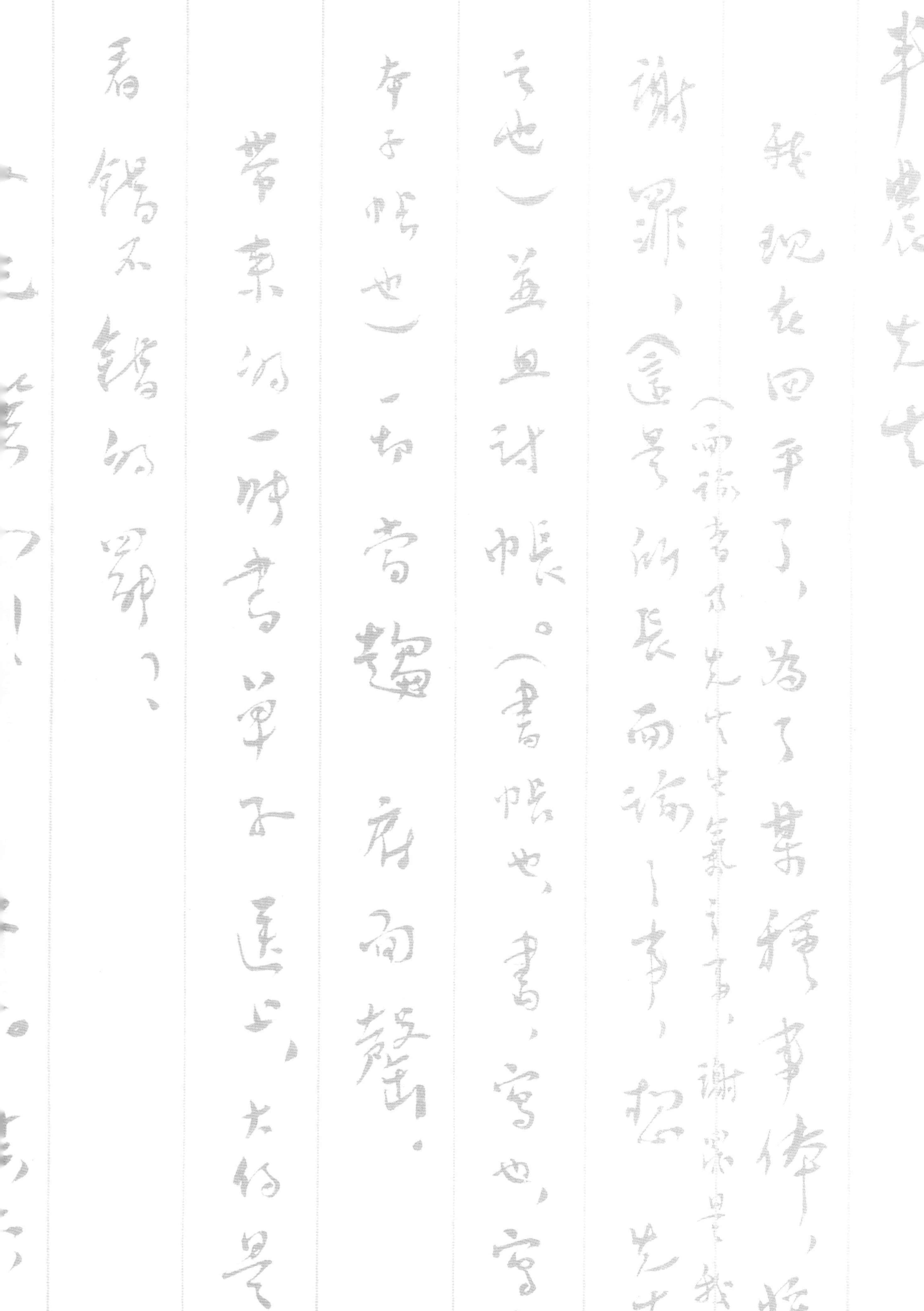

半農先生：

我現在回平了，為了某種事件，將（而稱書乃先生大生氣之事，謝罪是我）謝罪，（這是所長的事，報先生之也）並且討帳。（書帳也，書，寫也，寫，本子帳也）一切當趨府面罄。

帶東的一時書單不送上，大約是看錯不錯的緣了，

先生文壇泰斗，[illegible][illegible]一二，墨室同
學輩甘以讓珍，室或有餘緒之文
物，分惠若干，亦甚拜嘉，以仰之
壽，乞為既示，當派人如期領取
也。
先生舊藏本校，凡同事
關切，敢以是為請耳。本年秋
並附函呈奉。弟冗忙於文債校務，
在十日內即當回覆，龔父甚難抽
身北返，後當面謝一切盛意也。
專此奉復，即頌
文祺
弟張恨水拜

109. 张恨水致刘半农书信

尺寸：纵 25.8 厘米 横 20 厘米

笺纸：洋纸素笺

日期：（一九三四年一月五日）

释文：

半农先生大鉴：

日前降舍，适赴南城约会，失迎甚歉。此届画展闻先生格外奖掖，令弟十分奋勉，以后仍乞力予提携也。兹定于十五日，令全校同学票选总锦标及各系锦标，其他同学亦每人分赠奖品一件，如书籍、册页、屏轴、文房用品等。弟私人除备六个锦标外，小件只能凑齐二三十事。兹拟分向校董、教授募集作品及收藏小件若干，共成此举。先生文坛泰斗，能赐一二墨宝，同学自如获珍宝，或有余裕之文物分惠若干，亦甚拜嘉，如何之处，乞为见示，当派人如期领取也。先生爱护本校非同等闲，故敢以是为请耳。本拟至府面呈，奈弟忙于文债、校务，在十日内即当回皖葬父，甚难抽身。北返后当面谢一切盛意也。专此奉恳，即颂文祺。

小弟恨水顿首

承交来之鹤群及山水横幅均以无光纸为宜，锦刻足下钤印、诸氏帛均佳。再者，六中之牛（横幅三只牛）及直幅山水、鹤（直幅）群、（无树）马の种均钤总印五六作字可拆藉、内子先可（然分自然更佳）一日由宜返家，大小无恙。尊书小卷请勿过长为题，阁兄有暇，望勿用纸期在年内交卷可耳。此候

俪福

夫人诸郎纳福

天华兄嫂并此致意

九如弟

の月の日

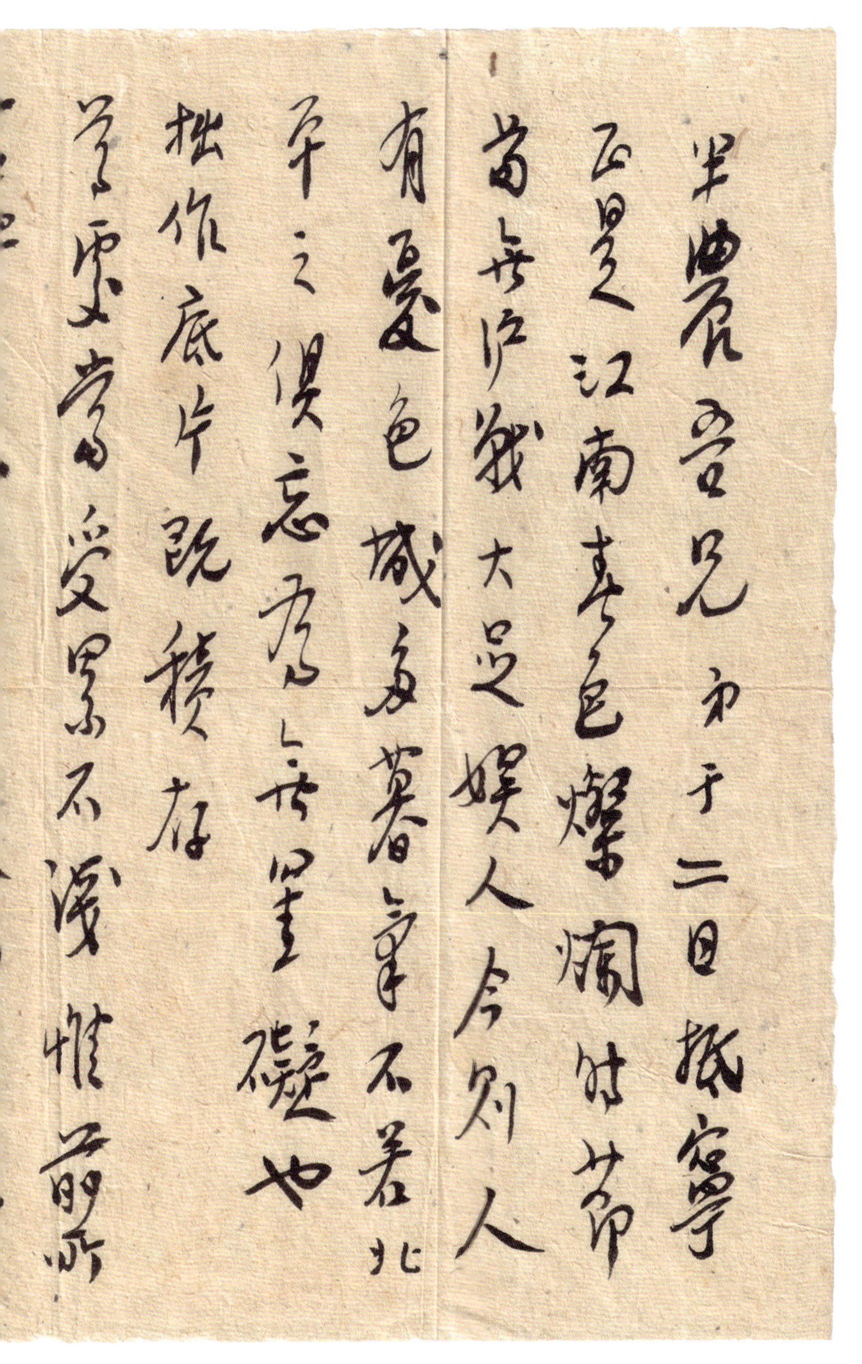

半农吾兄
弟于二日抵宁
正是江南春色灿烂时节
苟无沪战大足娱人今则人
有忧色城多暮气不若北
平之俱忘为无罣碍也
拙作底片既积存
尊处当受累不浅惟前所

110. 徐悲鸿致刘半农书信之一

尺寸：纵 24.5 厘米 横 45.9 厘米

笺纸：土纸素笺

日期：（一九三二年）四月四日

释文：

半农吾兄：

弟于二日抵宁，正是江南春色灿烂时节，苟无沪战，大足娱人。今则人有忧色，城多暮气，不若北平之俱忘为无罣碍也。拙作底片既积存尊处，当受累不浅，惟前所请将全份赠洋人两种，务请饬人办到。又各片中如颖孙交来之《鹅群》及《山水》横幅，均以无光纸为宜，余则足下饬印诸纸均佳。再者，片中之《牛》（横幅三只牛）及直幅《山水》、《鹅群》（直幅）、《马》（无树）四种，均恳印五六份寄弟（能多自然更佳），拜祷。内子先弟一日由宜返家，大小无恙。尊书小卷，请勿过长，如颖孙兄者最善，勿亟，祇期在年内交卷可耳。敬候俪福。

悲鸿顿首 四月四日

夫人诸郎纳福，天华兄嫂并此致念。

各底片已
费神代为保存
颇孙要底片故已送来
印两份送洋人者
一瑞典使馆 Mr Lagerberg
一 Madame Mika Mikoni 72 东城大牌坊胡同
加印自己还要数份
不堪回首（猫）可以不印因为已多帧
山水（两帧） 三牛 鹅（直帧）请多印数份
牛（一生牛直帧）上端右半边太深之收拾一下
加洗以佳片付中华印出为请
兄为我购两纸张不胜感祷
照片求其明晰清楚

111. 徐悲鸿致刘半农书信之二

尺寸：纵 23.8 厘米 横 26.9 厘米

笺纸：土纸素笺

日期：（一九三二年）五月二日

释文：

半农吾兄惠鉴：

别后伏维佳善。弟既南归，一切如常，惟整理存物至一星期，若一度之迁居然者。前奉一书，谅已达览，倘蒙印出拙作数份，实所铭感。苟有所需于弟者，亦祈示及。敬颂俪祉。

悲鸿顿首 五月二日

夫人暨诸郎均纳福。

各底片乞费神代为保存（前闻孟真欲南来，倘托携下尤善）。颖孙处底片想已送来，印两份送洋人者，一瑞典使馆 M de Lagerlerg、一 Madame Mika Mikon 72 东城大牌坊胡同。弟自己还要数份。《不堪回首（猫）》可以不印，因尚有多幅；两幅《山水》、《三牛》、《鹅》（直幅）请多印数份；《牛》（一坐牛直幅）半边（上端右）太深，乞收拾一下。弟拟以佳片付中华印出，务请兄为我斟酌纸张（照片求其明晰清楚），不胜感祷。

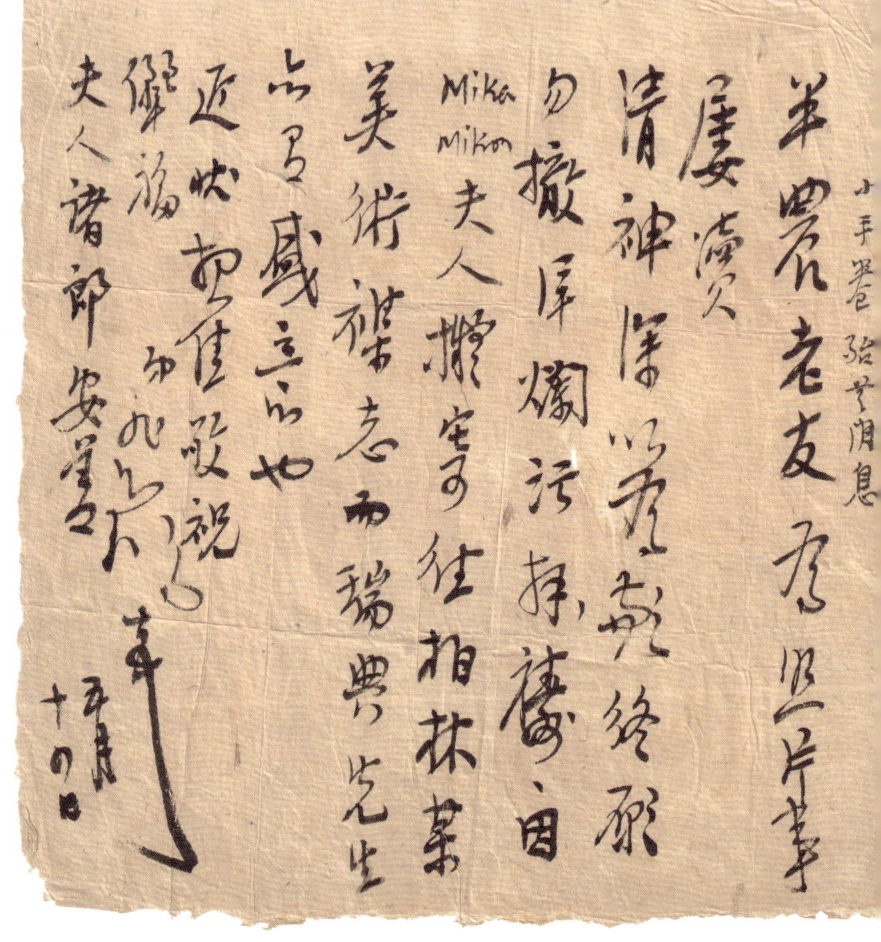

112. 徐悲鸿致刘半农书信之三

尺寸：纵 23.5 厘米 横 23.7 厘米

笺纸：土纸素笺

日期：（一九三二年）五月十四日

释文：

半农老友：

（小手卷殆无消息），为照片事，屡渎清神，深以为歉。终愿勿撤洋烂污，拜祷。因 Mika Mikon 夫人拟寄往柏林某美术杂志，而瑞典先生亦有盛意也。近状想佳，敬祝俪福，

弟悲鸿顿首 五月十四日

夫人诸郎安善。

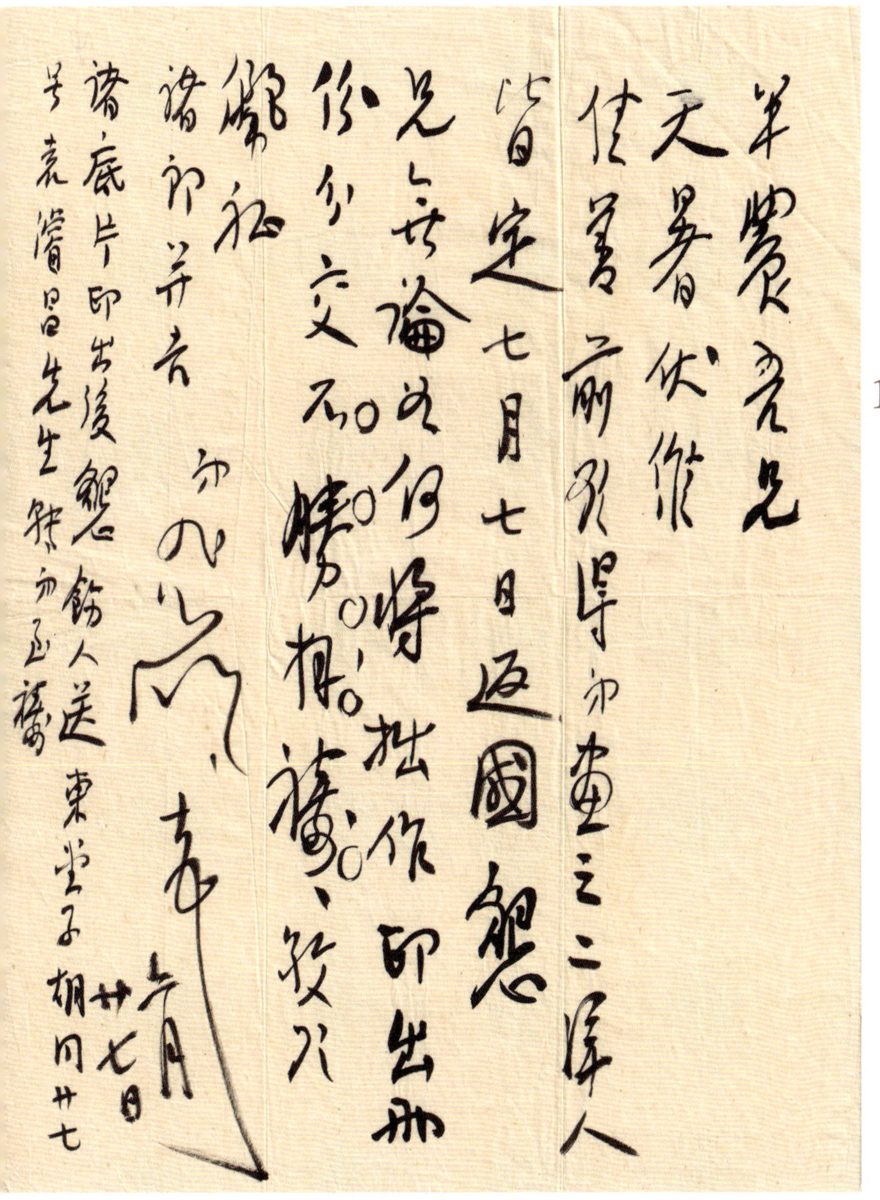

113. 徐悲鸿致刘半农书信之四

尺寸：纵 29.2 厘米 横 21.8 厘米

笺纸：素笺

日期：（一九三二年）六月二十七日

释文：

半农吾兄：

天暑，伏维佳善。前欲得弟画之二洋人皆定七月七日返国，恳兄无论如何将拙作印出两份分交，不胜拜祷。敬颂俪祉。

弟悲鸿顿首 六月廿七日

诸郎并吉。

诸底片印出后，恳饬人送东堂子胡同廿七号袁濬昌先生转弟，至祷。

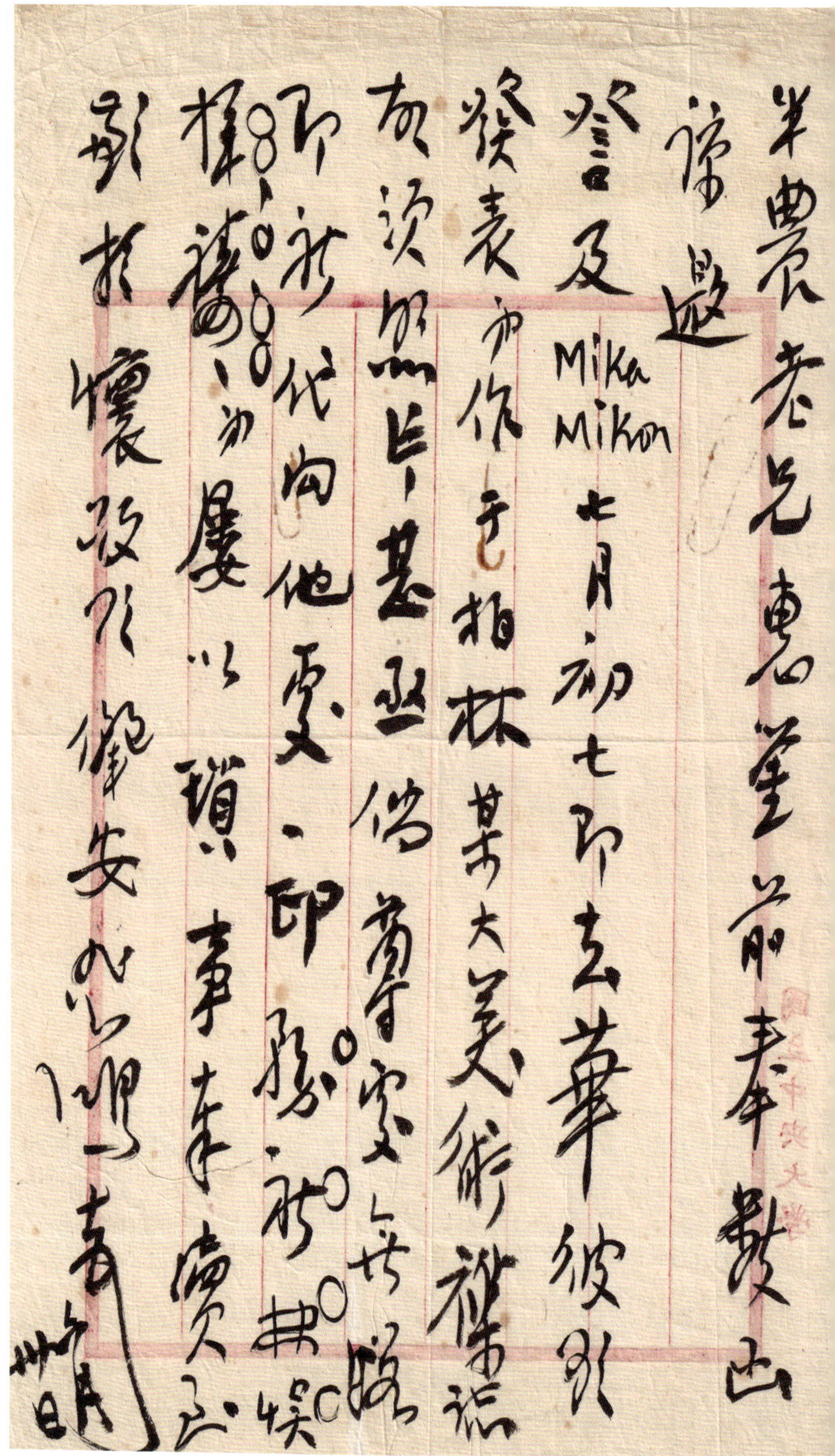
半農老兄惠鑒：前奉數函，諒邀
詧及。Mika Mikon 七月初七即去華，彼
欲發表弟作於柏林某大美術雜誌，
故須照片甚亟，倘尊處無暇，
即祈代向他處一印，務祈弗誤，
拜禱。弟屢以瑣事奉瀆，
至歉於懷，敬頌儷安。悲鴻頓首
卅日

114. 徐悲鸿致刘半农书信之五

尺寸：纵 29.8 厘米 横 17.9 厘米

笺纸：木版印红框格八行“国立中央大学”八行笺（背）

日期：（一九三二年）六月三十日

释文：

半农老友：

前奉数函，谅邀詧及。Mika Mikon 七月初七即去华，彼欲发表弟作于柏林某大美术杂志，故须照片甚亟，倘尊处无暇，即祈代向他处一印，务祈弗误，拜祷。弟屡以琐事奉渎，至歉于怀，敬颂俪安。

悲鸿顿首 六月卅日

Mika
Mikon
七月初七

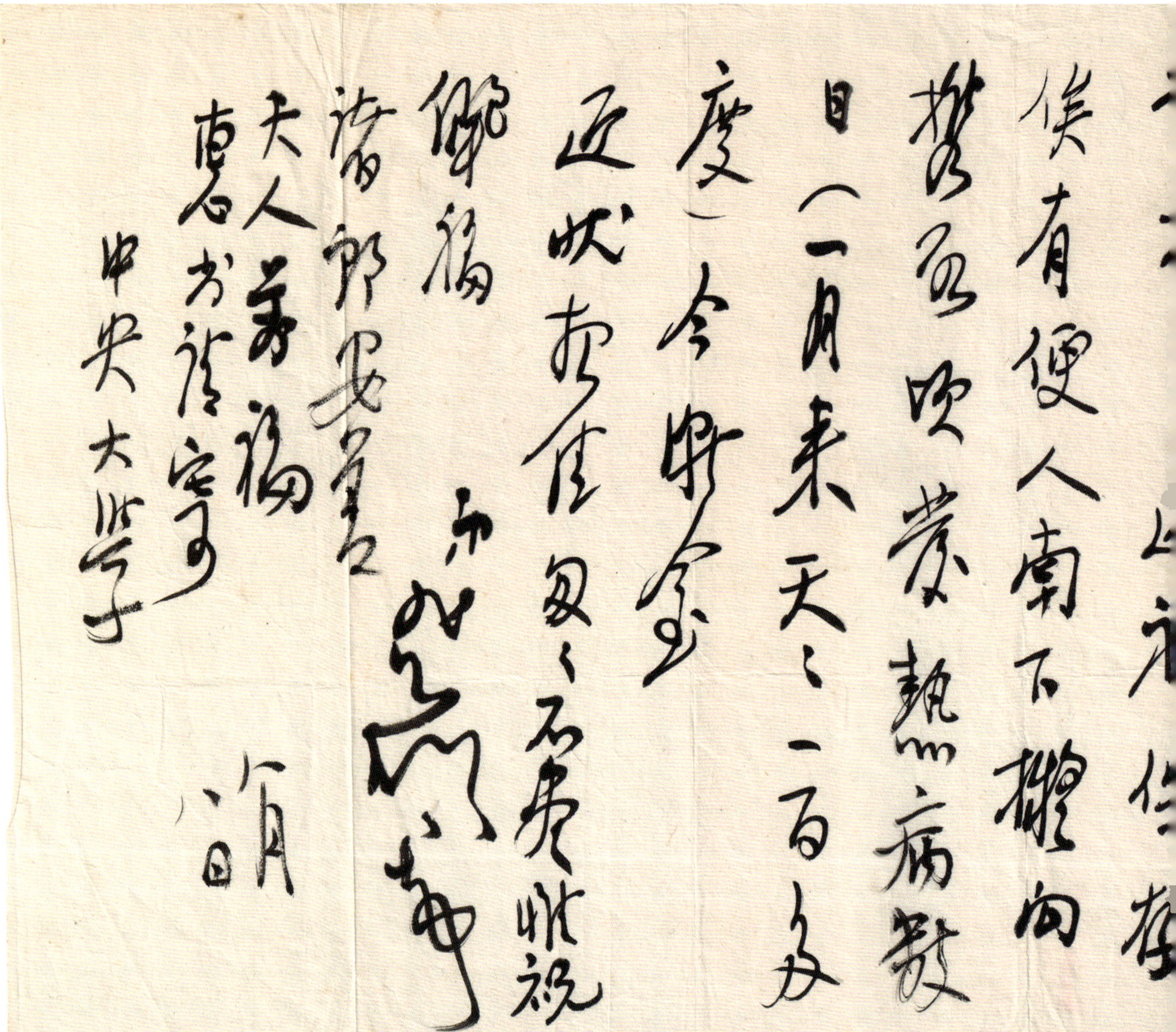

俟有便人南下携向

嗣因咳嗽热病数日（一月来天天一百多度）今始全愈

近状极佳，勿勿不尽，敬祝

俪福

[illegible]

诸郎安吉

夫人寿福

惠芯均请安好

中央大学

八月八日

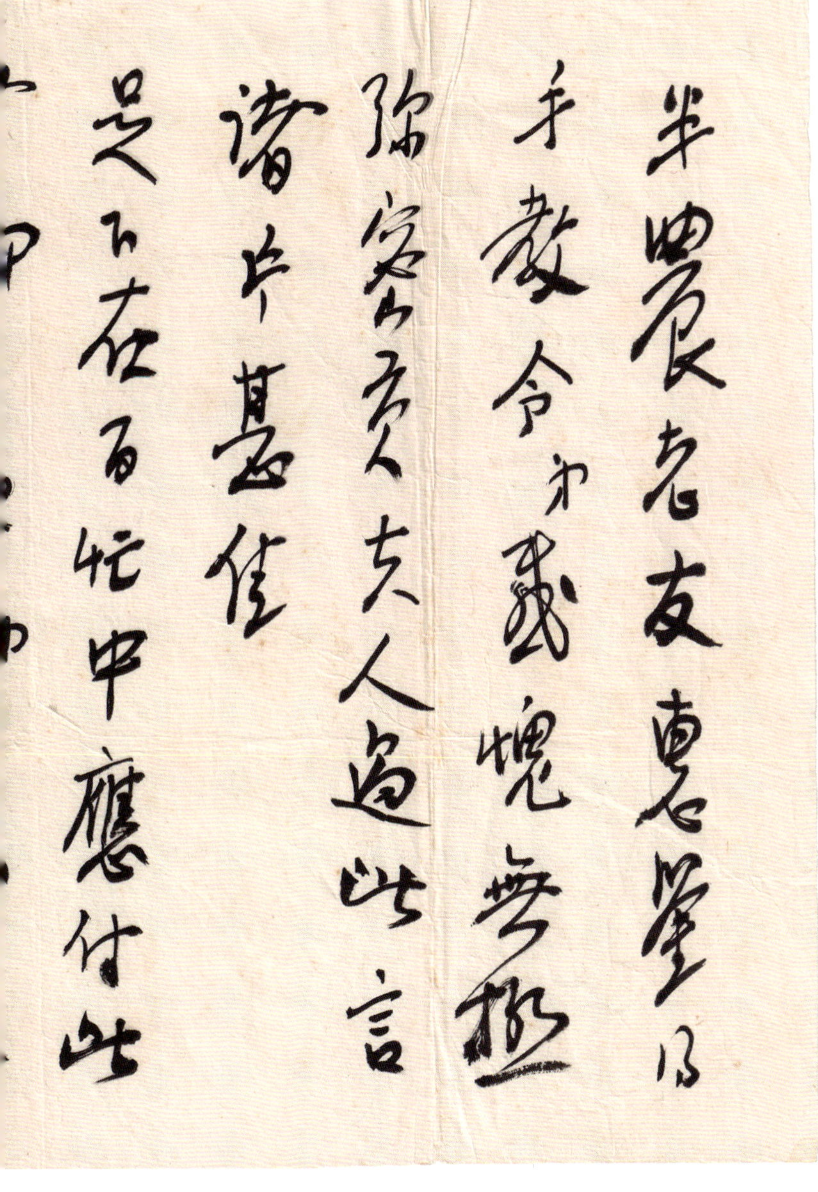

半農老友惠鑒 得
手教令弟感愧無極
彌密貢夫人過此言
諸片甚佳
足下在百忙中應付此

115. 徐悲鸿致刘半农书信之六

尺寸：纵 23 厘米 横 46 厘米

笺纸：宣纸素笺

日期：（一九三二年）八月八日

释文：

半农吾兄：

得手教，令弟感愧无极。弥密贡夫人过此，言诸片甚佳。足下在百忙中应付此无聊之事，弟心滋不安也。底片还祈保存，俟有便人南下，拟向携取。顷发热病数日（一月来天天一百多度），今渐愈。近状想佳，匆匆不尽。惟祝俪福。

弟悲鸿顿首 八月八日

诸郎安善，夫人善福。

惠书请寄中央大学

116. 钱穆致刘半农书信

尺寸：纵 21.9 厘米 横 20.1 厘米

笺纸：“DODSEY BOND”水印

洋纸素笺

日期：不详

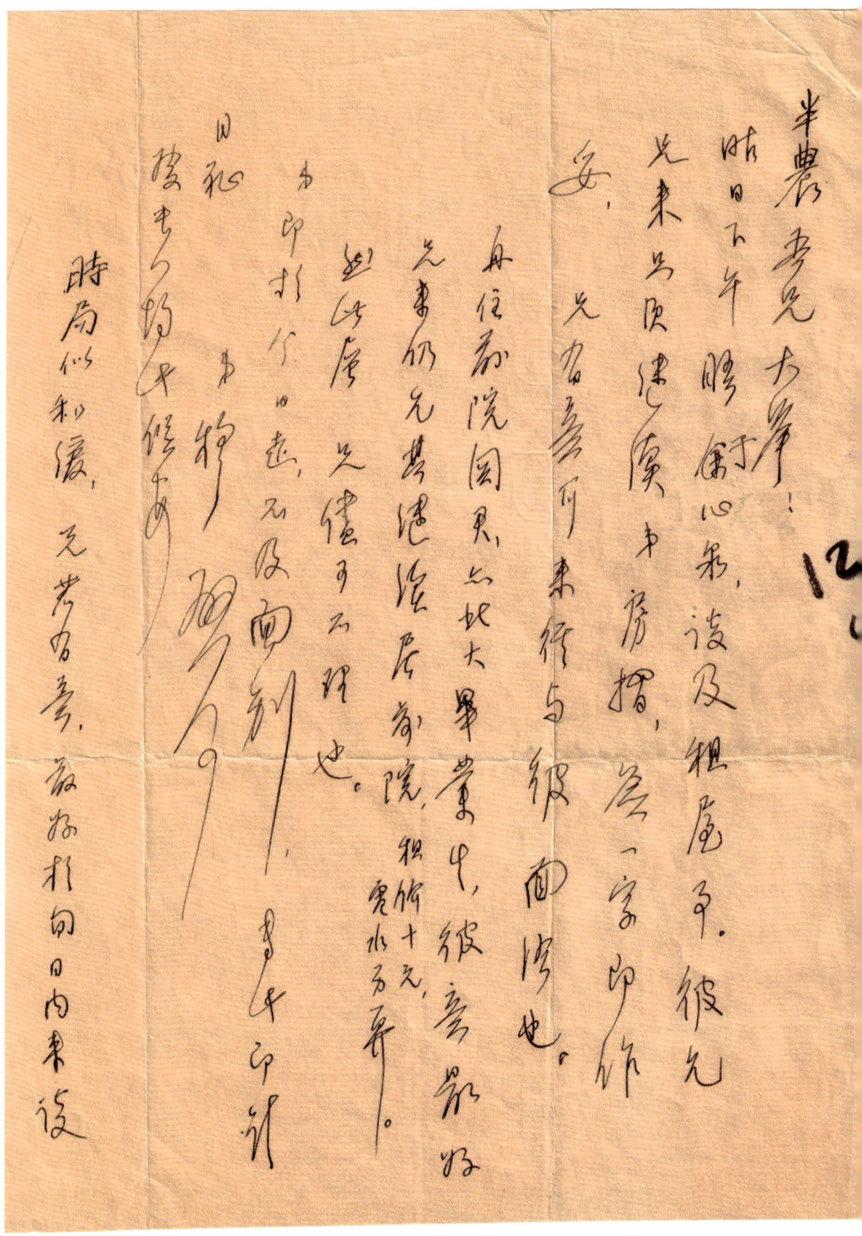

半農吾兄大鑒：

昨日下午晤於心泉，談及租屋事。彼允兄來只須繼續弟房摺，簽一字即作妥，兄有意可來徑與彼面晤也。

再，住前院關君，亦北大畢業生，彼意最好兄來仍允其繼續居前院，（租價十元，電水另算）然此屬兄儘可不理也。

弟即於今日走，不及面別。專此，即頌日祉。

弟穆頓首

嫂夫人均此候安。

時局似和緩，兄若有意，最好於旬日內來談。

释文：

半农吾兄大鉴：

昨日下午晤于心泉，谈及租屋事，彼允兄来只须继续弟房折，签一字即作妥，兄有意可来径与彼面晤也。

再，住前院关君，亦北大毕业生，彼意最好兄来仍允其继续居前院（租价十元，电水另算），然此属兄尽可不理也。

弟即于今日走，不及面别。专此，即请日祉。

弟穆顿首

嫂夫人均此候安。

时局似和缓，兄若有意，最好于旬日内来谈。

日下午　騰謝心來，談及祖屋事。彼允
來共同處理，中房搭，居一家印作
安。　先生若可來，仍與彼面談也。
再住前院因果，亦欲大學畢業生，彼意頗欲
先生仍允其遷讓居前院，租價十元，
免水另算。
如居　先生住可不理也。
弟印於如速，不及面別，　弟 印祥
[illegible]
[illegible]
時局似和緩，先生當意，敬頌於旬日內來談

國立中央研究院用箋

第　號第　頁

諸公于道咸同光名人集新撰之稿不及登入十五期，當於十六期刊登，先此奉復，即頌

文安

弟[illegible]頓首

四月十五日

中華民國　年　月　日

117. 林语堂致刘半农书信之一

尺寸：纵 26.8 厘米 横 18.1 厘米

笺纸：铅印红框暗格八行“国立中央研究院用笺”

日期：（一九三三年）四月十五日

释文：

半农兄：

得手翰及稿二则，甚快。《林语堂即群言堂（即多话堂）》已登十四期，尊函四月十一所发，云尚未接到，可见发行部之撒烂污。稿费原为多，事乃因《论语》现归邵洵美发行，不得不给，弟乃不得不发，惟有须声明者，即每千字仅三元，名流与无名作家一律。弟正修书向各名流声明此节，你想苦不苦？《白话诗钞》因避标榜之嫌，故作似赞非赞口气，实则已比诸公于道、咸、同、光名人矣。新接之稿，不及登入十五期，当于十六期刊登。先此奉复，即颂文安。

弟语堂 四月十五日

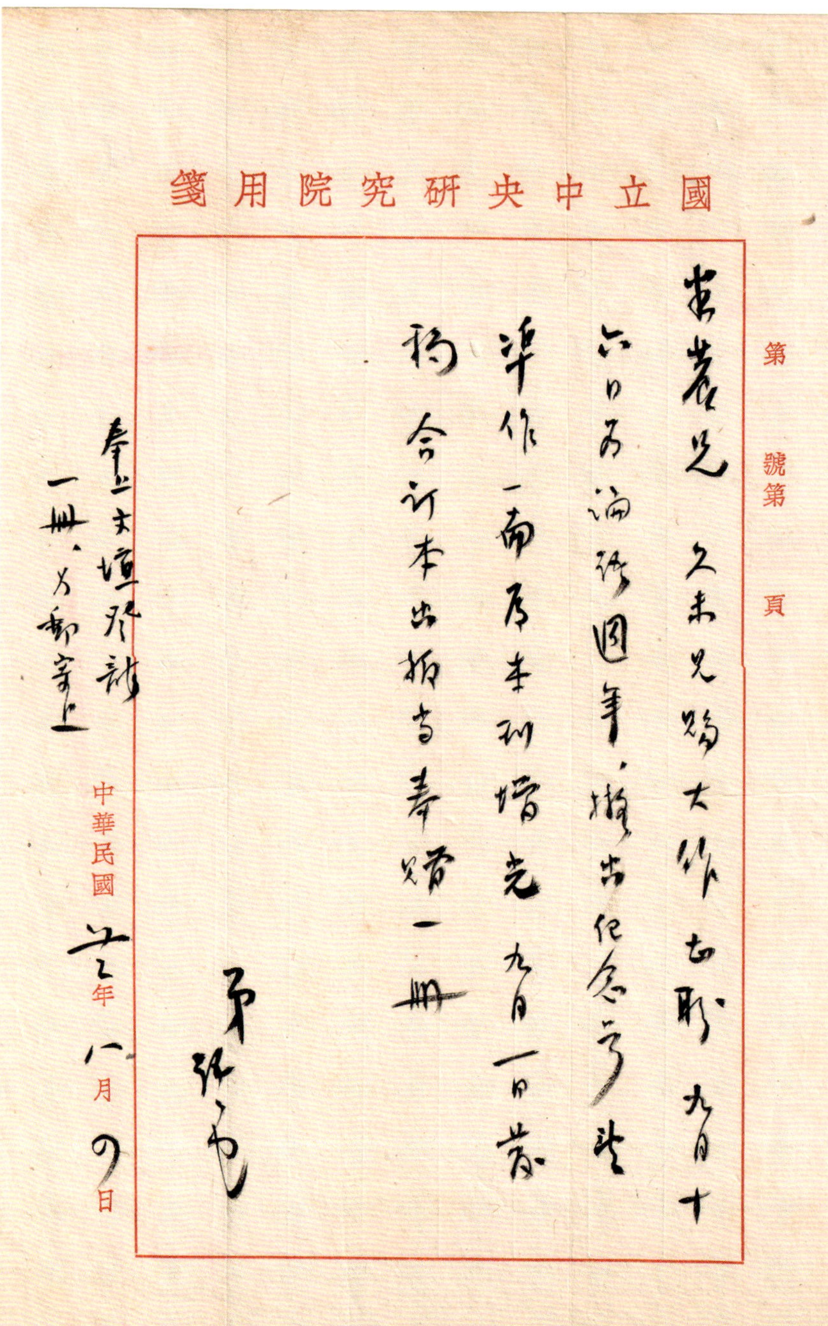
國立中央研究院用箋

第 號第 頁

半農兄 久未見賜大作，甚盼。九月十六日為論語周年，擬出紀念號，望准作一篇為本刊增光，九月一日發稿，合訂本出板當奉贈一冊

弟語堂

中華民國廿二年八月四日

奉上文壇登龍一冊，另郵寄上

118. 林语堂致刘半农书信之二

尺寸：纵 26.8 厘米 横 18.1 厘米

笺纸：铅印红框暗格八行“国立中央研究院用笺”

日期：一九三三年八月四日

释文：

半农兄：

久未见赐大作，甚盼。九月十六日为《论语》周年，拟出纪念号，望准作一篇为本刊增光，九月一日发稿，合订本出板当奉赠一册。

弟语堂 廿二年八月四日

奉上《文坛登龙》一册，另邮寄上。

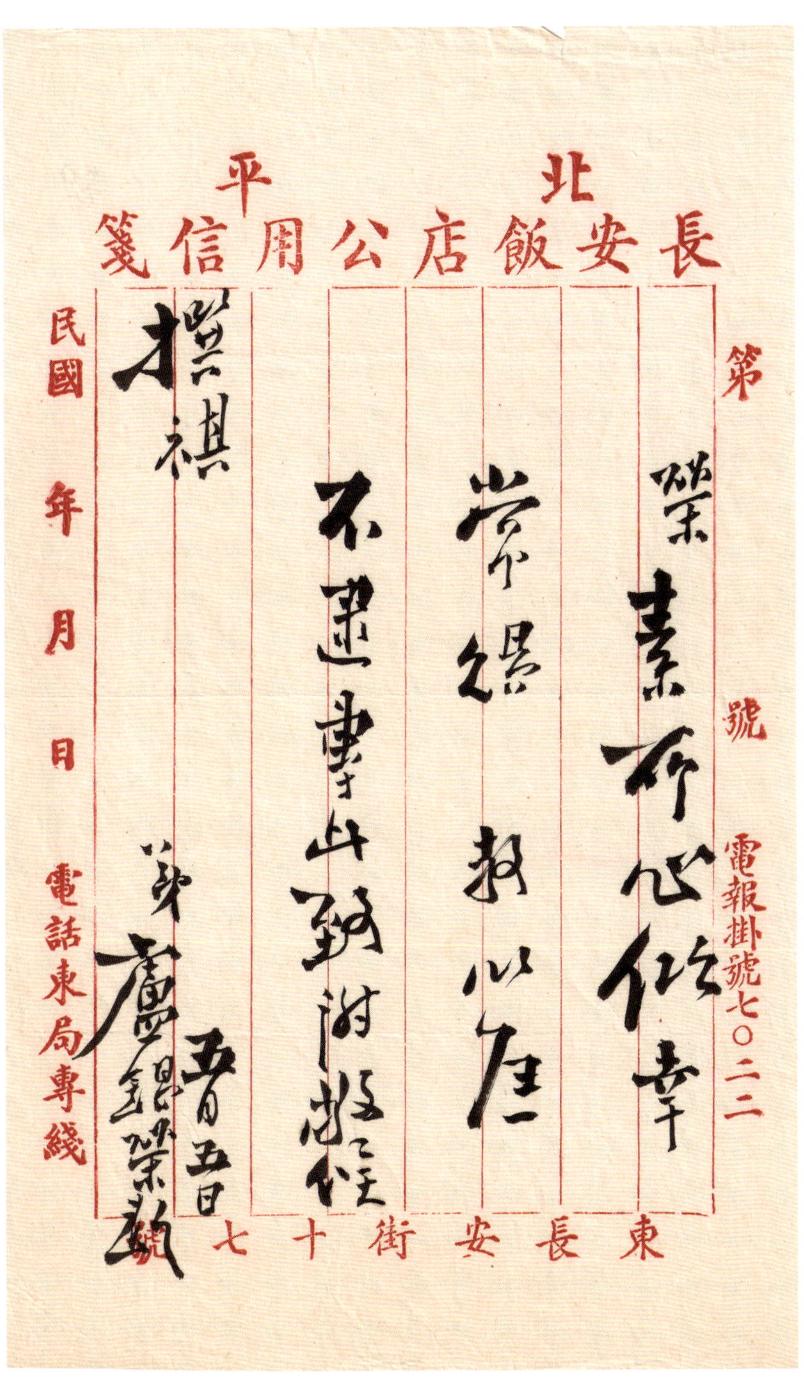
北平
長安飯店公用信箋
第　　號
電報掛號七〇二三
榮素所心傾，幸常賜教，以匡不逮。專此致謝，敬候撰祺。
弟盧錫榮頓首 五月五日
民國　年　月　日
電話東局專線
東長安街十七號

119. 卢锡荣致刘半农书信

尺寸：纵 29.2 厘米 横 18.1 厘米

笺纸：木版印红框格八行“北平长安饭店公用信笺”

日期：五月五日

释文：

荣素所心倾，幸常赐教，以匡不逮。专此致谢，敬候撰祺。

弟卢锡荣顿首 五月五日

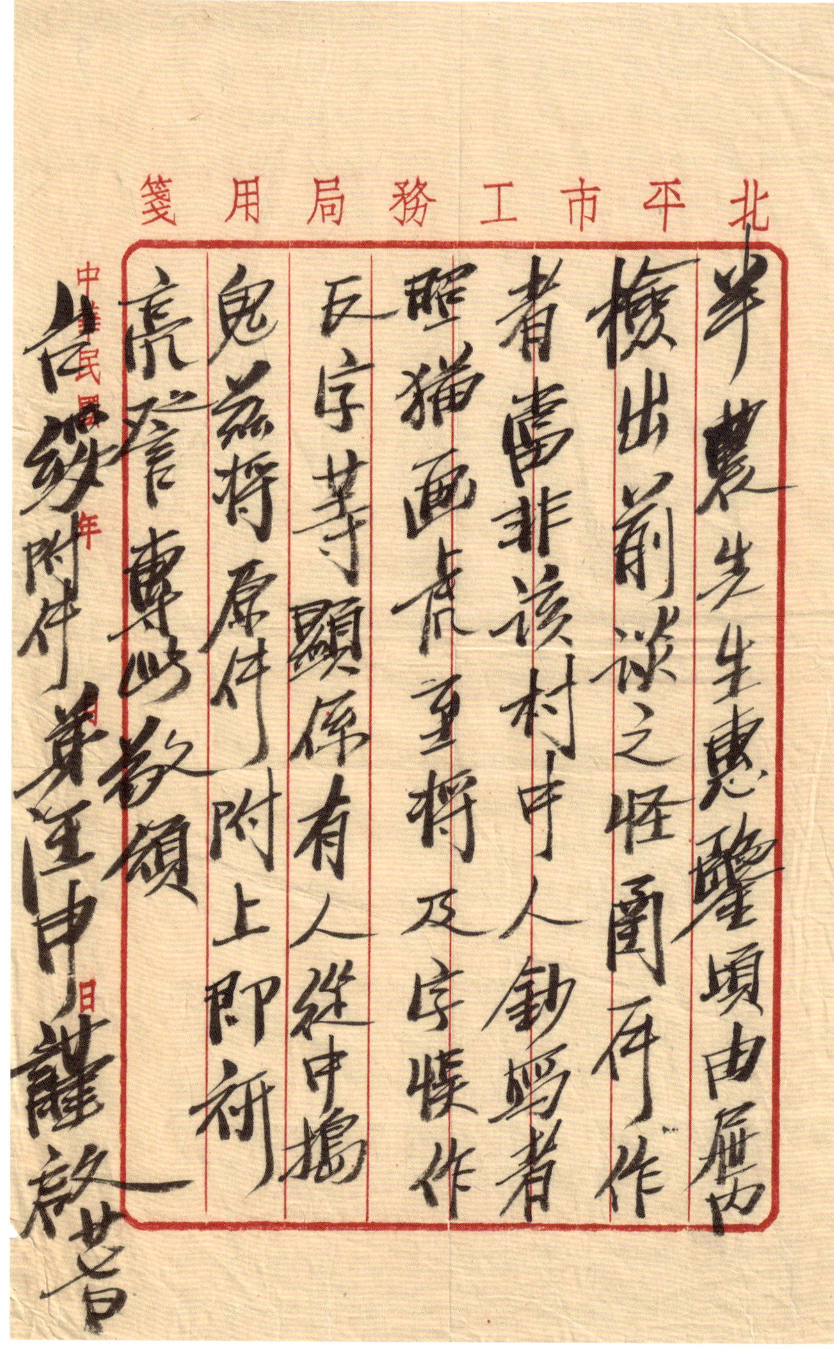

北平市工務局用箋

中華民國　年　月　日

半農先生惠鑒頃由屜內
檢出前談之怪函一件作
者當非該村中人鈔寫者
照猫画虎至將及字悮作
反字等顯係有人從中搗
鬼茲將原件附上即祈
亮詧專此敬頌
台綏附件弟汪申謹啓廿七

120. 汪申致刘半农书信

尺寸：纵 28.3 厘米 横 19 厘米

笺纸：木版印红框格八行“北平市工务局用笺”

日期：廿七日

释文：

半农先生惠鉴：

顷由屉内检出前谈之怪函一件，作者当非该村中人，钞写者照猫画虎，至将“及”字误作“反”字等，显系有人从中捣鬼。兹将原件附上，即祈亮詧。专此，敬颂台绥。附件。

弟汪申谨启 廿七日

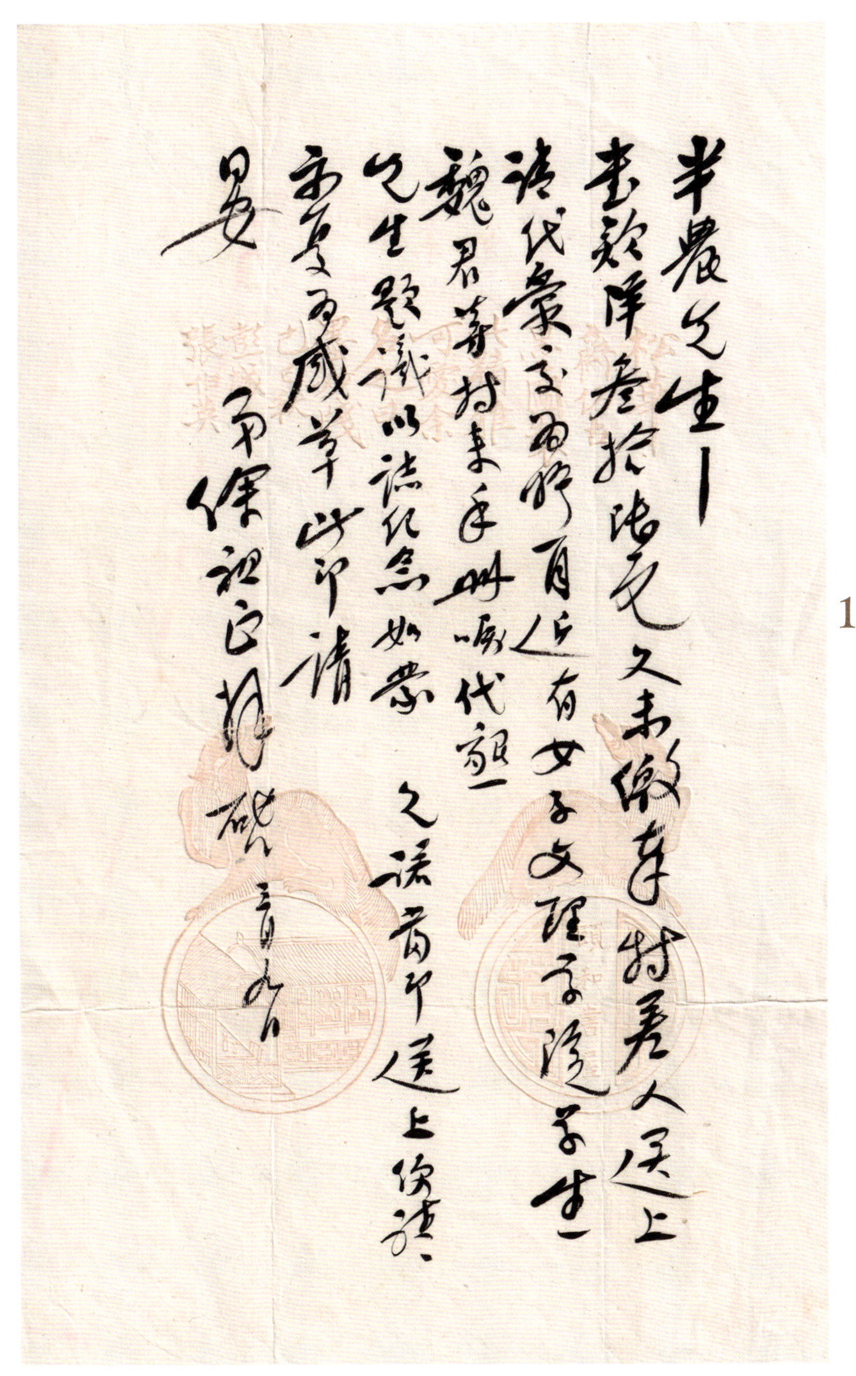

121. 徐祖正致刘半农书信之一

尺寸：纵 27.2 厘米 横 17.2 厘米

笺纸：木版拱花印松华斋制“颐和书屋”仿古墨图笺

日期：三月九日

释文：

半农先生：

书款洋叁拾陆元，久未缴奉，特差人送上，请代汇交为盼。再近有女子文理学院学生魏君等转来手册，嘱代恳先生题识以志纪念，如蒙允诺，当即送上，便请示复为感。草此，即请日安。

弟徐祖正拜启 三月九日

122. 徐祖正致刘半农书信之二

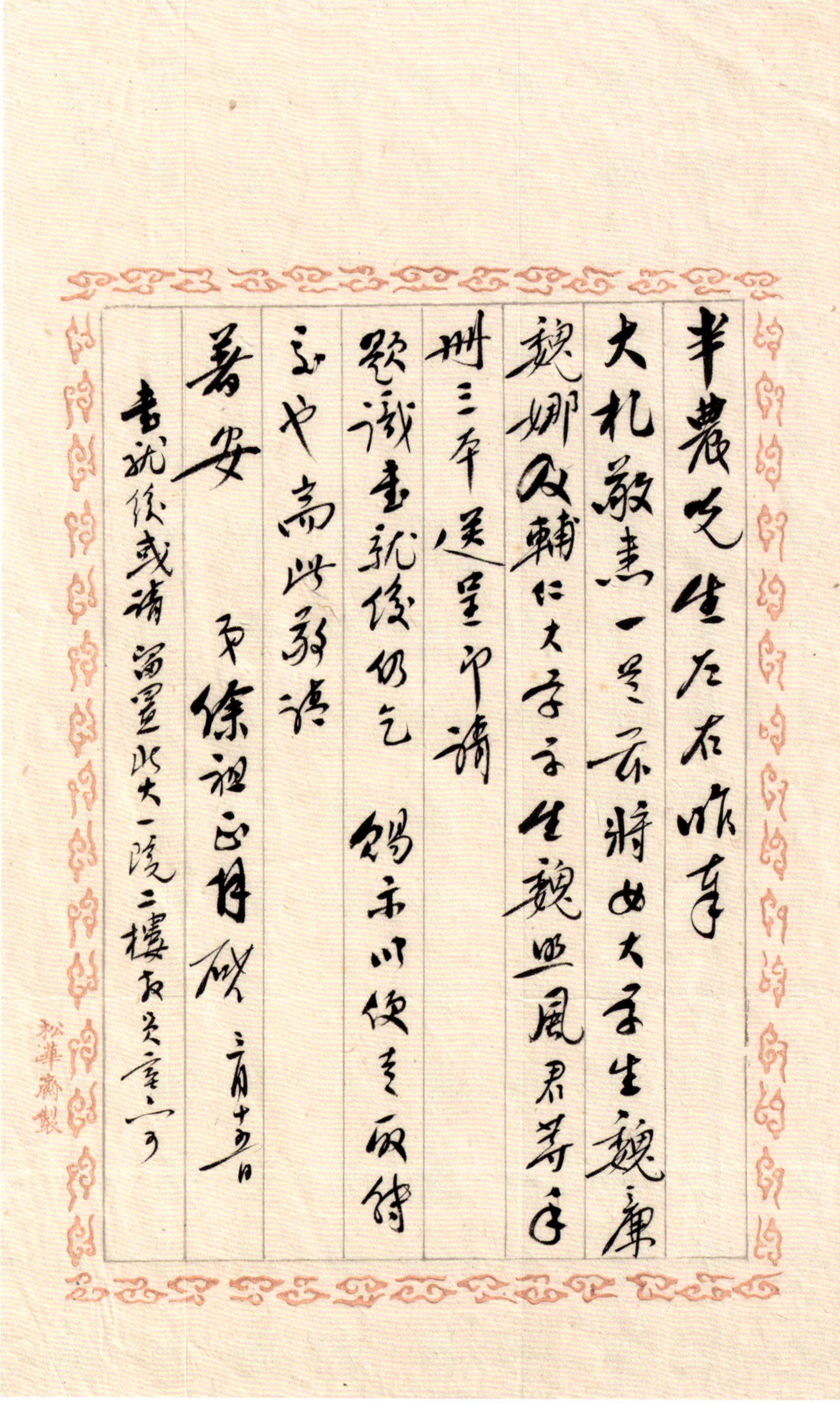

尺寸：纵 27.2 厘米 横 17.2 厘米

笺纸：木版套色印松华斋制回云纹框格八行笺

日期：三月十五日

释文：

半农先生左右：

昨奉大札，敬悉一是。兹将女大学生魏廉、魏娜及辅仁大学学生魏照风君等手册三本送呈，即请题识。书就后仍乞赐示，以便走取转交也。耑此，敬请著安。

弟徐祖正拜启 三月十五日

书就后或请留置北大一院二楼教员室亦可。

半農先生左右昨奉
大札敬悉一是示將女生魏
魏娜及韓仁大字孚生魏照風君等
冊三本送呈印請
題識書就後仍乞賜示以便走函
示也為此敬請
著安　弟徐祖正拜啟　一月十四

教育部用箋

……近以鈞座以考古……

古代文化有所發明闡揚學術

先生之力多焉曩承同學黃仲良

兄交給高昌考古學一輯提綱

挈領條例分明並交古物照片存

張尤足珍貴現雖承乏南京古

物保存所建樹毫無且限於經

中華民國　年　月　日

教育部用箋

第　頁

費頗難發展因以為憾函祈

不棄鄙見懇將西北歷來考察

刊物並古物照片源源

賜交俾供衆覽而資研究甚望

先生鼎力贊助並指導之如

除由敝所備函

貴國外部再函懇即乞

中華民國

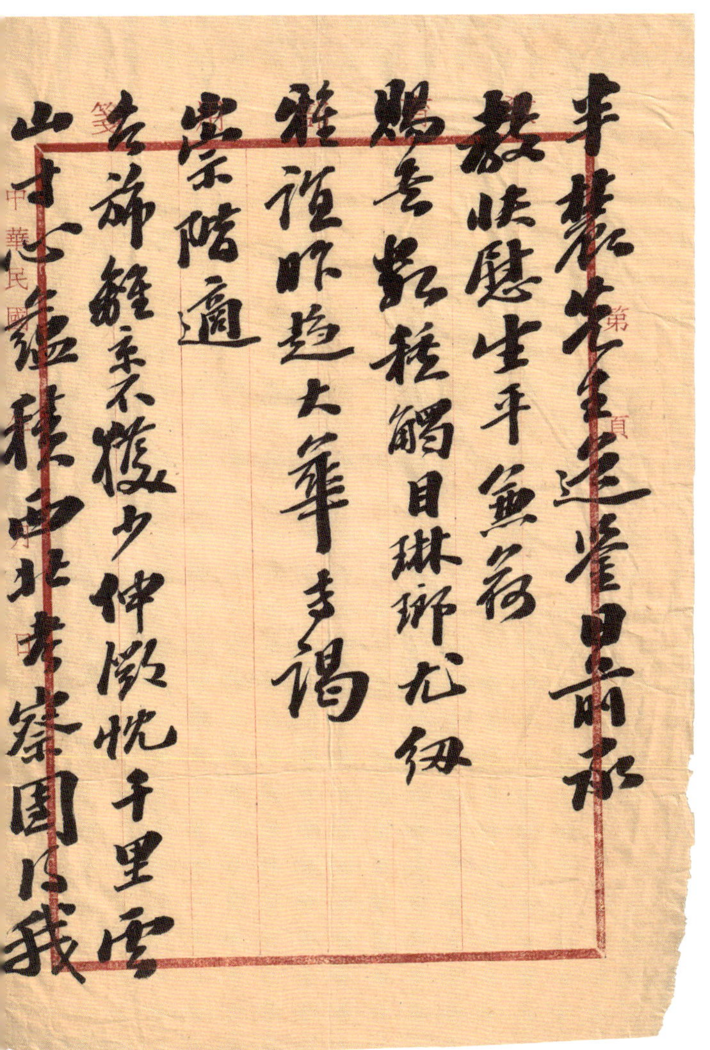

123. 舒楚石致刘半农书信（残）

尺寸：纵 28.8 厘米 横 20.8 厘米

笺纸：铅印红框格八行“教育部用笺”

日期：十二月四日

释文：

半农先生道鉴：

日前承教，快慰生平，兼荷赐书数种，触目琳琅，尤纫雅谊。昨趋大华，专谒崇阶，适台旆离京不获，少伸微忱，千里云山，寸心蕴积。西北考察团得我公主持，遐迩咸钦，历次发掘均于古代文化有所发明，阐扬学术，先生之力多焉。曩承同学黄仲郎兄惠赠《高昌考古学》一辑，提纲握领，条例分明，并惠古物照片十余张，尤足珍贵。宝现虽承乏南京古物保存所，建树毫无，且限于经费，颇难发展，因以为愧，至祈不弃葑菲，恳将西北历来考察刊物并古物照片源源赐惠，俾供众览，而资研究。甚望先生鼎力赞助，并指导之也。除由敝所备函贵团外，特再函恳，即乞……

124. 傅斯年致刘半农书信之一

尺寸：纵 27.8 厘米 横 17.6 厘米

笺纸：木版印红框“国立中央研究院历史语言研究所”笺

日期：（一九三二年）

释文：

半农我兄：

宽甫来信，请一看。如能留二十份（□值）固好，否则请兄直复杏佛一信为感。老萧以尊示见示，弟询之，知是红印本事，此事似当照第一辑办法，请示明，以便照办（弟忘了第一辑如何办也）。敬颂日安！

弟斯年

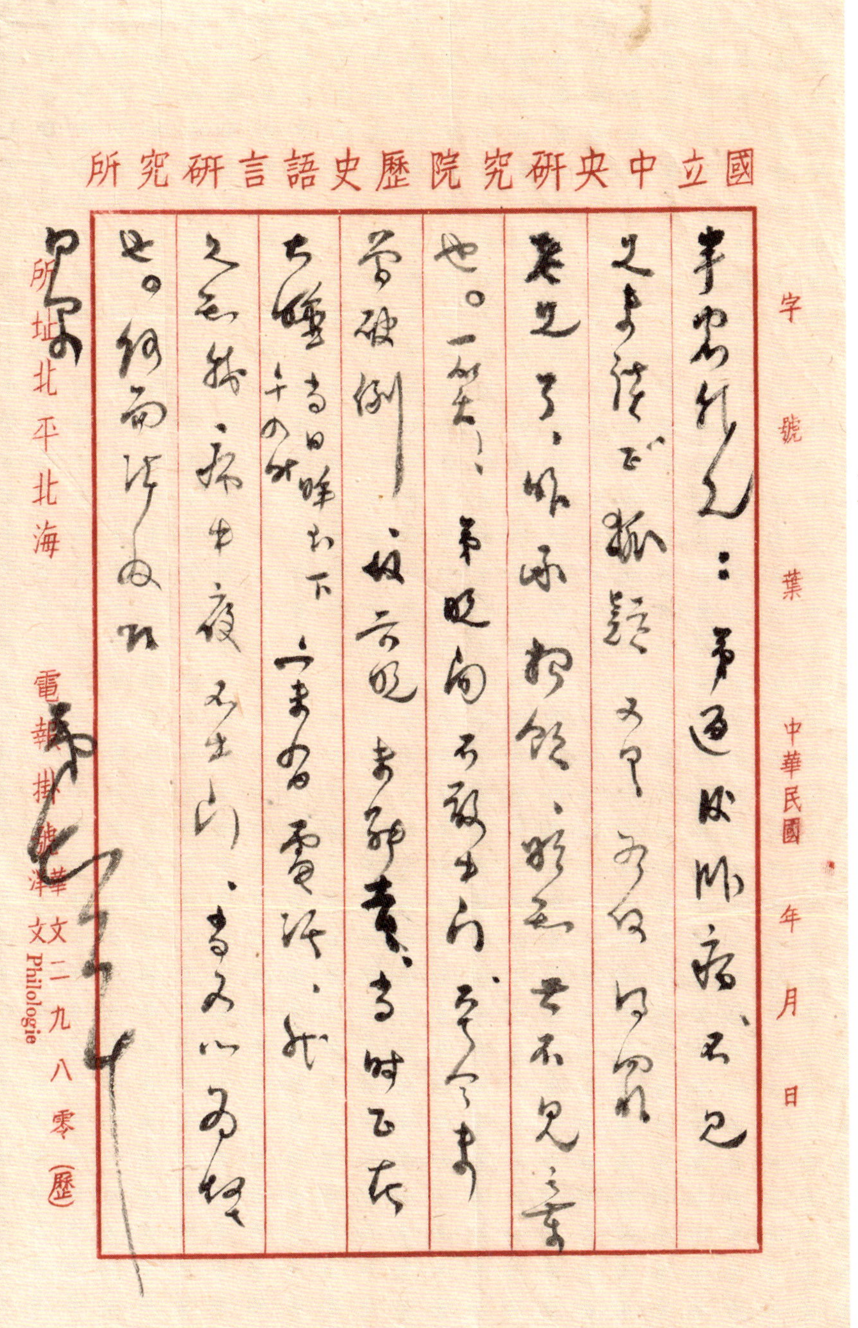

125. 傅斯年致刘半农书信之二

尺寸：纵 29.5 厘米 横 19.7 厘米

笺纸：木版印红框格“国立中央研究院历史语言研究所”八行笺

日期：不详

释文：

半农我兄：

弟返后卧病，不见兄来谈，正狐疑又是如何得罪老兄了。昨承招饮，始知君不见弃也。一笑！弟晚间不敢出门，至今未曾破例，故前晚未能去，当时正在大睡（当日睡到下午四时），亦未有电话。然兄知我病中夜不出门，当不以为怪也，何而诸如？颂日安。

弟斯年

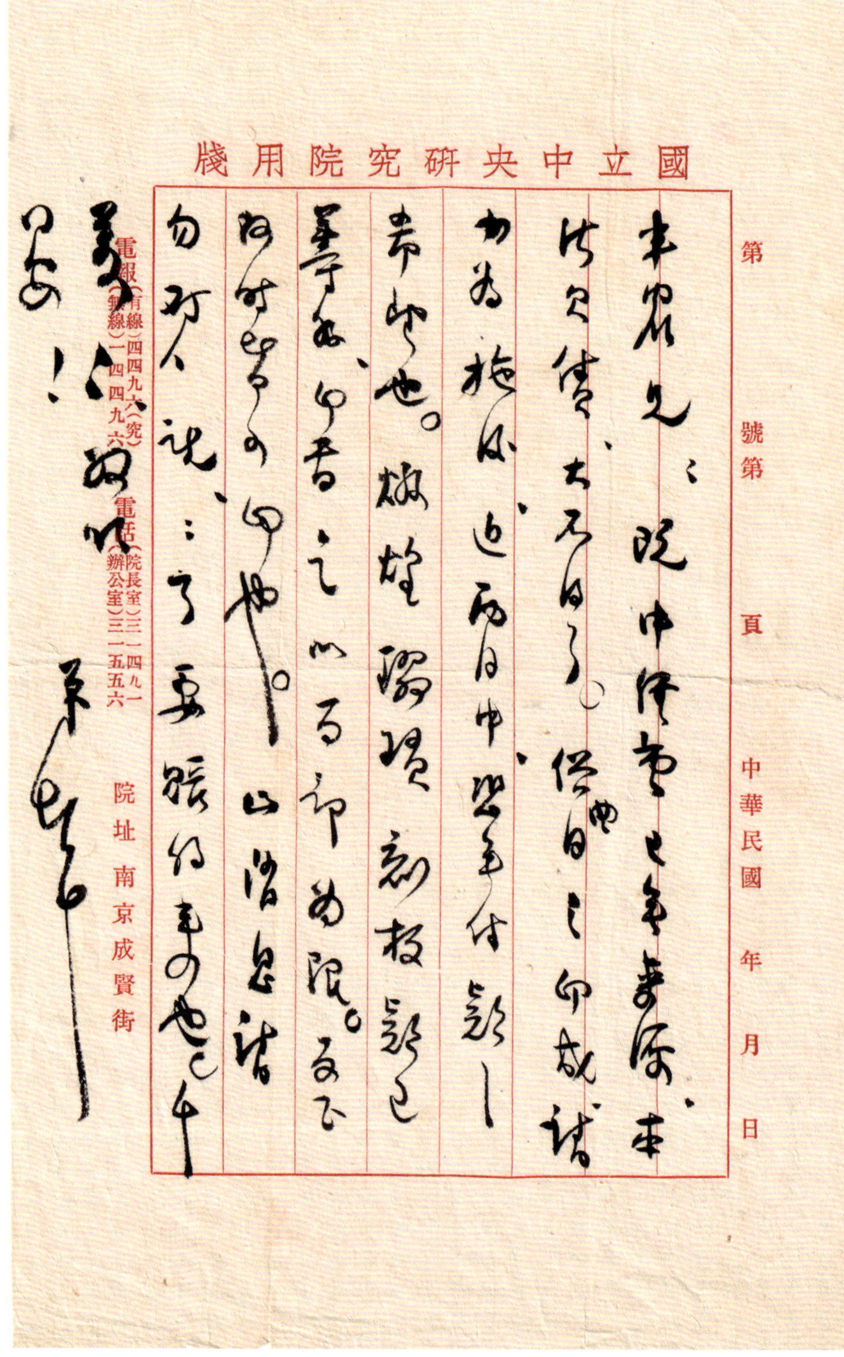

國立中央研究院用牋

第　號第　頁

中華民國　年　月　日

電報（有線）四四九六（究）（無線）一四四九六　電話（院長室）三一四九一（辦公室）三一五五六

院址　南京成賢街

126. 傅斯年致刘半农书信之三

尺寸：纵 27.6 厘米 横 18 厘米

笺纸：铅印红框格八行“国立中央研究院用笺”

日期：一九三二年

释文：

半农兄：

院中经费已无来源，本所欠债，大不得了。《俗曲目》之印成，请切为拖后，近两月中，恐无付款之希望也。《燉煌掇琐》刻板款已筹好，印书乞以百部为限，反正何时皆可印也。此消息请勿对人说，说了要账的来也，千万千万。敬颂日安！

弟斯年

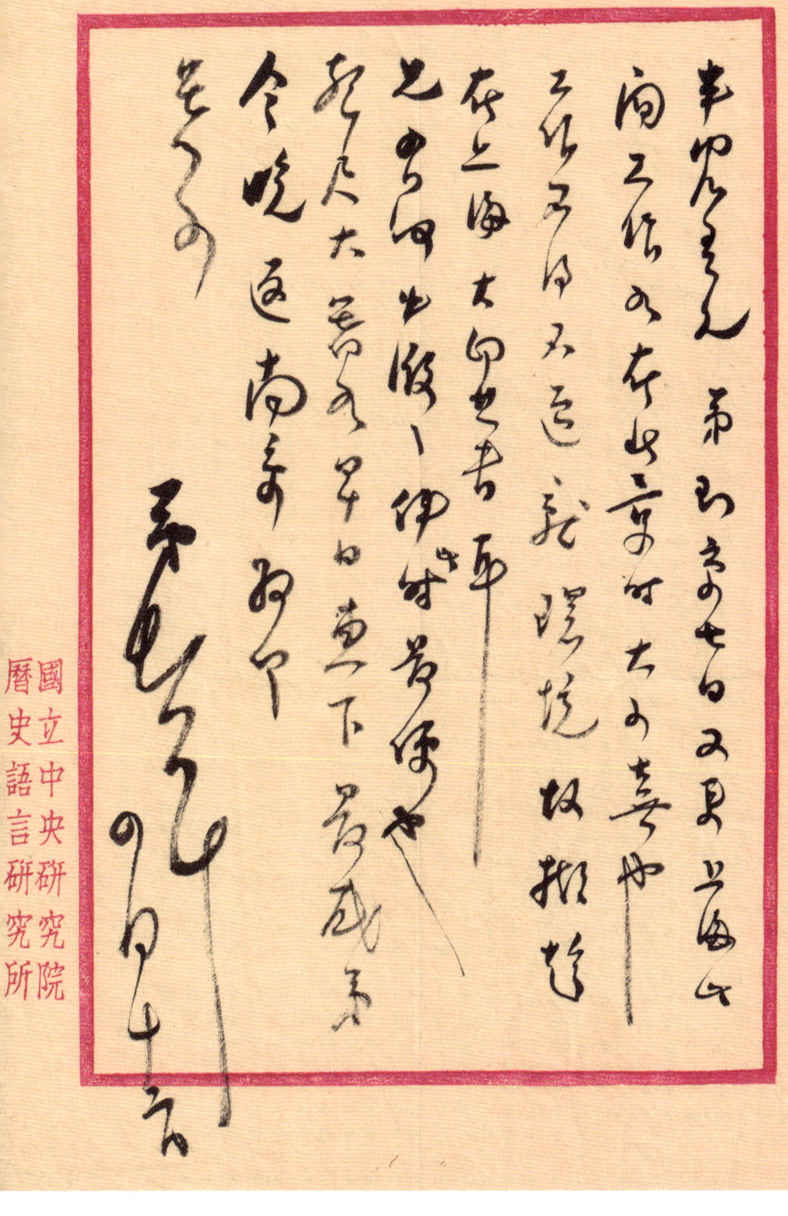

127. 傅斯年致刘半农书信之四

尺寸：纵 27.8 厘米 横 17.6 厘米

笺纸：木版印红框“国立中央研究院历史语言研究所”笺

日期：（一九三三）年四月十二日

释文：

半农吾我兄：

弟到京七日，又来上海。此间工作如在北京时，大可喜也。工作不得不迁就环境，故拟趁在上海大印其书耳。兄有何出版之件，此时最便也。《声尺》大著，如早日惠下，最感。弟今晚返南京，敬叩著安。

弟斯年 四月十二日

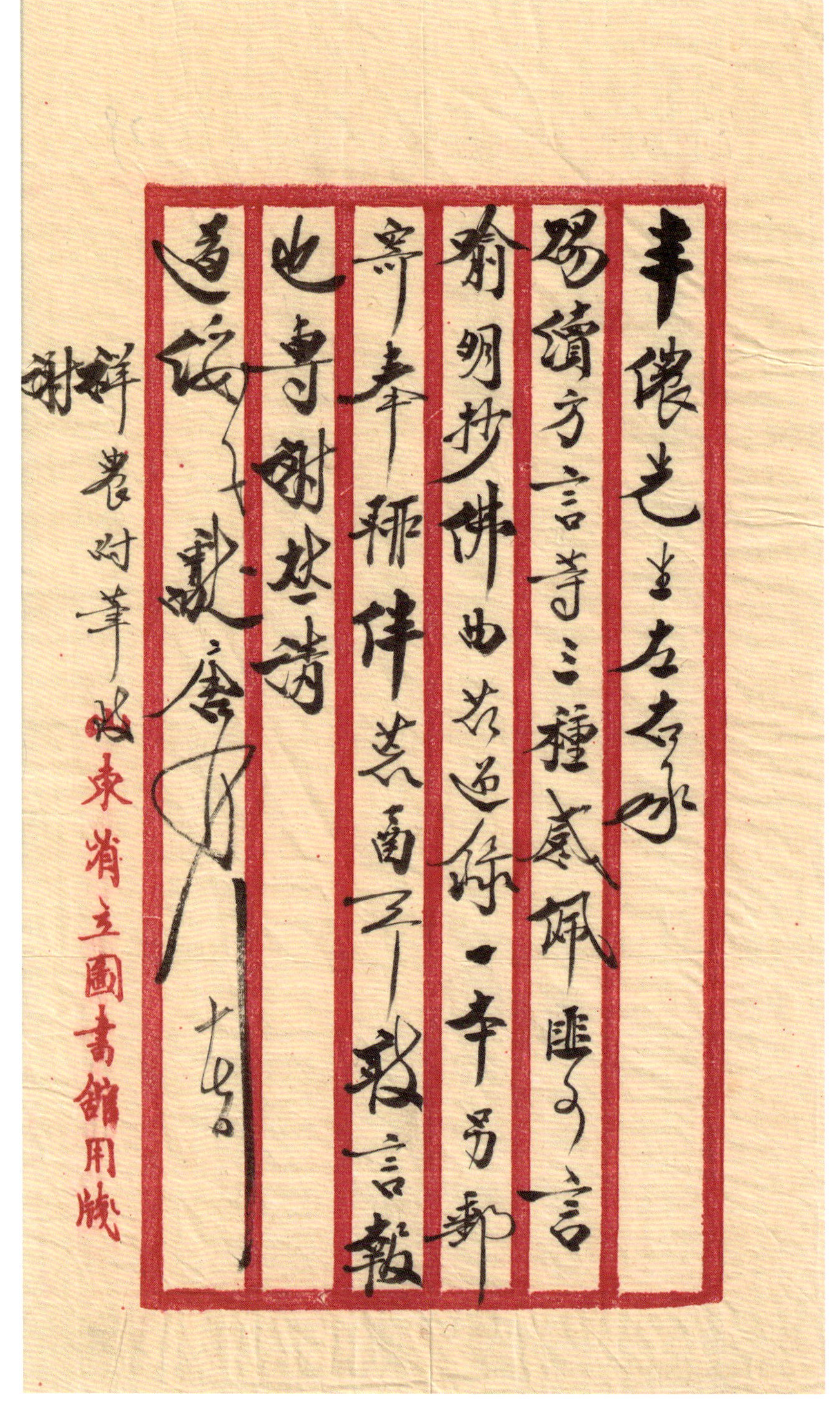
半儂先生左右：承賜續方言等三種，感佩匪可言喻。明抄佛曲節選録一本，另郵寄奉，聊伴荒函，予敢言報也。專謝，並請道綏。

獻唐再拜 十七日

祥農附筆致謝

山東省立圖書館用牋

128. 王献唐致刘半农书信之一

尺寸：纵 27.9 厘米 横 15.5 厘米

笺纸：木版印红框格六行“山东省立图书馆用笺”

日期：十七日

释文：

半侬先生左右：

承赐《续方言》等三种，感佩匪可言喻。明抄《佛曲节选録》一本，另邮寄奉，聊伴荒函，予敢言报也。专谢，并请道绥。

王献唐再拜 十七日

祥农附笔致谢。

函之文唐末写本（武后之代）太子入山修

道赞前函
先生言及其影片现已取来，如欲
翻一照片或摹写一本，或议值购
之，均请
尊便。弟近中收得破碎宋元明三
朝刻本经典数箱，内有一小册系

法长司写本玉枢宝经书前列抄
一书，似宝卷，有七言韵文，有说白，以
今之鼓词，内言叶三郎（前半似本于妙英传）由息奴娘
子求佛入道之事，首无书名。弟于此
道为门外汉，向无研究，望
先生教我，勿吝教。请
撰安
王献唐 十一

129. 王献唐致刘半农书信之二

尺寸：纵 27.9 厘米 横 15.5 厘米

笺纸：木版印红框格六行“山东省立图书馆用笺”

日期：不详

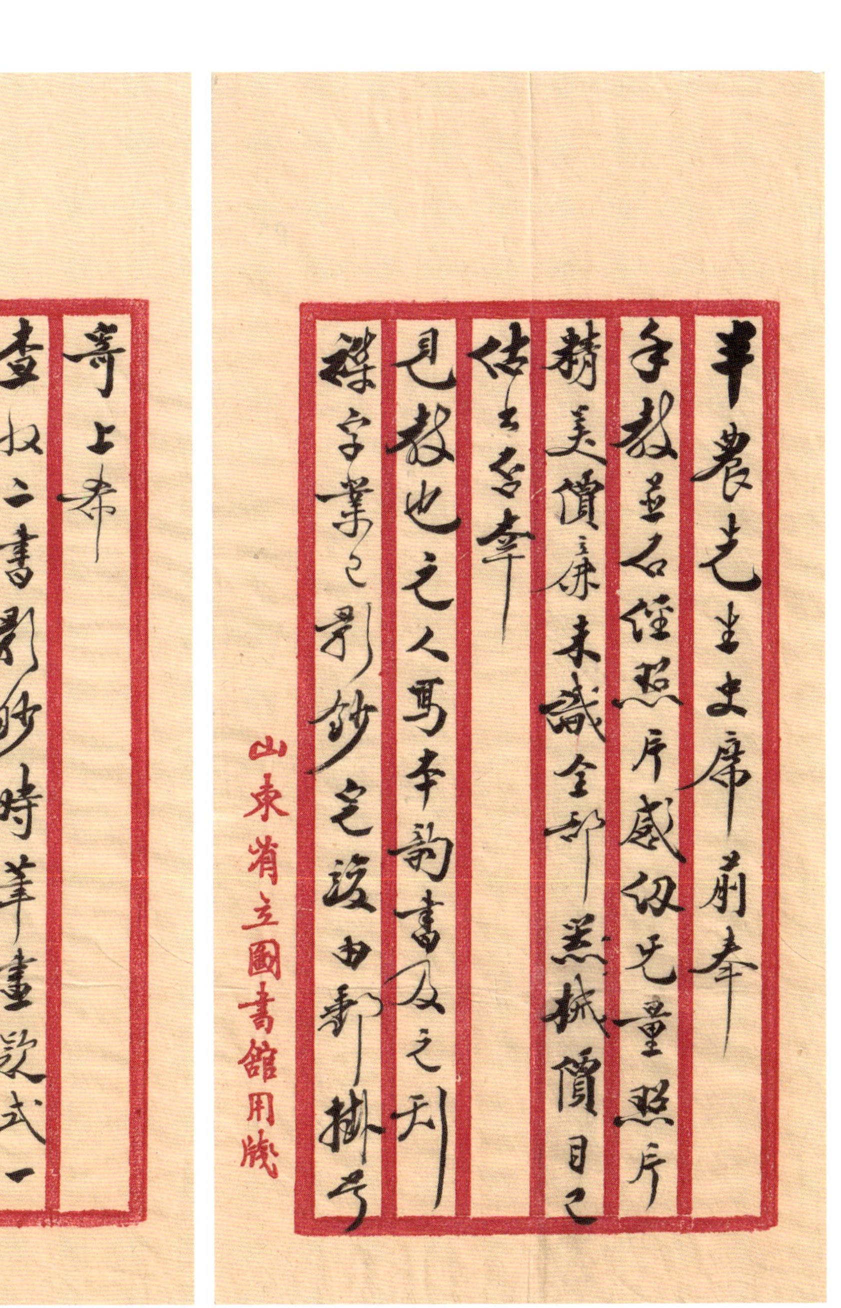

半農先生史席：前奉
手教并石經照片，感紉無量。照片
精美價廉，未識全部器械價目已
估出否？幸
見教也。元人寫本韻書及元刊
集字業已影鈔完竣，由郵掛號
山東省立圖書館用牋

寄上，希
查收。二書影鈔時，筆畫款式一
如原本，雖較費力，頗為忠實。因係

释文：

半农先生史席：

前奉手教并石经照片，感纫无量。照片精美价廉，未识全部器械价目已估出否？幸见教也。元人写本《韵书》及元刊《集字》业已影钞完竣，由邮挂号寄上，希查收。二书影钞时，笔画款式一如原本，虽较费力，颇为忠实。因系雇人为之，其纸张亦系自备，可否予以八元之钞资？希酌定。又唐末写本(或系五代)《太子入山修道赞》，前与先生言及，其影片现已取来，如欲翻一照片，或摹写一本，或议值购之，均请尊便。弟近中收得破碎宋、元、明三朝刻本经典数箱，内有一小册，系洪武间写本《玉枢宝经》，书背别钞一书似《宝卷》，有七言韵文、有说白，如今之鼓词，内言叶三郎与息奴娘子求佛入道之事，首无书名(前半似未钞或佚失)。弟于此道为门外汉，向无研究，望先生教我。匆匆，敬请撰绥。

王献唐再拜

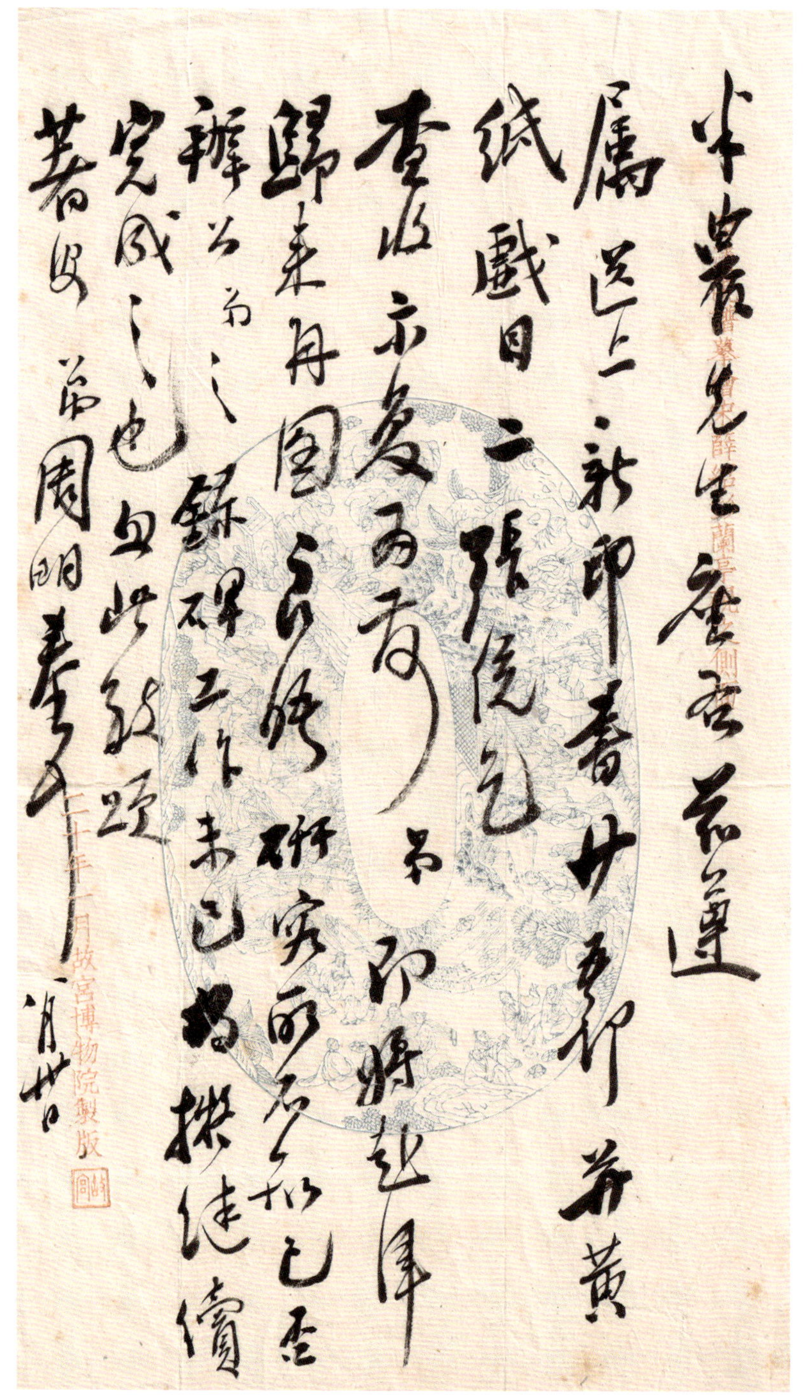

130. 周明泰致刘半农书信之一

尺寸：纵 28.1 厘米 横 16.6 厘米

笺纸：木版套色印民国二十年一月故宫博物院制摹绘《西清砚谱》笺之宋薛绍彭兰亭砚之侧面

日期：八月卅日

释文：

半农先生座右：

兹遵属送上新印书廿五部，并黄纸戏目二张，统乞查收，示复为荷。弟即将赴洋，归来再图良晤。研究所不知已否办公？弟之录碑工作未已，尚拟继续完成之也。匆此，敬颂著安。

弟周明泰顿首 八月卅日

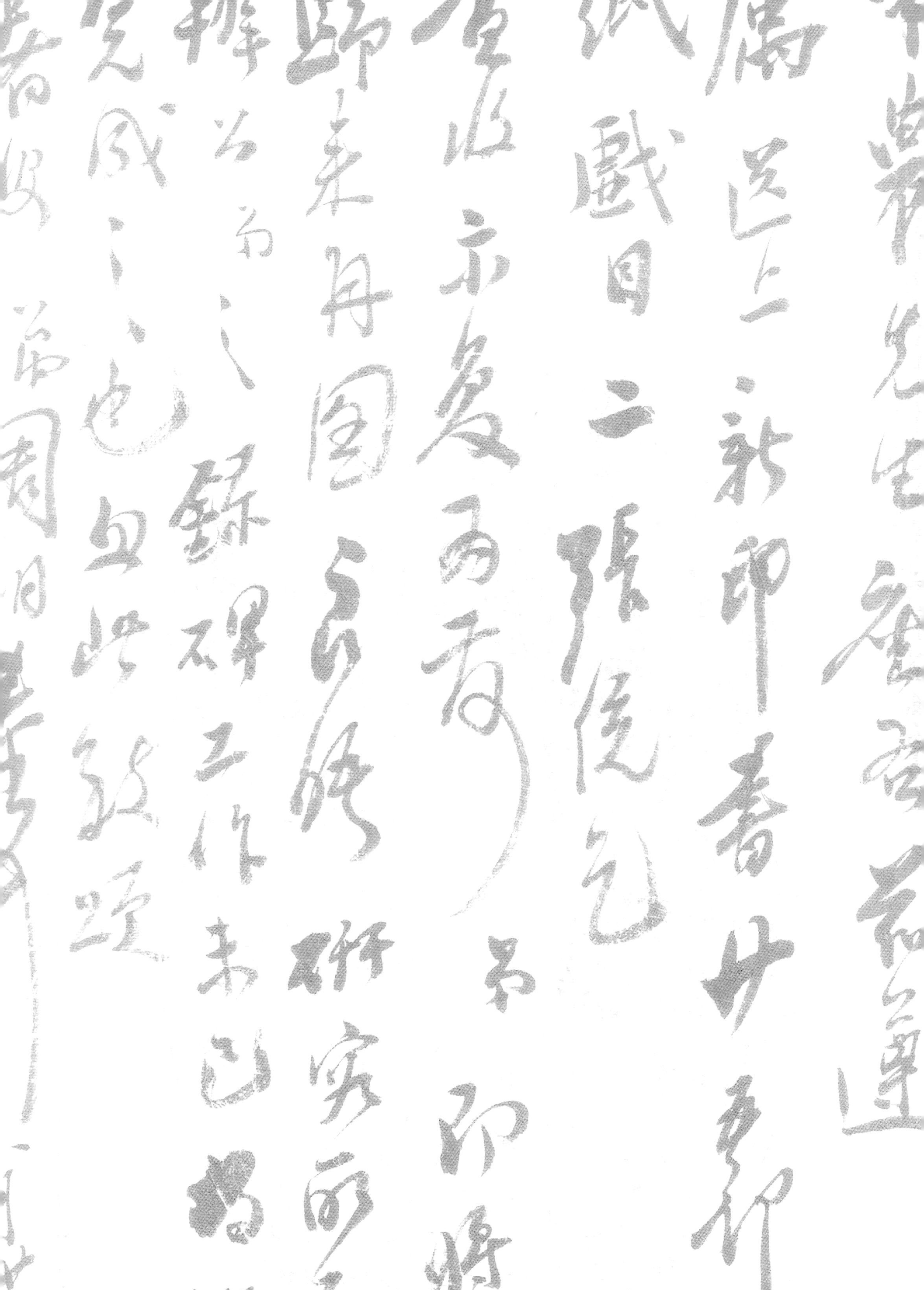

叔絅讓價也　弟此次所收平齋

劉氏校印之所代所收其價頗公

道一二種

之所開知之茲叔遠先生經理主

果盤謂即收

賜見是爲幸此致

撰安　弟　周[illegible]上　九月廿日

西清續鑑著錄宋[illegible]蘭亭圖[illegible]之側面

二十年一月故宮博物院製版

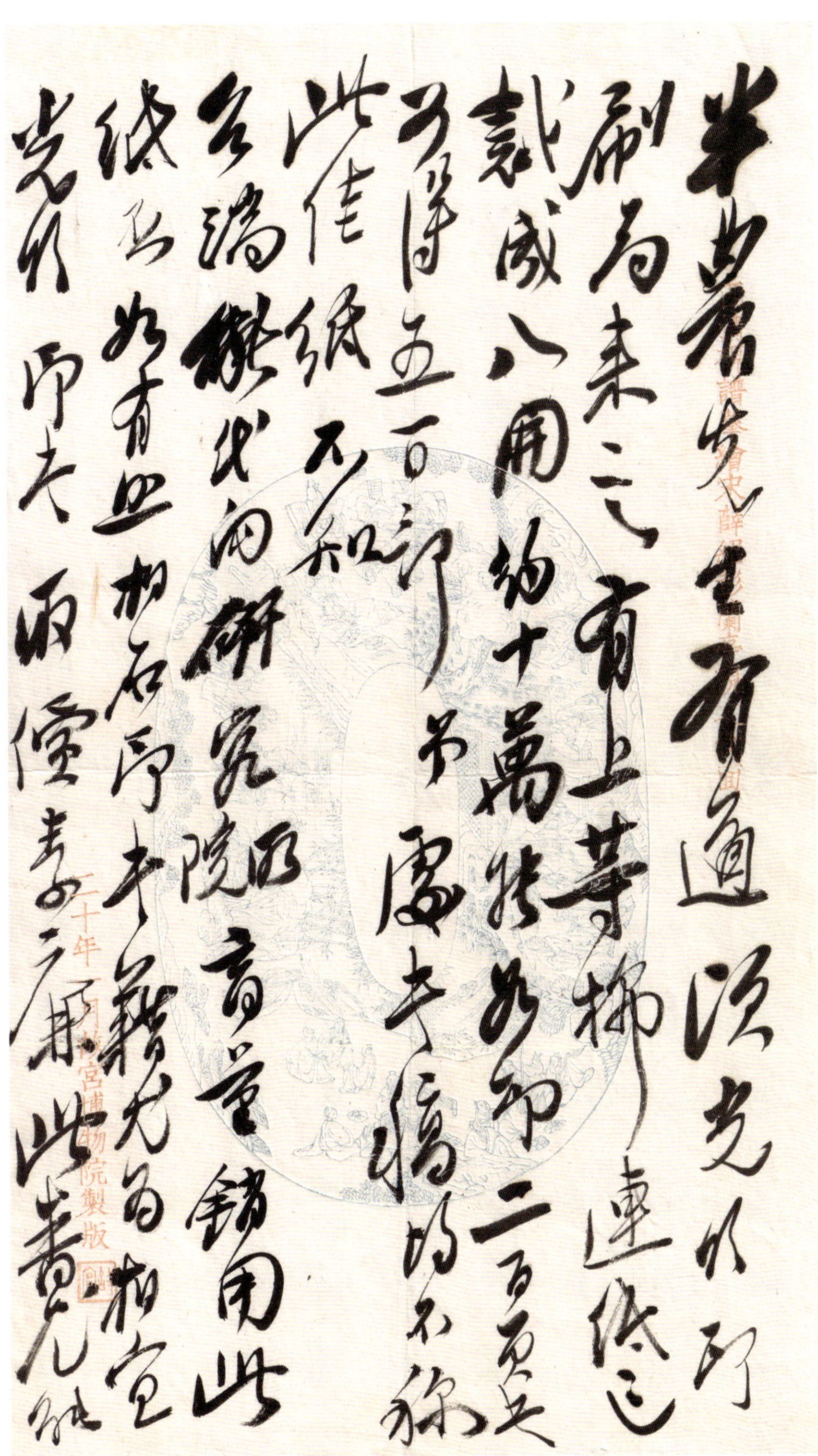

131. 周明泰致刘半农书信之二

尺寸：纵 28.6 厘米 横 16.6 厘米

笺纸：木版套色印民国二十年一月故宫博物院制摹绘《西清砚谱》笺之宋薛绍彭兰亭砚之侧面

日期：七月廿七日

释文：

半农先生有道：

顷光明印刷局来言，有上等棉连纸，已裁成八开，约十万张，如印二百页书，可得五百部。弟处书稿均不称此佳纸，不知台端能代向研究所、研究院商量销用此纸否？如有照相石印书籍，尤为相宜。光明印书，取偿素廉，此番尤能特别让价也。弟此次印《北平戏剧史材》，即光明代印者，其价颇公道，亦我公所闻知也。兹特遣光明经理王君趋谒，即祈赐见是荷。专此，敬颂撰安。

弟周明泰顿首 七月廿七日

羅氏所藏已讓歸北大研究
所，不知研究所既生高年得

目錄未見，至今寺內容諒五
六八頭之排佳，從調查碑額
際也，便而不乘已家
擺就在前錫
於古物而於以為代表家少所
此處，與其隨前配合不是佛
頭，為小集故之

天含正面
秦陶閣藏

收此體檔，以切拓，查合在備有可能
為行
只示尚為乞告知近日上
尊處一談，家兄年來木專多對於古
物方面，興致以開研究，決不
居而前後，或多計其值也，特此
奉聞，敬頌
撰安
弟周作人上 五月廿日

秦陶閣藏

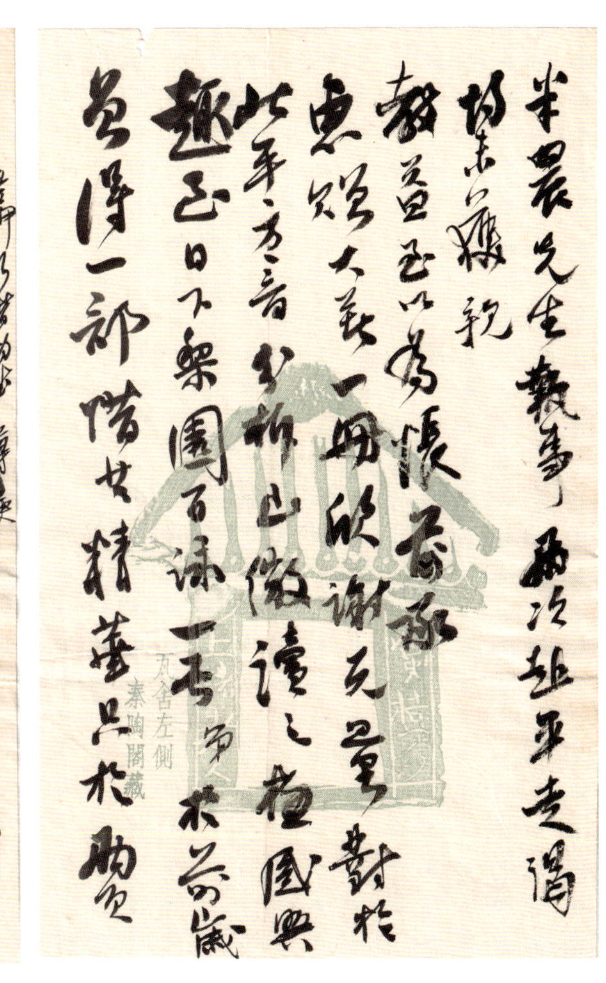

132. 周明泰致刘半农书信之三

尺寸：纵 24.7 厘米 横 15.7 厘米

笺纸：木版印秦陶阁藏瓦舍四面笺

日期：一月十四日

释文：

半农先生执事：

两次赴平走谒，均未获亲教益，至以为怅。前承惠赠大著一册，欣谢无量。对于《北平方音分析》已微读之，极感兴趣。至日下《梨园百咏》一书，弟于前岁曾得一部，惜其精华只于两页目录中尽之，若书中内容皆五言八韵之排律，滥调无裨实际也。便面不知已蒙挥就否？前恳法书两面者，以当代画家少所心折，与其强为配合，不异佛头着粪，故乞公一手作成之也（无论行、楷，均听尊便）。区区之意，谅不见却。兹有恳者，家兄季木，藏有高邮王氏父子手稿书册，系谈书杂志及经义述闻，原底皆罗叔言所未收者。罗氏所有已让归北大研究所，不知研究所现在尚有余力收此剩稿以期璧合否？倘有可能，尚祈见示，弟当函告其送至尊处一观。家兄季木素日对于古物方面愿公开研究，决不居为奇货多计其值也。特此奉商，祇颂撰安。

弟周明泰顿首 一月十四日

133. 孟寿椿致刘半农书信

尺寸：纵 30.5 厘米 横 23 厘米

笺纸：木版印红框格八行“上海大东书局用笺”

日期：一九三二年七月八日

释文：

半侬先生：

大著《反日救国的一条正路》一篇，早已编入《现代学生》第二卷第一期，适值沪战影响，致本志停顿，于本月一号始行出版，很觉抱歉。兹送上一册（以后各期仍当陆续奉赠），并稿费廿二元（以每千字五元计算），即请查收为荷。再，本志以后即由椿负责编辑，倘蒙随时指教并赐大作，不胜感盼。耑此，即颂撰安。

弟寿椿顿首 七 . 八

《现代学生》杂志一册另邮寄呈。

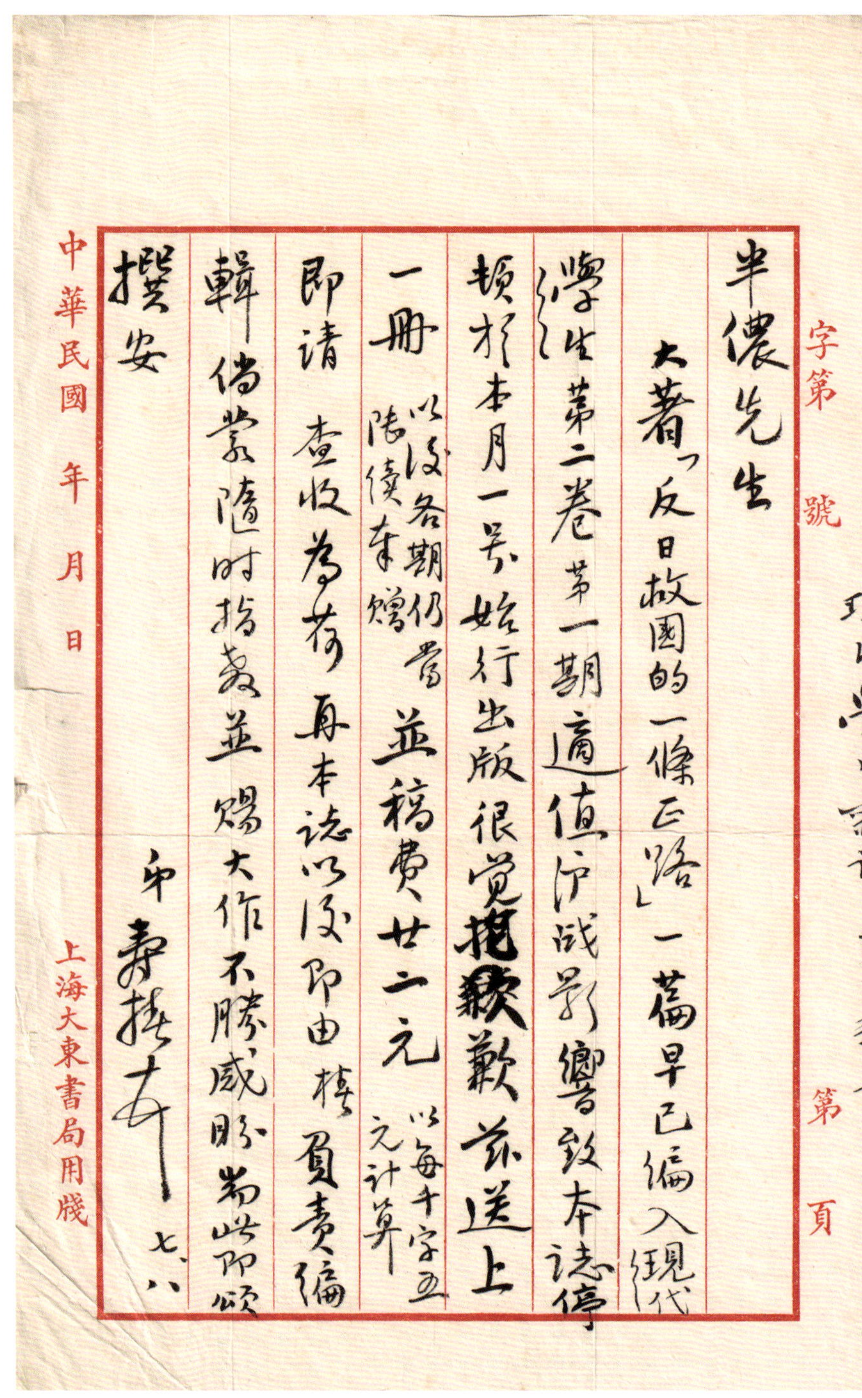
字第 號

第 頁

半儂先生

大著「反日救國的一條正路」一篇早已編入「現代學生」第二卷第一期適值沪战影響致本誌停頓於本月一号始行出版很覺抱歉茲送上一冊（以後各期仍當陸續奉贈）並稿費廿二元（以每千字五元計算）即请查收為荷再本誌以後即由椿負責編輯倘蒙隨时指教並賜大作不勝感盼耑此即頌撰安

弟壽椿頓首 七、八

中華民國 年 月 日

上海大東書局用牋

大著「反日救国的一条出路」一篇

学生第二卷第一期适值沪战影响

顿於本月一号始行出版很觉抱歉

一册（以后各期仍当陆续奉赠）并稿费廿二元

即请 查收为荷 再本志以后即由

辑 傥蒙随时指教并赐大作不胜

[illegible]安

中学生

小學生閱讀者，將來備參考採作教材，列為中國音樂家故事之一，不但可激勸後生，努力向學，並可因而造成相當人材，繼天華先生之志，更發揚光大之，為中國音樂界爭一口氣，亦吾幸也。先生以為然乎？務懇不吝賜教為禱！

此即頌

諸安

沈百英

回示賜寄「上海棋盤街商務印書館總管理處編審委員會沈收」

134. 沈百英致刘半农书信

尺寸：纵 20.2 厘米 横 16.5 厘米

笺纸：笔记本内页纸

日期：（一九三二年六月）

释文：

半农先生大鉴：

顷阅报端，惊悉令弟天华盍然长逝，闻之曷胜悼惜！天华先生之音乐，曾于十余年前同在开封讲演时领教过矣。其艺术之精深，一曲未终，已能令人神往。并忆当时在演讲之余，互相谈天，天华先生自述其苦学经过，或足以令人发嚎，或足以令人警惕，诚国内有数之人才也。兹有进者，先生为文坛泰斗，能否为令弟作一极浅显之小传，可供高小学生阅读者，将来备各校采作教材，列为中国音乐家故事之一。不但可激励后生，努力向学；并可因而造成相当人材，能继天华先生之志，更发扬光大之，为中国音乐界争一口气，亦善举也。先生以为然乎？敬候不吝赐教为荷！专此，即颂讲安。

沈百英

回示赐寄［上海棋盘街商务印书馆总管理处编审委员会 沈 收］

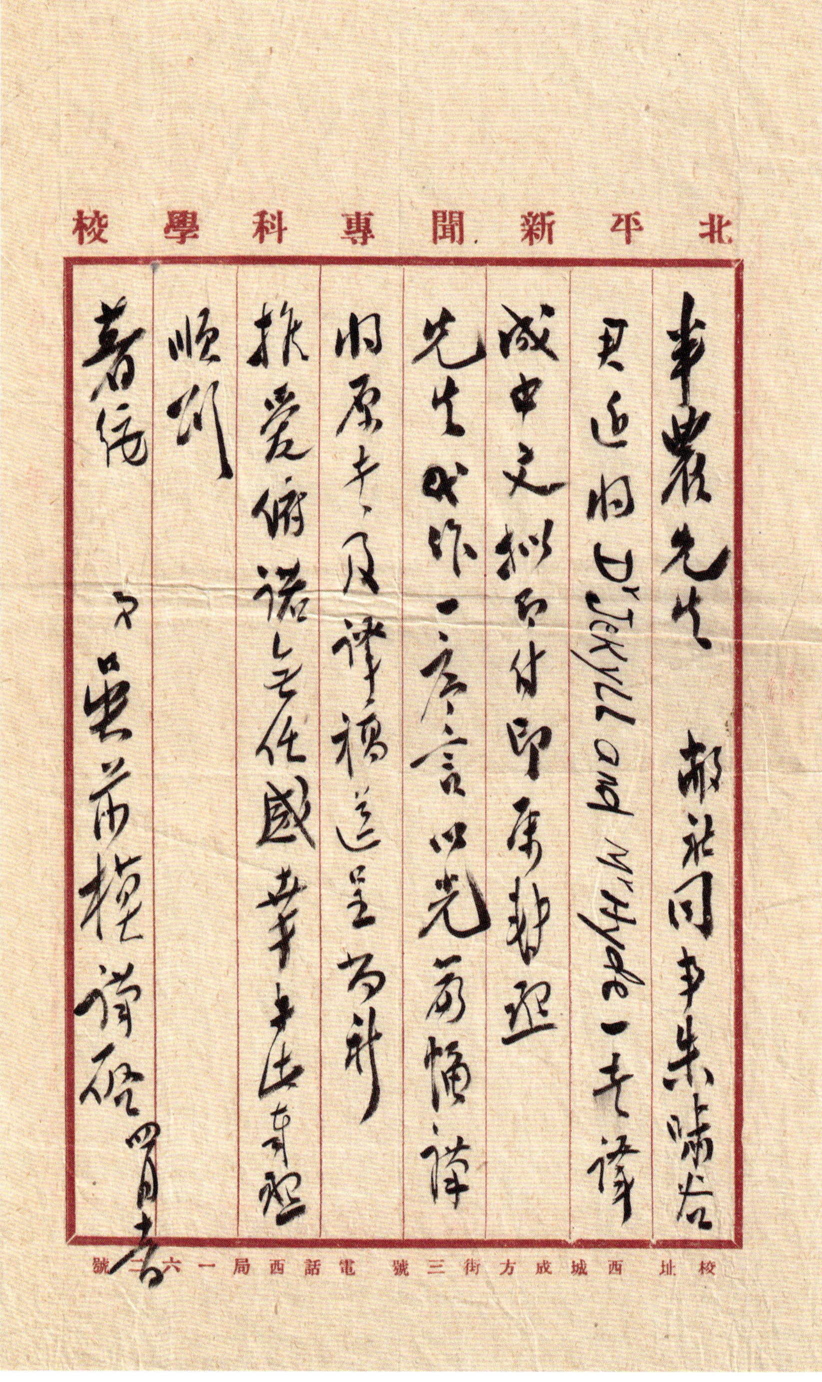
北平新聞專科學校

半農先生：
敝社同事朱啸谷君近將Dr Jekyll and Mr Hyde一書譯成中文，擬即付印，屬轉懇先生代作一序言，以光篇幅。謹將原書及譯稿送呈，尚祈推愛俯諾，無任感幸。專此奉懇，順頌著綏。
弟吳前模謹啓 四月十一日

校址 西城成方街三號 電話西局一六二號

135. 吴前模致刘半农书信

尺寸：纵 28.1 厘米 横 17.6 厘米

笺纸：铅印红框格八行“北平新闻专科学校”笺

日期：四月十一日

释文：

半农先生：

敝社同事朱啸谷君近将《Dr Jekyll and Mr Hyde》一书译成中文，拟即付印，属转恳先生代作一序言，以光篇幅。谨将原书及译稿送呈，尚祈推爱俯诺，无任感幸。专此奉恳，顺颂著绥。

弟吴前模谨启 四月十一日

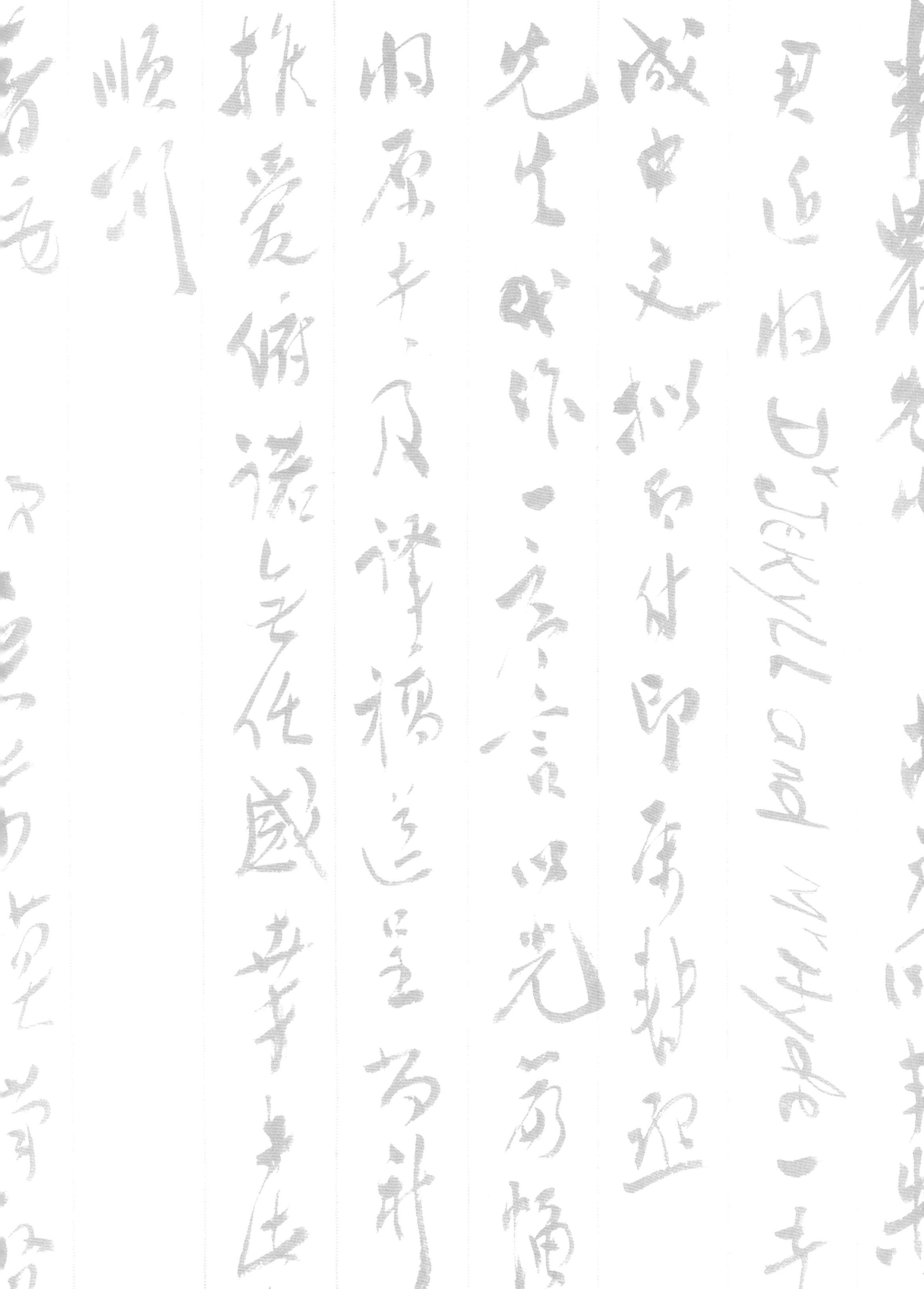
Dr. Jekyll and Mr. Hyde

北平世界日報晚報社公用箋

第　頁

前承或來尽合，不勝歉悵之至，

請先閣查送為祈

亮照為幸，專此敬頌

刻綏

具不俟

吳範寰叩

中華民國廿二年二月十日

社址北平石駙馬大街甲九十號電話西局二四九十　二三二八電報掛號三九五四

136. 吴范寰致刘半农书信

尺寸：纵 27.2 厘米 横 18.2 厘米

笺纸：铅印红框格八行“北平世界日/晚报社公用笺”

日期：一九三三年三月十四日

释文：

半农先生：

大示及稿均拜悉，昨晚因桂宇稿早已发抵本市，新闻又较拥挤，是以未得登出，今晨已发交《读者论坛》刊布。但特别破例用长行头号字题目，全文用四号字排登，如此办法或者可引起读者注意，惟与尊意或未尽合，不胜歉仄之至，谨先函达，尚祈亮照为幸。专此，敬颂刻绥，惟恐不备。

吴范寰顿首 廿二年三月十四日

開古此未有之例。以知吾人千里求師，良正為此耳。楷第刻校元曲百種，與他本異文甚多，甚有一詞中無一字同者，可為駭異。臧晉叔之荒謬如此，乃見明人吳興遠不如常人，宜其如也。專此敬請

撰安

受業孫楷第謹上　八日早

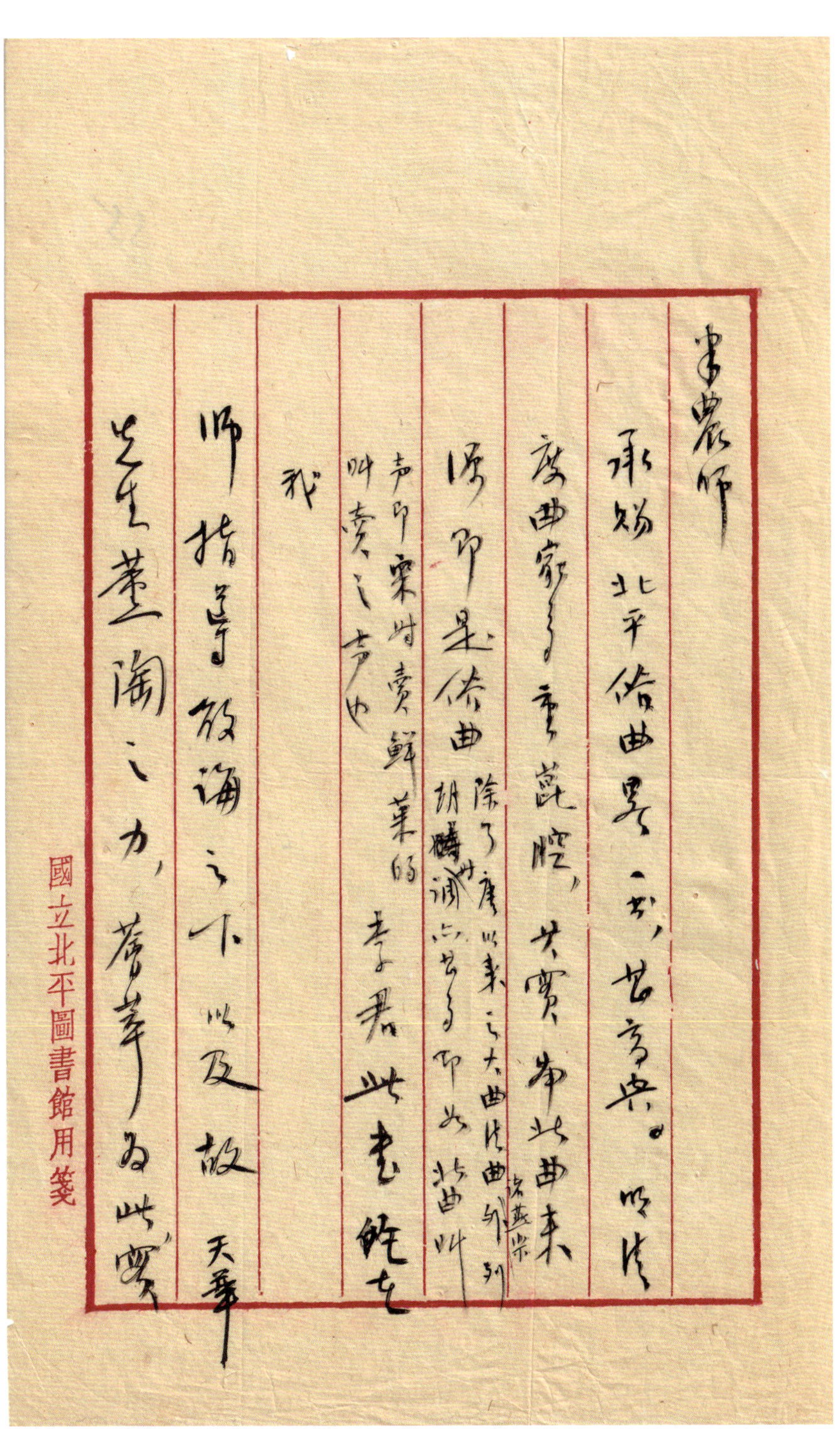
半农师：
承赐北平俗曲略一书，甚高兴。明清度曲家多重昆腔，其实南北曲来源即是俗曲（除了唐以来之大曲、清曲、诸燕乐外，列胡时调亦甚多，即如北曲叫声即宋时卖鲜菜的叫卖之声也）。李君此书经在我师指导教诲之下，以及故天华先生熏陶之力，荟萃为此，实

國立北平圖書館用箋

137. 孙楷第致刘半农书信

尺寸：纵 28.4 厘米 横 17.3 厘米

笺纸：木版印红框格八行“国立北平图书馆用笺”

日期：（一九三三年）八日

释文：

半农师：

承赐《北平俗曲略》一书，甚高兴。明清度曲家多重昆腔，其实南北曲来源即是俗曲（除了唐以来之大曲、清曲、诸燕乐外，列胡时调亦甚多，即如北曲叫声即宋时卖鲜果的叫卖之声也）。李君此书经在我师指导教诲之下，以及故天华先生熏陶之力，荟萃为此，实开前此未有之例。以知古人千里求师，正为此耳。楷弟刻校《元百种曲》，与他本异之甚多，甚有一词中无一字同者，可为骇异，臧晋叔之荒谬如此，可见湖属吴兴远不如常属宜兴也。专此，敬请撰安。

受业孙楷第谨上　八日早

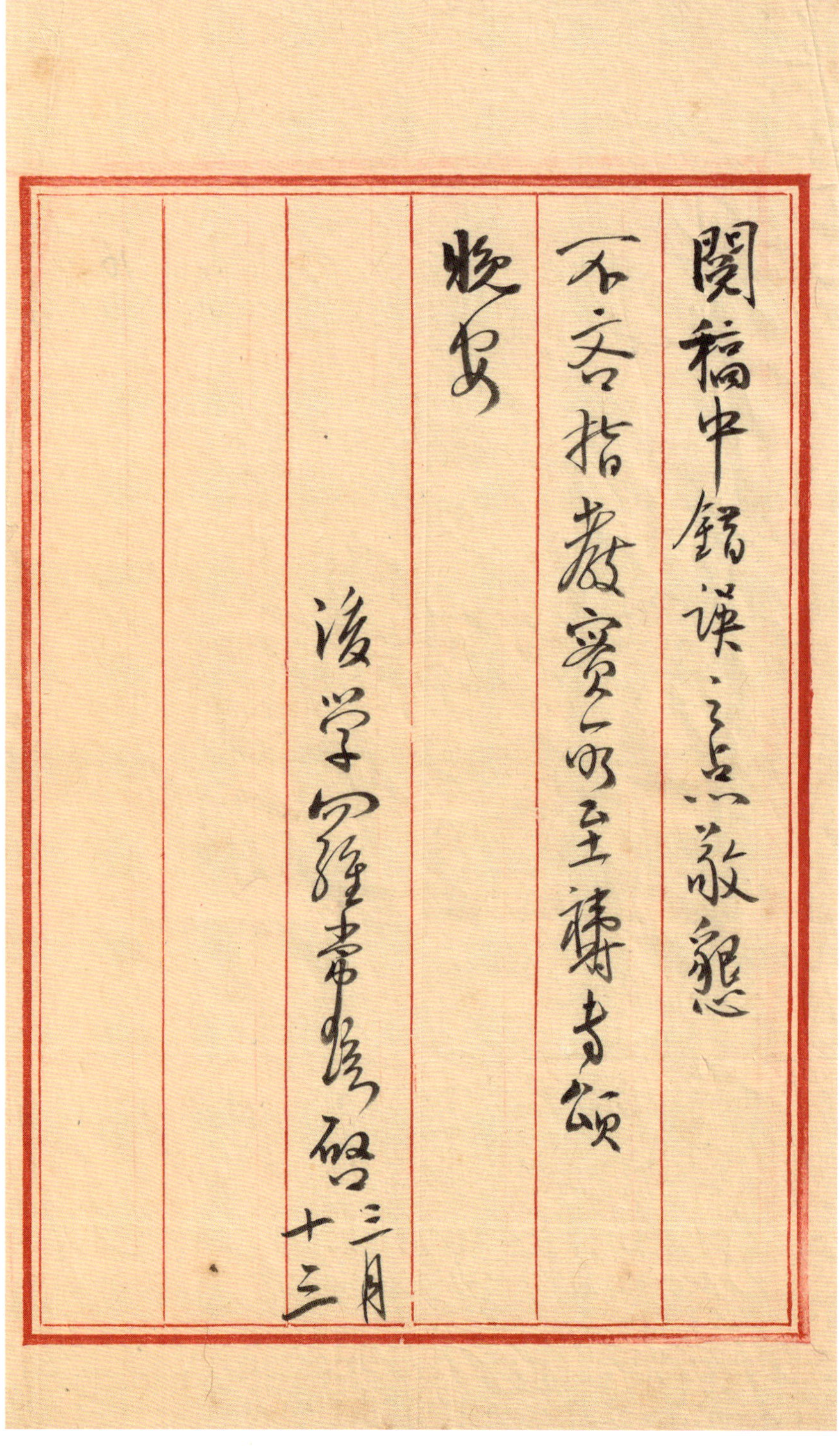

閱稿中錯誤之點，敬懇
不吝指教，實所至禱。專頌
晚安
後學何炳松啓
三月十三

138. 罗常培致刘半农书信之一

尺寸：纵 27.7 厘米 横 16.5 厘米

笺纸：木版印红双框格六行笺

日期：（一九三三年）三月十三日

释文：

半农先生惠鉴：

拙稿一〇四页，特专人送请斧正，恐托丁君携带不便也。此文得先生启发之处甚多，拟统于自序中声谢之。尚有第四段十余页及附录两种以未缮就，故未及呈阅，稿中错误之点，敬恳不吝指教，实所至祷。专颂晚安。

后学罗常培启 三月十三

139. 罗常培致刘半农书信之二

尺寸：纵 29.2 厘米 横 20.1 厘米

笺纸：铅印红框格八行“国立中央研究院历史语言研究所”笺

日期：（一九三三年）三月二十三日

释文：

半农先生：

兹送上旧纸样一页，如有多余，可再赐下数页，以便到南方后从速报命。培大约在下礼拜一以前可以首途，日内得暇，尚当面叙一次，敬领临别赠言。再者，程霖君住址系东老胡同三号，先生如有使令之处，可迳通知，因彼虽经徐中舒先生暂时留用，但用非所长，交互不便，傥有机会，先生可随时调用也。匆此，阅安。

后学罗常培 三月二十三日

國立中央研究院歷史語言研究所

字 號 葉

所址北平北海

電報掛號 華洋文二一九八零（歷） Philologie

中華民國 年 月 日

140. 罗常培致刘半农书信之三

尺寸：纵 27.7 厘米 横 17.6 厘米

笺纸：木版印红框“国立中央研究院历史语言研究所”笺

日期：一九三三年十月廿六日

释文：

半农先生惠鉴：

涤洲兄返平，当已代致拳拳。拙著承允锡以序文弁诸卷首，非独可为斯刊增光，抑实斯学之幸也。此书全稿现已排竣，叙录补迄即可出书，大文能于下月十日以前寄下，至所企望。倘能以法书原稿迳付景印，尤可为此干燥之书稍增美术上之点缀也。专此，敬颂箸安。

后学罗常培谨启　二十二年十月廿六

141. 陈受颐致刘半农书信

尺寸：纵 26.7 厘米 横 16.9 厘米

笺纸：木版印暗格八行“恒轩藏玉仿古摹制白玉黄晕龙文佩”笺

日期：三月二十日

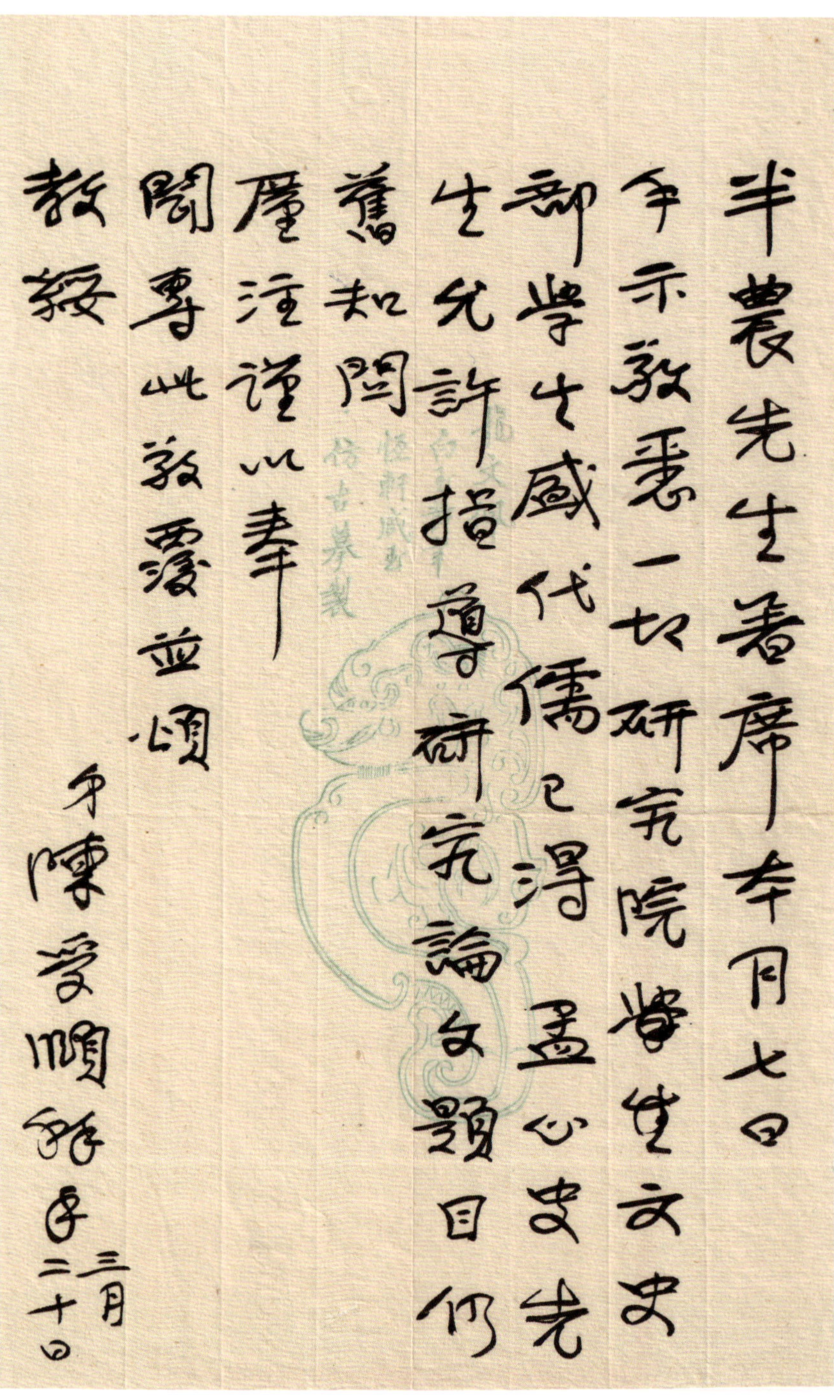

半農先生著席本月七日
手示敬悉一切研究院文史
部學生盛代儒已得孟心史先
生允許指導研究論文題目仍
舊知關
廑注謹以奉
聞專此敬覆並頌
教綏
弟陳受頤拜手 三月二十日

释文：

半农先生箸席：

本月七日手示，敬悉一切。研究院文史部学生盛代儒已得孟心史先生允许，指导研究论文，题目仍旧，知关廑注，谨以奉闻。专此敬覆，并颂教绥。

弟陈受颐拜手 三月二十日

半農先生著席本月七日
手示敬悉一切研究院學生
鄙學生盛代儒已得盡心中
生先許指導研究論文題目
舊知聞
屢陳謹以奉
聞專此敬覆並頌
近安
尹雲受頓首

142. 周叔迦致刘半农书信

尺寸：纵 27 厘米 横 16.6 厘米

笺纸：木版印双勾篆文“恭贺新禧”彩笺

日期：十二日

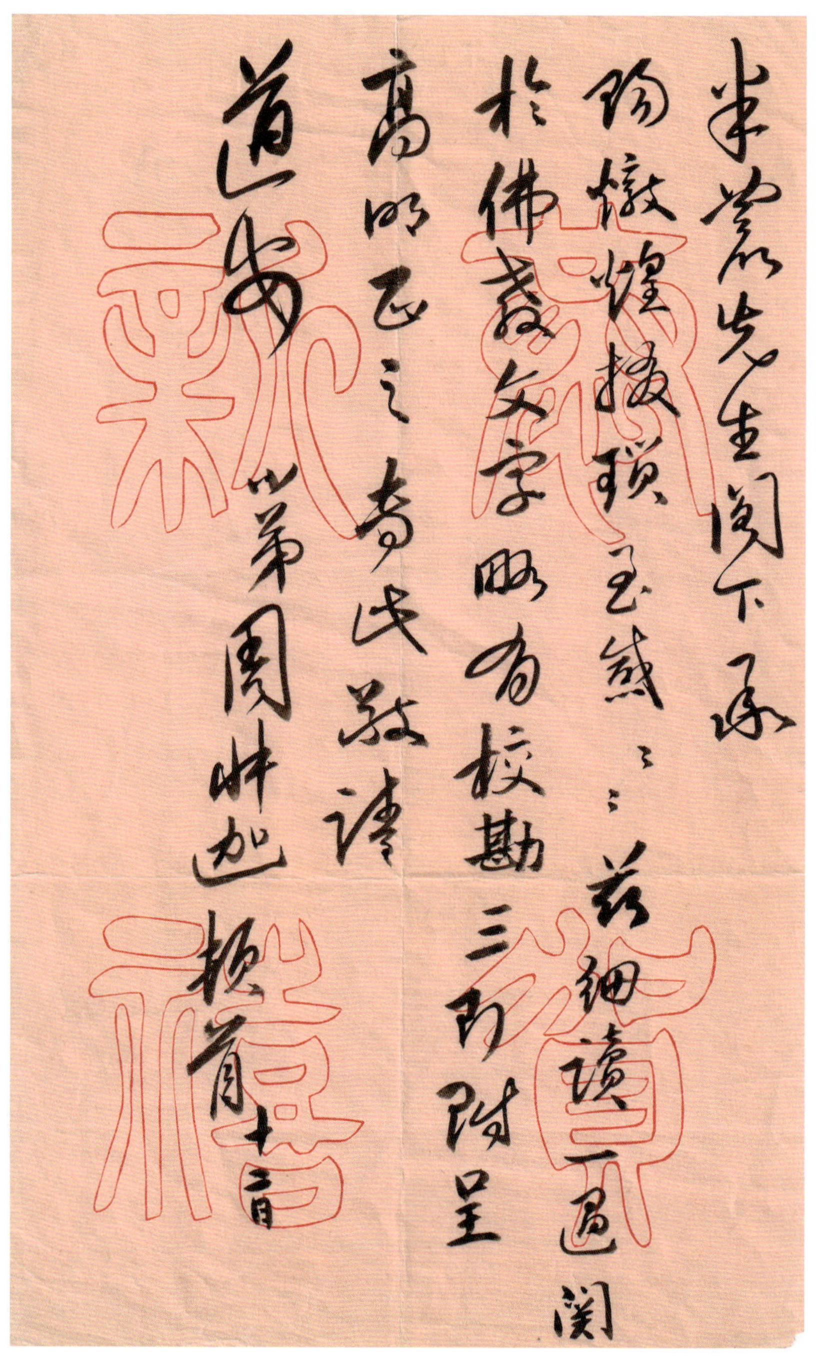

半农先生阁下：承赐《敦煌掇琐》，至感至感，兹细读一过，关于佛教文字略有校勘三则，附呈高明正之。专此，敬请道安。小弟周叔迦顿首 十二日

释文：

半农先生阁下：

承赐《敦煌掇琐》，至感至感，兹细读一过，关于佛教文字略有校勘三则，附呈高明正之。专此，敬请道安。

小弟周叔迦顿首 十二日

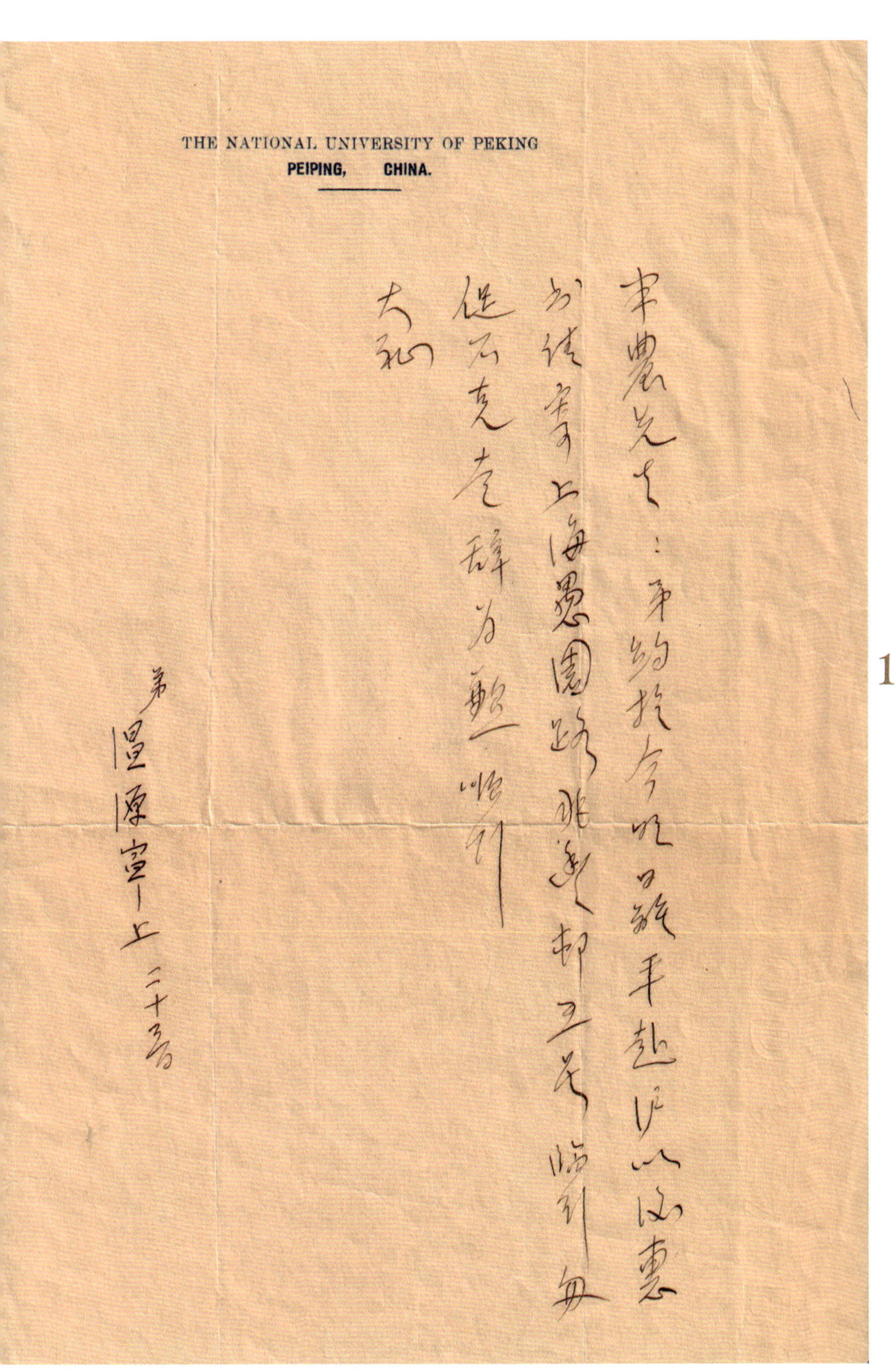
THE NATIONAL UNIVERSITY OF PEKING
PEIPING, CHINA.

143. 温源宁致刘半农书信

尺寸：纵 27.9 厘米 横 21.6 厘米

笺纸：“DODSEY BOND”水印洋纸“THE NATIONAL UNIVERSITY OF PEKING”（国立北京大学）笺

日期：二十三日

释文：

半农先生：

弟约于今明日离平赴沪，以后惠书请寄上海愚园路兆丰邨五号。临行匆促，不克走辞为歉，顺颂大祉。

弟温源宁上 二十三日

144. 白涤洲致刘半农书信之一

尺寸：纵 22 厘米 横 14.5 厘米

笺纸：“PIERRO”水印洋纸竖十三行信笺

日期：（一九三三年）三月二十九日

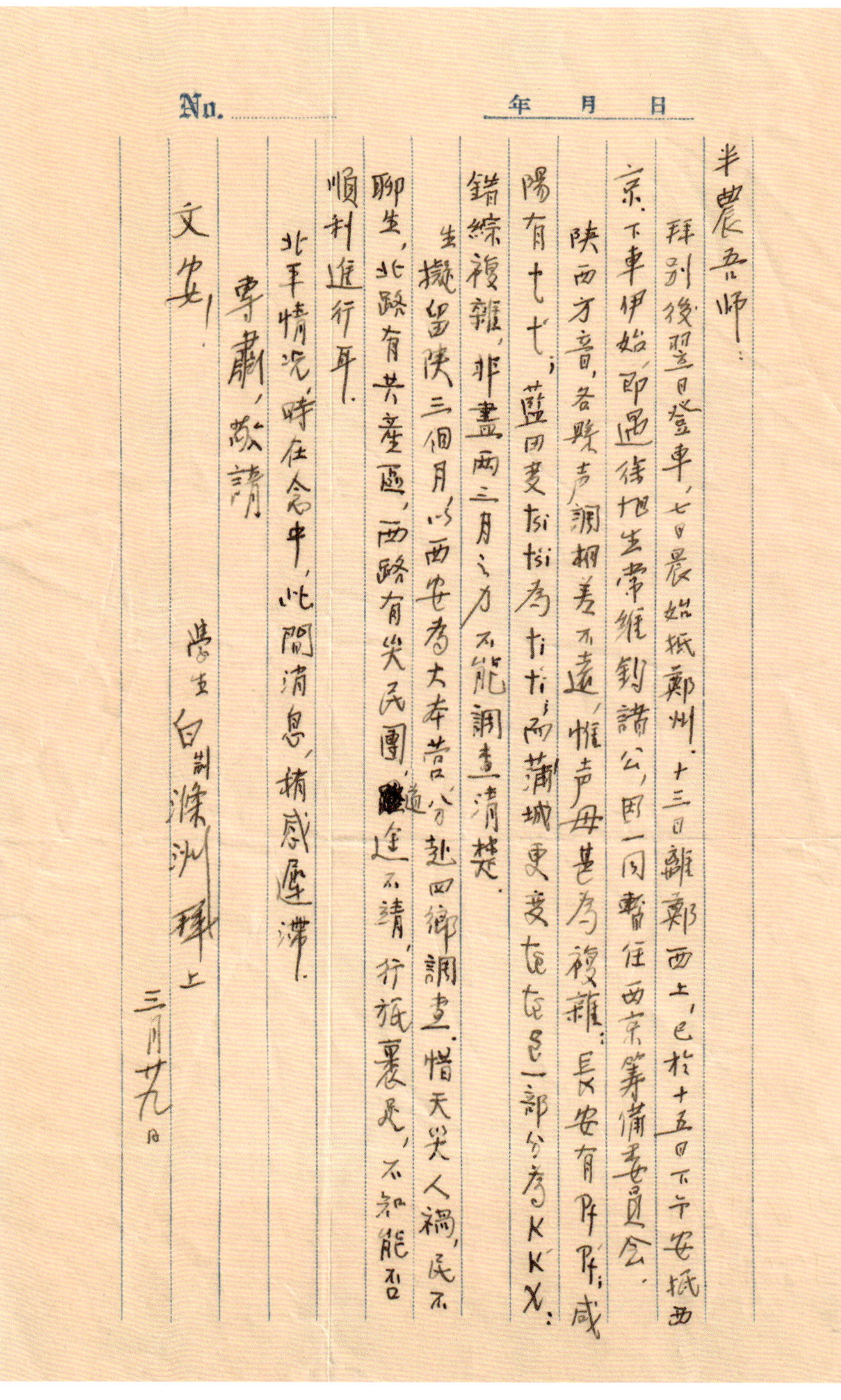
No.　　　　年　月　日

半農吾師：

拜別後翌日登車，七日晨始抵鄭州。十三日離鄭西上，已於十五日下午安抵西京。下車伊始，即遇徐旭生、常維鈞諸公，因一同暫住西京籌備委員會。

陝西方音，各縣聲調相差不遠，惟聲母甚為複雜：長安有pf、pf'；咸陽有ʈ、ʈ'；藍田變ʈsi、ʈsi'為ʈi、ʈi'；而蒲城更變tʂ、tʂ'、ʂ一部分為k、k'、x；錯綜複雜，非盡兩三月之力不能調查清楚。

生擬留陝三個月，以西安為大本營，分赴四鄉調查。惜天災人禍，民不聊生，北路有共產區，西路有災民團，道途不靖，行旅裹足，不知能否順利進行耳。

北平情況，時在念中，此間消息，稍感遲滯。

專肅，敬請

文安！

學生白制滌洲拜上

三月廿九日

释文：

半农吾师：

拜别后翌日登车，七日晨始抵郑州。十三日离郑西上，已于十五日下午安抵西京。下车伊始，即遇徐旭生、常维钧诸公，因一同暂住西京筹备委员会。

陕西方音，各县声调相差不远，惟声母甚为复杂：长安有 pf 、pf'；咸阳有 ʈ、ʈ'；蓝田变 ʈsi、ʈsi' 为 ʈi 、ʈi'；而蒲城更变 tʂ、tʂ'、ʂ 一部分为 k 、k'、x 错综复杂：非尽两三月之力不能调查清楚。生拟留陕三个月以西安为大本营，分赴四乡调查。惜天灾人祸，民不聊生，北路有共产区，西路有灾民团，道途不靖，行旅裹足，不知能否顺利进行耳。

北平情况，时在念中，此间消息，稍感迟滞。专肃，敬请文安！

学生白制涤洲拜上　三月廿九日

半農吾師：

拜別後翌日登車，次日抵鄭州，十三日離鄭西上，已於十五日

京。下車伊始，即遍謁[illegible]主席、[illegible]、劉諸公，同一問[illegible]任[illegible]

陝西方音，若與去[illegible]差迥，惟[illegible]母甚[illegible]，[illegible]又安右

陽有十十，藍田長安[illegible]為古方，而甘肅地區，又[illegible]三十部分

錯綜複雜，非盡兩三月之力，不能調查清楚。

若擬留陝三個月，以西安為大本營，分赴四鄉調查。惜[illegible]

聊生，北路有共產匪，西路有災民團，途已不清，行旅艱危，

順利進行耳。

北平情況，時在念中，此間消息，頗感遲滯。

專肅，敬請

文安！

生 白滌洲 謹上

三、十九日

No.

半農吾师：

生於五月廿一日与徐常二公同抵鳳翔。關中西路方音，与東路最大不同處，為真文混於庚青，声母方面，則Po Pʻo Pu Pʻu兩声，讀時必以上齒抵下唇，似是由幫帝變非之過渡痕跡，尤奇者，西路讀"苦""哭""褲"等字為fu，而麟游一縣獨讀為Pʻu（讀唇音而有上齒夾雜者生暫以Pf記之）雖苦哭等係由溪轉来，而由P到f，其间必经Pf一階段，亦可借此為實據也。

西路災況，較東路尤慘，武功扶風一帶，往往四五十里内全無人烟，田野滿生黃花，一任荒蕪，偶有麥田，現已成熟，亦無人收割，蓋收不了几斗麥子，反易招土匪光顧，而官廳逼款，亦必加急也。鳳翔城內，每晚闹狼，城外則槍声斷續，土匪刼掠，置身此間，竟非人世。

生擬明後日東返——轎車無人敢雇，汽車須待客滿，故無一定——沿岐山扶風武功興平而東，期諸六月中旬，仍返西安。

北平情況，全然不明，度城下之盟，局勢已定，内憂外患，紛至沓來，而生仍為此不甚急之務，靜坐自思，不覺苦笑。

吾师暑假離平否？北大前途，在在念中。生回西安後仍住北院门公字一號，並聞。

專肅，敬請

文安，

生白滌洲拜上

六月五日

145. 自滁洲致刘半农书信之二

尺寸：纵 22 厘米 横 14.5 厘米

笺纸：洋纸竖十三行信笺

日期：（一九三三年）六月五日

释文：

半农吾师：

生于五月卅一日与徐常二公同抵凤翔。关中西路方音，与东路最大不同处，为真文混于庚青，声母方面，则 po pó、pu pú 两声，读时必以上齿抵下唇，似是由帮变非之过渡痕迹。尤奇者，西路读苦、哭、袴等字为 fu，而麟游一县，独读为 pfu（读唇音而有上齿夹杂者，生暂以 pf 记之），虽苦、哭等系由溪转来，而由 p 到 f，其间必经 pf 一阶段，亦可借此为实据也。西路灾况，较东路尤惨，武功扶风一带，往往四五十里内全无人烟，田野满生黄花，一任荒芜，偶有麦田，现已成熟亦无人收割，盖收不了几斗麦子，反易招土匪光顾，而官厅逼款，亦必加急也。凤翔城内，每晚闹狼，城外则枪声断续，土匪劫掠。置身此间，宛非人世。

生拟明后日东返——轿车无人敢应，汽车须待客满，故无一定——沿岐山扶风武功兴平而东，期诸六月中旬，仍返西安。

北平情况，全然不明，度城下之盟，局势已定，内忧外患，纷至沓来，而生仍为此不急之务。静坐自思，不觉苦笑。

吾师暑假离平否？北大前途，亦在念中。生回西安后仍住北院门公字一号，并闻。专肃，敬请文安。

生白涤洲拜上 六月五日

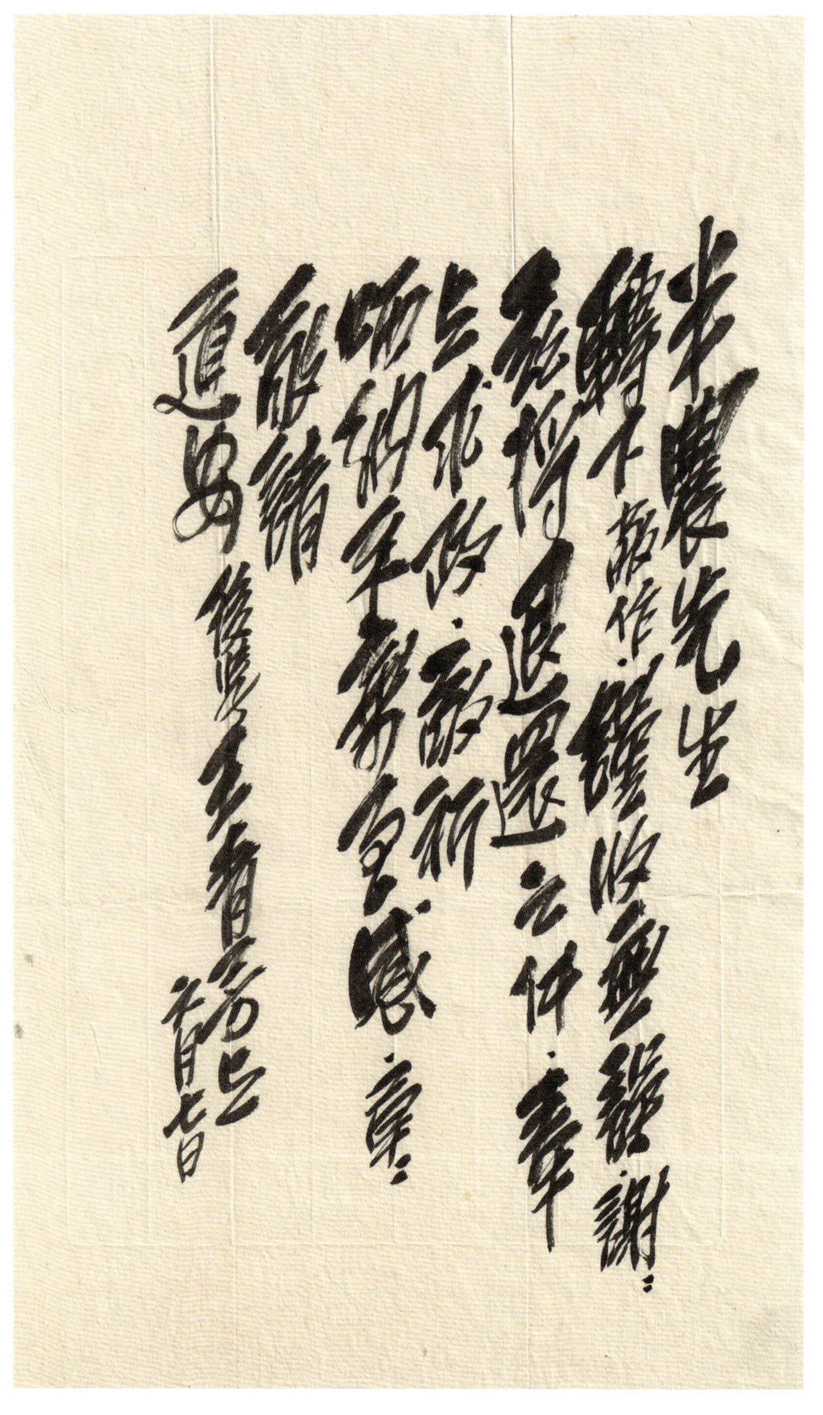

半農先生

轉下敝作，謹收無誤，謝謝。茲將退還之件，奉上求政，敬祈哂納不棄，至感。草草，敬請

道安

後學王青芳上 六月七日

146. 王青芳致刘半农书信

尺寸：纵 26.3 厘米 横 16.4 厘米

笺纸：木版印暗框格八行笺

日期：六月七日

释文：

半农先生：

转下敝作，谨收无误，谢谢。兹将退还之件，奉上求政，敬祈哂纳不弃，至感。草草，敬请道安。

后学王青芳上　六月七日

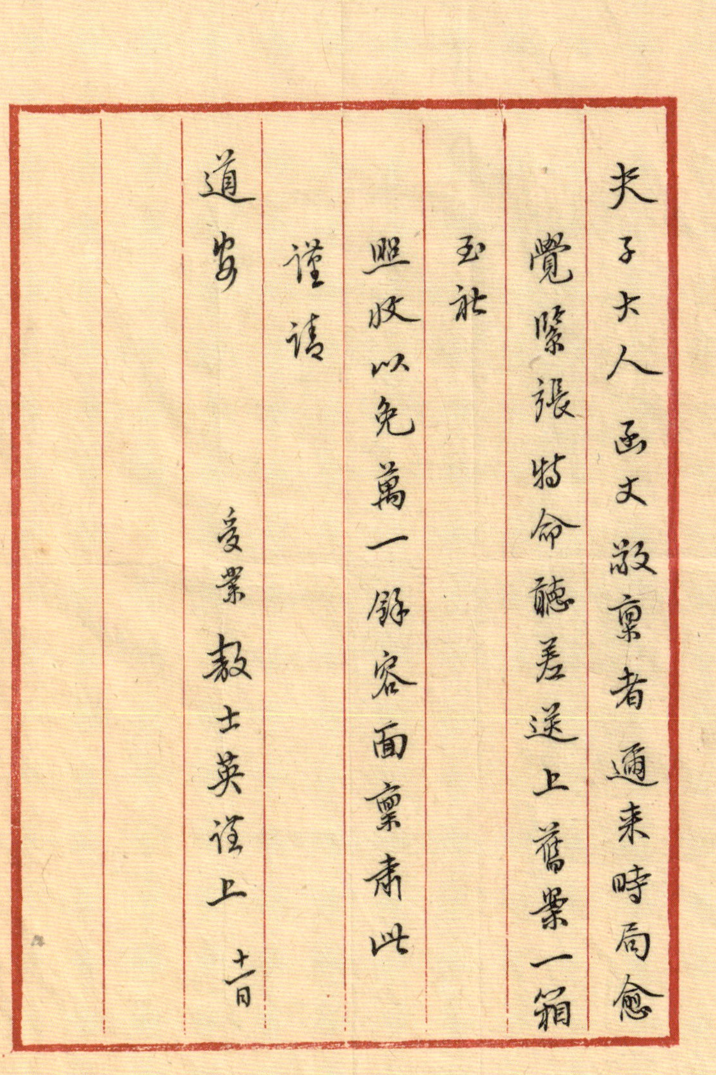
夫子大人函丈敬稟者邇來時局愈
覺緊張特命聽差送上舊案一箱
至社
照收以免萬一餘容面稟肅此
謹請
道安　受業敖士英謹上　十一日
國立北京大學用箋

147. 敖士英致刘半农书信之一

尺寸：纵 28.3 厘米 横 19.6 厘米

笺纸：木版印红框格八行“国立北京大学用笺”

日期：十一日

释文：

夫子大人函丈：

敬禀者，迩来时局愈觉紧张，特命听差送上旧案一箱至社照收，以免万一，余容面禀。肃此，谨请道安。

受业敖士英谨上 十一日

有此書錢先生曾見之 生當時

並請錢先生代為轉借至今尚

未得覩此書據云此書內容係

就廣韻中音切組成標價八十元未

免太高肅此敬請

晚安

受業 士英謹上 十六日

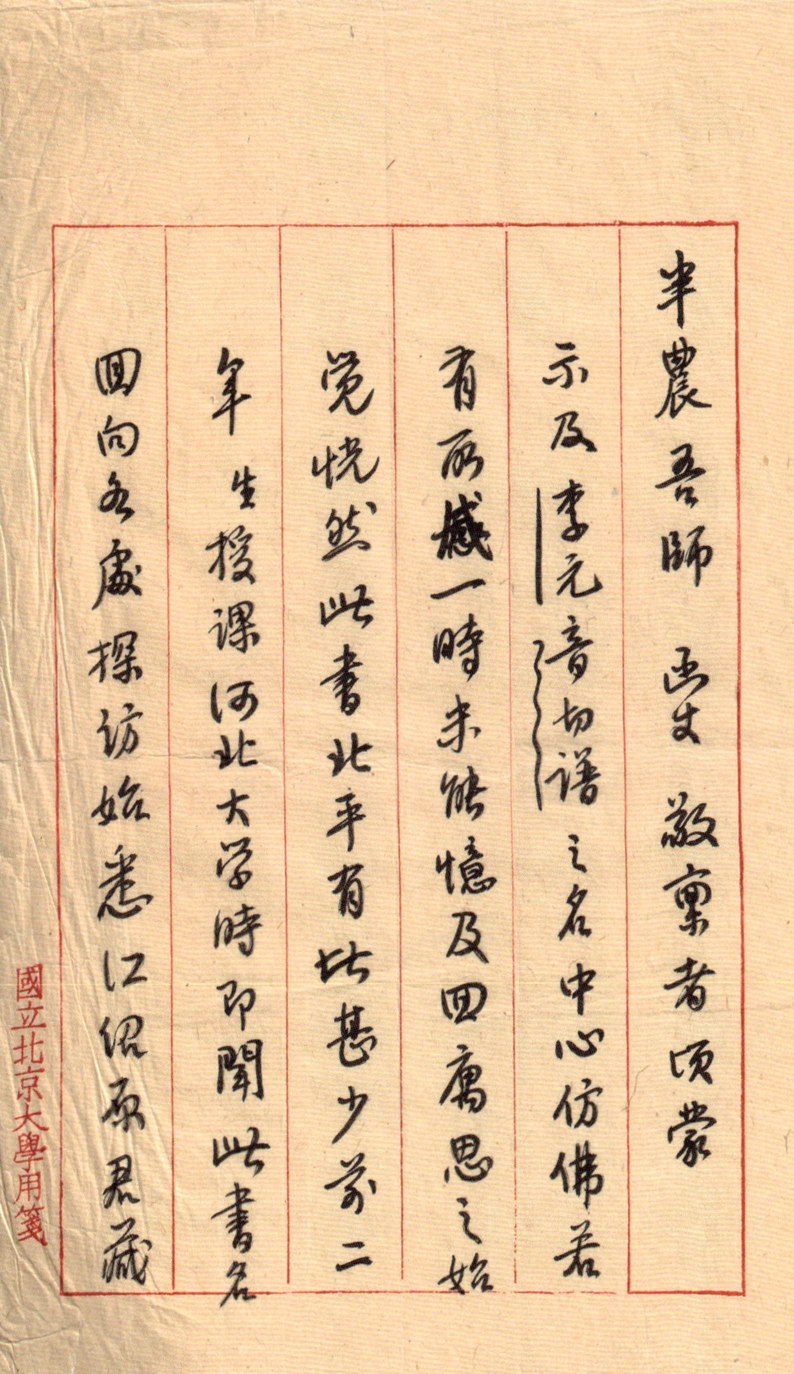

半農吾師函丈 敬稟者頃蒙
示及李元音切譜之名中心仿佛若
有所感一時未能憶及回寓思之始
覺恍然此書北平有者甚少前二
年生授課河北大學時即聞此書名
回向各處探訪始悉江紹原君藏

國立北京大學用箋

148. 敖士英致刘半农书信之二

尺寸：纵 28.3 厘米 横 19.2 厘米

笺纸：木版印红框格六行“国立北京大学用笺”

日期：十六日

释文：

半农吾师函丈：

敬禀者，顷蒙示及李元《音切谱》之名，中心仿佛若有所感，一时未能忆及，回寓思之，始觉恍然。此书北平有者甚少，前二年，生授课河北大学时即闻此书名，回向各处探访，始悉江绍原君藏有此书，钱先生曾见之。生当时并请钱先生代为转借，至今尚未得睹此书。据云此书内容系就《广韵》中音切组成，标价八十元，未免太高。肃此，敬请晚安。

受业士英谨上 十六日

149. 敖世英致刘半农书信之三

尺寸：纵 27.1 厘米 横 20.9 厘米

笺纸：笔记本内页纸

日期：二月十四日

释文：

先生：

前上各函，谅邀钧察。春风初扇、草木动萌，小雨方晴、山云暮起，此临江景色之异于北地者也。迩来外侮日蹙，大江一带均感不安，沿途航务亦常停滞川中，自成割据，已非一同，积势相陵，待机窃发。民生劳怨，匪盗载涂，辛辛征夫，戒昏戒旦。加以冬来水竭，舟航难通，陆行取道，于峭壁崇岩之中、盗匪丛聚之所，掠劫之事时有所闻。生等早欲离川，因此迄未敢行。近闻各地军队率领团防，正事剿匪工作，俟涂次稍平，江船恢复，即当束装北上。惟生离平时，告假一月，销满之期屈指将届，初不能料川途艰险至于此极，时局之变一抵于斯。今既东西限绝，险阻重生，满假有日，东踈未能，每维教命，晨夕难安。爱拔之情，敢忘在抱，心形交陁，徒唤奈何，盼我师准予续假。《校志》之事，既蒙委命，决当努力告成，唯前此既由生手编辑，值兹续假期中，未便请人代理，因请将此期生名下应领薪水扣除，俟生到校履职，再行继续。区区微志，恳为俯纳，余维珍摄，并请道安。

学生士英谨上 二月十四日

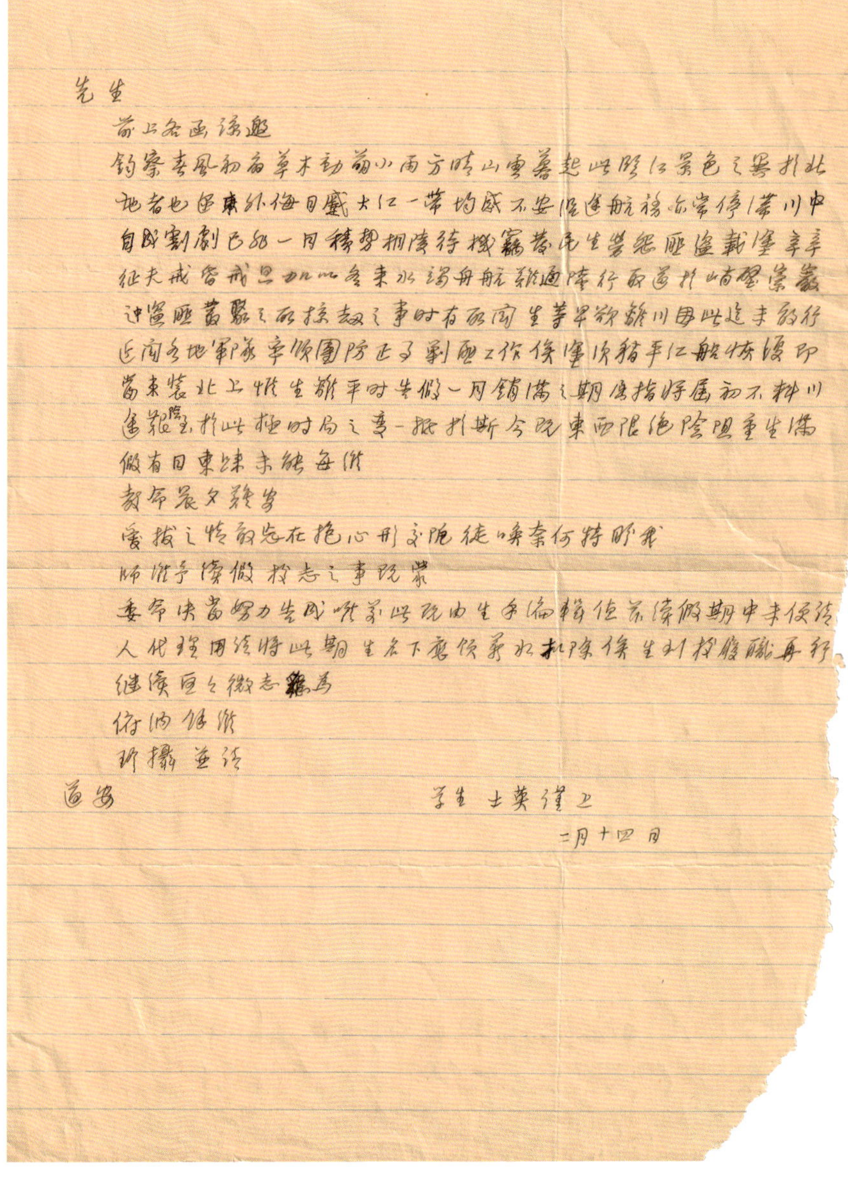

先生
前上各函谅邀
钧察春风初扇草木动萌小雨方晴山云暮起此临江景色之异于北
地者也迩来外侮日蹙大江一带均感不安沿途航务亦常停滞川中
自成割据已非一同积势相陵待机窃发民生劳怨匪盗载途辛辛
征夫戒昏戒旦加以冬来水竭舟航难通陆行取道于峭壁崇岩
之中盗匪丛聚之所掠劫之事时有所闻生等早欲离川因此迄未敢行
近闻各地军队率领团防正事剿匪工作俟涂次稍平江船恢复即
当束装北上惟生离平时告假一月销满之期屈指将届初不能料川
途艰险至于此极时局之变一抵于斯今既东西限绝险阻重生满
假有日东踈未能每维
教命晨夕难安
爱拔之情敢忘在抱心形交陁徒唤奈何盼我
师准予续假校志之事既蒙
委命决当努力告成唯前此既由生手编辑值兹续假期中未便请
人代理因请将此期生名下应领薪水扣除俟生到校履职再行
继续区区微志恳为
俯纳余维
珍摄并请
道安
学生 士英谨上
二月十四日

尊藏番字銅印似確為八思巴馬字注音其下△形當與
元押下押文相類況體勢遒勁亦臻佳妙也惟△上一
點不可知耳因此八思巴字印憶奉寬往有一文稿跋白話碑
尚在 尊處擬請發還北平方音析數表細看一遍疑處悉錄
另紙此瀆敬問
曲庵先生 安

建功上 九月廿二日

150. 魏建功致刘半农书信之一

尺寸：纵 26.6 厘米 横 16.9 厘米

笺纸：木版印暗格八行笺

日期：九月二十二日

释文：

尊藏番字铜印，似确为八思巴“马”字，注音其下，△形当与元押下押文相类。况体势遒劲，亦臻佳妙也，惟△上一点不可知耳。因此八思巴字印，忆奉宽往有一文稿《跋白话碑》尚在尊处，拟请发还。《北平方音析数表》细看一遍，疑处悉录另纸。此渎，敬问曲庵先生安。

建功上 九月廿二日

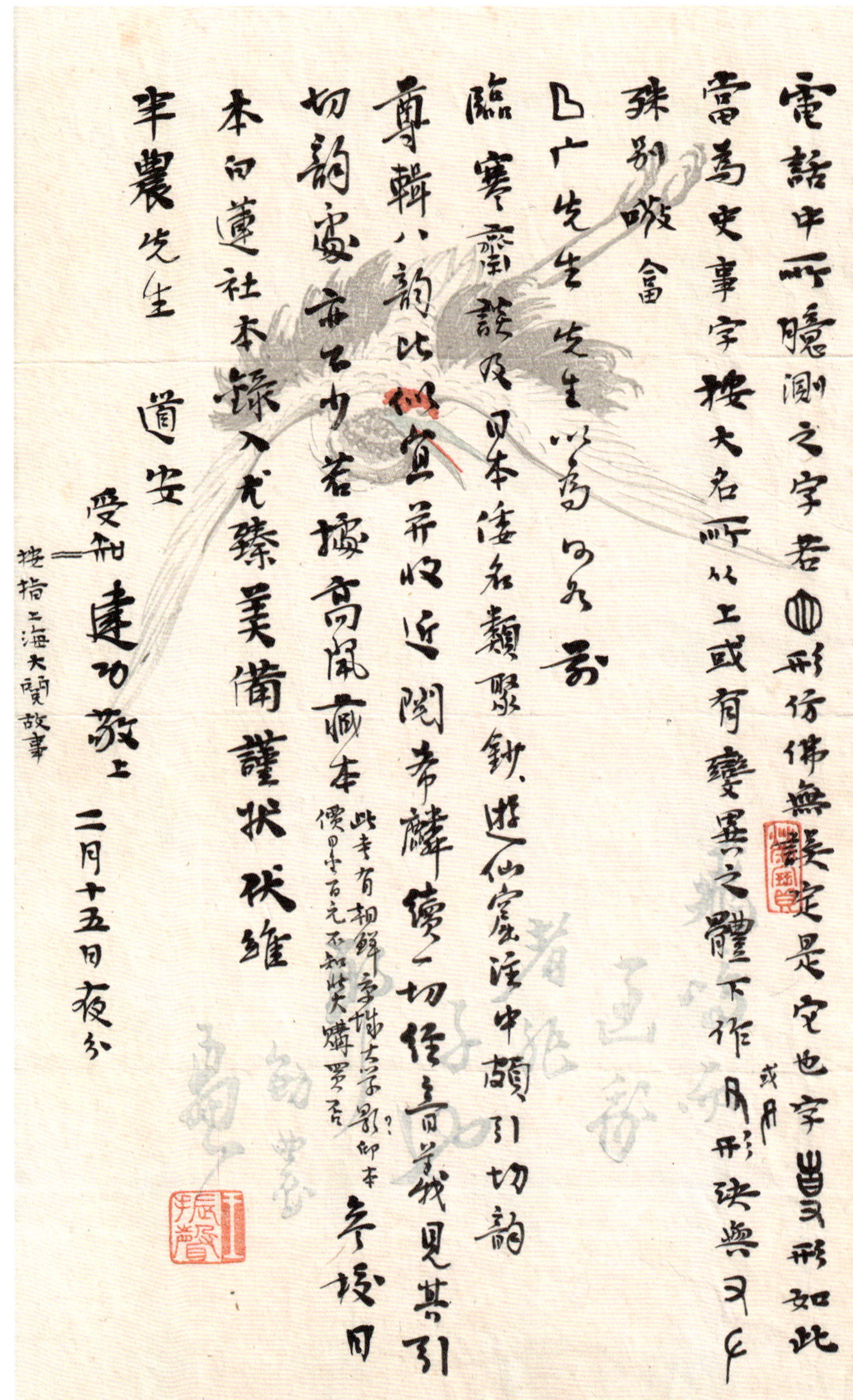

151. 魏建功致刘半农书信之二

尺寸：纵 25 厘米 横 15.5 厘米

笺纸：木版套色印荣宝斋制王振声《动物笺》之飞鹤笺

日期：二月十五日

释文：

电话中所臆测之字若□形，仿佛无误，定是“它”也。字□形如此，当为“史”，“事”字按大名所从，上或有变异之体，下作□或□形，绝与□、□殊别。敬奤曲庵先生，先生以为何如？前临寒斋谈及日本《倭名类聚钞》《游仙窟》注中颇引《切韵》，尊辑《八韵》此似宜并收。近阅希麟《续一切经音义》，见其引《切韵》处亦不少。若据高丽藏本（此书有朝鲜京城大学影印本，价日金百元，不知北大购买否？）参校日本白莲社本录入，尤臻美备。谨状，伏维半农先生道安。

受知（按：指上海大阅故事）建功敬上　二月十五日夜分

電話中所聽聞之字若◎形彷彿無疑定是[illegible]也字
當為史事字按大名所以上或有變異之體下作凡形或凡形
殊別啟畣
乚广先生 先生以為何如云
臨寒齋談及日本倭名類聚鈔、遊仙窟注中頗引切
尊輯八韻比似宜再收近閱希麟續一切經音義
此書有朝鮮古活字影印本
價日金百元不知北大購買否
切韻處甚多若據高閣藏本
本內蓮社本錄入尤臻美備謹狀伏維
半農先生 道安
受知 建功 敬上
二月十五日夜分

曲广先生 道安

受知 建功敬上 二月十六日

關於世界語言族類情形參考何書最佳乞

誨教

152. 魏建功致刘半农书信之三

尺寸：纵 25 厘米 横 15.6 厘米

笺纸：木版印暗格八行荣宝斋制《双勾集字笺》之集张从申《茅山元静先生碑》文“执简”彩笺、集唐摹王右军真迹《启事三帖》文“迟面耿耿”彩笺

日期：二月十六日

释文：

检书簏中有六年前舒耀宗君《黝[黟]县同音字》及容肇祖君《东莞同音字》（容书已由先生记音），舒君之作，功曾援引入《古阴阳三声考》，于语音转变研究上，极为有用之材料，若得一黝[黟]县人补行读音，为之注记，两书皆可列为《语音研究资料丛编》或《中国方音字系》。商务遭毁，不知合同能否照常进行？懒荡经年，颇思振奋。在大学所编《古音系研究》，欲加剪刷，并付所中印出，未稔何如？风大，又蜷不敢出，援翰再渎。伏维曲庵先生道安。

受知建功敬上 二月十六日

关于世界语言族类情形，参考何书最佳？乞诲教。

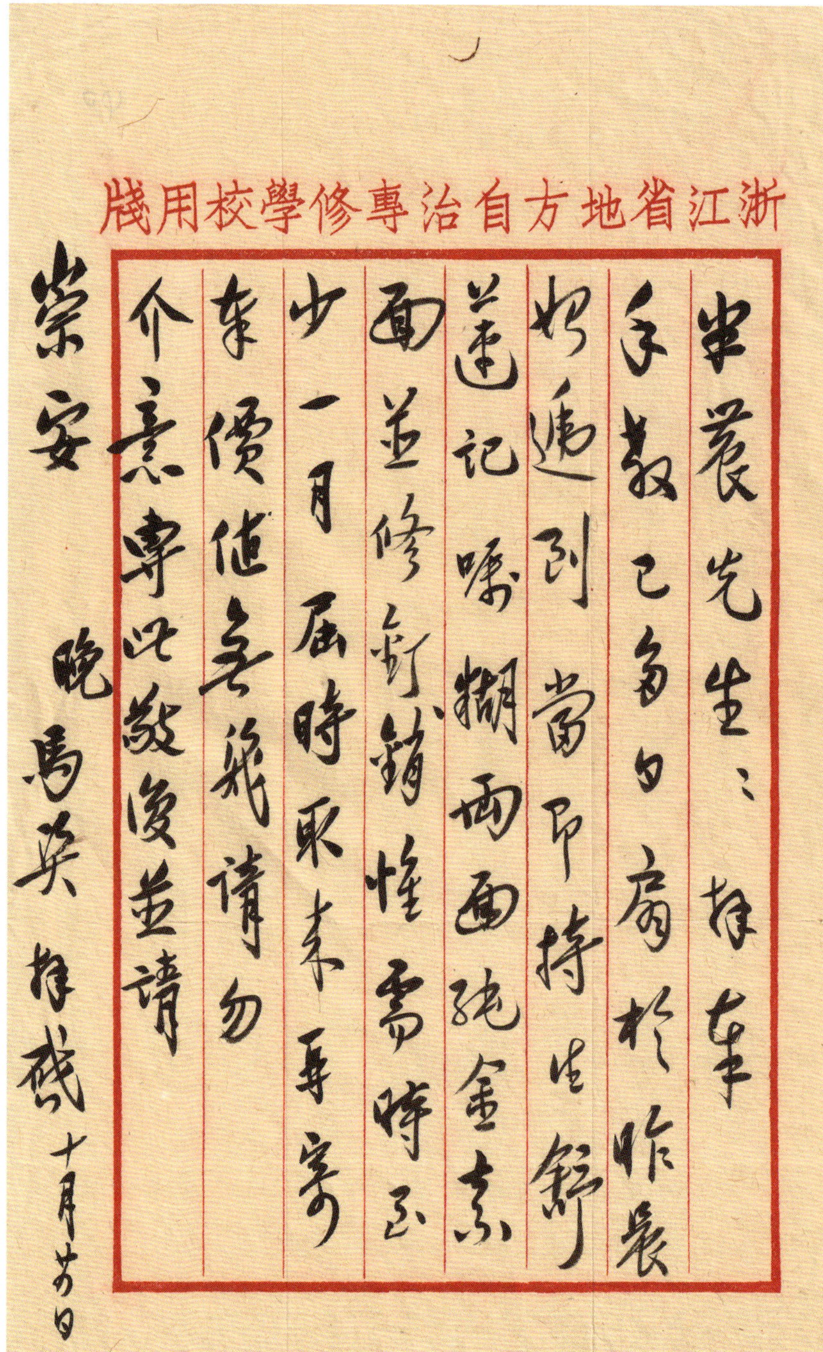

浙江省地方自治專修學校用箋

半農先生：拜奉
手教已多日扇於昨晨
始遞到當即持往舒
蓮記囑糊兩面純金素
面並修釘銷惟需時至
少一月屆時取來再寄
奉價值無幾請勿
介意專此敬復並請
崇安
晚馬巽拜啟 十月廿四日

153. 马巽致刘半农书信

尺寸：纵 27.8 厘米 横 18.4 厘米

笺纸：木版印红框格八行“浙江省地方自治专修学校用笺”

日期：十月廿四日

释文：

半农先生：

拜奉手教已多日，扇于昨晨始递到，当即持往舒莲记，嘱糊两面纯金素面，并修钉销，惟需时至少一月，届时取来再寄奉。价值无几，请勿介意。专此敬复，并请崇安。

晚马巽拜启 十月廿四日

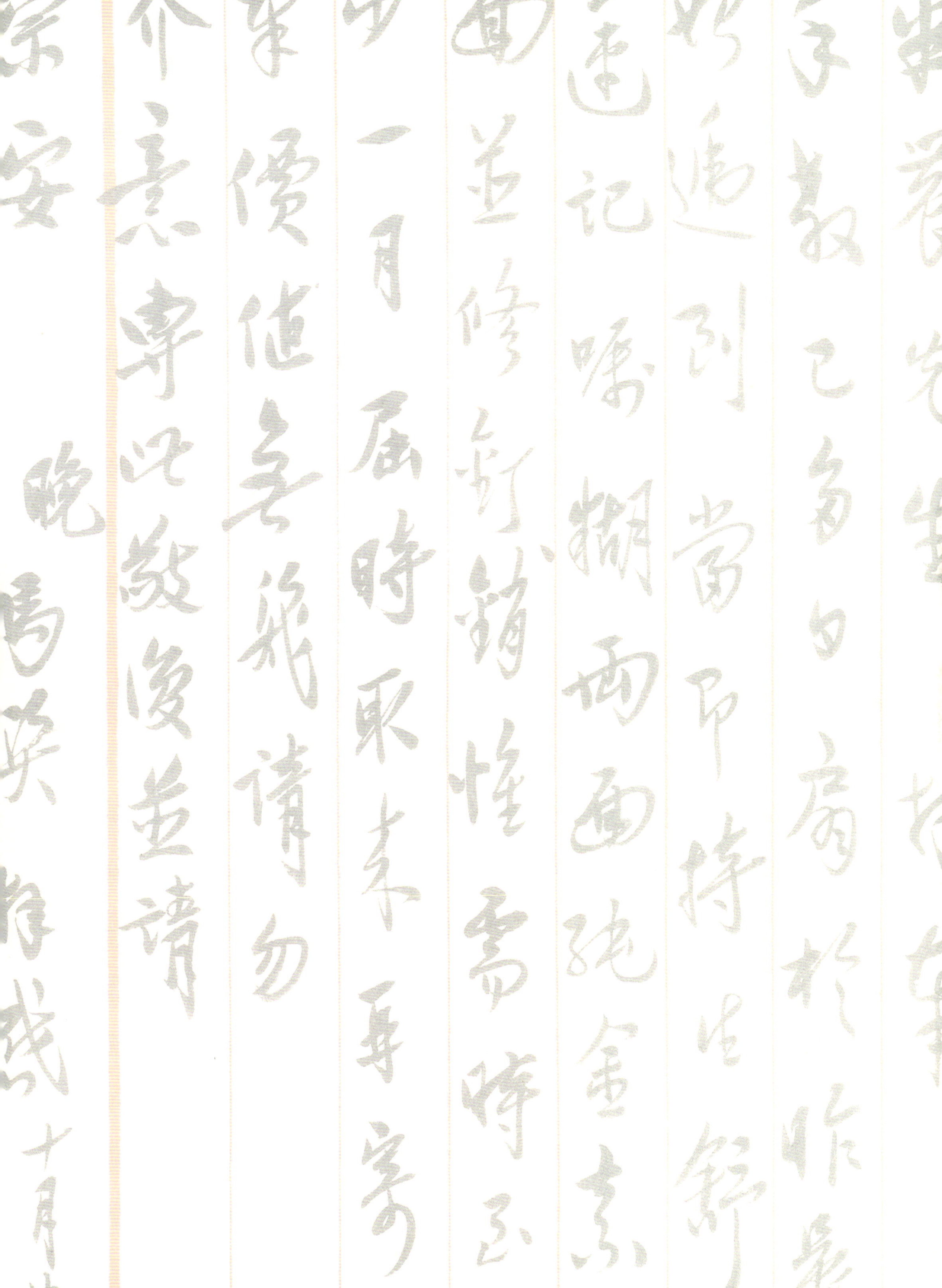

[illegible]先生[illegible]：

奉手教已多日，病於昨晨始[illegible]，到當即持往[illegible]運記，嘱糊兩面，說金[illegible]面，並[illegible][illegible]性需時[illegible]廿一月，屆時取來再寄奉，價值無[illegible]，請勿介意。專此敬復，並請

[illegible]安

晚 馬[illegible][illegible][illegible] 十月廿

國立北平師範大學研究院信箋

先生設法給一特記號？璟璟費

神，不億惶悚。專此，敬祝

健康。

晚阮君同上。

脩好

十二，三。

電話南局一千八百九十一號

國立北平師範大學研究院信箋

電話南局一千八百九十一號

154. 陆侃如、冯沅君致刘半农书信

尺寸：纵 25.2 厘米 横 15.2 厘米

笺纸：木版印红框格八行“国立北平师范大学研究院信笺”

日期：十二月三日

释文：

半农先生：

前周到松公府研究所奉谒，未晤为怅。我们有两件小事情，要麻烦先生：（1）Maspero 的《La Chine Antique》一书，能在北平买到否？先生如有此书，可否赐借一阅？（2）几年前，侃如曾将所著《宋玉》一书交到研究所作成绩，想早已审查完结。可否请先生设法给一张证书？琐琐费神，不任惶悚。专此，敬祝健康。

晚沅君、侃如同上。十二，三。

155. 韩权华致刘半农书信

尺寸：纵 25.8 厘米 横 15.4 厘米

笺纸：木版印红格八行笺

日期：（一九三〇年）九月一日

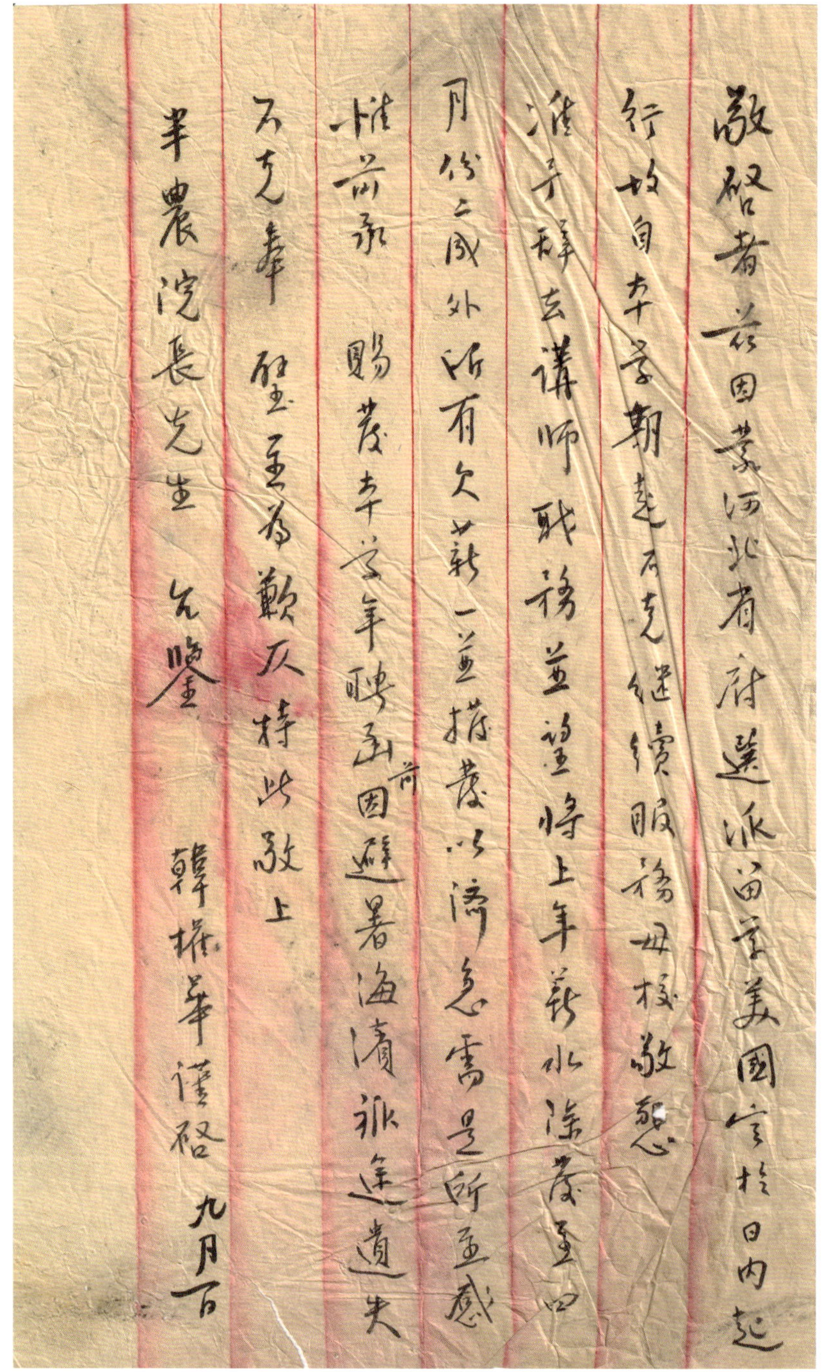

敬啓者 茲因蒙河北省府選派留學美國定於日內起
行故自本學期起不克繼續服務母校敬懇
准予辭去講師職務並望將上年薪水除發至四
月份二成外所有欠薪一並撥發以濟急需是所至感
惟前承 賜發本學年聘函前因避暑海濱旅途遺失
不克奉璧至爲歉仄特此敬上
半農院長先生 台鑒 韓權華謹啓 九月一日

释文：

敬启者：

茲因蒙河北省府选派留学美国，定于日内起行，故自本学期起，不克继续服务母校，敬恳准予辞去讲师职务，并望将上年薪水除发至四月份二成外，所有欠薪一并拨发以济急需，是所至感。惟前承赐发本学年聘函，前因避暑海滨旅途遗失，不克奉璧，至为歉仄，特此敬上半农院长先生台鉴。

韩权华谨启 九月一日

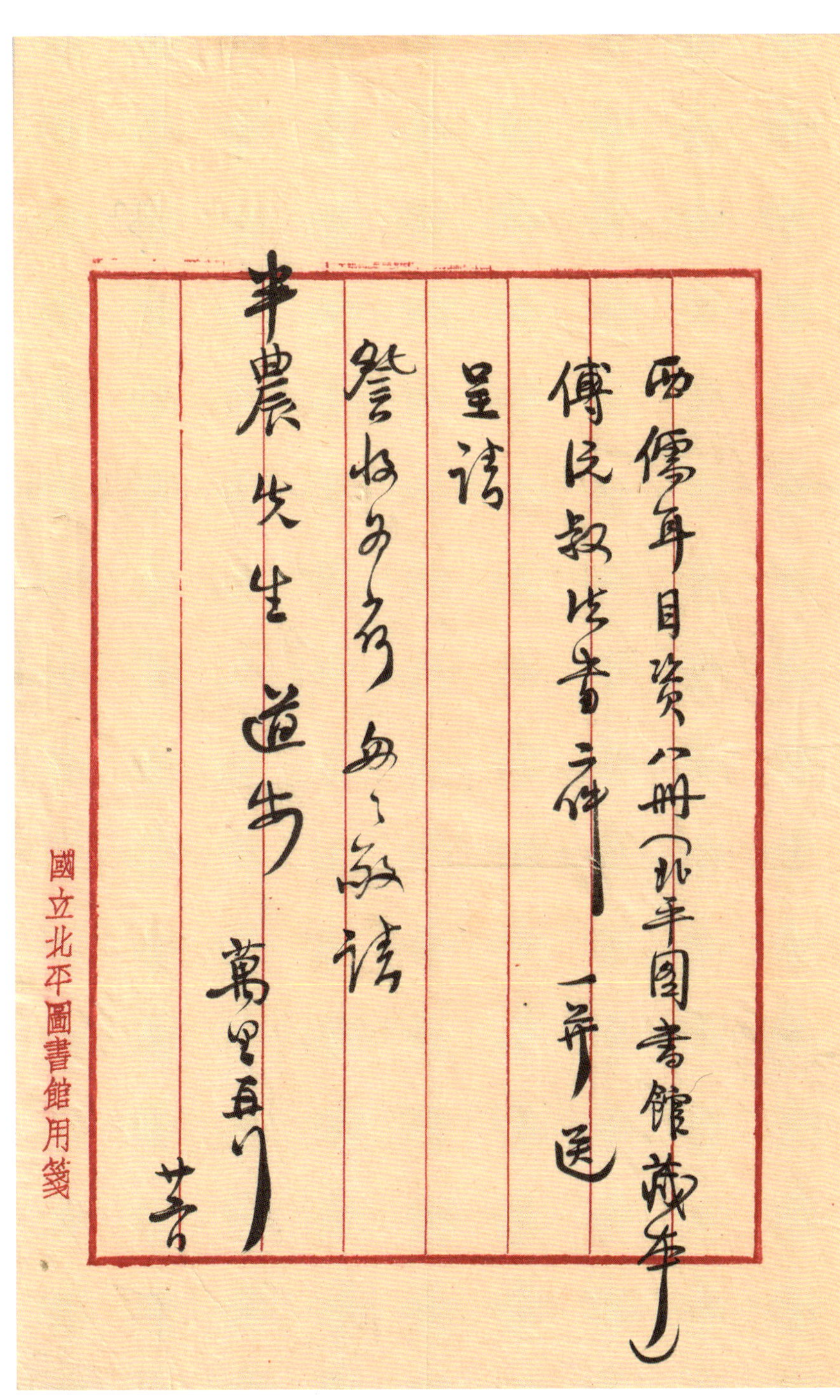
西儒耳目資八冊（北平圖書館藏本）
傅沅叔法書兩件　一并送
呈請
詧收為荷匆匆敬請
半農先生道安
萬里再拜
廿二

國立北平圖書館用箋

156. 赵万里刘半农书信

尺寸：纵 27.1 厘米 横 17.1 厘米

笺纸：木版印红框格八行“国立北平图书馆用笺”

日期：廿二日

释文：

《西儒耳目资》八册（北平图书馆藏本）、傅沅叔法书两件，一并送呈，请詧收为荷。匆匆，敬请半农先生道安。

万里再拜　廿二日

先生諒我可也否

方今林岩韵書一冊除已面呈學校方面

代索一部外一俟邢志痊癒回平之後定

當蒐集捧呈也有負嘱託之處千祈

原宥餘容再陳專請

教安

晚學　邢志上　一月十六日

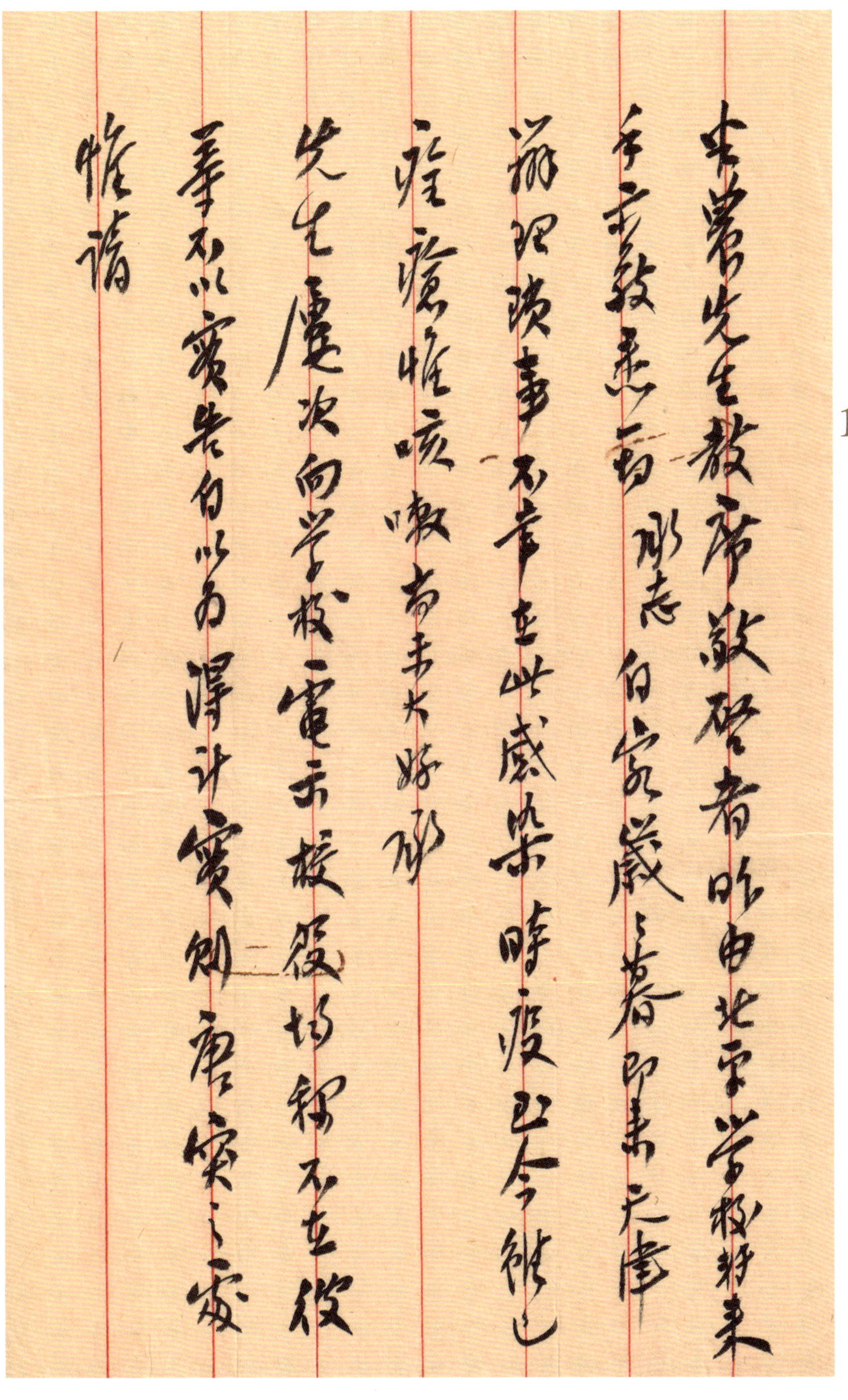

157. 焦承志致刘半农书信之一

尺寸：纵 26.5 厘米 横 17 厘米

笺纸：木版印红格八行笺

日期：二月十六日

释文：

半农先生教席：

敬启者，昨由北平学校转来手示，敬悉一切。承志自客岁之暮即来天津办理琐事，不幸在此感染时疫，至今虽已痊愈，惟咳嗽尚未大好。承先生屡次向学校电示，校役均称不在，彼等不以实告，自以为得计，实则唐突之处，惟请先生谅我可也？所示余叔岩韵书一节，除已函学校方面代索一部外，一候承志痊愈回平之后，定当蒐集捧呈也。有负嘱托之处，千祈原宥，余容再陈，专请教安。

后学承志上 二月十六日

中華戲曲專科學校用箋

第　頁

任過多只能出百元之數其他各機關再各出百元則此紀念冊指日可以告成矣如何之處為祈酌裁為荷餘容再陳專頌

教安

豫志上 七月二十二晨

中華民國　年　月　日

崇文門外木廠胡同五十六號電話南分局八八三號

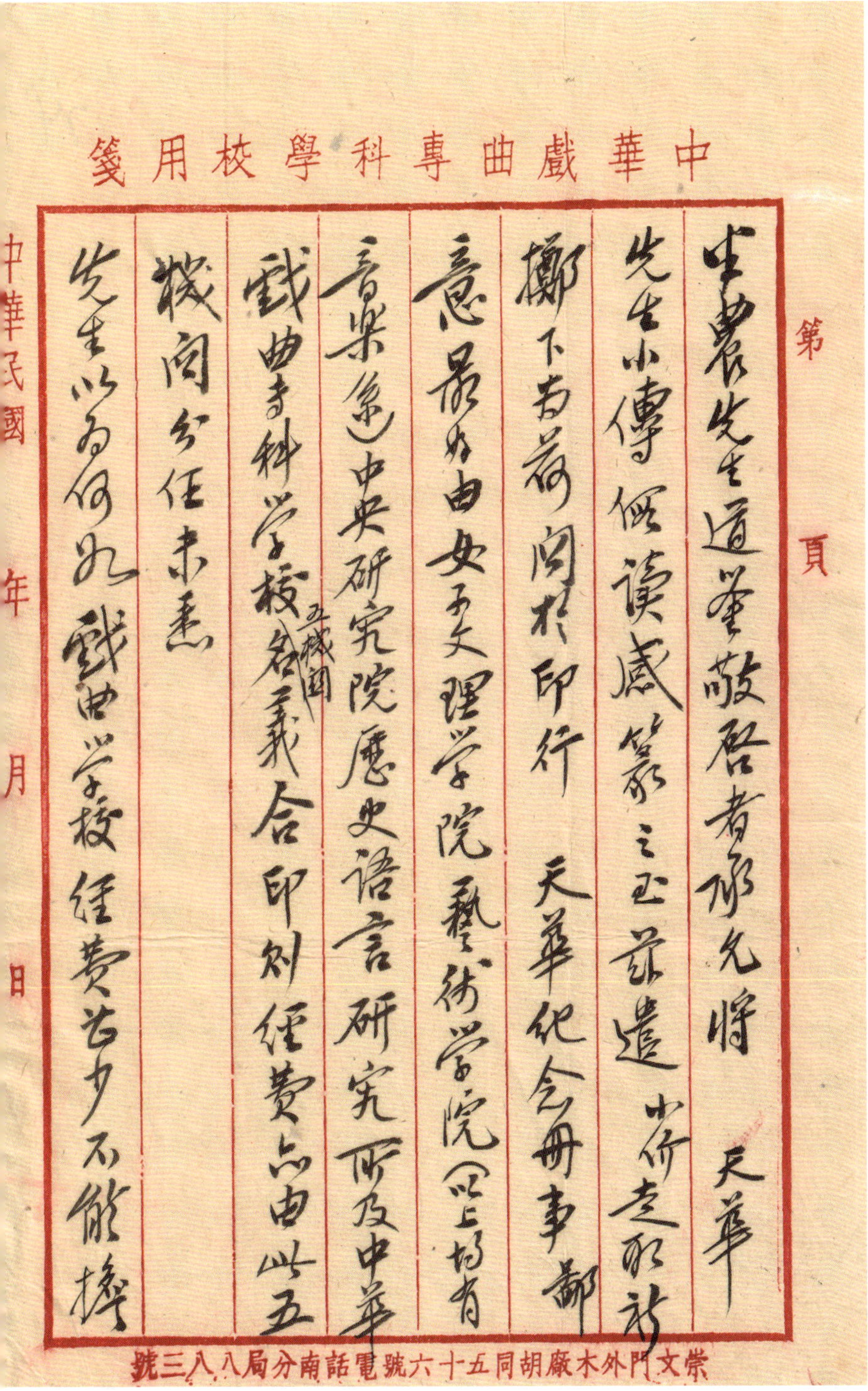
中華戲曲專科學校用箋
第　頁
半農先生道鑒：敬啓者，承允將
天華先生小傳假讀，感篆之至，茲遣小价走取，祈
擲下爲荷。關於印行天華紀念册事，鄙
意最好由女子文理學院、藝術學院（以上均有
音樂系）、中央研究院歷史語言研究所及中華
戲曲專科學校五機關名義合印，則經費亦由此五
機關分任，未悉
先生以爲何如？戲曲學校經費甚少，不能擔
中華民國　年　月　日
崇文門外木廠胡同五十六號電話南分局八八三號

158. 焦承志致刘半农书信之二

尺寸：纵 28.3 厘米 横 19.4 厘米

笺纸：木版印红框格八行“中华戏曲专科学校用笺”

日期：（一九三二年）六月二十二日

释文：

半农先生道鉴：

敬启者，承允将天华先生小传假读，感篆之至，兹遣小价走取，祈掷下为荷。关于印行《天华纪念册》事，鄙意最好由女子文理学院、艺术学院（以上均有音乐系）、中央研究院历史语言研究所及中华戏曲专科学校五机关名义合印，则经费亦由此五机关分任，未悉先生以为何如？戏曲学校经费甚少，不能担任过多，只能出百元之数，如其他各机关再各出百元，则此纪念册指日可以告成矣。如何之处，尚祈酌裁为荷。余容再陈，专颂教安。

承志上　六月二十二晨

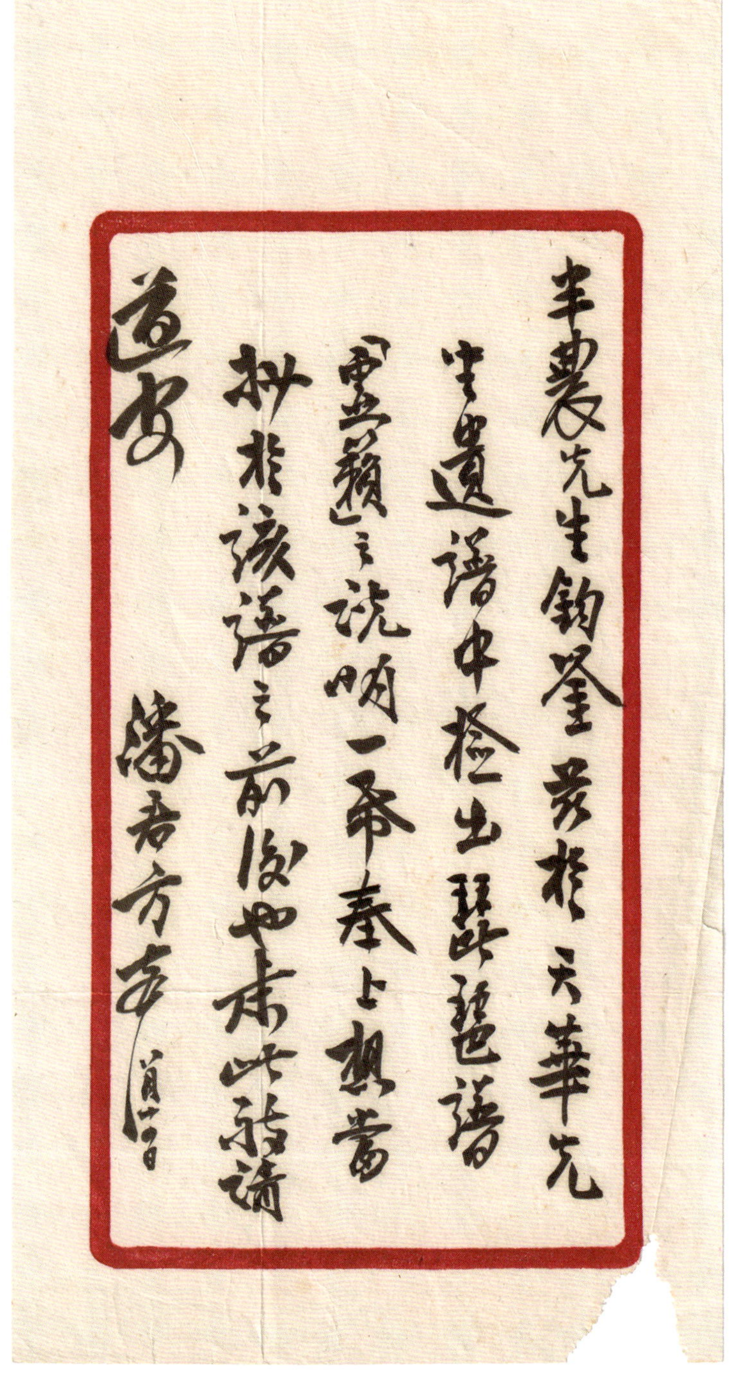

半農先生鈞鑒 茲於 天華先
生遺譜中檢出琵琶譜
「虛籟」之說明一紙奉上想當
抄於該譜之前後也肅此敬請
道安
潘君方 頓首 十四日

159. 潘君方致刘半农书信

尺寸：纵 28.8 厘米 横 12.2 厘米

笺纸：木版印红框笺

日期：（一九三二年）八月十四日

释文：

半农先生钧鉴：

茲于天华先生遗谱中检出琵琶谱《虚籁》之说明一纸奉上，想当抄于该谱之前后也。肃此，敬请道安。

潘君方顿首 八月十四日

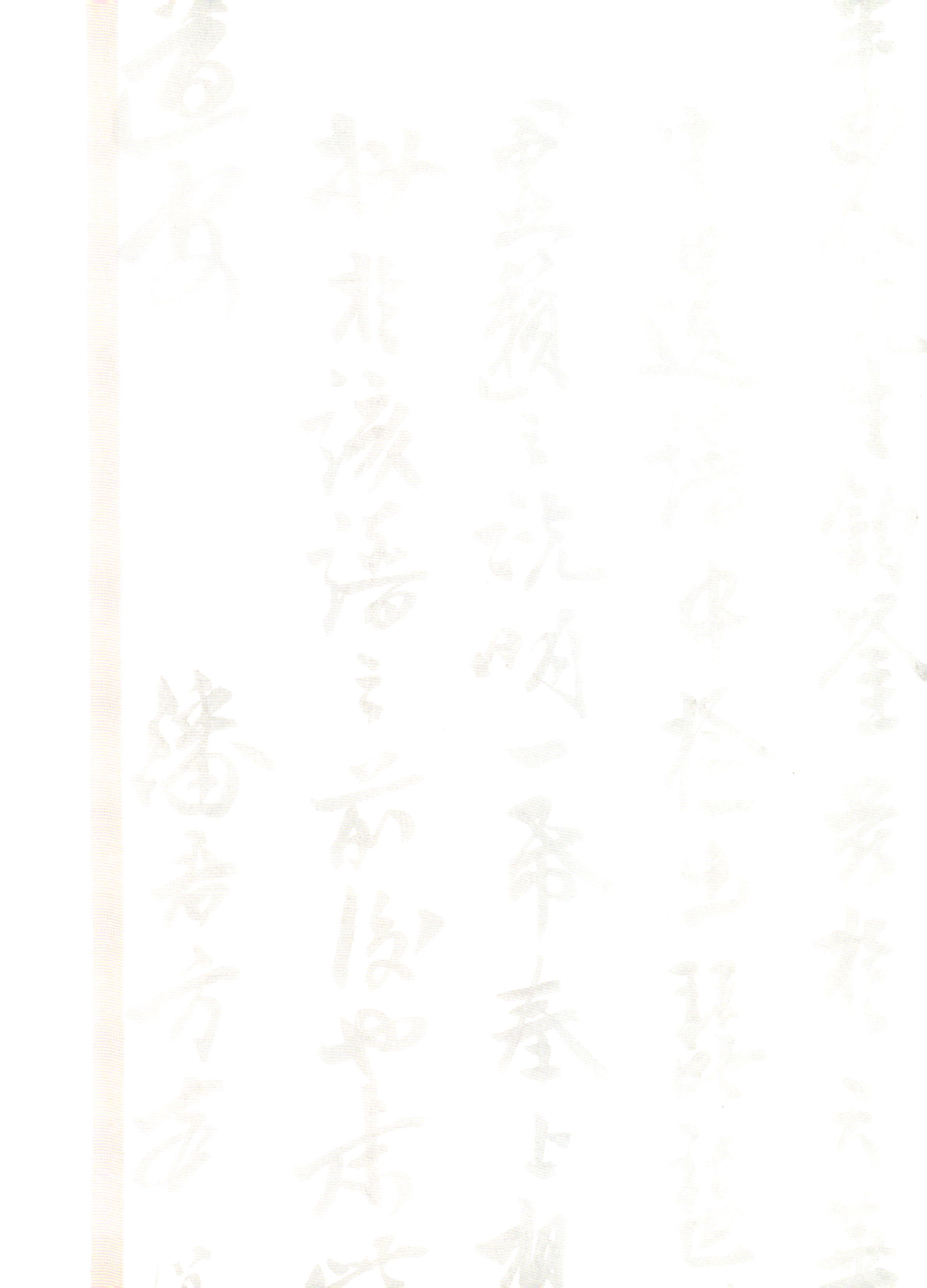

國立中央研究院歷史語言研究所

字號　葉　中華民國廿二年四月九日

少、鄰近又甚不安靜，工廠機聲與
吳淞口之輪聲日夜不絕於耳，初到
時極戚戚，近日稍覺慣適如。
聲樹年來受教　先生，於語音學
略能一二，今研究班未能肄業，遂中
輟，為憾何如。此後面承教益，不知
何日，深希　手示寄頒，開其愚昧，自
任感幸。敬頌
大安！　學生聲樹

所址北平北海
電報掛號　華文二一九八零(歷)　洋文 Philologie

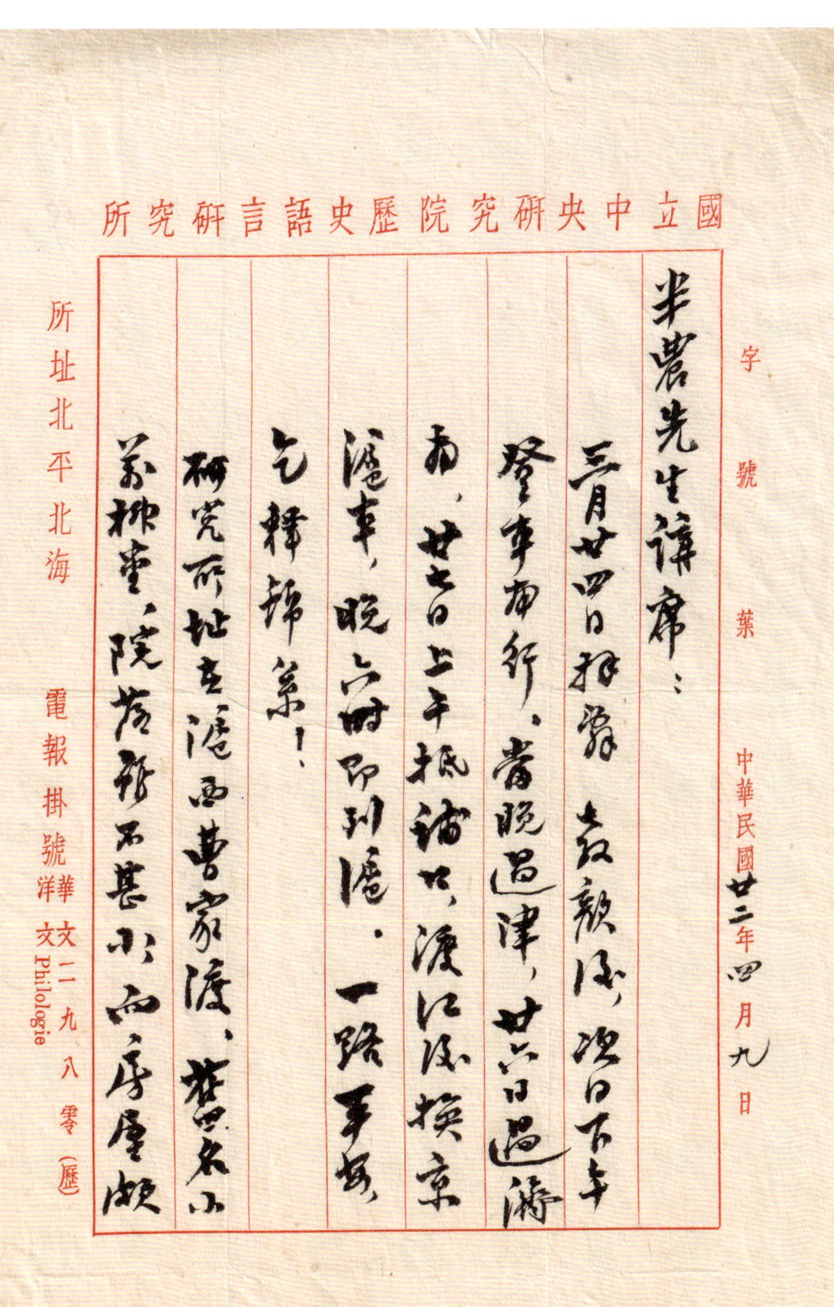

160. 丁声树致刘半农书信

尺寸：纵 29.2 厘米 横 20.1 厘米

笺纸：铅印红框格八行“国立中央研究院历史语言究研所”笺

日期：一九三三年四月九日

释文：

半农先生讲席：

三月廿四日拜辞教颜后，次日下午登车南行。当晚过津，廿六日过济南，廿七日上午抵浦口，渡江后换京沪车，晚六时即到沪。一路平安，乞释锦系！

研究所址在沪西曹家渡，旧名小万柳堂，院落虽不甚小，而房屋颇少，邻近又甚不安静，工厂机声与吴淞口之轮声日夜不绝于耳，初到时极烦厌，弥日稍觉惯适也。

声树年来受教先生，于语音学略解一二，今研究班未能卒业，遽而中辍，为憾何如，此后面承教益，不知何日，深希手示常颁，开其愚昧，勿任感幸。敬颂教安！

学生声树　廿二年四月九日

敝邦人無識，大可痛心。近讀曾李二公遺集，觀其辦交涉之奏疏書牘，所見極為慎密深遠，以今日吾當局者所言相較，真不可以道里計。黃膺伯今午可抵平，聞將有臨時辦法或要手續，苟安以卸責，窺測恐仍不出李文忠蹊徑，名異而實同。坐見陸沈，四挽救無策，我輩今日處境，又止賈長沙之痛哭流涕而已哉！匆頓

著祺

弟雲青

中南銀行用箋

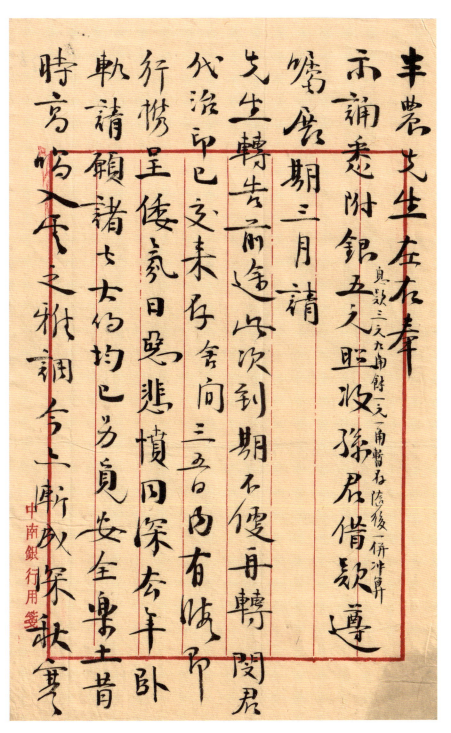

161. □致刘半农书信

尺寸：纵 27.6 厘米 横 17.9 厘米

笺纸：木版印红框格八行“中南银行用笺”

日期：不详

释文：

半农先生左右：

奉示诵悉，附银五元照收（息款三元九角，余一元一角暂存，随后一并冲算），孙君借款遵嘱展期三月，请先生转告前途，此次到期不便再转。闵君代治印已交来，存舍间，三五日内有暇即行携呈。倭氛日恶，悲愤同深。去年卧轨请愿诸公，大约均已另觅安全乐土，昔时高唱入云之雅调，今亦渐成深秋寒蝉，邦人无识尤可痛心。近读曾、李二公遗集，观其办交涉之奏疏、书牍，所见极为缜密深邃，与今日唱高调者相较，真不可以道里计。黄膺伯今午可抵平，间将有临时办法，或冀平津苟安。以鄙见窥测，恐仍不出李文忠蹊径，名异而实同。坐见陆沈，挽救无策，我辈今日处境奚止贾长沙之痛哭流涕而已哉？匆颂箸祺。

弟□顿首

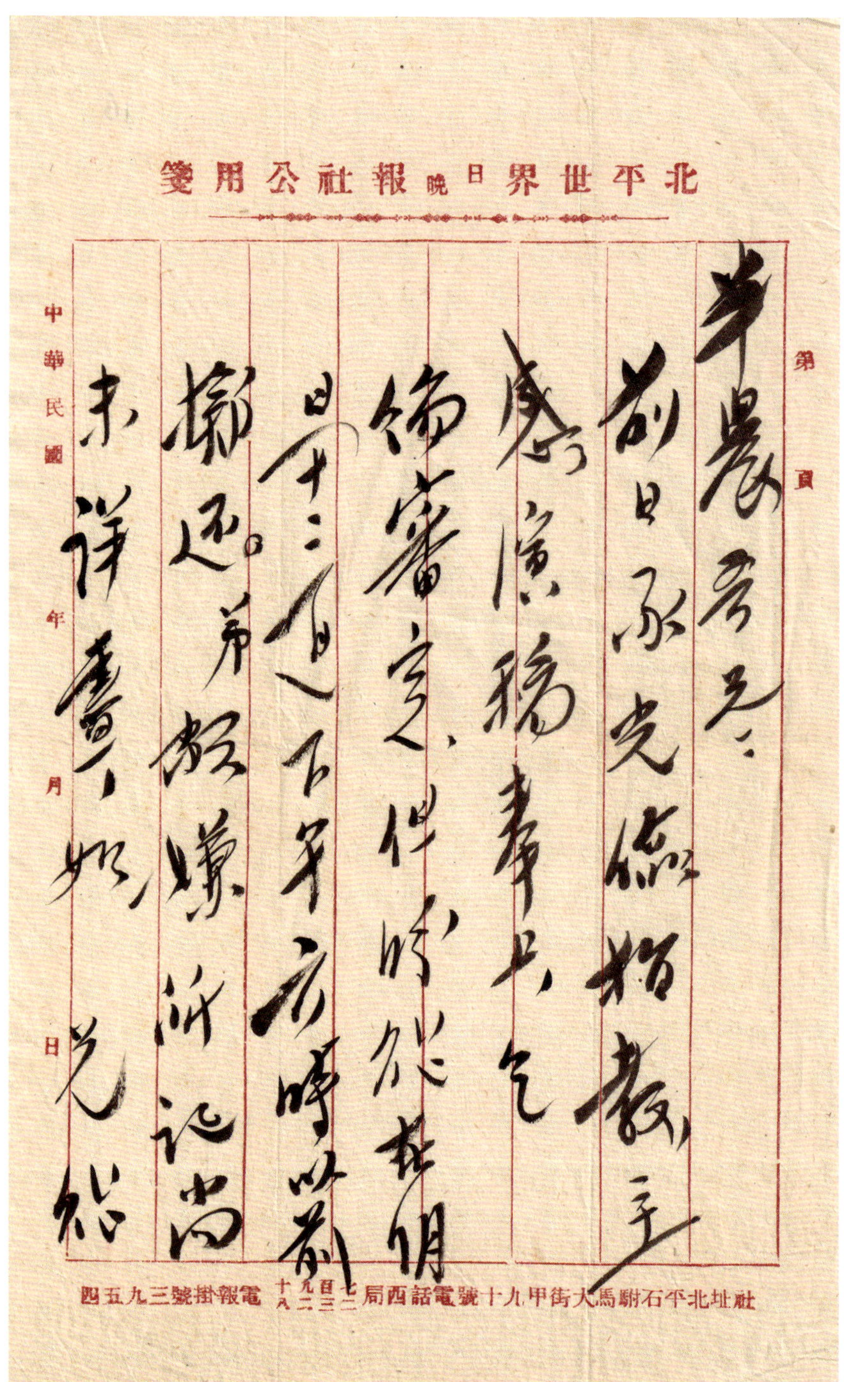
北平世界日晚報社公用箋

半農吾兄：
前日承光臨指教，至感。演稿奉上，乞賜審定，但盼能在明日（十三日）下午六時以前擲還。弟頗嫌所記尚未詳盡，如兄能

中華民國　年　月　日　第　頁

社址北平石駙馬大街甲九十號電話西局[illegible]電報掛號三九五四

162. 致刘半农书信（残）

尺寸：纵 29.1 厘米 横 17.6 厘米

笺纸：铅印红框格八行“北平世界日/晚报社公用笺”

日期：不详

释文：

半农吾兄：

前日承光临指教，至感。演稿奉上，乞赐审定，但盼能在明日（十三日）下午六时以前掷还。弟颇嫌所记尚未详尽，如兄能……

后 记

经过一年来的精心策划和积极准备，在社会各界的高度关注与编委会人员的共同努力下，由江阴市政协学习文史委员会、江阴市博物馆联合编纂的《曲庵如面：江阴市博物馆藏刘半农友朋信札》一书终于付梓出版了。这本散发着油墨清香的文史典藏，是深入学习贯彻二十届三中全会精神、深刻领会习近平文化思想的行动自觉，是对中国新文化运动先驱刘半农先生这位江阴赤子的精神礼赞。

2024年，江阴市博物馆经过材料申报、书面审查、现场评估、数据比对和综合评定，成功获评第五批国家一级博物馆。在整理提交材料的过程中，我们比照国家一级博物馆标准，感到需要付出更大努力，除了藏品保护与管理、陈列展览及社教开放，还有很重要的一项，就是藏品研究和学术思考。其中，馆藏刘半农友朋信札堪称文物级别，非常宝贵，它不只是一个编号或者一个名称，而是历史回溯中有血有肉的生动故事。如果文字有颜色、历史有温度，那么相距不算久远的“民国”，无疑带有更鲜活的色彩，细读这一时期的日记、传记、信札，无不镌刻着时代的烙印和鲜明的个性。这批“刘半农友朋信札”曾在《文开新域 流芳中华——江阴市博物馆藏“刘氏三杰”文物集萃》《全国第一次可移动文物普查成果——江阴篇》两书中部分公开过，张恨水研究会谢家顺老师和市博物馆研究人员翁雪花、刁文伟、邬红梅等也对部分信札内容做过一定的研究。这次专题而集中的呈现，便是以公布史料本身为首要考虑，以契合“学术为天下公器”为宗旨，期待有更多的专家学者从不同角度，对市博物馆所藏的这批珍贵信札进行更深入的阐释、解读与研究。这也是为什么在诸多信札中，选取其中一通信的起首“曲庵如面”四字作为主标题的深层原因——不仅考虑到写信人周作人儒雅的书法，收信人刘半农的号为曲庵，还期望我们和你们、过去和现在，共同开启一场对话交流，有如晤面。

作为热烈庆祝中华人民共和国和中国人民政治协商会议成立75周年的弥足珍贵的文化厚礼，《曲庵如面：江阴市博物馆藏刘半农友朋信札》的整理、编辑、出版经历了艰苦的工作过程。在整个过程中，我们反复讨论、修改、校对、补充与完善，加班加点抢时间、赶进度，付出了大量的辛劳与汗水，不断体会到其难度和复杂性，最终才得以顺利圆满。在此，我们要对在信札梳理过程中北京大学夏寅博士提供的学术指导，严晓星老师提供的意见建议，刘彩虹、张天翊提供的资料帮助等表示衷心的感谢和诚挚的敬意。同时，还要特别感谢中共江阴市委、市政府、市政协主要领导的关心与支持，并拨出专款资助；真诚感谢江阴市文体广电和旅游局、江阴市刘半农研究会，尤其是上海人民出版社崔燕南编辑和相关工作人员等给予的支持与帮助。

最后，虽倾尽心力、力图圆满，但由于时间紧、任务重，加之编者水平有限，我们仍感差错难免。对于本书存在的疏漏和不足，敬邀海内外学者及广大读者批评指正。也许你是怀着好奇之心打开此书，但在翻阅品读的过程中，希冀你不会失望而去。谢谢！

编　者

2024年11月

图书在版编目(CIP)数据

曲庵如面 ：江阴市博物馆藏刘半农友朋信札 / 江阴市政协学习文史委，江阴市博物馆编. --上海 ：上海人民出版社，2024. -- ISBN 978-7-208-19275-1

Ⅰ. K825.6

中国国家版本馆 CIP 数据核字第 2024HG9294 号

责任编辑　崔燕南
封面设计　许　菲

曲庵如面：江阴市博物馆藏刘半农友朋信札
江阴市政协学习文史委　江阴市博物馆 编

出　　版　上海人民出版社
　　　　　(201101　上海市闵行区号景路 159 弄 C 座)
发　　行　上海人民出版社发行中心
印　　刷　上海雅昌艺术印刷有限公司
开　　本　889×1194　1/16
印　　张　20
插　　页　4
版　　次　2024 年 12 月第 1 版
印　　次　2024 年 12 月第 1 次印刷
ISBN 978-7-208-19275-1/K·3442
定　　价　328.00 元